U0927574

**教育部人文社科基金资助（编号：07JC720009）；**
**福建省社科基金资助（编号：2008B062）**

# 语言与知识

黄正华 著

责任编辑:李椒元
装帧设计:肖　辉
责任校对:文　正

**图书在版编目(CIP)数据**

语言与知识/黄正华著.-北京:人民出版社,2011.9
ISBN 978-7-01-009948-4

Ⅰ.①语…　Ⅱ.①黄…　Ⅲ.①语言哲学-文集　Ⅳ.①H0-05

中国版本图书馆 CIP 数据核字(2011)第 103105 号

**语言与知识**
YUYAN YU ZHISHI

黄正华　著

人民出版社 出版发行
(100706　北京朝阳门内大街 166 号)

北京世纪雨田印刷有限公司印刷　新华书店经销

2011 年 9 月第 1 版　2011 年 9 月北京第 1 次印刷
开本:700 毫米×1000 毫米 1/16　印张:22.25
字数:350 千字　印数:0,001-3,000 册

ISBN 978-7-01-009948-4　定价:40.00 元

邮购地址 100706　北京朝阳门内大街 166 号
人民东方图书销售中心　电话 (010)65250042　65289539

# 目　录

# 绪 论

## 1. 封闭式知识论与开放式知识论

人们试图认识周围世界时,知识便产生了。知识不仅有效地指导人们趋利避害,应对各种生存困境,也是成就幸福生活的根源,故而求知是人所必然从事的事业,甚至被当成人的本性。随着积累的知识越来越丰富,对知识的运用越来越广泛,知识以及获取知识、使用知识等与知识有关的活动就构成了一个特殊的世界——知识世界,它成了越来越难以忽视的生存环境。人们希望认识其所处的世界,知识世界自然包含在其认识范围之中。没有理由能保证人们认识周围世界而获得的认识结果或知识相互协调、彼此相容,富有理智的人无法容忍诸多知识零散而错乱地摆置于其思想中,只要有能力,他便要消除其中的不协调、不一致之处,把它们整理、组织起来,以便形成一个各部分相互关联、相互协调,甚至相互说明的系统,此系统就构成了一门学问。一门学问中的系统性知识不仅能反映出诸多知识之间的一致性,同时也比零散的知识更能深入解释世界中的各种现象。物理学、生物学等就是诸如此类的学问,而认识知识世界所形成的具有系统性的学问通常被称为知识论。随着所获取的知识越来越多,人们终会自觉地把知识作为认识对象,追溯在理解知识过程中所遭遇的各种问题。一旦自觉地做出这种追问,就难以避免涉及知识论问题了,因而知识论是人类求知事业的必然结果。

通常,知识论不仅关注知识世界中的一般性问题,也关注知识世界中的一些特殊性问题,它不仅讨论“知识具有何特征”、“如何获得知识”、“知识与非知识如何区分”、“如何使用知识”等问题,也讨论“数学具有何特征”、“如何获得数学知识”、“物理学与生物学有何差异”以及“进化论是否是科学知识”等较为特殊的问题,它甚至可能论及一些具体的问题。不过,知识论与物理学、生物学等其他学问一样，它总是更关注一般性的问题，甚至比其他学问更关注此类问题，它的思考几乎总是从最一般的、最基本的问题开始。人们认识自然世界而形成的各种知识是对存在于认识者之外的对象的认识，对知识世界的认识则不同，它针对的是认识结果或认识活动本身，因而是一种反思。其他学问的思考往往可从某些地方获得一些一般性前提以作为其思考的起点，它本身却可能只关注某些较为特殊的、具体的问题。如物理学研究某对象的运动与其他对象运动之间的共同性时，可以不考虑“何种对象实在”、“运动如何产生”等一般性问题。严格而系统的知识论要求对知识作出充分而完全的反思，它不能非反思地接受任何思考前提，因而从事知识论研究时，人们无法获得从事物理学、生物学研究时所拥有的便利。在知识论研究中，尽管人们可能对“如何获得某些个别知识”、“这些知识有何特征”等做进一步的追问，但一般性问题不能置于思考之外，相反，它们往往是展开其他反思之前首先要思考的。

知识论者常常强调，只有了解知识具有何特征，求知者才有可能从诸多认识的结果中分辨出知识，只有知道如何获得知识，人们才可能自觉地根据合适的方式探求知识。的确，没有知识论，人们便难以心安理得地把某些事物当作知识，而把其他事物当作非知识；难以心安理得地根据某种方式探求知识；难以心安理得地把知识作为人生的指南。似乎只有先正确解答了知识论问题，其他学问才能有合理的发展，而不至于陷入歧途，也只有如此人们才能自信地谈论知识与非知识，才能在探求知识、使用知识时少有犹豫，勇往直前。从这一点说，知识论是其他学问的基础，是认识世界的前提。不过断言对知识的反思是求知的基础时，并不是指没有此类反思求知便实际不可能。尽管人们在认识周围世界、获得各种知识之时，对获得知识以及与之相关活动所给予的反思通常随之而来，此时个别的反思可能随知识的出现而出现，然而系统反思知识的知识论无疑是在其他具体学问之后出现的。某人认定获得了某种知识，当他向其他人解释这种知识以及说明他如何获得这种知识时，或当他反思自身何以把它当作知识时，他要先行解释或先行反思“什么是知识”、“如何判定知识”等问题，就此而言，相对其他求知活动，对这类知识论问题的解答是在先的。显然，这里所说在先不是时间上的，不是发生学上的，而是解释意义上的或反思意义上的。同样，谈到知识论是求知的基础时，此处的基础不是指发生学上的基础,而是指解释意义上或反思意义上的基础。

在实际求知活动以及其他各种知识活动中,人们常常没有反思诸如此类的知识论问题,甚至没有把它们纳入其关注的范围。求知者在认识过程中往往抱有某些求知教条或理所当然的信念,他把这些教条或信念当作是对上述问题的回答,相信为其求知活动提供了根据。同时,在一般民众看来,知识论对诸多知识论问题的解答争议纷纷、莫衷一是,它对知识基础问题的解答,几乎没有一种没有遇到过批评,它对知识现象给出的理解几乎都或多或少存在反例,当知识论试图为获取知识提供建议时,几乎它的每一建议都不尽完全符合实际。这往往使得一般民众相信,知识论最终只能获得的一些不切实际的空谈,它所给出的许多解答不能切中知识本身,充其量只能给出一些华而不实的建议,于求知事业来说,对知识论的研究不是必需的。知识论所获得的只是一些华而不实的空谈?知识论的研究者或许有正当的理由否认这一点,但知识论于具体的求知活动有何助益?这种助益到底有多大?对这些问题,即便在知识论内部也常常遇到截然相反的回应。

一种类型的知识论相信,人们的知识活动能达到某些绝对的目标,如能在知识与非知识之间给出截然分明的界限,能根据某些绝对确定的标准区分知识与非知识或判定知识,而绝对的目标能因某些绝对的原则、原理或前提达到。根据这类知识论,只要找到了这样的原则或前提,找出了"人类一切知识的绝对第一的、无条件的原理",①也就能对知识论问题给出一个系统的、正确的解答。这里所谓的绝对是指它所标明的那些目标、原则或前提不仅适用于某一认识领域或某些知识活动,也适用于其他认识领域或知识活动,甚至适用于所有认识领域或所有知识活动;它们不仅适用于某些人,也适用于其他人,甚至适用于所有人,它们为人类所共有。任何绝对第一的、无条件的原则都可能引发批评,而任何批评都可能损毁这类知识论。为避免批评,这类知识论甚至夸张地断言能无前提地建立知识论,这就如胡塞尔所断言的,"一项具有严肃的科学性要求的认识论研究必须满足无前提性原则"。② 这种把对知识论

① [德]费希特:《全部知识学的基础》,王玖兴译,商务印书馆1997年版,第6页。

② [德]胡塞尔:《逻辑研究》第2卷第一部分,倪梁康译,上海译文出版社1998年版,第16页。

问题的解答封闭于某些自我限定的绝对原则或前提内的知识论可称之为封闭式知识论。

封闭式知识论相信，一切知识论问题都可由某些绝对确定的前提而获得解答，所有其他的解答要么是不彻底的，要么便是错误的，它排除了任何其他知识论合理的可能性。封闭式知识论强调，知识有绝对客观的基础，它尽管可由个别认识者所确知，但面对相同的对象，不同认识者将理所当然地获得相同的知识基础。人们可依某些确定的方式获得知识，而知识一旦确定，它们便不与特定认识者相关，它们不是相对于个人的或相对于某些人的知识，而是人类知识，是永恒的、绝对的知识。由于知识的获得与知识的发展封闭于已有的知识基础或产生它们的特定事物中，因而任何个人所得到的知识与他人所得到的知识是相同的，不同认识者理所当然地获得相同的结论，人类知识等同于个人知识。如此一来，认识者之间的一切相互争论都变得无意义了，它们都只是误解与错误的结果。在这种知识论看来，在认识过程中，他人不过如实验仪器一样是可向我报告关于其他认识对象的知识基础的事物，依赖他们，我可以获得某些人类知识，然而主动的、具有创造性的新知识决不会产生于向他人学习或与他人的相互交流中。在这种知识论中，提出向他人学习只是一种虚伪，宣扬相互交流无非是为压抑与控制寻找合理借口。

可以预见，封闭式知识论难以合理地解释知识现象，而实际的知识活动也不会完全符合封闭式知识论所给出的原则或标准。为了摆脱批评，封闭式知识论尽可能地把讨论抽象化，它试图通过各种晦涩的语词来掩盖其现实困境，如此一来它便越来越远离了实际的知识现象与具体认识过程，结果往往只能提供一些夸夸其谈而又游离不定的思辨，最后成为一种与知识无关的空洞诡辩，而它却自鸣得意地确信其各种玄奥论题可从这种空洞的自言自语中获得证实。人们有理由说，封闭式知识论只是一厢情愿的浮夸，是反思者过于自信的表现，它尽管赋予知识论特殊而光荣责任，但也透支了人们对知识论的信任，使得知识论在目前的前行变得异常迟滞。要使知识论重新获得人们的信任，要使之能轻便地前行，需要有一种新的反思方式。

任何讨论都要有一定的前提，知识论自然不外于这一点，不过知识论的前提与其他学问的前提不同。无论来自何方，知识论的前提都面临一种逻辑上的困境：这些前提本身无疑也是一种知识，如果追问“这些前提如何获得”、

“它们如何与非知识相区分”等问题，对这些问题的解答又恰恰依赖于某些前提，结果如果不希望导致无穷后退，就要以独断的方式确定某些前提。尽管如此，此种确立前提的方式与具体学问中非反思地接受某些前提的方式不同，也与封闭式知识论中独断地确立前提的方式不同，这种方式具有反思性。它至少使人们认识到，奠基性的知识论不得不如此开始，同时，它至少使人们清楚，尽管由此确定的前提没有充分的根据，但其他确定前提的方式也同样是不充分的，因而据此来迫使它放弃这种前提是不能接受的。的确，这样开始的知识论将彻底地与封闭式知识论区分开，它承认所接受的前提并不是绝对的第一原理，它容许其他的选择，甚至承认其他的选择与它的选择可能同样合理。

独断性的前提可能来自于某些具体学问如心理学、物理学，可能来自于直觉，可能来自于某些空洞的思辨，也可能来自于其他方面。这样的前提也并不完全是纯粹偶然被接受的东西。如果由之获取的知识论能自贯一致，并能对知识现象给出合理的解释，同时能对未来认识活动有所助益，它便能最大限度地摆脱偶然性。实际上，如果能做到这一点，这些前提如何得来就变得并不重要了。要求一种知识论能解释所有人的所有知识活动是不现实的。一些人认为是知识的事物，另一些人则认为是非知识的；一些人认为知识具有某种特征，其他人则可能相信知识恰恰具有相反的特征。不能要求一门学问解释互不一致或相互矛盾的事物，除非它自身是矛盾的。对知识的新的反思方式正视这一点，它并不希望能解释所有人的所有知识活动，相反，它只对某些人的知识活动给出解释。这种新的反思方式相信，尽管没有一个所有人都接受的绝对前提，毕竟一些人可能具有某些共有的前提或某些共识，如果尽可能展示其前提或共识所包含的内涵，那么所展示出来的这些东西也就构成了一种知识论。尽管这些共识不能满足封闭式知识论的要求，不能期望由之确立的知识论可解释所有人的所有知识活动，但它无疑可能解释那些拥有此共识的人们所从事的知识活动。很显然，不能要求所有人都同意这种知识论，而它也不讳言存在反对者，不过它不会因此而烦忧，不会因此而裹足不前，因为它相信合理的知识论将不得不如此开始。尽管它不断言自身绝对地优越其他知识论，但它也自信由其他前提而确立的知识论并不绝对地比它更合理。这类知识论能容忍其他知识论的存在，它对其他知识论抱有一种开放的、宽容的态度，因而可称之为开放式知识论。

开放式知识论当然对知识提出了自身的理解，同时也期望对认识活动产生影响，不过它并不声称能解释所有的知识现象，并不声称能对所有人都有效，从某方面来说，它只对拥有共识的人有效，它只是拥有共识的人们所认可的最合理的理解知识的方式。同时，它也不乞求获取所谓人类知识，只打算帮助拥有共识的人们获取知识，显然，由此获得的知识也只相对于拥有共识的人们。开放式知识论对自身的特征有自觉，因此它并不在意这样的批评，如批评者指责它是不完全的，不能解释所有的知识现象，由它指引而获得的知识的范围太大或太小，或甚至把各种谬误纳入知识中，如此等等。开放式知识论更在意来自内部的批评。如果批评指出其前提过于违背常理，指出其前提与结论之间存在不一致，由它所引申出的结论与结论之间相互悖谬等，这将引起它的警觉，会使它反躬自省，如果它发现的确存在诸如此类的问题，它会努力寻找合适的应对方式。

一般来说，开放式知识论希望对那些拥有特定共识的人产生影响，而这些共识恰恰是其能成立的前提，开放式知识论试图对那些拥有共识的人的求知活动给以支持，提高他们追求知识的决心。不过，开放式知识论的目标常常并不止如此，它也希望影响其他人，影响他们的认识活动，只是这种影响并不是独断地宣称自身是真理，强制地规定他人接受而来，而是通过展示自身的力量——它的解释力量，它对实际求知活动所给出的助益——而使他人最终心悦诚服地接纳它。因此，开放式知识论也并不完全忽视外部的批评，它也可能因其所给出的建议不能合理地理解其他的知识现象而苦恼，可能因此修正其共识而确立其他解释力更强、对求知活动更有助益的知识论，但即便这样也不因此成为封闭式的，它依然是相对于特定共识的开放式知识论。如果此种知识论所基于的共识越广泛，它尽管不可能解释所有人的所有知识活动，却可能解释更多人的知识活动，能为更多求知活动提供有益的启示。

自近代以来，随着对知识反思的深入，人们对知识以及与知识有关的活动有了许多新的理解，这一点在新的哲学背景中表现得更为明显。我们试图在此基础上，努力获得某些具有广泛共识的前提，并以之为基础来探询对知识的系统理解，从而澄清有关于它们的某些误解，最终希望能对人们的求知事业有所补益，因而由之确立的知识论是开放的，而不是封闭的。

# 第一章　传统认识论方案

## 2. 经验主义

近代以来有一流行看法：只要真正知晓了如何获得知识的过程或认识过程，也就能根本地解答知识论的众多其他问题，因此，知识论问题主要是认识论问题。近代人对认识论问题提出了各种不同的解答方案，其中典型的一种就是经验主义。

经验主义并不自近代始，人们可以很容易地从近代以前的著作中找到它出现的痕迹，不过只有到近代，经验主义才成为一个系统的、试图解答各种认识论问题的思想体系，它的各种论题才得到充分的钻研。近代经验主义大体强调，知识不只来自于人的心灵，它还与心灵之外的对象即外部对象有关，知识基础是外部对象与人的感官或心灵的作用物。对于产生它们的心灵来说，个别作用物的内容通常不言自明，相互间的界限清楚明晰，它们原子式地并置于心灵中。经验主义者常常把这些作用物称为“经验”，有时也用“感知材料”、“质料”、“感官刺激”、“所与”、“感觉”、“知觉”、“印象”、“表象”、“观念”等语词来表达。这些表达经验的语词在不同的使用者那里可能有不同的含义，有的人区分“感觉”与“感知材料”，有的人只把直接的感官刺激称为经验，而另有些人则把心灵加工感官刺激之后所获得的结果称为经验。尽管上述语词在不同语境中的含义有细微的区别，但这些区别通常无关乎后面的研讨，我们常常不加区分地把它们所表达的内容称为经验。

经验是知识的基础，甚至于只有那以经验为基础的事物才得以成为知识，此即所谓的经验原则。经验原则无疑是传统经验主义者的首要原则。在传统经验主义者看来，桌子、铅笔等对象刺激人的感官，在其心灵中产生经验，根据经验原则，“这桌子上有一支铅笔”便直接以经验为基础，因而它是知识，这些直接以经验为基础的知识可称为直接经验知识或直接知识。经验主义看上去能有效地解释这些直接以经验为基础的知识,而对于那些并不直接以经验为基础的知识又如何呢?批评者指出,尽管王浩所穿的衣服、他皮肤的颜色、他的身形、他发出的声音、他身上散发出来的气味等刺激我的感官,我获得了有关于王浩的各种经验,这些经验可以直接是“王浩穿红色衣服”、“王浩是个高个子”等知识的基础,但似乎并不能作为“王浩是一位父亲”、“王浩是那个部门的经理”等知识的基础,因为父亲、经理等似乎不与具体的经验直接相关。经验主义者可能辩解说,父亲、经理具有某些经验特征,如某个小孩称王浩为父亲,而那公司的文件表明王浩被任命为某部门的经理,那小孩的声音、公司的文件可刺激我的感官,我由此而获得的经验便可成为上述知识的基础,如此等等。甚至于对一些更为抽象的事物,如基因、电子等,经验主义者也可能说,它们具有某些经验特征,有些经验可以成为包含它们的那些知识的基础。

即便如此,经验主义依然不能令人信服。当某人获得“这桌子上有一支铅笔”、“王浩手上拿的是铅笔”等直接知识时,他关于“铅笔”的经验是相同的吗?他所看到的桌子上的那支铅笔与所看到的王浩手中的那支铅笔并不是同一支铅笔,这两支铅笔在他的心灵中可能分别产生不同的经验。即便是同一支铅笔,也没有办法保证它于不同的时刻在他心灵中所产生的经验完全相同。关于铅笔的不同经验如何可能同时成为关于铅笔的知识的基础呢?是否只有某些关于铅笔的经验是此种知识的基础,而另一些则不是呢?经验主义者可能解释说:人们获得了各种具体情形中铅笔的不同经验,他可从中概括出铅笔的共同形象,而此形象是关于铅笔的知识的基础。这样一来,经验主义似乎除强调经验原则之外,还要加上另外某些前提,如要坚持心灵具有一种概括能力,此种能力可把个别的经验概括成普遍的形象。这是一种什么样的能力呢?

上述问题也可从另一方面引出。通常来说,普遍性知识如“所有金属都导电”等并不直接以经验为基础,人们可感知到某根铁丝或某根铜棒,却没有感知过“所有金属”,如何断言这类知识以经验为基础呢?经验主义者相信,知识如果不直接以经验为基础,也可以从一些直接以经验为基础的其他知识中推导出来,而普遍性知识尽管不直接以经验为基础,却可以从那些直接以经验为基础的知识中推导出来。这如何可能呢?经验主义者宣称,如果获得许多个别以经验为基础的直接知识如“这根铁丝导电”、“这块铝条导电”、“这根铜棒导电”等,那就能断定“所有的金属都导电”也是知识。更一般地说,如果被概括的前提是真的东西或是知识,那么由其概括而获得的普遍性陈述也为知识。这种从个别直接知识概括而得到的普遍性知识的方式往往被称为归纳方法或归纳规则。上一段中所谈到的概括大体也可看作是归纳规则的运用。很显然,如果归纳规则是合理的,经验主义也就可能对上述问题作出合理的解答,因而归纳规则对经验主义来说至为重要。

有人可能批评经验主义在此出现了不一致。如果独断地认定归纳规则是合理的,难道不是违背了经验原则吗?的确,如果只坚持经验原则,显然难以说明归纳规则的合理性。归纳规则并不能从经验中获得证明,它本身是一项普遍性知识,因而对它的任何证明都要用到归纳规则本身,这无疑是把有待说明的结论当作前提了。也许某些经验主义者提出,归纳规则基于其他原则,如所谓的“自然齐一性原则”、“先天形式原则”等,然而这些原则的获得如果不是基于某种独断,也终归要基于归纳方法本身,从这一点来说,它们并不比归纳规则更基本。放弃只坚持经验原则的一元论教条又如何呢?经验主义的困境在于:坚持归纳规则将违背人们所钟爱的逻辑原则,因而的确难以坚持归纳规则。对于这一点将在后面有更详细讨论,这里只是指出,即便经验主义者也并不完全固执地坚持它。休谟便不相信数学、逻辑知识等可由经验归纳出来,他甚至断言,从经验只能得到一些个别的直接知识,却不能得到普遍性知识,也即普遍性知识不能由直接知识或个别经验得到合理的说明。

如果不能如愿地说明普遍性知识之为知识的根据,经验主义至少不能完全解释知识现象,但经验主义的问题还不完全在于此。某项知识之所以为知识,并不因某人的保证而为知识,也不因某人的否认而不成为知识,它具有客观性。如果知识是客观的,那么作为知识基础的经验也必具有客观性,它所包含的内容不因个人的主观意识而改变。经验如何可能具有客观性?传统经验主义者的一般说法是:外部对象刺激人的感官,所产生的刺激物通过感官中各种感觉器官、神经组织的传递,最终达到心灵,它们在心灵的作用下连接、传递与转化,终于形成经验。如果作为知识基础的经验是客观的,不因人的主观意愿而改变,那么要么心灵本身就是一个物理过程,要么心灵在形成经验的过程中所起的作用是全然被动的,它就如一个作机械记录的照相机那样反映外部对象。洛克的白板说依据的恰恰是这样一种机械式的心灵观念。

一个人在不同的时间或地点可能对同一对象有不同的经验,而不同的人在同一个时间或地点也可能对同一对象有不同的经验,诸如此类的情形尽管不能肯定心灵在产生经验过程中必定起主动作用,不能肯定经验必定是主观的,但心灵在产生经验的过程中不完全是一机械过程或经验具有主观性无疑是一种更容易被接受的解释。对于这种解释,经验主义者可能辩解说,尽管经验具有主观性,但这种主观性是表面的、非本质的,之所以在不同的情境中不同的人甚至同一人对同一对象有不同的经验,它很可能是受多种假象影响的结果,如果通过某种手段排除和肃清沾染在其心灵中的种种假象,人们便能获得客观的经验。不过,如果形成经验的过程以及经验本身系统地受假象的污染,批评者有理由怀疑如何可能排除这些污染而获得客观经验。因为人们甚至根本提不出一个区分主观经验与客观经验之间的客观标准,这样的标准本身是受假象污染的。

经验主义者还有一种辩护策略,即把某些经验看作是主观的,而另一些经验则不是。洛克相信那些关于外部对象的大小、形状、数目、位置、运动和静止等的经验是心灵机械反映外部对象的结果,不受心灵的主观影响,它们是客观的;那些关于外部对象的声音、颜色、气味等的经验明显地受心灵的影响,它们不是外部对象的反映,而由外部对象与心灵作用产生出来,这是一类具有主观性的经验。但批评者并不满意这种说辞。贝克莱就提出,不同的人或同一人在不同情景中对同一对象的大小、形状、运动等方面也有不同经验,断言这类经验是客观的并无充分的理由。另一方面,离开声音、颜色、气味等,物体的大小、形状与运动等是不可想象的,两类经验其实难以分开,人们获得其中一类经验时,同时也具有了另一类经验,如果声音、颜色、气味等与人的主观意愿相关,那就没有理由断言大小、形状与运动与人的主观意愿无关。

有些经验主义者可能认为,经验之所以具有客观性,主要原因在于经验是外部对象的反映,甚至经验与其所反映的对象相似。此解说的问题在于,经验主义者如何可能向人保证经验的确与外部对象之间具有这样一种反映关系或相似关系呢?如果坚持经验原则,也即除非依靠经验,人们对外部对象是否存在一无所知,而对经验与外部对象之间各种关系的了解也要依赖于经验本身,那么预设经验与外部对象之间具有某种关系,并以此作为解释经验的根据无疑倒因为果了。人们尽可以相信经验或大多数经验需要有某些外部因素才能产生出来，但严谨的经验主义者通常不会保证他能确定某些特定的经验是由于某种特定的客观对象产生的结果，不会试图由外部对象的性质来确定经验的性质。即便相信某些经验来源于外部对象，如果不能确定某项经验具体来源于何种外部对象，不能确定它是如何得来的，人们依然不能断定此经验是客观的还是主观的。实际上，空洞地说某些经验具有客观性并没有太多的意义，不能期待由之可合理地解释知识的客观性。

认识者受弥漫于其周围的外部世界的刺激，获得了多种多样的经验，即使经验主义者也承认，尽管知识以经验为基础，却并不是所有的经验都是知识的基础。那些不由特定对象而来的经验，如奇异的幻像、空洞的想象等便不是知识的基础。某些经验尽管由特定的外部对象而来，由于受个人主观意识的污染，它们也不是知识的基础。直面一望无垠的碧海蓝天，俯视苍翠连绵的崇山峻岭，不同的人可能获得不同的经验，甚至同一个人可能同时产生不同的诸如审美经验、宗教经验、伦理经验之类的经验，然而经验主义者通常并不把审美经验、宗教经验、伦理经验当作知识的基础。如果不是所有经验都是知识的基础，那么何种经验是知识的基础？它们与那些不是知识基础的经验如何相区分呢？经验主义对此类问题所给出的答案远不是清晰的。

## 3. 理性主义

经验主义不能合理解释知识现象，可替代的其他方案又如何呢？这里用“理性主义”一词来表达近代出现的另一种试图解释知识现象的认识论。在理性主义者看来，特定的经验是易逝的、相对于个人的，它带有主观性，而知识则绝不同于经验，它不因特定经验的消逝而不为真。知识经久不变，它是可靠的真理，具有必然性、客观性，经验或许能引发知识，但从经验至多能获得意见，不可能获得知识。知识不能从经验中得来并不表明心灵的其他内容或观念不能成为知识的基础，不能衍变成知识。实际上，理性主义者相信，知识归根到底产生于人的心灵，从心灵中产生出来而能作为知识基础的东西不是别的，那就是所谓的天赋观念。这里所说的观念与经验具有类似性，它们都依赖于心灵，是呈现于心灵中的内容。不过它们之间的区别也同样明显，经验要依赖于外部对象，观念却可能只因心灵本身而出现，天赋观念就是一类不依外部对象、只因心灵本身而出现的内容。很显然,对于理性主义者来说,天赋观念是真的,是永恒真理的真正基础。由于作为知识基础的天赋观念不依外部对象而产生,因而在理性主义那里,心灵便成了知识的唯一根源,是认识的绝对开端。

早在柏拉图的回忆说中就可看到理性主义的雏形,而近代笛卡尔则对它作了比较完整的表达。在笛卡尔看来,没有外部对象,外来的观念或经验便不会产生,然而它们也因此而变得可疑起来,不能成为知识的基础。那些由心灵自身制造出来的观念,由于具有主观性而不能成为知识的基础,它们自然也不是知识。不过在心灵中还有另外一些观念,它们不因外部对象而产生,也不是心灵制造出来的,这类观念不依心灵的主观意愿而出现,它们与心灵俱生,出自于心灵的本性,它们即是所谓的天赋观念。无疑只有这类观念才可能是知识的基础。尽管可在抽象的定义中对经验、心灵制造出来的观念以及天赋观念给出区别,在实际情形中把它们区分开来却是困难的。任何外来观念似乎都有心灵制造的痕迹,而尽管制造观念与外部对象不直接相关,不过形成制造观念的那些观念并非不与外部对象相关,如果这样,经验与制造的观念如何区分呢?另一方面,如果制造观念不与外部对象直接相关,它们与天赋观念的区别又在何处呢?如果区分这些观念的标准由外部对象而来,这也意味着对天赋观念的判定要依赖于外部对象,也即知识的获得要依赖于外部对象。然而,如果偶然而可变易逝的外部对象不是知识的可靠根源,这样的判定标准也必不源于外部对象。没有人人都同意的观念,也很少存在没有任何人都不同意的观念,从他人同意的角度来说,任何观念之间的区别只是程度上的,而不是本质上的,因而这种区分的标准也不依赖于他人。

笛卡尔发现,区别心灵内容的标准不能求之于外,而只能求之于心灵自身,天赋观念是心灵本身所具有的,而其他观念也是心灵的内容,因而判断天赋观念最合适的标准无疑来自于心灵。具体来说,只有那些明白清晰而又确定地呈现在心灵之中、使其无法怀疑的东西才是天赋观念,这样的观念显然也是真的。笛卡尔所提出的标准也即是自明性标准,依此来确定知识或真理的方法可称为自明性方法。在逻辑一致的理性主义那里,自明性方法不仅是区分各种心灵内容的标准,也是区分真假的标准,它是获得天赋观念的可靠方法,甚至是唯一的方法。

并不是所有的知识都是明白清晰的，如“837+376=1213”、“一个物体所受的力是其质量与加速度的积”等知识就难以说是显而易见的，还有其他许多知识也同样如此。如何断言它们的确是知识呢？这样的知识显然只能以天赋观念为基础，并从中引申出来。如何从天赋观念中引申出其他知识？理性主义者想到了演绎法。根据演绎法，如果前提为真，根据演绎关系演绎出来的结论必为真。由于天赋观念是真的，那些由天赋观念演绎而来观念也自然是真的，它们是知识。在理性主义者那里，作为演绎前提的天赋观念一劳永逸地确定了知识的起源与归宿，而演绎关系本身也成了天赋观念不可或缺的一部分。

实际情形似乎显示，对某个人来说是明白清晰的观念，另一个人并不认为如此，相反，对一个人来说不明白清晰的观念，另一个人则可能认定它是明白清晰的。不同的人有不同的自明性观念，何种观念是自明的似乎与个人的知识修养有关，也与特定的社会文化背景有关。的确，尽管理性主义相信存在天赋观念，但他们所举出的天赋观念常常互不相同，有人可能认为“存在上帝”是天赋的，另一些人则不如此认为。这种情形几乎一开始就给理性主义的解释蒙上了阴影。或许理性主义者辩解说，把何种观念当作自明观念完全是个人的事，所获得的知识只对个人有效，这种认识论方案只限于解释个人的知识，它对于他人的知识、社会的知识或人类知识并不是有兴趣的。尽管这样的辩解并没有逻辑上的不一致，也可能消解某些批评，却依然面临其他某些困难，如它难以解释知识的客观性。的确，如果一个观念是否为知识完全依个人的主观标准而确定，那么只要愿意，任何人都可以把他所希望当作知识的观念看作是知识，这样一来，心灵的自明可能是绝对的根据，也可能只是一种纯粹的主观幻觉。

当理性主义者把心灵的自明作为区分不同观念的标准以及区分真假的标准时，它在实际运用中是否有效也是可疑的。心灵中的自明与不自明可能并没有绝对的区分，认为它们之间只有程度的区分也许更为合理。一个观念相对某一观念来说是自明的，它相对另一观念却不一定是自明的。在某人看来，“5+7=12”比“67+56=123”自明，而相比于“1+2=3”，它可能不那么自明。不仅如此，一个观念是否自明很可能与心灵之外的东西相关，它并不是完全内在的，我一个小时前认为清楚明白的观念现在也可能认为它是可疑的，而之前可疑的观念后来却可能被认为是可靠的。

理性主义期望通过演绎方法来获取知识或许受到了数学的启示，因而这种方法对数学来说可能是合适的，但确实有理由怀疑它是否在其他领域依然有效。显然，许多非自明的知识难以由自明知识演绎而来，人们不能由关于盐酸与碳酸钙的自明知识而演绎出它们是否会发生反应，不能由关于苹果落地等自明知识而演绎出牛顿理论。或许可以把牛顿理论当作是自明的，由之可能演绎出关于苹果落地、钟摆运动的知识，但这样的解释依然不能解决问题。从某些关于外部对象的普遍性知识演绎出其他个别知识时往往需要借用一些其他的、与具体情形有关的知识，而这样的知识难以说是自明的。由牛顿理论演绎出其他一些描述具体情形的知识时，它常常要依赖于其他一些知识，如弹性定律、摩擦定律等，这些知识无疑并不都是自明的。当然，理性主义者也可不顾实际地宣布，尽管为他人所认可，但那些不能由自明知识演绎出来的东西其实都不是知识，知识要么是自明的，要么可由自明的知识演绎出来。这时的理性主义尽管做到了逻辑一致，却只能解释一些极为贫乏的知识，而关于世界的大量知识依然处于理性主义者的解释之外。

尽管由天赋观念所演绎出来的知识超出了天赋观念，不过达到天赋观念之外的那些知识却归根到底隐含在天赋观念中，因而甚至所有知识都是被预先确定了的。也许这些知识可凭某种机缘而获得，它却是与外部世界割绝开来而独立存在的。可以看到，理性主义所给出的知识体系高居于经验世界之上，尽管它可能对人的实践活动产生影响，但绝不受实践活动的作用。理性主义的这种想法无疑极不自然。实际的知识总是不断地扩展、更替，它确乎与实践活动相关。为了应对诸如此类的批评，理性主义者提出，天赋观念是潜存的，它只是表明在心灵中具有某种天赋的、形成观念的能力，在经验的刺激下，这种能力产生出某些天赋观念，并由此产生出知识来。这样的解释或许能纾解理性主义的某些困难，但也难以完全解决问题。如果知识基础归根到底要由心灵呈现出来，而它不与经验相关，那么前述的困难同样会出现。不仅如此，这种修正的理性主义还将产生某些新的困难：这种潜存的能力是什么？它们如何起作用？知识如何因它们而获得？理性主义者对这些问题除了提供一些比喻或一般性的大原则之外，从来没有给出过一个合理的解答。在某种程度上，它不过是把需要明显理由的地方转入到潜存，使理由从根本上不可能给出。同时,潜在的天赋观念如果要在外部经验的影响下才能变为现实的观念,难道不正表明它们产生于经验或至少与经验相关吗?难道不正表明这类认识论只是经验主义的变种吗?

## 4. 康德的方案

经验主义与理性主义在各种批评的冲击下成了一堆思想废墟。人的认识无疑与外部对象有关、与经验有关,但它确实不完全是经验的结果,它还与心灵中的其他内容或产生其他内容的能力有关。能否在经验主义与理性主义的废墟中建立起新的思想体系,并由此提供对知识起源问题以及其他知识论问题的合理解答呢?康德对此做了尝试。

康德相信,尽管不是所有陈述都是知识,但知识无疑是一类陈述。当然,相对于"陈述",康德更愿意使用带有深厚心理主义色彩的"判断"一词。在康德看来,有两类可能为真的判断,即分析判断与综合判断,分析判断不依赖经验而为真,综合判断则不同,如果不依赖于经验则无法真正确定它们是否为真或是否为知识。分析的真判断不能增加认识内容,因而值得关注的往往是由综合判断所表达的知识或表现为综合判断的知识,物理学、化学等中的知识即是此类知识。康德相信,综合判断所表达的知识具有普遍必然性,而此类知识的普遍必然性并不由经验而来,它来自于心灵中的其他内容。康德把那些存在于心灵,并能给出普遍必然性的成分称为先天形式。先天形式普遍地存在于所有人的心灵中,并且不可变更,它们是绝对的、唯一的。先天形式对经验给予整理,由于它们的作用,杂多的经验呈现出特定的关系与秩序,并最终形成具有普遍必然性的知识。很显然,康德的看法体现了经验主义与理性主义的一种综合。

知识如何由经验与心灵中的先天形式结合而成?康德按认识能力的不同把心灵区分为三个部分,即感性、知性与理性,每一部分都意味着一种特定的认识能力,而在它们中又都分别存在某种特定的先天形式,它们对所给予的认识材料进行了整理、综合,形成特定的认识结果。在康德那里,认识的最终结果并不是一下子形成的,它的形成过程如同一个现代化的工艺流程。感性同外部对象处于直接相关之中,获得原初的作用物,从而启动此流程。感性对这些原初作用物率先给予整理，在感性中获得整理的材料被输送到知性中做进一步的加工，而理性则可能对知性所获得的产物给予进一步的整理，获得更高一级的认识结果。

在感性内部接受并整理原初作用物的能力或先天形式是时间与空间。知性中的先天形式是纯粹知性概念，即所谓的范畴，范畴对输送而来的感性材料给予进一步的加工，把它们联结、统一，结果得到关于外部对象的知识。由范畴整理、综合而获得的知识表现出了范畴的某些形式特性，这些特性不能从外部对象或原初作用物中直接获得，也不能直接从感性材料中获得，而由知性范畴整理、综合感性材料时获得。在康德看来，人们首先偶然地获得一些光和热的感性材料，尽管它们在时间与空间中得到整理，却依然是一些不确定的东西，以似乎无关的方式出现，而知性则可把这些不确定的东西联结起来。通过知性中的“实体”范畴，一些感性材料被整理，从而可称之为“太阳”，另一些被整理的感性材料可称之为“石头”，并且获得了一些关于实体的综合判断，如“太阳晒”、“石头热”等。然而，这些判断依然以偶然的、无关的形式出现，它们并没有以普遍必然的方式联结着，只有通过知性中的“因果”范畴的综合，人们才能够说：“太阳晒是石头热的原因”。可见，没有范畴的综合统一，一切感性材料之间的统一性和必然性关联都是不可能出现的。

知性只能获得有条件的知识，这就是通常所说的经验知识或自然科学知识，但理性并不满足这一点，它希望把知性中所获得的认识结果做进一步的整理，希望把这些有条件的知识归属于更高的原则之下，以获得无条件的知识，从而完成知性的统一。无条件的知识表达了现象出现的无条件的原因，而对无条件的原因的追溯恰恰便成了理性的任务。由于现象与人有关，都是心灵与外部对象结合的结果，无条件的原因自然离不开这两方面。的确，心灵或自我与所有外部对象所构成的整体即世界不以任何现象为条件，它们却是所有现象出现的前提，而自我与世界还可能结合到一起，这就是上帝。于是在康德看来，自我、世界与上帝是人们追溯现象无条件原因而得到的东西，它们是理性整理现象而得到的最高统一体，他称之为理念。理念并不是知性所能把握的东西，而是理性的构造物，它们是有条件出现的现象的最后根据或最终前提，它们能被设想，却不能被给予。由于理念不是实际存在的，它们不能通过感官感知，如果把它们当成现象界中的实际存在的对象，就会发生矛盾。显然，关于理念的描述不是经验知识，因为它们并不基于任何感性材料而作出，它们的出现没有任何充分的根据。尽管人们总想扩大关于现象界的知识范围，以达到对无条件知识或无限整体的把握，从而在理念的诱导下，不断地追求它、接近它，但关于它们的这些判断根本是无稽之谈。

对于经验主义来说，知识是联结感性所获得的感性材料的结果，知性或理性如果不是不存在，它所起的作用也很有限。在理性主义那里，感性对知识的形成不起太多有益的作用，完全可能由知性获得知识。可见，无论是对经验主义还是对理性主义，区分感性与知性或区分感性与理性如果不是不可想象，也没有太多的意义。康德区分感性、知性与理性，他似乎一开始就设法把经验主义与理性主义综合起来，因而他提出的无疑是一种具有创造性的认识论方案，不过这种方案要成功，至少还要说明几个方面的问题：首先要表明确实能对心灵或心灵的认识能力做如此这般的区分；其次要表明在心灵的诸种认识能力中确实存在诸如此类的先天形式；同时还要合理地说明，如何由先天形式整理各级认识材料以获得包含经验知识在内的各种认识结果，从而对知识现象给出满意的解释。

相信可对人的认识机能或心灵如康德所指出的那样作出严格区分是可疑的，对这一点的说明将在后面给出，在此只提出一个疑问：康德在区分心灵的各种认识能力、并从中分辨出各种先天形式等时，无疑要预先对心灵有所认识，但他又声称，任何对心灵的描绘都是无稽之谈，那么康德对心灵的各种描绘是否也是无稽之谈呢？康德的确难以可信地表明，心灵存在某些先天形式，并且它们普遍地存在于所有人的心灵中。他之所以把时间与空间看作是先天形式，只不过因为它们是人们获得关于外部对象所给予的刺激物前后、并列、远近等关系的条件，而不是相反，如人们可以设想出空的、没有任何对象的时间与空间，但不可设想有不在任何时间与空间中的对象。尽管如此，康德并没有充分理由断言，时间与空间是绝对的、唯一的，它们不受外部对象所给的刺激物的影响。实际上，人们心中所拥有的时间与空间观念确乎不是绝对的、唯一的，不同的人完全可以持有不同的时间与空间观念。爱因斯坦的时空观念与牛顿的时空观念就有很大不同，而非欧几何的出现更表明，人们可能拥有多种空间形式，这些空间形式能同样有效地整理感知材料。果如此，那么要么感性中的时空形式并不是绝对的、唯一的，不同心灵可能存在不同的时空形式，甚至同一心灵的时空形式在不同时期也可能发生变更;要么感性中的先天形式根本不是时间与空间。

康德对有关范畴的诸多看法也令人疑虑重重:知性范畴是什么?它们是否的确是整理感性材料的先天形式?在哲学中谈论范畴时极易产生混淆。康德的范畴是与经验概念对立的纯粹知性概念。传统哲学中,概念表达表象或表象所反映的对象,有时也指语词或词组所具有的意义。作为一种概念,范畴大约也有类似的意思,不过有时也可能具有其他的一些意思,如指语词的类。亚里士多德在《范畴篇》中曾区分了十种范畴,他所使用的"范畴"一词据说是为了"区别出那些能够组合成语句的词和词组的意思的主要类型",[①]也即表达那些构成语句的语词或词组的类别。康德的"范畴"一词并没有放弃传统的使用方式,不仅如此,他还赋予了它更为复杂的意思。

在康德看来,范畴不仅描述具有某种内容的表象,有时也指具有某种性质的语词的类,不尽如此,康德还赋予它一种特殊的意义。当康德说范畴是"赋予一个判断中的各种不同表象以统一性的那同一个机能,也赋予一个直观中各种不同表象的单纯综合以统一性"[②]时,范畴显然不是表达表象或语词类别等事物,而指对各种经验进行整理、统一的能力,即认识能力。实际上,当康德谈到实体范畴时,他也许是用它指一类表达实体的语词或心灵中的某种表象,但同时也指一种综合能力、一种认识能力。那些表达某种对象的东西与表达认识对象能力的东西无论如何是不同的,用一个语词不加区分地表达二者无疑易于产生混淆,康德对"范畴"一词的种种用法使人们有理由质疑他是否避免了或是否能够避免这种混淆。康德对"范畴"的多重使用无疑给人们理解他的想法带来了困难,而这种困难的产生多半应由康德来负责。确实,如果知识是一种判断,而概念只是判断的部分,构成知识的先天形式即范畴或纯粹知性概念无疑不是构成判断的一部分。因而,为了更好地理解康德的思想抱负,至少在某些情形中,把他著作中的范畴看作是一种认识对象或形成表象的认识能力,而不看作是某种诸如表象之类的事物可能会更好。

康德不希望仅仅凭偶然的机缘去随机地拼凑范畴,而试图按某些逻辑的

① [英]W. D. 罗斯:《亚里士多德》,王路译,商务印书馆1997年版,第26页。
② [德]康德:《纯粹理性批判》,邓晓芒译,人民出版社2004年版,第71页。

线索来系统地揭示它们。他相信可从形式逻辑所提供的判断分类来确定范畴,认为只要抽去判断的经验内容,仅仅考察其形式就可以获得范畴,因为特定的判断表现出了心灵的统一活动,而范畴整理、联结感性材料的作用表现于判断形式中。康德相信,范畴与传统逻辑的每一种判断形式相适应,因为判断形式是各种判断形成的前提和基础,是使那些判断活动进行的条件。然而康德并没有从传统逻辑的判断分类开始,为了从中引出其范畴,他对其给予了改造,如传统逻辑并不把单称判断和全称判断区分开来,同时也没有所谓的无限判断,但康德引入了诸如此类的判断。这种做法似乎给人一个印象:康德先有了某些有关范畴的想法,再依据它们来对判断给予分类。如果这样,人们可能根据不同的理由提出不同的判断分类,没有理由认定只有一种判断分类是合理的,没有理由认定只有康德提出的分类是合理的。如果的确可根据对判断的不同分类方式而提出不同的范畴系统,那么批评者可以说,没有理由表明某种范畴系统是绝对合理的,也没有理由表明只有康德所提出的那些范畴是先天形式,正如不同的人可能有不同的时空形式一样,很可能不同的人综合感性材料的范畴也是不相同的。甚至同一人也可能在一些时候使用某种范畴系统,在另一些时候则使用另一种范畴系统,范畴系统在同一人那里也可能不是绝对的、唯一的。

范畴既然不像经验概念那样可从杂多经验即感性材料中提升出来,它是先天的纯形式,是普遍的、抽象的东西,而感性材料是个别的、具体的东西,范畴具有同感性材料根本不同的性质,而知识的存在又要求范畴能应用于感性材料,二者如何可能结合起来?康德提出,必须使范畴直观化、感性化,从而使它们与感性材料沟通起来,范畴与经验沟通的桥梁是图式。图式是什么?康德对图式的理解甚至比对范畴的理解更为含混不清。在康德那里,图式既不是普遍的范畴,也不是个别的经验,而似乎是一种介于二者之间的心灵结构,但有时他又把它当作是一种潜藏于心灵中的一种认识能力,借助它,范畴得以完成对经验的整理、综合。康德在此遇到的另一个问题是:在任何可能结合的事物中,结合的双方共有某些相似部分,而此相似部分正是它们结合的根据,具有根本不同性质的范畴与感性材料如何可能结合呢?

即便心灵确实如康德所相信的那样,具有某些综合经验的先天形式,也并不能表明由此整理感性材料而获得的判断必定是知识。由于范畴是先天形式,它们普遍地适用于所有的感性材料,因此它们并不能特殊地或具体地说明一个感性材料与其他不同的感性材料之间必定具有或不具有某种相关性,并不能说明它们为何能如此这般地联结起来。如对已通过实体范畴整理而获得的各种综合判断,人们如何可能获得其中的因果关系呢?可以说“石头发热”必定有一个原因,但人们在获得“石头发热”的同时或之前,可能获得许多其他综合判断或经验,如“太阳照射”、“树叶飘落”、“汽车碾压”、“飞鸟鸣叫”等,实际上,只要愿意,人们能获得无限多的诸如此类的经验。康德的先天形式可以整理这些经验,或许由此可以断定,这些经验中必定有一个是“石头发热”的原因,却无法告知必定是那一个。

或许人们替康德辩护说,康德在此考虑的只是经验知识何以可能的问题,考虑的只是纯粹自然科学的基本原则,他不必肯定任何现有的经验知识或特殊规律是必然的,这些特殊规律要依靠具体的经验才能确立,而这是物理学家、化学家等的任务。康德的确特别强调指出,他谈到的只是最一般的规律,而不是诸如物理学规律、化学规律等特殊规律。他说:“那些特殊的规律,由于涉及到被经验性地规定了的现象,而从范畴中并不能完备地被推导出来,即使它们全都服从那些范畴。根本说来,为了获悉这些特殊规律,就必须加上经验。”①然而,作为一个哲学家,康德至少要告诉人们如何从具体经验获取特殊规律的一般方式。如果康德只是指出了从经验获取知识的可能性,却并不能保证如何由经验获取现实的知识,或如果他只是指出了知识的可能性,而不能表明知识的现实性,那么他的知识论就不会是成功的,或至少不会是完整的。知识论不只是指出知识是可能存在的,更重要的是要告诉人们如何可能现实地获得知识,并告知人们在实际的求知活动中获得知识的方式与标准,以期对求知活动给予促进。

无论如何,尽管康德对知识在个别心灵中如何产生的问题所做的考察比近代任何经验主义者或理性主义者对此所做的考察都要复杂,也可能更为合理,但知识论问题还是可能比康德所想象的要更为复杂。

---

① [德]康德:《纯粹理性批判》,邓晓芒译,人民出版社2004年版,第109页。

## 5. 胡塞尔的方案

知识基础看来不能是依赖于外部对象的个别而不可靠的经验，也不能是僵化的天赋观念，由此类前提所建立的知识论不是导致怀疑论就是导致独断论。胡塞尔的抱负是为所有知识奠定可靠的基础，从而一劳永逸地使之摆脱相对主义与怀疑论的侵扰。知识基础是什么呢？胡塞尔依然相信个体心灵是奠基知识的可靠保证，而直接呈现于心灵中的内容即纯粹意识确定地存在，是不可疑的，它们正是知识可以依靠的基础。通常所说的经验与天赋观念尽管也是心灵呈现出来的意识，不过人们谈到它们时总是不自觉地含有各种成见和预设，他或把它们看作是某些外部对象与心灵的作用物，或把它们看作是心灵制造或呈现的结果，因而与胡塞尔所强调的作为知识基础的纯粹意识有所不同。胡塞尔当然不否认外部对象或心灵是可能实际存在的，他也不否认纯粹意识可能是外部对象与心灵作用的结果，但他并不考虑这些结果是如何发生的，而只关注它们在心灵中的直接呈现，因为断定外部对象与心灵如何发生作用，甚至断定它们是否具有某种作用等都要基于纯粹意识本身，没有了解如何基于纯粹意识获得知识之前，对它们的任何断定都是无根据的，都是值得怀疑的。

这种把各种成见与预设放在一边，而只注意纯粹意识本身的方法即是胡塞尔所谓的悬置方法。悬置方法把意识中各种可疑的成见与预设去除，它打破了之前认识论所确立的有关知识基础的各种教条，此时直观、想象甚至各种心灵活动都可能获得纯粹意识。实际上，凡出现于心灵中的内容都可能成为知识基础，因而由此获得的知识基础不比经验主义的经验或理性主义的天赋观念更少，反而因摆脱这些成见与预设而大大地扩展了其内容，它所获得的知识基础比经验主义、理性主义所给出的知识基础要更丰富、更具有创造力。其实，在胡塞尔那里，纯粹意识并非完全不同于经验与天赋观念，经验主义的经验与理性主义的天赋观念依然可能成为纯粹意识，成为知识的基础，不过经过悬置之后的经验或天赋观念是否还能等同于经验主义的经验或理性主义的天赋观念则是另一回事了。

不仅如此，由于摆脱了各种成见与预设的束缚，胡塞尔可能因此给出一种更为彻底、更为一致的认识论方案。尽管经过悬置外部对象而获得的纯粹意识与传统经验主义的经验不同，但作为知识基础的纯粹意识可能反映外部对象，因而由纯粹意识而能获得关于外部世界的认识。经验主义的经验依赖于有限的、非反思存在的外部对象，基于这个前提而确立的知识论是独断的，依它来解释知识现象时也困难重重。纯粹意识不依存于特定的外部对象，这种知识基础是反思性的，由此奠基的认识论比经验主义更为彻底。同时，这种认识论不必考虑“经验如何反映外部世界”、“经验如何因外部对象而具有某种特性”、“心灵能否机械地反映外部对象”等问题，而这些问题恰恰使得传统经验主义陷入了困境。从这一点来看，这种认识论可能会比传统经验主义更为一致。纯粹意识不特定地与外部世界有关，它的呈现唯一而绝对地依赖于心灵。心灵区分它们，在其中构造出知识，因此可以说心灵是纯粹意识的唯一源泉，是知识的绝对根据。就此而言，胡塞尔的认识论无疑是一种典型的理性主义。不过，胡塞尔不必如笛卡尔一样要考虑“如何区分经验、制造观念与天赋观念”之类的问题，也不必考虑困扰传统理性主义的关于“各种实体有何特征”、“它们之间有何关系”等问题，因而他可能排除理性主义的各种不彻底性与不一致性。

如何从纯粹意识达到知识呢？相比于知识，胡塞尔更喜欢谈论本质。胡塞尔的本质与那种和现象对立的本质不尽相同，在他看来，本质并不是不同于纯粹意识的东西，而纯粹意识甚至直接就是本质或可能由此获得本质。尽管如此，要了解胡塞尔的本质依然是困难的，他的本质有时指个别的事物，有时又指普遍性的事物；有时它似乎类似于柏拉图的“理念”，是对象的原型，有时它又是一个众多意识现象中的普遍形式。不过，他所说的本质并不是某个实体对象，而是在纯粹意识中被当场呈现或构造出来的东西，因而也可以说是认识的结果。在这个意义上，尽管胡塞尔所说的本质不等同于知识，但知识无疑是某种类型的本质。

如何从纯粹意识达到本质呢？胡塞尔相信那直接把握事物的直观方法能做到这一点。直观方法在胡塞尔那里具有极为重要的地位。在胡塞尔看来，直观是达成认识目的的根本方法，是一切认识方法的源头，因而也可以说是唯一的认识方法，所有的认识都基于直观，也只有直观才能获得真理。不过胡塞尔所说的能发现本质的直观不同于通常所说的直观，而是所谓的本质直观。

本质直观不以某个或某些对象的实际存在为前提，它完全局限于心灵内部而在想象中进行。在胡塞尔看来，通过心灵的想象，人们获得各种纯粹意识，而本质恰恰可以从这些意识中呈现或被构造出来。构造在胡塞尔那里具有难以消除的模糊性与不稳定性。通常，他所说的构造过程大致如下：对于一个出现于心灵中的有待认识的意识现象，认识者可以在想象中从某一方面或某些方面变更它，在想象中不断创造原有意识现象的各种变体，这些想象的种种变体呈现在心灵中。尽管任一次的想象是不完全的，但在通过一系列不同的想象而获得的众多变体中，人们依然可以找到它们之间的相互联系，发现它们之间的统一性与不变性，从而能比较完整地获得此意识现象的不可变更的、符合所有变体的"本质"。①

对于这个认识过程，批评者是可能提出许多指责的。首先，这些想象出来的各种变体是否的确只是原有意识现象的变体，还是根本不同的其他事物呢？如果这种变体与原有意识有根本的不同，那么由此获得的本质就并不是原有意识的本质。如果这些变体是原有意识的相似物，那么判定它们相似的根据何在呢？要判定任何两个意识是否相似，在判定之前就必定先要有一个判定它们相似或不相似的根据，而如果存在这样的根据，这样的根据也就提供了本质，或者至少提供了部分本质，这无疑是与胡塞尔试图排除所有成见与预设的悬置方法不相容的。另一方面，任何对象可能有无限的变体，即便想象也无法在有限时间内完成这些变体，更不用说完全把握到这些变体。即便在胡塞尔的考虑中，认识者并不要完全把握所有变体就能获得本质，但在获得本质过程中，认识者要做多少想象，获得多少变体是合适的呢？

对于上述的批评，胡塞尔可能答复说，纯粹意识直接地被给予，不同纯粹意识或各种意识现象的变体呈现于心灵中，不同变体之间或不同对象之间如何区分问题根本不存在，因为认识者能直接"看"到这一点，能区分何种变体是某对象或类似于某对象，何种变体不是。不仅如此，拜本质直观所赐，认识者甚至能直接地区分什么事物是真的，什么事物是假的。对于红，一个人直观地获得关于它的纯粹意识，在多个个别的纯粹意识中又能直接获得一般的红，即从这个或那个红中直观出"一般之物"。甚至不必再做更多的追问就可以

① ［德］胡塞尔：《经验与判断》，邓晓芒、张廷国译，三联书店1999年版，第393—402页。

看到，在胡塞尔那里，获取本质的认识活动的此环节充满了神秘性。胡塞尔其实并不回避其认识论中的神秘色彩，他明确说："知性要尽可能少，但直观要尽可能纯，实际上我们想起了神秘主义者的话"。① 如果确是如此，那么人们就不必追寻如何由个别达到普遍的合理方式了，经验主义者与康德费尽心机地试图合理解释如何从个别经验中抽引出普遍性知识的各种努力就变得没有任何必要了，甚至胡塞尔从纯粹意识构造本质的各种研讨也都显得无关紧要了。

胡塞尔把认识的所有根据寄托于直观，他保证认识者能由本质直观获得本质，获得不同种类的知识。然而不同的人可能有不同的直观，有不同的想象与构造，如何保证特定的认识者由本质直观所获得的事物恰恰便是本质而不是非本质呢？胡塞尔像传统理性主义者一样，也依赖所谓的自明性标准，甚至比传统理性主义者更极端地突出了心灵的自明作用。如果由直观获得的事物可能依赖其他标准来判定它是否为知识，那么可能最大限度地稀释由直观方法所带来的主观性，但胡塞尔断然否认这样的可能性。胡塞尔清楚，一旦决定采取这样的方式，也即把直观方法当作是唯一的认识方法，那么判定知识的标准就只能依赖心灵的自明性了。实际上，在胡塞尔看来，那些作为知识基础的东西是无需任何前提的绝对自明的东西，给予自明性的心灵能时刻保证直观、想象以及构造过程，从而获得本质。显然，胡塞尔的方案也存在传统理性主义类似的问题，依据他的方案，人们至多获得一堆主观的、暧昧的幻影，也许蒙昧主义是对这类认识论的最好标注。

近代以来，由于宗教权威的衰落，个人的自信心得到极大程度的提升，甚至剧烈地膨胀起来了，这时的人们极力推崇心灵自身的能力，相信任何认识都可以在个人心灵中达成，以至最终根本地否认任何外部的权威。另一方面，这时的人们延续着对真理的传统看法，相信有永恒的真理，而它们又可能在绝对确定的基础上通过某些绝对的方法达到。近代各种认识论方案或多或少地体现了这样的观念，而它们在胡塞尔的思想中几乎获得了最为充分的体现，这也恰恰印证了胡塞尔所说的，"现象学可以说是一切近代哲学的隐秘的憧憬"。②

① ［德］胡塞尔：《现象学的观念》，倪梁康译，上海译文出版社1986年版，第55页。
② ［德］胡塞尔：《纯粹现象学通论》，李幼蒸译，商务印书馆1992年版，第160页。

总的来说,胡塞尔的哲学对破除近代以来的许多认识论教条是有益的,但它所提供的认识论方案无疑没有生育能力,不可能在它的引领下获得客观化的知识,它也许启示了新的起点,却远不是终点。

# 第二章　心理主义及其困境

## 6. 心理主义的基本前提

知识的获取离不开人的心灵，心灵是认识的枢纽，因而近代人通常相信，对知识现象的合理解释都基于对心理活动的真实省察，在探讨知识论之前，考察心灵的性质、了解其认识能力与限度是第一要务。实际上，近代经验主义的经验与理性主义的天赋观念都在心灵中呈现出来，它们不仅由心灵产生，与其他心灵内容的区分因心灵而作出，它们也因心灵中的某种能力而构成知识，因而无论是经验主义还是理性主义都把对心灵的认识当作知识论的基础。这里把对知识论问题的探讨依赖于省察实际心理过程，把知识论问题归结为心理学问题的看法称为心理主义。心理主义大致有两个基本前提：首先，它相信获得知识的过程是一心理过程，也仅仅是一心理过程，对心理过程的了解不多不少也就意味着了解了知识的形成过程；其次，它强调人们可以如了解面前的桌子一样了解自己的心灵，他对自身心灵即自我的了解甚至比对桌子的了解更清晰、更真实。人对桌子的观察往往受制于桌子所处的环境，如周围的光线、离他的远近、桌子摆放的角度等，但他可以直接无碍地省察自我，而不必受制于任何外部条件。不过此种看法似乎难以解释如下情形：人们在回答"心灵是什么"、"心灵具有何种性质"、"知识如何得来"等问题时所引发的争论远比在回答"桌子是什么"、"桌子具有何性质"、"桌子如何构成"等问题时所引发的争论要多、要复杂。

只有了解心灵是什么，才能恰当地评判心理主义。心灵是什么？对此问题的一个典型解答是：心灵是一实体。人们在说"我心里想"、"处心积虑"等时，似乎便承认有一个心灵实体，心灵实体发动心理活动、产生并容纳各种心理现象或意识等。这种解答通常还接受另一类实体，即物质实体，物质实体处于心灵之外，也被称为外部对象。对于二元论者来说，心灵可以没有物质而存在，而物质也可以没有心灵而存在，心灵与物质是两类具有根本不同性质的实体。可以看到，二元论者愿意接受人们通常有关心灵与物质的某些基本观念，如相信物质处于空间中，它受因果关系的约束，是被决定的，而不是自由的；心灵尽管寄居于特定的物质如人的身体中，但不能确定它处于身体的何种位置，它不存在于任何特定的空间，不受或不完全受因果关系的约束，它是自由的。

二元论的最大困难也许是如何解释心灵与物质之间的相互关系或相互作用。心灵与物质看来确实具有某种相互作用，人的各种感知、欲望、情感等心理现象由心灵实体产生，但它们看来也与心灵之外的物质有关，没有物质，据说许多甚或全部心理现象是不会出现的。心灵与物质之间如何产生作用呢？在笛卡尔看来，这种作用由居于大脑松果腺中的心灵通过神经网络与物质结合而产生，然而，当追问构成松果腺的物质与心灵如何作用时，笛卡尔马上会陷入困境，而此问题其实是心灵与物质之间作用问题的另一种表现。二元论的另一困难是：如果心灵与物质之间有相互作用，那么自由的心灵就会干预物质的活动，结果物质世界也将不受因果关系的约束；反过来，如果物质受因果关系的约束，受物质作用的心灵也将同样受因果关系的约束。可见，无论何种情形，二元论似乎都将推出一些与人们所拥有的基本观念相矛盾的结果。

或许可以认定心灵与物质之间没有相互作用，它们之间似乎存在的联系其实只是一种幻觉。我的手指受到某物的撞击，随后在心灵中感到一阵疼痛，其实这两件事情之间并没有因果联系。如果我此时不受到撞击，心灵也会有疼痛，只是此时刚好有一种撞击使我认为它们之间有联系而已。这正如斯宾诺莎所说："思想和事物的观念在心灵内是怎样排列和连系着，身体的感触和事物的形象在身体内也恰好是那样排列着和联系着"①。上述说辞尽管有悖于日常观念，不过也并非完全不可能，只是如果心灵活动与物质活动之间具有如此的平行关系，那就没有理由认定心灵与物质具有根本不同的性质，它们是根本不同的实体，也即是说，或者心灵与物质一样必定受因果关系的约束，或者物质与心灵一样也不受因果关系的约束，它是自由的。

唯心论不同于二元论，它并不认为必定得接受物质实体，世界似乎并不同

① [荷兰]斯宾诺莎：《伦理学》，贺麟译，商务印书馆1997年版，第240页。

于人们看起来的那个样子。在唯心论者看来,存在于心灵之外的物质是不可理解的,物质只是心灵所呈现出来的意识现象或经验构造的结果,离开能呈现意识的心灵,任何物质不可能存在,因此谈论"物质与心灵具有何种关系"就根本没有意义。唯心论显然没有充足的根据。即便人们所谈论的物质实体是各种意识现象的构造,对物质世界的认识要以经验为基础,也不能因此断定不存在物质实体。不过唯心论的批评者往往也提不出更多的理由表明唯心论必定是错的,唯心论者能够在逻辑上自贯一致。尽管如此,唯心论可能难以与人们所拥有的其他一些根深蒂固的观念一致。如果唯心论是对的,任何相互理解就只是一种幻影,相互交流其实只是个人的内心独白。同时,如果一切都是某个心灵的自由构造,那就不会有任何客观的东西,就不会有任何受因果关系约束的东西,而知识就成了一个难于解释的现象,探求知识不仅毫无意义,甚至成为根本不可能的事了。

唯物论与唯心论相对。唯物论者相信,除了物质实体之外,世界中并没有其他实体,通常所谓的心理现象或意识只是各种物质相互作用的结果,如果了解了某些物质过程,也就了解了与之对应的那些心理现象。众多唯物论中比较简单的一种是由霍布斯提出的。霍布斯相信,存在心理现象并不意味存在一个不同于物质实体的心灵,心理现象其实是物质过程或是物质过程的体现,物质的运动给人的身体感官施以压力,这些压力通过身体的神经网络与其他媒介传达到大脑,结果就产生了感觉等心理现象。这类看法的一个难题是:人的某种心理现象如何与物质过程对应?实际上,人们从来就没有获得过如此一个事例,即完全从物质过程来说明某种心理现象。人们可能为同一心理现象找到不同的神经生理过程来说明,也可能为不同的心理现象提出相同的神经生理过程来说明。知识与心灵有关,如果如唯物论所说,心灵只是一种物质过程,而物质过程受因果关系的约束,那么任何知识的出现也受因果关系的约束,是被决定的,这样一来也就看不出人们追求知识有何意义了。

为了避免上述困难,一些现代唯物论者提出,应把心灵看作是一种功能,特定的心灵状态或心理现象其实就是一种特定的功能作用,这种功能体现于身体中的某种因果作用中,它使身体将所输入的物理刺激转变为另一些包括生理现象的各种物质过程的输出。为了获知心灵过程或解释各种心理现象,人们并不必把它们还原为某种具体的物质过程,只要获得输入与输出之间的转换关系，也就获得了身体的功能作用，这样也就认识了心灵过程，也就解释了相应的心理现象。这种看法并不独断地认定存在某种心灵实体，也不教条地把心灵状态等同于某些物质过程或物质过程的结果，它甚至不预先确定心灵具有何特征，而只是声称：如果心灵是某种作用物，那么它的作用可能通过某些物质过程的输入与输出而获知。功能主义的这种看法无疑具有启发性，它可能为人们认识心灵带来实际的进展，而不总是停留在一些空洞的猜测上。

不过上述的看法并非没有困难。对不同的人来说，输入同一刺激，可能会有不同的输出，而输入不同的刺激，可能会有同一的输出，即输入与输出之间并无确定的规则性。一个正常人和一个犯有红绿色盲的人都受到红色物质的刺激时，正常人会感觉到红色，并能做出相应的行为，而色盲人会感觉到绿色，同样也能做出相应的行为。对疼痛感受，人们可能受到某些外部刺激而发生疼痛行为，但也可能没有受到这样类似的刺激而假装有疼痛行为。如果确是这样，如何可能确切地从特定的输入与输出之间的转换关系获得功能作用呢？也即如何确切地了解心灵是什么呢？可能有人认为输入与输出之间的不规则性实际是由于有一些未知的输入与输出现象未能被认识或检测到而造成的。这些未知的成分可能由于不同心灵之间的个体差异而导致，也可能由于其他的原因而导致，因此看上去对不同身体的同一输入实际是不同的，因而可能导致有不同的输出，而看上去对不同身体的不同输入可能为另一些未被检测到的不同输入所抵消，从而导致同样的输出。不过此类辩护也难以成立，除非这些未知的成分能被认识到或检测到，否则谈论它并不具有任何意义，而人们对心灵的认识依然笼罩在迷雾中。

现代唯物论似乎超越了霍布斯式的旧唯物论，它不把心灵状态等同于某些特定的物质过程，不把对特定心理现象的理解等同于认识某些特定的物质过程。然而，如果只有物质过程具有因果关系，而对功能作用的了解又要基于某种因果关系，那么这种唯物论就并没有明显远离霍布斯式的唯物论。这种唯物论尽管不坚持把心灵当作某种物质过程，但当它断定心灵可能通过功能的方式确立时，如果不是预先假定心灵是一物质过程，而此过程受因果关系的约束，那么现代唯物论所做出的有关认知心灵的一切努力便都没有根据了。

二元论、唯心论与唯物论看来都难以说是合理的，它们要么自身内部存在不一致，要么与人们的某些前提（特别是有关知识的基本前提）相背离。尽管这些基本前提并不都是知识论所要接受的,但如果其中的某些基本前提是人们必要接受的共识,那就不能不说,奠基于这类思想的认识论将难以获得广泛的接受。的确,人们越来越发现,传统认识论者或心理主义者把心灵问题看得过于简单了。

## 7. 知识论中的心灵与物质

在人类的各种语言系统中几乎都出现了"心灵"、"物质"之类的语词,在考虑知识论问题时,常常不自觉地关涉到心灵与物质,并把它们看作是知识基础或是呈现知识基础的前提,不讨论心灵与物质或把它们搁置起来存而不论是不合适的。心灵或物质是什么?如何合适地谈论心灵与物质?只要能自圆其说,不能阻止人们断言心灵是这样或那样的实体,它们具有这样或那样的性质,不过这种独断论的看法自近代以来已越来越难以获得认同。人们越来越意识到,独断地言说心灵与物质并不合理,摆脱独断论的最好方式莫过于把任何想法、态度建立在确定的知识基础上,任何脱离知识基础而确立的那些带有浓厚个人主观想象的独断都难以在知识论中获得认可,也难以对知识论问题给出满意的解答。

在知识论中,如何不独断而又合理地谈论心灵与物质呢?严谨的经验主义者给出了一种解答。严谨的经验主义者把所获得的经验区分为简单经验与复杂经验,可称那些由其他经验复合而成的经验为复杂经验,而称另一些经验为简单经验。复杂经验由简单经验而来,简单经验则来源于经验之外的事物,可称这些事物为物质或外部对象,它们是产生经验的基础。在这些经验主义者看来,物质只是一种解释经验的设定或构造,它为经验的出现提出了一种简单而方便的解释。根据这种看法,由于各种经验一同出现,于是便认定它们来源于某个物质,而此物质处于经验之外,它恒常、稳定地支撑着经验的出现,可用某个名称如"月亮"、"长城"等来表达它。经验往往需要有某些外部事物才能产生出来,不过这并不需要、也不保证人们得回溯到某个实际存在的、不受经验决定而它却决定经验出现的物质即物质实体中,人们对物质实体是否存在一无所知。

设想存在物质不仅能解释经验的出现,甚至也能解释经验不出现的情形或其他情形。我的感官接触世界，获得一些经验，我认为它们由一对象——某桌子引起。当转过身时，我又获得了其他某些经验，可以认为后一些经验由其他物质而来。尽管此时前一些经验已不出现在我心灵之中，但我依然设定此桌子并没有消失，它依然实在，这使得我能解释如下的情形或对如下情形不感到奇怪：当我一回过身来，关于此桌子的经验又出现于我心灵之中。很显然，所设定的物质并不一定实际存在，或许经验的确是某些实体的结果，这些实体不依赖于经验，是经验出现的真正根据，但对它们的任何断言都是空洞的独断，在我的认识中，充其量只能达到那些设定之物。

作为知识基础的经验不能自存，它们必定要出现于某事物之中，要有一个存在处所。同时，人们常常感知有些经验是新产生的，有些经验则发生了变化。不仅如此，其中一些经验相对于另一些经验似乎变得更强烈、更清晰，而一些经验相对于另一些经验则又似乎变得更为暗淡、更为模糊，甚至完全消失。仅仅依靠物质及其过程难以完整地解释经验的产生与各种变化，往往需要设定其他的某些对象。逐渐变化的经验往往没有明显的分界，而其处所似乎也是它们产生、消逝与变化之所，一个简单而直捷的解释是把使经验有所依靠，使经验产生、消失，使经验发生变化等的对象看作是同一的，否则就要有一个区分它们的标准。经验主义者称此对象为心灵。显然，心灵是一种新的、与物质不同的对象。正如前面所表明的，经验主义对知识的解释存在许多困难，它把经验当作知识基础难以令人信服，它对如何从经验获得知识的描述也模糊不清，因而它对心灵与物质的看法也不免令人生疑。尽管如此，上述的想法依然提供了启发，它至少例示了一种非独断性地回答"心灵或物质是什么"、"心灵与物质有何关系"等问题的方式。

知识不是无从生有，它们要从某些东西中产生出来，可称那些产生它们的东西为知识基础。在反思性地获得关于知识基础的更多信息之前，人们总可以说，的确存在知识基础，那些被称为知识的东西恰恰基于它们而来，它们规定了知识的内容与基本形式。这些平凡的前提是否蕴含着人们了解心灵与物质的可能性？知识基础之为知识基础，必有某些使之出现的根据，这些根据是什么？它们具有何性质？知识基础如何从它们中产生出来？对这些问题的解答无疑也将成为一类知识。不过令人遗憾的是，甚至在追寻这类知识之前，人们就可发现这类知识是不可能完全获得的。任何对这种根据的探求都要依赖于知识基础,因而对它们的求索存在一种逻辑上的阻碍。实际上,知识基础的根据及与之相关的领域标画出了人们认识的逻辑界限,在此界限之内,人的认识起不了太大的作用。当然无法禁止人们在此作出讨论、表达各种想法,但严谨的人们会发现在此所出现的种种想法往往不过是一些幻想与浮夸,充满独断与神秘气味。

尽管呈现知识基础的根据不可能完全求索,但为着理智上的满足,人们通常要设定某些对象来作为知识基础出现的充分根据。如何设定解释知识基础出现的对象?任何人都可以在此自由地发挥联想,只要能简单而有效地解释知识基础的出现,任何解释似乎都是可接受的。抽象地看,任一解释也并不比其他解释更合理,却也并不比其他解释更不合理,对于这类问题的解答可能存在争论,但这些争论通常就如争论"'鸭—兔图'表现的到底是一只鸭子,还是一只兔子"或"天上某些星星排列的形状到底是'M'还是'W'"一样没有太多实际意义。不过,由于这种设定影响对知识论其他问题的解答,因而那些更简单而有效地解释知识现象的设定以及那些与广泛接受的共识相一致的设定无疑是更为可取的。

设定某些对象来解释知识基础出现的方式与直接认定某些实体来解释知识基础出现的方式表面上没有太多的差异。后一种解释所直接认定的实体似乎只是前一种解释所设定的对象实体化的结果,前一种解释所设定的对象似乎恰恰便是后一种解释所直接认定的那些实体,而它们对知识基础的出现或其他知识现象所做出的解释并没有两样。其实不然,上述两种解释有着根本的不同,它们体现了两种截然不同的思维方式。尽管它们都对知识基础作了某种解释,但后一种解释体现的是一种非反思的、封闭性的思维方式,是对知识论的一般问题缺乏系统反思的结果。后一种解释由于在逻辑上绝对地排除任何其他实体出现的可能性,它也就绝对地排除了其他解释知识基础出现的可能方式,在其中实际包含了一种教条:知识基础决定性地由某些对象实体而产生。前一种解释只是把对象看作是为解释知识基础出现而作出的一种设定,它仅仅是一种设定,因而并不排除其他的可能性,它愿意接受新的设定,能宽容其他人对知识基础出现所作出的其他解释或其他设定。可见,前一种解释体现的是一种反思的、开放性的思维方式。

为解释知识基础的出现,通常设定两类对象,即心灵与物质。心灵与物质是解释知识基础出现的结果，而所设定的心灵与物质又可能解释知识基础的出现，甚至可能解释其他知识现象。当然也可以只设定心灵或只设定物质来解释知识基础的出现，但这两类设定都可能需要另外的一些原则来解释知识基础的出现或其他知识现象，因而不够简单明了。另一方面，单纯由这些原则引出的解释可能由于背离常识而通常不为人所接受，也可能由于太过复杂而对人们的求知事业没有助益。我们无疑不愿意断定只有这种设定是合适的，但只要它能合适地解释知识基础的出现以及其他知识现象，人们便没有理由不考虑它，或想当然地拒绝它。

一般来说，所设定的心灵是产生、承载并呈现知识基础的对象，它伴随于任何知识基础，甚至伴随于一切基于知识基础的认识活动，是它们得以出现的根据。心灵产生一切内容，它具有最丰富以至无所不包的内容，因而也可以说它是无内容的、空洞的或形式的，对于它所支持其出现的那些知识基础来说，它给出了一种形式上的统一。一项知识基础被产生出来，它便被承载、被呈现，而那些被承载、被呈现的知识也要被产生出来，因而可以把产生所有知识基础的对象与承载所有知识基础的对象以及呈现知识基础的对象看作是同一的对象。实际上，如果不作如此的设想，那么便要给出区分这些对象的标准。由于心灵是无内容的，它只是一种形式上的统一，因而几乎可以确定地说，不能给出这样的标准。果如此，那么这样的设想不仅是合理的，甚至也是必要的。

心灵只能空洞地解释知识基础的出现，如果只有心灵，人们便立即发现在解释知识现象时会捉襟见肘。知识基础常常会恒常而稳定地出现，它们不因心灵厌恶、反感、忽视而消失，也不因心灵同情、喜欢、重视而产生，这似乎表明有除心灵之外的其他对象支持知识基础的出现。另一方面，知识基础不是单一的，它们多种多样，不同的知识基础以及由之而来的知识具有不同的内容，没有理由说多样的知识基础或知识仅仅由单一的心灵产生，并因它而得以区别开来。为解释诸如此类的现象，人们有理由设定不同于心灵的对象，而知识基础或知识所具有的不同内容恰恰来源于这样的对象。通常称此类对象为物质，有时也称为外部对象。

## 8. 心灵与物质的基本特征

心灵与物质具有何特征？在对它们做更详细的规定之前，可能要求了解更多关于知识基础的信息，不过即便对知识基础作些极为一般的了解也依然可以对之给出某些规定。也许不能保证所有知识基础都与物质有关，如有些知识基础可能完全因心灵而产生并呈现出来，有些知识基础尽管来源于物质，却难以确定它们来自于何种物质，不过依然可以从那些能确定地追溯物质根据的知识基础开始来了解物质的某些一般特征。

没有理由认定多样的知识基础来源于同一物质，不过用同一物质来解释不同知识基础的出现在逻辑上也是可能的，但通常来说，后者并不能达到解释的目的。人们之所以提出解释，一方面是为某些事物的出现给出一种充分的根据，以便获得一种理智上的满足；一方面则希望对相似事物给出一种统一的理解，使得人们可能更容易地把握它们。上述解释无疑不能符合这些要求。上述的解释也许能使人们获得一种理智上的满足，却不能帮助人们了解知识基础因何而不同，也不能促使人们更好地把握知识基础。如果众多知识基础的出现都由同一物质导致，物质如何可能与心灵相区分？另一方面，如果知识基础之间的不同可由某一物质来解释，那么没有理由不可由某个心灵来解释，这样一来，设定物质也就变得没有意义了。因而一个合理的断言是：物质不是单一的，如果期望物质能对多样知识基础的出现给出合理的解释，那么它必定与知识基础一样也是多样的。

多样的物质所构成的世界即是物质世界。多样的物质与多样的知识基础并不完全对应，设想不同的知识基础必定来源于不同的物质是不合理的，那样一来，所设定的物质将与知识基础同样多，而解释也就失去了价值。是否某项特定的知识基础完全基于某一物质？如果有这样的知识基础，它的出现无疑也是罕见的。知识基础的出现几乎不可避免地受到了其他物质的影响，因而它终归将表现某些物质之间的关系。如何由知识基础来确定物质？或如何由某些特定的知识基础来确定由之所设定的特定物质？这可能是一个复杂的问题，不能指望在此获得完全的解答，不过可以对此给出大致的设想。由于一些知识基础一同出现，而且它们总是一同出现，那就可以把它们看作是某些特定的物质导致的结果,这些物质支持某项知识基础的出现,同时也支持那些总是与之一同出现的知识基础的出现。如果一些知识基础与其他知识基础有时一起出现,有时却不一起出现,但它们与另一些知识基础恒常地一起出现,那就可把它们与后者的出现看作是由另一些物质导致的结果。总之,为了解释不同的知识基础,可以设想存在不同的物质,并且某个物质可能支持众多知识基础的出现,而某项知识基础的出现可能基于多个物质,物质与知识基础之间却不存在一一对应的关系。

一些知识基础产生、持存,而另一些却消失,为了表达它们的产生、持存与消失,往往需要使用一些如“早”、“晚”,“过去”、“现在”、“将来”等语词,如说“某一知识基础的出现早于另一知识基础的出现”、“某一知识基础与另一知识基础同时出现”、“现在获得了某一知识基础”等,可称这些语词为时间语词。不仅如此,知识基础本身也往往包含时间语词。知识基础表达了物质之间的某种关系,为解释这些包含时间语词的知识基础,往往设定其中的时间语词表达了某些物质之间的某种关系,或者设定它们表达了物质之间各种关系之间的某种关系,有时又称时间语词所表达的关系为时间关系。时间关系是一种物质之间的关系还是一种关系之间的关系?在此似乎难以做出断定。然而,如果时间语词能表达知识基础的产生、持存与消失,它能表达不同知识基础之间的关系,似乎时间关系不止是一种物质之间的关系,而更可能是一种关系之间的关系。无论如何,时间语词与物质直接相关,时间关系直接地便是物质之间的关系或物质之间关系的关系,因而可以说时间关系存在于物质世界,有时也不无误解地说:物质之间的关系存在于时间中或物质世界存在于时间中。

一些知识基础往往包含“上”、“下”、“前”、“后”、“左”、“右”等语词,通常可称之为空间语词。为解释包含空间语词的知识基础,往往设定其中的空间语词表达了某些物质之间的某种关系,或者设定它们表达了物质之间各种关系之间的某种关系,有时又称这种关系为空间关系。空间关系是一种物质之间的关系还是一种关系之间的关系?如果知识基础之间没有空间关系,那么空间关系似乎与时间关系不同。对于空间关系与时间关系,后面还有更详细的说明,这里只指出:由于一般认为知识基础之间并没有空间关系,我们在此简单地说,空间关系是一种物质之间的关系,而不是一种关系之间的关系。

如果空间关系直接就是物质之间的关系，空间语词直接与物质相关，也可以说空间关系存在于物质世界，有时也不严格地说物质存在于空间中。一般地说，为解释众多的知识基础，人们构造出了不同的物质，物质多种多样，它们之间有各种关系，而这些关系之间又存在各种关系，空间关系与时间关系即是其中的某类关系，知识基础中的时间语词与空间语词表达了与物质相关的时间关系与空间关系。

对众多知识基础进行整理、综合，可获得一些具有普遍性的知识。某项知识往往包含诸多知识基础，它呈现了这些被包含的知识基础之间的关系。另一方面，包含于某项知识中的众多知识基础是相似的，由于特定的知识基础表达了某些物质之间的关系，因而知识基础的相似性恰恰表达了众多支持它们出现的物质之间的相似性，而知识也就表达了那些支持相似知识基础出现的那些相似物质之间的关系，也即表达了某类物质与另一些类的物质之间的关系。知识似乎显示，只要某一物质属于某一类，那么它与另一些类的物质就具有某种特定的关系，通常称这种关系为因果关系。或许人们只把其中的某些关系称为因果关系，不过因果关系到底是指上述这类的关系，还是指这类关系的某些部分？这问题在此是无关紧要的。紧要的是要了解：尽管可以设定物质之间存在因果关系，但它不是实际存在的物质世界或本原世界中的对象之间的关系，而是所设定的物质之间的关系，它只是解释知识基础之间关系的结果。人们所了解的物质之间关系解释，是知识所显示出来的东西。一般来说，只要给出了众多知识基础之间的关系，也就是给出了各种物质之间的关系或认识了物质。多样的物质为多样的知识基础提供了一个持存的、常住不变的基质，人们在认识活动中所获得的知识呈现了知识基础之间的关系，它们实际也就是呈现了多样的物质之间的关系，因而对知识基础之间关系的认识也就是对物质的认识。

心灵是产生、承载与呈现知识基础的对象，是否可把知识基础区分为不同的类，把某些知识基础的出现看作是某一心灵的结果，而把另一些知识基础的出现看作是另一心灵的结果？如果确是这样，那么心灵就如物质一样可分为多个部分或多个分立的对象，它们如桌子、台灯一样独立地存在，并各自支持某些知识基础的出现。这样的设定尽管可以提出，却并不是合理的。如果心灵可分为多个独立的部分，其中一个部分是某些知识基础出现的根据，而另一部分是其他知识基础出现的根据,那么对心灵的任一部分 A 而言,支持其他知识基础出现的其他心灵部分 B 便没有必要设定或是没法设想的,因为 B 所支持的知识基础不出现在 A 中。这时设定一个支持这些知识基础出现的心灵或心灵的独立部分 B 就如设定一个未知心灵支持某些未知知识基础的出现一样,这种设定对于 A 来说是没有必要的,甚至也是无法被设想的。另一方面,如果 A 认识到 B 是某些知识基础的根据,这时的它自身就已伴随那些知识基础而出现了,因而它也就构成了那些知识基础出现的形式根据。可见,设想心灵可以分为诸多独立的部分,并且它们分别支持某些知识基础的出现而不支持另一些知识基础的出现是不合理的。似乎合理的断言是:尽管知识基础是多样的,支持它们出现的形式根据却是单一的,单一的心灵支持所有知识基础的出现,不可想象心灵可能被区分为诸多独立的部分,而其中每一部分可分别地充当不同知识基础出现的根据。心灵的这种特征即是所谓的单一性。对此笛卡尔有类似看法,他曾说:"当我考虑我的精神,也就是说,作为仅仅是一个在思维的东西的我自己的时候,我在精神里分不出什么部分来,我把我自己领会为一个单一、完整的东西"。①

心灵的单一性无非是表明支持知识基础出现的心灵不可分割,或不可把知识基础分为不同部分,而不同部分分别基于不同心灵,但它并不表明不可能有多个心灵同时支持这些知识基础的出现。支持大楼的支柱是单一的,不能说一根支柱的一部分支持大楼某一部分的重量,而其另一部分支持大楼另一部分的重量,但可能有多根支持大楼重量的支柱,它们同时支持大楼的出现。支持众多知识基础出现的单一心灵只有一个,还是可能有多个?传统认识论者相信或实际认为,作为知识基础的根据的单一心灵是唯一的,并称之为自我。同时他们也试图在此基础上解答知识论问题。显然,在此基础上确立的知识论无疑是唯我论的,难以解释知识的客观性。结果,传统认识论者又不得不强调有多个心灵,不过他们在说明不同于自我的他心时往往不得要领,陷于难以摆脱的困境。支持知识基础出现的心灵是一还是多?对此只能对知识基础有更多的了解之后才能确定,我们打算稍后再谈此问题。

包含时间语词的知识基础出现在心灵中,心灵不加区分地产生、承载与呈

---

① [法]笛卡尔:《第一哲学沉思集》,庞景仁译,商务印书馆 1996 年版,第 90 页。

现知识基础，无法区分心灵的不同部分来解释知识基础中所包含的早与晚、过去与现在等时间关系，因此，心灵不适合用时间语词来表达。实际上，由于心灵是单一的，它内部没有早、晚以及过去、现在等关系，因而知识基础中所包含的时间语词是关于物质的，而决不会完全是关于心灵的。同时，设想心灵与物质之间存在时间关系也困难重重，因为如此一来就要设想在心灵之先与之后都有某些特定的物质，它们与心灵之间具有某种时间关系。显然，人们难以设想存在这样的物质，难以回答如下的问题：基于这些物质的知识基础如何可能出现在心灵中？人们如何通过对知识基础的区分来分辨心灵与此物质之间的早晚关系或其他时间关系？如果某物质出现在心灵之先或之后，那么它实际处于心灵之外，似乎这样的物质不可能是对出现于心灵中的知识基础的解释，果如此，也可以说它不可设想。基于此，可以说不仅不能设想心灵有时间关系，也难以设想在心灵与其他物质之间有时间关系，因而不能用时间语词来表达心灵。此时也可以不严格地说，心灵不在时间之中，它是永恒的。

包含空间语词的知识基础出现在心灵中，心灵不加区分地支持知识基础的出现，无法区分心灵的不同部分来解释知识基础中所包含的上与下、前与后或左与右等空间关系，因此，心灵不适合用空间语词来表达。由于心灵是单一的，难以设想心灵中的任何关系，因而心灵内部不仅没有早晚等时间关系，也没有上下、前后与左右等空间关系，知识基础中所包含的空间语词是关于物质的，而绝不是完全关于心灵的。另一方面，也难以设想心灵与物质之间存在空间关系。如果它们之间存在这样的关系，如心灵与某些物质有上下关系，与一些物质有前后关系或左右关系，那么无疑可能用分割物质的方式分割它，也就可能把心灵分割成独立的部分了。同时，如果心灵与物质之间存在空间关系，设想某物质与心灵具有某种特定的空间关系，而此物质似乎与某一特定的物质也可能具有相同的空间关系，这样一来，心灵与此特定的物质有何区别呢？可见，设想某物质或某事物与心灵有上下、前后或左右关系是困难的，甚至是不可能的。事物之间的空间关系出现在心灵中，心灵给出这种关系，但不出现在这些关系中，它不是其中的关系项，因而不能用空间语词来表达心灵。可以一般地说，没有任何物质或任何事物与心灵有早晚等时间关系或上下等空间关系。

任何一项知识都是对某些知识基础给予整理、综合的结果，心灵支持所有知识基础的出现,也支持所有知识的出现,因而它不是任何特定知识基础或特定知识的特殊解释物。人们或许对心灵有某种认识,对心灵有某些特殊的理解,但无法用任何特定的知识来充分地表达这一点。由于特定的知识往往表达的是特定物质之间的关系,因而表达心灵认识的特殊知识恰恰是把心灵类比于物质的结果。另一方面,特定的知识真实地表达了各种物质之间的关系,表达了其中特定的因果关系,心灵则无区别地支持所有这样的关系,无区别地给出所有这样的关系,因此,当由某些知识基础或由基于它们的知识来表达心灵或与心灵相关的关系时,总不会完全表达心灵。支持这种表达或支持这种整理、综合等的依然是心灵,而试图完整地把握心灵时就不得不把这部分的心灵纳入其中,而这样一来就会导致毫无结果的无穷追溯。正是基于这一点,人们才说心灵是自由的、精神性的,它超越因果规律。的确,心灵给出各种关系,任何关系都出现在心灵之中,却不可设想心灵本身具有某种关系,难以设想心灵与物质有某种特定的因果关系或其他关系。当人们试图设想并把握心灵或与心灵相关的关系时,总会发现这种把握的根据不充分,总还有其他把握的可能性,他会感到自己正立于四周深不可测悬崖之上,陷于茫然无助的瀚海之中。

很显然,此处所谈到的心灵与物质是一种为解释知识基础或知识的设定,对于诸如此类的问题——"是否实际存在心灵或物质"、"实际存在的对象是否的确具有这样的特性"等是难以获得满意回答的。尽管如此,这并不影响人们作出这样的设定。即便本原世界存在众多不同类型的实体,人们也可只设定心灵与物质;即便本原世界空无一物或只有一种实体,人们也依然可以设定心灵与物质。逻辑上的设定与本原世界实际存在何种对象无关,因而尽管这里对心灵与物质作出了某些反思,却并没有对"本原世界具有何种对象"、"它们具有何种性质"等问题给出确定的回答。不过,在知识论中,这些问题或许并不如人们所想象的那样重要。

## 9. 心理主义的困境

上述关于心灵与物质的设定以及它们具有某些特定性质的看法并不基于某种关于知识基础的特定思想,似乎只要相信存在知识基础,上述的看法也便是可接受的，而所获得的结论具有普遍性意义，因而可依此来检视心理主义的基本前提。心理主义把心灵与物质看作是本原世界中的实体，把心灵与物质之间的作用或作用物当作知识基础，相信通过追索心灵与物质之间的作用过程来解答认识论问题不仅是可能的，也是必要的，相信实际存在的心灵与物质为这种解释提供了客观的基础。通常把试图追索心灵与物质之间的作用过程或经验心理过程来解答认识论问题的方式称为经验心理学方法，这是一种发生式方法。

这种发生式方法的问题是明显的。首先，当它把实际存在之物当作产生知识的前提时，这种前提是绝对的、排他性的，因而它归根到底是一种封闭式知识论的方法。由于这种方法往往也没有把实际发生的过程与解释过程区分开，因而它又是一种非反思性的方法。作为一门系统性的反思学问，知识论要把前提纳入反思之中，它不能全然任意而排他性地预设前提。尽管发生式方法在其他学科中有效，有时甚至有较大的合理性，它对于知识论或一般地对哲学研究却是不合适的。另一方面，经验心理主义或发生式方法没有注意到解答知识论问题时不仅要知道知识基础，知道如何由它们构成可能成为知识的事物，而且还要知道如何区分知识与非知识，并告知人们何种认识活动是合理的，何种认识活动是不合理的，它明显地忽视了后一类问题，甚至完全置之不理。因而即便真实地获知了心灵与物质的作用过程或心理过程，它也没有可能完全解答知识论问题。

基于非反思的、封闭式思维的经验心理主义自然难以获得合理的认识论。人们也可能自觉反思心灵与物质，而不把它们当作一个非反思地实际存在之物，基于这种反思来解答知识论的方式能否便是合理的呢？康德试图摆脱发生式方法，他不打算从实际的心理过程开始其思考历程，而试图从纯逻辑产生的前提出发。康德承认存在普遍必然的知识，为解释这一点，他断言知识由两部分构成，即由普遍必然的形式以及与实在相关的内容构成。这样的考虑在胡塞尔那里也存在。胡塞尔明确地指出，他的“全部考察都是纯逻辑性的”，在他看来，只有“从纯逻辑中产生一切可能知识或知识对象的基本结构的部分”才可能有严格彻底并且合理的知识论研究。① 尽管如此，康德与胡塞尔并

① ［德］胡塞尔：《纯粹现象学通论》，李幼蒸译，商务印书馆1995年版，第72—73页。

没有完全摆脱发生式方法的诱惑。

无论是康德还是胡塞尔,他们对实际的经验心理过程与逻辑心理过程的区分并不是很清楚的,而往往把逻辑的东西与实际经验的东西纠结在一起。康德很快从经验心理过程中找到了那些由分析而获得的构成知识解释性条件的基础,他似乎相信,构成知识的形式与内容的结合过程也就是实际心理的作用过程,因而胡塞尔指责康德只是纯逻辑地处理了知识中的普遍必然性即其形式部分,而他依然按发生式方法来说明知识的内容即质料部分。不过胡塞尔的想法也并不比康德的想法有根本的改观。实际上,无论是胡塞尔还是康德,当他们使用各种心理学语词如"感性"、"知性"、"理性"以及"意向"、"知觉"、"边缘域"等时,当他们使用它们来区分各种心理状态、表达各种心理过程时,他们的这些思想与谈论不太可能与经验心理学无关,相反,他们所赋予的这些心理语词的意义常常基于经验心理学。如果不基于对经验心理学的某些认可,如我有如此的心理过程,而且你也同样有,你与我有相同的心理过程,因此,我可能把这样的想法告诉你,把我的这些心理过程表达出来,而它们会获得你的认同,那么康德或胡塞尔所谓的先验方法就没有任何实际的可靠性。可见,康德与胡塞尔的思考方法或他们所倡导的那种先验方法实际隐晦地基于经验心理主义或发生式方法。也许他们原本试图摆脱经验心理主义或发生式方法,不过终究没能如愿。甚至于可以说,这种摆脱其实不过是一种幌子,而他们或许只是希望以更主观或更自由的方式选择自己所需要的经验心理观念,结果他们都不可避免地走向了一种更主观的心理主义。可以预见,康德与胡塞尔的思考方法也将拥有发生式方法类似的困难。

在传统认识论中,尽管经验心理主义与先验心理主义在讨论的开端存在不同,但很快就合流了。无论是经验心理主义还是先验心理主义,它们往往通过对心灵的省察而把心灵区分为不同的部分,心灵因不同的部分获得不同的内容,也因不同的部分而可以从心灵内容获取知识。对心理主义者来说,不仅产生简单内容的各种心灵部分可区分开,而且它们与产生复杂心灵内容、甚至构造知识的各种心灵部分也可区分开,特定的心灵部分有特定的认识作用,它们恰好能说明认识过程。区分心灵的各种部分以及辨识出各种部分的作用是心理主义的一个基础性的工作,它甚至决定其整个思想的过程与结果。

洛克认定心灵感知物质,同时也能反省感知物本身,而经验恰恰来源于心灵的感知与反省。洛克相信心灵能区分简单经验与复杂经验，断言知识不过是两个经验的“契合或矛盾所生的一种知觉”，也即是心灵对任何经验之间的联络与契合。① 于洛克看来，心灵可能区分为不同的部分，不同部分具有不同的如感知或反省的能力，呈现不同的如简单经验或复杂经验的心灵内容等。康德对认识论的研讨很大程度上依赖于对心灵的区分以及对不同心灵部分的作用的详尽规定。康德把心灵区分为感性、知性、理性，而它们又可作更细致的区分，如可分为外感觉、内感觉、经验性直观、纯粹直观、想象、把握的综合、再生的综合、认知的综合、先验统觉等。康德相信不同的心灵部分有不同的作用，它们可能获得不同的心灵内容，这些内容多种多样，有如质料、形式、经验、现象、表象、概念、范畴、判断等。而胡塞尔对心灵的不同部分、它们各自的作用以及由之可能获得的心理内容做了更精细的、更复杂的区分与规定，这些区分与规定几乎达到了一种病态的程度。

心理主义的这种区分所面临的第一个问题是，一些知识基础由某些心灵的部分如感性产生，而其他的部分产生其他的一些知识基础，是否意味着心灵可能区分为不同的独立部分？如果心灵是单一的，自然不能从中区分出不同的独立部分。心理主义可能辩护说，这里的部分并不是如把一个桌子分为桌面、抽屉、桌脚等的部分，而是指功能。桌子有不同的功能，它可以承载重物、可以在上面写作、可以保存物品，区分这些功能并不意味着可把桌子区分为独立的部分，相反，不同的功能正是一个作为整体出现的对象呈现出来的东西。同样，心灵尽管是单一的，却可以呈现出不同的功能。就心灵作为知识基础出现的根据而言，心灵支持所有知识基础的出现，但由于知识基础各不相同，它们可分为不同类型。为了解释这一点，可以说某类知识基础之所以出现，只是由于心灵具有某种功能，或它们显示了心灵的某种功能，而另一类知识基础的出现显示了心灵的另一种功能。这样就可能把心灵区分为不同的功能，有时也称功能为机能。如果有一类知识基础由“过去”等语词来标记，那么可以说这类知识基础的出现是心灵某种机能的结果，它不同于心灵的其他机能，可称之为记忆。同样，支持将来可能为知识基础的事物出现的心灵机能可称为期望。有些知识基础的出现并无确定的产生它们的物质，这时可把呈现它们的

① ［英］洛克：《人类理解论》，关文运译，商务印书馆 1997 年版，第 515 页。

心灵机能称为想象。由此也可区分感性、知性、理性之类的心灵机能以及其他心灵机能。

尽管如此,心理主义也没有摆脱困境。即便不把对心灵部分的区分理解为是对心灵所包含的、可构成整体的不同独立的各个部分的区分,而是对其各种机能的区分,即便由此区分的心灵机能可能对知识基础的出现以及基于知识基础的各种认识活动给出解释,这种解释的效力或许没有心理主义者所期望的那样高、那样具有基础性。为解释知识基础的出现,以便获得一种理智上的满足,人们设定心灵与物质,并可能通过某些知识基础的出现来确定各种物质。反过来,人们可能把所设定的心灵与物质当作真实的根据来解释其他知识基础的出现以及其他一些事物,也即心灵与物质为知识基础的出现以及其他事物提供了根据。后一种解释无疑是可行的,不会因此而陷于逻辑循环,因为设定心灵与物质的知识基础并不是被心灵与物质所解释的知识基础。然而后一种解释的前提由前一种解释而来,因而相对于前一种解释,后一种解释是第二位的、从属的。可见,尽管人们能区分各种心灵机能,规定它们的各种性质,并以之为前提来解释知识基础的出现或其他知识现象,这种解释无疑也是第二位的、从属的,不是基本的,其解释前提依据于知识基础。一般而言,基础性的知识论不能由非基础性的前提开始,而建立于这种前提之上的知识论都不具有基础性。

另一方面,在知识论或一般地在哲学中把细致地区分心灵的各种机能、辨析其性质作为研究前提是可疑的。不同的人们可能对知识基础给出不同的分类,由之区分出不同的心灵机能,甚至即便同一个人也可能难以对此给出清晰的区分。也许要求一般人在感受与感觉、构想与构造、表象与意象之间找到一个清晰的分界是困难的,甚至要求胡塞尔在个体直观与普遍直观、印象性感觉与再造性感觉、第一性回忆与第二性回忆等之间给出清晰的分界也是困难的。的确,人们一不小心就可能把不同的心灵机能混淆起来,有些心灵机能表面上似乎有明显的区分,但越是仔细地对其给予分辨,就越可能发现不能做到这一点。心理主义者自以为能对各种机能给予清楚的区分,能清楚地辨析其性质,其实都不可救药地混乱不堪,批评者总是可以轻易地在他们所给予的不同机能之间找到一些中间状态,总是可以轻易地发现在它们之间存在模糊与不一致之处。

心理主义出现上述困境是不难理解的。心灵只是一种形式上的统一性,它支持着无限的知识基础,人们基于不同标准对知识基础给出不同的分类,因而可能给出不同的区分心灵机能的标准,由此对心灵机能给出不同分类。如果不同分类标准都是逻辑一致的,它们都可能详尽无遗地解释已有的知识基础,那么在它们之中便没有一种分类必定比另一种分类更合理,便不能苛责人们接受了某一种分类系统而没有接受另一种分类系统。同时,即便某一分类系统能详尽无遗地解释已有的知识基础,却依然可能存在矛盾与不完全之处。如果如康德所说,能把心灵机能区分为感性、知性与理性,那对之做出区分的是一种什么机能呢?如果它能被归入上述的任何一种机能,那么他之前关于感性、知性与理性之间的区分标准便是不合适的;如果不能,那么说明他的这种区分并不是完全的。实际上,甚至任何这样的分类都不可能做到完全的清晰。不同类别的知识基础之间总在某些方面存在遗漏或重叠,心灵自身总可能开启一些新的可能性,可能呈现、接受新的知识基础,它们终将打破原来的区分界限,使得那些自以为清楚的区分变得模糊起来,使得这样的区分不能完全甚至出现不一致。

心理主义者可能提出,区分心灵功能时出现的这种模糊性是可以容忍的。人们对各种物质之间的区分存在模糊性,如桌子与其上的台灯之间就并没有一个明确的分界,它们的接触部分存在一些物质的交换,如一些电子在它们之间发生跃迁,这些电子属于桌子还是台灯是不确定的。物质具有某种性质,但对特定物质具有何种特定性质的问题的回答也往往是模糊的,如有人说那盘子是椭圆形的,而另一人则可能说它是长条形的。如果人们能容忍区分物质时出现模糊性,为何不能容忍区分心灵功能时出现模糊性呢?这里要指出的是,上述的两种模糊性有根本的不同。对于桌子与台灯,人们可在某种特定的标准下对它们给出精确的区分。那盘子是椭圆形的还是长条形的?只要给出一个标准,这样的模糊性也会消失。桌子的长度是模糊的,不过只要给出某种确定的标准,人们也就能精确地谈论它的长度。很显然,物质世界中的区分往往相对于特定的客观标准,依赖这种标准,这种区分可能精确地做出,也即只要愿意,人们就能在原则上精确地区分物质及其性质,尽管这种精确性相对于特定的标准。

区分心灵机能时出现的模糊性与此不同。人们不能对心灵功能之间的区分给出一个客观的标准,依此标准可能对心灵功能给予精确的区分。如果确有这样的标准,则可以依此对不同知识基础给出精确的区分,然而,不同知识基础之所以有区分,可能分为不同的类型,却只是由于它们表达了不同物质或物质之间关系的缘故。因而如果能给出一个区分不同知识基础或知识基础类型的标准,这种标准必定依赖于物质。可见,如果可能对心灵功能给出精确的区分,这种区分的标准必定基于物质世界。另一方面,心灵与物质具有根本的不同,如果必得依据物质来区分心灵的各种机能,那就无法保证这种区分是可靠的。或许心理主义者并不指望依赖物质标准来区分心灵的机能,而仅仅依赖其他方面给出这种区分,如可能基于主观地给出某种分类标准来区分不同的心灵机能,也可能基于某种定义来区分不同的心灵机能。基于主观的分类标准带有浓厚的独断论色彩,而依赖定义的区分通常也只在定义上有效。一般而言,任何这样的区分可能面临如下的问题:心灵是自由的,它总可能打破这种标准。的确,实际的情形总可能超出人为的规定,心灵可以把某些期望当作想象,把某些表象当作意象,把某些现象当作本质,也可以把某些感性当作知性,如此等等。种种情形表明,对心灵机能给予这样一种精确区分不仅实际不可能,甚至在原则上也难以设想。显然,对心灵机能的这种不精确区分并非完全不可容忍,实际上,它在日常表达中经常出现,此处希望表明的是:不可把它们当作严格的基础性学问的前提。

尽管物质不是心灵的条件,可以设想心灵能离开物质而存在,但心灵几乎必然依附于某些物质,否则知识基础如何表现呢？如果心灵可能借不同的物质而表现,它伴随于不同的物质,心灵伴随于何种物质呢？如果心灵伴随于某种物质,也即心灵确定在某特定的物质范围内,那么在此范围内的物质便是心灵的物质载体,此物质载体通常被称为身体。身体是与心灵结合的物质,而心灵与身体的结合通常被称为我,身体是物质性的我,心灵则是精神性的我,有时也称之为自我。心理主义所确认的知识基础往往是心灵与物质的作用物,这种作用物无疑要体现于心灵与身体的作用物中。知识由知识基础构成,如果它们是心灵与某些特定的物质或身体作用过程即心理过程的结果,那么详尽地描述这些作用过程也就获得了关于认识论问题的回答,因而在心理主义那里,心灵如何认识物质的认识论问题往往以心物关系问题为基础。

心灵与物质的关系问题一般包含两个方面的问题,一是身体与其他物质或外部对象之间的关系问题以及身体各部分的关系问题;一是心灵与身体的关系问题。身体与外部对象之间的关系以及身体各部分的关系同物质之间的关系是相似的,认识了这种关系也即认识了身体。对身体的认识无疑类似于对外部对象的认识,实际上它根本就是对物质的认识。显然,对身体的这种认识并没有触及心灵本身,不能因对身体的认识而推进对心灵或对心灵与身体关系的认识。心灵与身体之间有何关系?如何追溯心身之间的关系?心理主义者在此做了诸多的努力,它们设想了各种关于心灵与身体之间的作用过程,并且往往截取这种作用过程中在某一片段的产物作为知识的基础。由于人们可能提出各种关于心灵与身体之间相互作用的设想,而在任何一点截取这种作用物作为知识基础都似乎同等可靠,都可能形成对认识论问题的解答,结果正如人们所看到的,心理主义者往往在此产生了争议。

实际出现的诸多心理主义对心身问题以及对基于此问题之上的认识论问题所给出的解答并不是有充分根据的,它们或多或少地存在困难。是否可能有更为合理的解答,并且它能达到心理主义的期望?心理主义的这种期望看起来难免会落空。在知识论中,尽管不能不设想心灵与身体的结合,但这种结合似乎只是解释知识基础出现的结果,却并不表明所设想的关于心灵与物质之间的特定结合或某些特定的相互作用是有充分根据的。实际上,难以合理地设想在心灵与物质之间存在某种特定的关系,任何希望了解这样的关系都将遇到难以逾越的逻辑鸿沟。由于这种关系要由基于心灵的知识基础给出,因而尽管心灵给出这种关系,支撑这种关系,但它并不是这种关系的关系项之一,心灵恰恰是对此关系的超越。在知识论中,心灵与自身或心灵与物质之间具有何种关系的问题根本就是一个假问题,而如果知识论的目标是描述物质之间的关系,那么前者恰恰不是其追求的目标。

难以设想心灵与身体有某种特定的结合,也可以说任何这种设想都没有充分的根据,它们之间的结合是不可确知的。如果心灵必然要依赖于身体,它借身体呈现出来,身体的范围有多大?何者物质为身外之物呢?如果心灵居于松果腺中,它伴随于松果腺,可以说松果腺是此心灵所伴随的身体。如果心灵只在大脑内部,则可只把大脑看作是身体。由于的确难以区分心灵在大脑的何一处始,在其他物质对象的何一处终,因而也可认为它伴随于与大脑紧密相关的那些外部对象之中,如常识把与大脑相关联的躯体当作身体。显然,心灵与身体结合的不确定性为如何确定身体带来了困难。实际上,心灵可能延伸到常识所说的身体之外的外部对象如电脑、手机、电话之中,因而它们也可能成为身体的一部分,它们伴随着心灵。更进一步,心灵甚至不仅在头脑中,不仅在常识所确认的躯体中,甚至可以在躯体与其他外部世界的耦合系统中,也即不仅头脑可能是身体,常识所确认的躯体是身体,甚至整个物质世界都可看作是身体。一般而言,上述问题不是一个知识问题,而是一个共识的问题,因而在某种意义上说,它也是一个没有太多意思的问题。在此问题上,我们愿意跟从常识。

无论是对心灵机能的区分,还是对它们与外部对象或身体之间的关系的追溯,心理主义在此都存在难以克服的困难。要摆脱这种困难,就如胡塞尔等人所表明的,似乎只有一种可能,那就是不得不依赖心灵直接自明的显示。的确,无论是经验主义还是理性主义,它们或多或少地依赖这种直接自明的显示,尽管只是理性主义更为彻底地把这一点明示出来了。直接自明的显示物充满了主观的幻想,把它们当作知识的基础无疑是独断论的。然而,由于传统认识论或心理主义无所凭借地追溯构成知识的心理过程,它们又常常陷入怀疑论的烦忧之中。一般而言,独断论与怀疑论是传统认识论或心理主义的两个必然结果。

# 第三章　知识论的新起点

## 10. 意会知识与言传知识

超越传统知识论不只在于指出其问题，提出建设性解答通常比单纯的批评来得更有价值。在提出更合理的解释之前，有必要先对知识作一基本了解。在某些西方语言中，“知识”一词与“知道”一词相关，受此影响，人们常常直捷地把知识当作是所知道的对象。不过这又引出另一个问题：所知道的东西是什么呢？柏拉图在《拉凯斯篇》中借苏格拉底之口说：“我们既然知道，那么也一定能够说出来”。[①] 根据这种看法，凡是知道的就一定能言说，不能说出来的东西就不是真正知道的东西，也即是说，知识是某种语言所表达的内容，由于语言表达本身是有内容的或它表达了某种内容，有时甚至更简便地说知识就是某种语言表达。

在对上述看法作出评论之前，显然首先要说明什么是语言。因不同表达方式或因不同交流媒介可区分不同的语言形式，如可区分肢体语言、有声语言、符号语言等。据说人与其他动物的一个区别是人具有语言能力，或者说人是有语言的动物。这种说法要有根据，当然要看如何定义语言。动物在遇到危险向同伴呼救时、在与同伴协作捕获猎物时、在向异性表达爱意时，都要通过各种声音、身体姿态或身体所发出的其他一些信息与同类进行交流，如果这种交流是一种语言，那么动物无疑也具有语言能力。之所以说人与动物的区别在于人能运用语言，也许主要是指人拥有一种其他动物所不具备的语言，即文字语言，这种语言是一个声音与意义结合的符号系统。

相对于人类漫长的历史，文字语言是最近才出现的，不过它一出现就很快

---

① ［古希腊］《柏拉图全集》第1卷，王晓朝译，人民出版社2002年版，第190页。

在语言中占据了主要地位，其他形式的语言沦为它的一种辅助手段。这种情势的形成显然与文字语言自身的某些特点相关。与单纯的有声语言相比，文字语言能通过特定的物质载体表现出来，能长期保存，因而具有稳定的意义，并可不断地传承下去。文字语言通过有形的符号来表达，各种符号之间有明晰、确定的界线，因而用特定的符号表达特定的事物时，能形成精确的表达。其他语言如仅仅通过声音进行交流的语言常常可能由于理解与记忆等原因难以做到这一点。同时，文字语言几乎能无限制地构造语词，并通过变化多端的连接方式，形成千变万化的语言表达，相较于其他语言，文字语言具有更为丰富的表现力。在人类当前的各种语言中，其他语言甚至难以成为一种独立有效的交流手段，而退化为文字语言的一种补充，以至最终只有依赖于文字语言才可能获得意义，甚至只有表现于文字语言中才可能成为一种真正的语言。文字语言相对于其他语言具有压倒性优势，这种优势在可以预测的将来依然会继续存在，我们所讲到的语言主要是指文字语言。

回到前面的话题。如果断言所有的知识都是语言所表达的某种内容或就是某种语言表达，这恐怕会引起一些异议。柏拉图笔下的拉凯斯说："我认为自己对勇敢的性质是知道的，但不知怎么地，我总是抓不住它，无法说出它的性质"[①]。在拉凯斯看来，有些知道的东西，即某些知识并不能被语言表达出来，这类知识也就是通常所说的意会知识。相较于意会知识，可把由语言表达出来的知识或是语言表达的知识称为言传知识。意会知识不同于言传知识，它们只可意会，不可言传，但它们似乎确实存在。意会知识的存在可在实践中体会到。一个画家能画出一幅优美而意境高远的山水画，却往往不能详细地表述他是如何做到这一点的。一个人能从人群中认出其朋友的脸，却常常不能说出他是如何认出的。在此情形中，那个画家之所以能画出某种作品，一个人之所以能认出某物，据说全因他们有某种意会知识。

在支持存在意会知识的人看来，意会知识不仅存在，甚至也并不少见，尽管人们常常没有意识到，这类知识其实可能远远多于他的想象，甚至比言传知识要多。如果把知识看作是一座冰山，那么言传知识就是知识冰山的可见部分，而意会知识则是潜藏于水下的、远远多于可见部分的部分。波兰尼就曾断

---

① ［古希腊］《柏拉图全集》第1卷，王晓朝译，人民出版社2002年版，第194页。

言“我们能够知道的比我们能够说出来的要多”。[①] 人们不仅要知道什么是知识,而且要知道在实践中如何运用知识达到目标。言传知识无疑具有指导实践的能力,但意会知识在实践方面的作用也是显而易见的;并且似乎比言传知识的作用要大得多、深远得多,意会知识甚至是实践能力的基础。在认识过程中,人们在知道对某一事物怎么说之前,就已知道它是什么或怎么做了,在出现有关某一事物的言传知识之前,他总是先拥有了关于它的某些意会知识,因而相对于言传知识,意会知识是在先出现的。不仅如此,相对于言传知识,意会知识是决定性的、基础性的,没有意会知识,某种言传知识甚至于不能被产生出来。这正如波兰尼所言,意会知识“是所有知识的支配原则”[②]。

在此并不打算争论“意会知识具有何种特征以及为何具有这样的特征”、“它们是否比言传知识更多并且更为基础”等问题,只是希望表明:意会知识并不是知识论所研讨的目标,或至少不是重要目标。在说明这一点之前,有必要先对意会知识作些简单的区分。可以大体把意会知识分为如下几类。

首先是指这样一类知识,人们对它们的了解不那么有把握或认为它们不够成熟而不愿意把它们表达出来,或者认为它们太过常见、熟知,在交流中能为交流的双方意会到,以至没有必要把它们表达出来,但只要愿意,人们无疑是能做到这一点的。这类意会知识其实是一种隐晦的言传知识,它们与言传知识并没有根本的区别,即便存在某些区别,也并不表明它们比言传知识更重要。

其次是指这样一类知识,这类知识可在实践过程中体现出来,如在作画、辨识对象,或驾驶、游泳等实践行为中体现出来。此时不能把此类意会知识等同于实践知识。某些类型的实践知识可能用语言表达,关于绘画技法、驾驶技术等的著作就包含了这类的知识。不过,通常所提到的此类意会知识实际难以与运用知识的能力区分开。人们在实践活动中具有一种从事某种活动的能力,通常所谓的本能大约就是这样的一种能力,在从事实践活动时,此种能力综合地运用各种知识,以至人们难以清楚自己实际是如何综合运用那些知识的。的确,那些声称存在意会知识的人大多通过例示某种实践能力而断言在

---

① M. Polanyi: *Personal Knowledge*, Chicago University Press, 1958, p. 22.

② [英]迈克尔·波兰尼:《科学、信仰与社会》,南京大学出版社 2004 年版,第 111 页。

此存在意会知识,然而,如果仅仅只能做到这一点,这类知识严格而言并不是知识,而只是一种运用知识的能力或实践能力,如果他们试图把它们当作意会知识,人们就有理由批评他们可能把知识与运用知识的能力或实践能力混淆起来了。

另一类意会知识不是来源于对实践能力与知识的混淆,也不是人们不愿意表达或认为不必要表达的结果,它们是一类根本不能用语言表达出来的知识,这类意会知识在形成言传知识之前就隐匿于大量的意识活动之中,从这些活动中可以找到它们的不完全形态。很显然,这类意会知识与言传知识并不是可明确分割开的,相反,它们一起构成一个连续发生的统一体。言传知识与意会知识的关系大体就如一幅正式画作与它的草图的关系一样。某位画家在形成其正式画作之前常常有大量的草图,如果把正式的画作看作是言传知识,那么在形成它之前的大量草图可以看作是意会知识。显然,草图出现于正式画作之先,它们是后者出现的基础,其数量也远多于后者。波兰尼所说的意会知识是哪一类呢?他似乎对此没有作出严格的区分,他的意会知识常常在不同地方具有不同的含义,有时甚至同时具有多种含义,这使得试图理解他想法的人感到困惑。如果波兰尼们试图把他们的想法弄得更严谨可靠一些,可以猜想他们很可能会把讨论限于第三类意会知识,我们在此也只关注这一类意会知识。

尽管第三类意会知识可以想象,但它并不是知识论研讨的目标。首先,这类知识并不如波兰尼所想象的那么重要。如果意会知识不能被表达出来,它们就不易被大规模地积累、继承和传播,因而,它们对人类文明发展的影响也就不如传说的那么大、那么重要了。对个人而言,意会知识也许比言传知识更丰富、更重要,但对人类而言,言传知识无疑更重要。人类文明的持续、发展要依赖于知识的积累、继承并传播,因此,相比而言,言传知识对人类文明的发展有更为关键的影响,因而也更值得人们来研讨、来追求。如果意会知识与言传知识不可分开,它们构成一个连续生成的统一体,这时也可以说,意会知识是形成言传知识的一个阶段,说“有不可言传的知识”实际就是说“知识有不可言传的形成过程”。果如此,那么人们探究意会知识也即是探究知识可言传之前的形成过程,这类探究不过是传统认识论的另一种表现形态,它所体现出来的思考方式并不是新颖的,而传统认识论或心理主义所面临的困境也往往是它不得不挑战的难题。实际上,意会知识始终依存于个别心灵,它们的出现充满了随意性与偶然性,它们之间甚至相互矛盾。由于对这类意会知识的研讨并没有任何客观的凭借,因此可以预期这类研讨常常会如意会知识本身一样杂乱,充满主观性,甚至相互矛盾。

单纯研讨意会知识本身就是一种悖谬。只有把意会知识表达出来时才能对之进行有效的研讨,如果没有语言表达的知识或言传知识,也就不可能讨论意会知识,因而至少从这一点来说,言传知识比意会知识更为基础。言传知识由文字语言所表达,它们确定而稳定地确立在人类社会中,为人们所积累、继承、发展、传播、运用,至少对人类社会而言,它是比意会知识更为重要的知识。当人们说到客观知识时,说到知识的积累、继承等时,说到知识的发展、传播等时,这里通常指的是言传知识。基于此,我们只关注语言所表达的知识,我们愿意把知识是语言表达当作进一步讨论的前提,至于意会知识,把它交给那些关注它的人去意会好了。

## 11. 知识基础

知识是语言表达,知识论问题的提出与解答要在语言表达中呈现出来,只有在语言中才能讨论知识论问题。不仅如此,甚至所有哲学问题、所有具体学科的问题都只有在语言中才能得以展开探索,因而只有先对语言本身给予恰当考察,只有先阐明所要研讨的问题与语言之间的相关性才能对之作出进一步的追溯。由于可现成地接受某些关于语言的看法,如认为语言只是表达对象的工具,作为工具的语言并不对所表达的对象有影响,也不影响它所表达的结果,如此等等,因而具体学科中的研究常常不必对语言有所反思。具体学科中的这种做法常常是合理的,如果在这些学科中要求反思语言本身,倒很可能模糊了问题的焦点,而具体的研究反而不得深入。不过在知识论或一般地在哲学领域中,这种研究方式是不合适的,在这些领域,只有把对语言的反思纳入其中,系统的反思才有可能。

这一点当然不是什么创见。洛克早就提出,要考察知识的本质,最终解答知识论问题,首先必须考察所使用的语言,因为“在我们的观念和文字之间,实在有一层密切的联合,而且在我们的抽象观念和概括的名词之间,还更有一种恒常的关系，因此，我们如果不先来考察语言的本质、功用和意义，则我们便不能明白地、清晰地谈论我们的知识”。[①] 洛克之所以关注语言，可能主要是由于只有这样才能获取语言所表达的东西与观念之间的“恒常的关系”，而他依然以一种工具论的方式来看待语言。由于受某些传统本体论教条的约束，比起现代哲学家，洛克的这种想法并不算是高妙的。对于具有现代思想的哲学家而言，语言表达与思想并不是分离的，语言表达或某些语言表达甚至就是观念或思想，因而对语言与观念或语言与思想之间关系的讨论根本没有意义，或有关它们的问题根本提不出来。另一方面，人们所探求的问题要在语言中表达出来，语言不只是表达问题，它也影响或提示了问题的解答。

如果知识局限于心灵中的某种心灵内容，知识基础的呈现、知识的构成都在个别心灵中完成，这无疑给了心理主义滋生的土壤。然而，如果了解到知识基础是一种语言表达，了解到一旦面向具有公共性、客观性的语言，传统哲学中那些处于心灵深处的思想、意识、观念之类的心灵内容将转换成一种具有公共性、客观性的东西，那些模糊不清的心灵内容将转换成可以清晰界分的语言表达，这最终使得心理主义不仅变得不必要，也成为不可能的了。的确，一旦确认知识是一种语言表达，在传统认识论中难解的问题一下子变得清晰简单起来。由于语言表达具有可继承性、可传递性与客观性，因此，知识具有类似的特征也就成了应有之义。不过这里要注意的是，知识的这些特征并不一定直接由语言的特征而来，知识具有客观性，但知识的客观性并不同于语言表达的客观性。如果没有语言表达的客观性，知识的客观性固然难以获得理解，但后者并不完全由前者而来。

要探究知识论问题，无疑先要了解知识基础是什么。为了避免混淆与误解，先需要对“基础”一词做些限定。尽管对“基础”一词有多种可能的用法，不过这里只大致地把它区分为两类，即直接基础与间接基础。一般来说，如果某个事物是另一个事物的直接基础，那就意味着被奠基的事物与奠基事物有根本的相似性或有共同的本质。间接基础与此不同，如果某个事物是另一个事物的间接基础，那么通常意味着被奠基的事物与奠基事物没有根本的相似性或没有共同的本质。可能会在此听到质疑的声音：两个事物是否相似与人

① ［英］洛克：《人类理解论》，关文运译，商务印书馆1997年版，第382页。

们如何看待它有关,从某个方面来看,两个事物是相似的,而从另一方面来看,它们则是不相似的,如果这样,直接基础与间接基础的区分是否有意义呢?

在此谈到两个事物是否有根本的相似或有共同的本质时,谈论并不源于一种抽象的思辨,而是基于某种确切的标准。如果被奠基的事物可能在有限的步骤中通过某些具体可行的方式由奠基的事物构造出来,那就可以说它们之间有根本的相似性,其中后者是前者的直接基础。反之,如果在有限的步骤中,一事物不可能由某些具体可行的方式构造出另一事物,那么就说它们之间不具有根本的相似性。如果一类事物中的任一事物可能以另一类事物中的某个或某些事物为直接基础,那么就说一类事物以另一类事物为直接基础。砖瓦可能在有限的步骤中通过某些具体可行的方式构成一座房屋,因而可以说它与房屋具有根本相似的性质,它是后者的直接基础。尽管房屋可能依据图纸提供的样式构成,但图纸无论如何不能在具体可行的步骤中构成房屋,因而图纸与房屋具有根本不同的性质,它至多可看作是房屋的间接基础。从某种方面上,任何事物与其他事物都具有相似性,万物是普遍联系的教条就反映了这一点,因而任何事物都可能是某一事物的间接基础,但不能说它们都是此事物的直接基础。人们谈论一个事物是另一事物的基础时并不总是抽象的,而常常意味着可通过具体的方式在有限的步骤中构成被奠基者,实际上,他真正有兴趣探讨的是直接基础。我们谈到知识基础时,此时的基础无疑是指直接基础,不过有时为了方便而直捷地称直接基础为基础。

如果言传知识或一般地说知识是语言表达,那么物质自然不是知识基础。物质是为解释知识基础而做出的设定,正如画饼不能充饥一样,设定的物质也不能充当知识的基础,它们正是在知识基础中确立起来的。也许有人反驳说,这种看法是无说服力的,它预先确定了不同于物质的知识基础,它所谈到的物质恰恰是为解释这些知识基础而设定出来的,因此,它预设了将要获得的答案。有些人可能乐意把物质看作是实际存在的对象,即是所谓的物质实体,而它可能成为知识的基础。物质实体不是为解释知识基础而做出的设定,它能否充当知识基础呢?由于对物质实体无法有更多的了解,因而上述问题其实是无法回答的。如果不独断地规定物质实体的性质,如果设想它的性质与为解释知识基础而设定的物质的性质并无不同——实际的实体论者也常常拥有类似看法,具有这种性质的物质实体是否可能充当知识基础呢?我们发现对此作出肯定回答是困难的。

实际上，人们无论如何不能在有限的步骤中通过某些具体可行的方式由某些具体物质构成知识，作为语言表达的知识与物质在性质方面有根本的不同。通常来说，物质实体既能用“早”、“晚”、“过去”、“现在”等时间语词来表达，同时也能用“上”、“下”、“左”、“右”、“前”、“后”等空间语词来表达，它们不仅在时间中，也在空间中。语言表达则与之不同，不同的语言表达可能产生、变化、消逝，它们的出现有早晚关系，可能用时间语词表达，但它们之间通常没有空间关系，不能用空间语词来表达，也即语言表达在时间之中，却不在空间中。另一方面，通常说语言表达有真假之分，而知识便是真的语言表达，但人们往往只说某物质是否实在，不能说它是否为真。无论如何，尽管作为语言表达的知识与物质实体有相关性，甚至可断言前者是对后者的反映，但它们之间无疑存在一条难以通过具体构造过程而通达的鸿沟，物质实体不是知识的基础。

如果心灵与物质一样也只是为解释知识基础而给出的设定，显然它也不可能充当知识的基础。也许有人愿意把心灵当作一个实体，不认为它是为解释知识基础而给出的设定，这样的实体是否可能充当知识基础？由于对心灵实体无法有更多的了解，因而此问题实际也是无法回答的。不过如果不独断地规定心灵实体的性质，可以设想它具有与为解释知识基础而设定的心灵的性质相同的性质，此时它是否可能成为知识的基础呢？在此作出肯定回答依然是困难的。知识可能由心灵构成，但人们无论如何不能在有限的步骤中通过具体可行的方式由心灵构成知识。如果心灵是自由的，那么任何试图指出这种构成方式的努力都将是水中捞月，而心理主义的困境也早已表明了这一点。实际上，这类心灵实体的性质与作为语言表达的知识的性质有根本的不同。一般来说，心灵实体是绝对单一的，在其中没有时间关系，也没有空间关系，不能用时间语词或空间语词来表达它，或者说它不在时间中，也不在空间中。另一方面，人们往往只说心灵实体是否实在，不能说它是否为真或为假，它根本无所谓真假。语言表达无疑与此不同。尽管作为语言表达的知识与心灵实体是相关的，心灵产生、承载并呈现它们，但不能通过具体可行的方式从心灵构造出某个特定的语言表达或知识，也即心灵实体不是知识的基础。

传统认识论者往往把由物质与心灵作用的心灵内容如观念、经验、意识等当作知识基础，这是否可能呢？如果心灵内容是心灵实体与物质实体的作用物，同一心灵内容可能有不同的语言表达，而不同的内容可能有同一表达，因而似乎难以通过某些具体可行的方式在有限的步骤中从观念、经验等心灵内容构成语言表达，也即它们不可能成为知识基础。一般来说，心灵内容有产生、持续与消失的过程，具有时间关系，它们可以用时间语词表达，同时它们没有上下、左右与前后之分，不具空间关系，不能用空间语词来表达，因而它们与语言表达一样出现在时间中却不出现在空间中。然而心灵内容还是与语言表达有根本的不同。心灵内容通常转瞬即逝，它们随人的主观意愿而变化，至少某些心灵内容的出现与心灵的自由性质相关。知识则不同，它们并不随某心灵内容的结束而消失得无影无踪，它们具有客观性。心灵内容是个人的，人们可以说"王浩的经验"、"李刚的观念"，而一般不说"王浩的知识"、"李刚的知识"。知识并不是个人的，即便人们谈到"王浩的知识"，他也可能是指王浩知道某种知识，而此知识同样可能为李刚或其他人所有，但"王浩的经验"则没有如此的意思。作为一种与心灵或物质类似的东西，心灵内容没有真假之分，也没有合理与不合理之别，语言表达则不同。无论如何，语言表达或知识与心灵内容是两类具有根本不同性质的东西，心灵内容不能成为知识的基础。

作为语言表达的知识不同于心灵、物质，也不同于它们的作用物，它们都不是知识的基础。知识基础是什么？也许最显明的是，作为一类语言表达，知识的基础可能是另一类语言表达。是否可能追溯得更远一些？追溯得更为"基础"一些？这无疑是可能的，不过，如果在此能获得对知识论问题的满意解答，是否有这样的必要是可疑的。是否能获得满意的解答自然要依赖于其他条件，对此将在后面给出说明，这里要指出的是，这种明显而简单的解答可能会引起那些追求深刻的哲学家的本能抗拒。在他们看来，这种解答太过平凡，不足以激起人们思辨的欲望，因而不能作为知识论的前提。或许人们相信，知识论或一般地哲学的前提必定要具有高深莫测的内容才能配得上其学问的基础性、深刻性，这也可能是如此显明的解答在人类探求知识的漫长历史过程中一直被置之度外原因。不过，这种平凡的前提比那些空洞无物的深刻前提无疑更为平易近人，更可能成为广泛共识，因而由之确立的知识论也更可能对人的认识活动以及其他知识活动产生有益的影响。

上述的看法尽管平凡，却也是意味深长的。如果它是合理的，那么试图从心灵、物质或心灵实体与物质实体之间的作用物来构造知识的任何发生式研究就应当从知识论中排除。这样的看法将表明发生式研究从根本上走错了方向，它将使得知识论研究的重点从幽暗难解的心灵或心理过程中转移到可客观把握或达到语言表达中，使得心理主义变得完全多余。由于传统认识论所确立的知识基础不能在有限的步骤中通过具体可行的方式达到知识，它们至多说明了知识是可能的，却绝不能说明如何可能获得现实的知识，因而传统认识论除了获得一些终身以思辨想象的书斋学者的欢呼之外，无法对实际的求知活动产生真正的影响。相反，建立在这种前提之上的知识论最终可能实现传统认识论所不能达到的目标，将使得对知识论的探究真正成为可能。

## 12. 语言与他心

为了避免独断论，可把心灵或物质看作是解释知识基础的设定，由而所设定的心灵与物质无疑也可看作是对各种语言表达的解释，同时也可以把心灵与物质看作是通过语言表达而呈现出来的对象。为解释知识基础或语言表达而设定的对象与由语言表达呈现的对象是否相同？如果没有根据表明它们之间有所不同，没有可信的标准区分它们，把它们看作相同无疑是可接受的。实际上，为解释知识基础或语言表达设定了某些对象，而正是这种设定才能说知识基础或语言表达呈现出了对象，反过来，人们正是从语言表达所呈现出来的对象来确定那些为解释语言表达而设定的对象。我们把为解释语言表达而设定的对象或由语言表达呈现出来的对象所形成的世界称为语言世界。

以为世界只是语言表达所呈现出来的世界无疑是一种误解。在产生语言之前便有世界存在，没有语言，人们依然生活、生存于世界之中，甚至可以说没有人时，世界便已存在。完全可以说语言表达起源于某些对象，这些对象支持语言表达，不过它们尽管实际存在，却是认识所不可达到的对象，一般可称之为实体。实体对象构成一个世界，此即是所谓的本原世界或本体世界，有关它们的一些断言常常被称为本体论。本原世界与语言世界无疑存在根本的区别。本原世界是实际存在的世界，是人们生活的场所，是人们生存的根据，它并不依赖于语言，相反却支持语言表达的出现。语言世界依赖于语言，它是解释各种语言表达而形成的世界，也是可由语言表达呈现出来的世界，是人们所能认识的世界，而知识则反映了人们对它的认识。

为了严谨对待知识论，把语言世界与本原世界区分开是必要的，尽管如此，语言世界与本原世界是否只是名称不同，或只是由于看待的方式不同而给予不同名称的结果，其实它们所包含的内容是同一的？如果不能肯定语言世界与本原世界所包含的内容有所不同，把它们当作同一世界自然是一种更为简便的解释，不过有更多的理由表明，设想它们并不含有完全相同的内容是合适的。尽管本原世界实际地支持语言表达，但其中包含何种对象？这些对象具有何种性质？这些问题并不是清楚的。同时，在同一语言系统中或在能相互翻译的不同语言系统中，不同的人发出不同的语言表达，某些人所发出的语言表达并不完全为另一些人所理解，如在现代文明社会中的科学家作出的有关黑洞、分子、基因等的语言表达是文明不发达的野蛮人所无法理解的，在他们看来，这些语言表达只是一些无意义的声音罢了，它们所呈现出来的世界自然是不存在的。如果不同语言表达呈现出不完全相同的语言世界，那么不同的人可能有不同的语言世界，然而拥有不同语言世界的人们却又生活在同一本原世界中，因而可以说语言世界与本原世界包含不同的内容。

一般而言，知识具有客观性，所谓知识的客观性是指知识之为知识并不因个别心灵而确定，它与个别心灵之外的事物有关。传统认识论者往往相信获取知识的心灵是唯一的，它就是自我，因而最终只能依赖于心灵之外的物质来保证知识的客观性。这种给出知识客观性的物质存在于心灵之外，有时又被称为客体。按传统认识论，基于物质客体的知识基础最终将在个别心灵中呈现，它所给出的客观性最终会消融于个别心灵中，因而终归无法摆脱主观性，无法走出一条摆脱心灵自我明证的道路。个别心灵归根到底无法确立知识的客观性，要摆脱主观性，说明知识的客观性，便要能保证在我身体之外的某些他物伴随有心灵，或保证有个别心灵之外的他心，同时也要表明知识并不只是从自我或个别心灵中建造出来，而是与他心有关的，是自我与他心共同建造的结果。为了确立合理的知识论，当然可以独断地设定他心或他物伴随有心灵，但对于试图消除独断性的知识论而言，这只能是最后的选择，相反，它要尽可能地从所接受的前提中确立起这一点。

许多传统认识论者也意识到他心对确立客观性知识的重要性，他们希望确立他心，以便从根本上摆脱唯我论。如何不独断地确立他心？也即如何表明人们将不得不接受有伴随于某物的他心呢？一般来说，除了依靠类比论证，传统认识论者没有其他的办法做到这一点。经验主义者确立他心时根据的是类比论证。这种论证提出，我之所以断言他人有心灵，是因为他人拥有与我一样的身体，而具有与我类似身体的他人同我一样也有心灵。或者说他人的行为在许多方面与我的行为相似，这些相似的行为必有相似的原因，我的行为与心灵有关，因此，他人的行为也同样如此，他人同我一样有心灵。胡塞尔看到了其思想所含有的唯我论倾向，也认识到只有确立他心才能从根本上避免最终导致唯我论。如何确立他心呢？在胡塞尔看来，尽管对他心的构造较之对单纯它物的构造要复杂得多，但他仍然坚信可以依据于对它物的构造方法而确立他心。胡塞尔相信可通过"相似化的统觉"而把"具有相似意义的对象"构造出来，而他人的身体与我的身体之间有类似性，因而由此可确立他心。① 尽管胡塞尔不太乐意承认这一点，但他确立他心的方式显然也是一种类比论证。实际上，其他诸多形形色色的确立他心的论证终归依赖于类比论证。

类比论证尽管有助于开启新的洞见，却并不具有严格的可靠性。根据类比论证，我身体的一些特征与他人身体的某些特征是相似的，我心伴随于我的身体，因而可断定他人的身体也伴随有心。如果这样的论证可靠，那么根据我身体与他人身体在某些特征上相似就可推断我身体所具有的其他一些特征也必是他人身体所具有的，如我是色盲，那么他人也必定是色盲。另一方面，由于没有确立判定相似性的标准，类比论证给各种猜测、幻想开启了大门。根据类比论证，人们很容易便可得出他希望使之具有心灵的对象具有心灵，甚至可轻易地得出万物有灵论。从物理学、化学方面来看，构成我身体的物质与构成其他对象的物质是相似的，从宇宙演化论与生物进化论来看，世界中的物质对象有一个从低级到高级、从简单到复杂的进化阶梯，如果进化阶梯中相近层级的物质对象是相似的，那也可以说所有的物质对象都是相似的。可见，如果我的身体伴随有心，根据类比论证，也可以说其他任何物质对象同样伴随有心。

略为仔细地考察可发现，类比论证其实是基于一些不太可靠的假定的结果。根据类比论证，由于两个物质对象之间具有相似的物理性质，如果其中一个物质对象伴随有心灵，则可断定另一个物质对象同样伴随有心灵，这也意味

① 倪梁康选编：《胡塞尔选集》，上海三联书店 1997 年版，第 897 页。

着物质对象与心灵有紧密的联系，这种联系甚至是决定性的。类比论证的这一前提无疑是可疑的。如果心灵与物质在性质上完全不同，那么尽管心灵伴随于某些物质对象，却并不表明它们之间有紧密的或决定性的联系。果如此，尽管心灵伴随的某物质对象具有某种特征，人们却无法断定如果其他某物质对象具有类似特征，它也必定伴随有心灵。这就如书的物理特征与其内容之间的关系一样，书的形状、大小等物理特征并不决定书的内容，因而，尽管两本书有相同形状、相似大小以及其他一些相似的物理特征，但并不能断言它们具有相同的内容。如果了解这一点，则可发现类比论证从一开始就走错了方向。

严谨的传统认识论者希望非独断地确立他心，但这种确立存在根本的困难，这种困难不来源于别处，而来源于他们所坚守的基本思想前提。传统认识论者从知识基础中首先确立了某个个别的心灵即自我，当希望论证某特定的物质伴随有心灵时，他们所给出的论证基础无疑要在自我中呈现出来，这些基础正如知识基础以及其他知识一样基于自我，也只基于自我，因而他们关于他心的论证根本只能是基于自我的。如果正如传统认识论者所设想的，一切知识都基于自我，最终由自我确定，那么他们关于他心的论证归根到底是唯我论的。基于唯我论的论证并不是真正的论证，因而传统认识论者无法真正地论证他心，结果在传统认识论中，除了独断地、与其认识论基本前提相对无关地设定他心之外，似乎看不到其他的出路了。总之，如果传统认识论所提出的知识基础的出现始终以自我为前提，建立在其上的认识活动始终只在自我中给出，那么无论是经验主义还是理性主义，它们都将永远陷入唯我论的地牢之中，难以真正确立客观性的知识。

如何表明我身体之外的物质具有心灵？如果他心是一种心灵，心灵与物质具有根本不同的特征，显然任何基于物质对象之间的关系都不足以充分地证明他心。如果承认这一点，不仅试图通过某种或某些类比论证来确立他心的方式都存在根本的困难，甚至任何诸如此类的论证都是如此。通常而言，确立他心正如确立自我一样，根本只能依赖设定，而不能依赖论证。如何反思性地设定他心？也即如何从已被接受的知识基础中设定他心？只要接受传统认识论的前提，接受它关于知识基础的看法，设定他心无疑是不必要的，也是不自然的。只有根本地摆脱传统认识论的前提，才有可能合理地解答此问题。

如果知识基础是语言表达，设定他心似乎是显然的。作为语言表达的知识基础或语言表达如何可能出现？语言不仅要通过一定的物质媒介表现，也要通过某些物质对象发出，我们把发出语言表达的物质对象称为言语者。一般来说，只是由于发出语言表达的言语者相互交流、相互认可，才产生了具有丰富的、甚至具有无限可能内容的语言表达。具有不同内容的语言表达可由某一言语者说出，可以设定不同物质对象支持着不同内容的语言表达的出现或不同内容的语言表达呈现了不同的物质对象，由于此言语者并不特定地给出语言表达的任何特定内容，因而可以说它提供了语言表达出现的形式统一性，也即它伴随有心灵。另一方面，尽管具有不同内容的语言表达由不同言语者说出，但正是不同言语者之间的相互交流、相互支持才产生了各种语言表达，没有并且无法进入交流中的语言充其量只是一种声响。如果这样，可以说心灵伴随于这些言语者。

相互交流的言语者伴随有心灵，它们伴随的心灵是互不相同的心灵，还是同一心灵的不同分有呢？由于这些言语者能相互区分，似乎可以设定不同的言语者各自伴随着不同的心灵。同时，其他言语者能发出不同于我所发出的语言表达，尽管这些语言表达也能为我所理解，并为我的心灵所承载，但它们的确并不因我而出现。不仅如此，出现于相互交流中的语言表达可能对不同言语者有不同的影响，如有的言语者断言它为真，而有的言语者断言它为假，因而设定伴随于不同言语者的心灵是同一心灵的分有是难以理解的。尽管在本原世界中，不同对象可能伴随有心灵，而这些心灵只是同一心灵的不同分有，在知识论中设定不同言语者伴随有不同的心灵依然是合理的，甚至是不可避免的。总之，可设定不同言语者伴随有不同心灵，而语言表达是伴随于相互交流的言语者的众多心灵共同产生、承载与呈现出来的结果。

语言因相互交流的需要而产生，正是通过相互的交流，交流的言语者对语言表达的内容有了共同的理解，从而能进行有效的联系，并且协调行动。如果设定了某个言语者有心灵，确定了此心灵所伴随的身体，同时，另一个言语者与之使用共同的语言，并能与之进行交流，那么便能确定此对象可能伴随有心灵。如果前者是自我，那么伴随于此对象的心灵相对于我来说是他心。就此而言，他心是相对于自我而出现的。此时，他心不是通过论证而是通过对知识基础的解释而确立的，在此呈现了一种与传统认识论论证他心根本不同的确立他心的方式。显然，相对于基于知识基础的论证，这种确立他心的方式更为基本。在传统认识论中，自我是论证的前提，他心归根到底要依赖于自我，只能通过自我确立。在此确立他心时，自我似乎也不可缺少的，但自我只是一种显示他心的映现对象，而不是确立他心的前提。正如一面镜子能照出某对象，但此镜子不是此对象确立的前提，此对象也并不完全因此镜子而被确立，它也可能因其他镜子而被反映出。同样，不仅自我能映现出他心，其他心灵也可能映现出他心，他心因自我而被显示，却并不完全因此而被确立。

设定众多心灵或设定他心为合理地解释语言表达的客观性或知识的客观性带来了可能。根据这种设定，语言的客观性不来自于物质对象，也不来自于个别的心灵，而来自于众多的心灵或来自于自我与他心。由于自我与他心对某种语言表达有共同的理解，能进行有效的交流，这种理解与交流的对象即语言表达与众多个别心灵相关，却不完全由任何个别心灵如自我决定，因而语言表达具有客观性是理所当然的。客观的语言表达如何由相互交流的心灵产生？不同心灵的相互作用产生了语言表达，但正如不能追溯心灵与物质之间的相互作用一样，也不能追溯自我与他心或某一心灵与其他心灵之间的相互作用，更不能追溯它们如何相互作用以形成特定的语言表达，对上述问题的回答超出了人们的认识能力。尽管如此，这并不影响人们可能获得知识，并不影响人们可能反思知识本身。客观的语言表达如何产生是一回事，如何在其中辨认出知识则是另一回事。

## 13. 何物有心灵

对于知识论来说，不仅要表明知识是可以获得的，知识具有客观性，还要表明知识如何获得以及知识如何可能具有客观性，后一类问题对于知识论而言甚至更为关键。可见，不仅要表明不同物质对象可能伴随有心灵，也要表明具体何种物质对象伴随有心灵，只有如此，才可能解答后一类问题。的确，如果只是表明可设定不同言语者可能伴随有不同心灵，而不能具体地表明何种言语者是有心灵的，上述的讨论可能因过于空洞而失去价值。

何物有心灵？相对于我而言，一般可以说那些与我有共同语言，与我进行交流的言语者可能是有心灵的或伴随有心灵的。很显然，如果希望确定何物有心，这将不得不首先确认语言是什么。如果肢体语言是一种语言，那么不仅其他人与我有语言交流，甚至许多动物与我也有语言交流，因而可以设定它们可能是有心灵的。如我与我的宠物狗小黑是有交流的，它能很好地理解我的肢体动作，当我作出某些肢体动作时，它也会作出相应的某些肢体动作，而它的一些行为我也能理解，因此，可以设定它可能是有心灵的。由于许多动物都可能成为宠物，与我可能有肢体语言上的交流，因而也可以设定它们是有心灵的。

不仅如此，我甚至与植物也可能有交流。据说，如果我悉心照顾植物，就会与它们建立一种特殊交流。我整天兴高采烈，它们就会长得更旺盛；而如果我常常愁眉苦脸，它们叶子便会下垂，会显得无精打采。如果这种交流可看作是语言交流，那么我也可以设定植物是有心灵的。我与那些被认为无生命的对象，如山、水、桌、照片等也可能产生交流。我时常翻出一些老朋友的照片，对它们仔细端详，结果慢慢地发现它们与我有交流，它们与我一同回忆往事，它们在我耳边轻言婉语，纾解我生活的烦闷，这时我愿意承认，它们是可能有心灵的。

这样一来，似乎可能设定所有物质对象都伴随有心灵，它与万物有灵论有何区别呢？如果任何对象都可能有心灵，那么心灵与物质的区别何在？的确，只要空洞地谈论语言，这样的结果似乎难以避免。不过，尽管我可能认为我与一张老照片之间有交流，并且认定此照片有心灵，但他人并不一定同意这一点，在他人看来，这种交流并不是一种真正的交流，在我与照片之间根本没有语言的应对，因而此照片并不伴随有心灵。这种反对尽管可能会引起一些争议，却依然可从中获得某些启发。上述的反对提醒人们至少要注意两点。首先，尽管我确信我与某些对象之间有相互的交流，设定这些对象伴随有心灵，但他人可能并不同意这一点，那些我所设定的伴随有心灵的物质对象在他人看来并没有心灵。也即是说，尽管何种对象伴随有心灵不完全由某个心灵确定，却与映现它的心灵有关。同时，在某种语言系统中，某一心灵与一些心灵相互映现，在另一语言系统中，此心灵又可能与另一些心灵相互映现，但在不同语言系统中映现出来的心灵并不相互映现，因而只有相对于特定语言系统，确认何物有心灵才有意义。

动物是否有心灵？或者植物甚至无生命的对象是否有心灵？如果我与动物、植物、甚至无生命对象之间存在语言交流，在对语言作更多了解之前，我当然可以设定它们是有心灵的，尽管他人并不一定有如此的设定。另一方面，如果只把某些文字语言表达当作知识基础，知识基础只是某些文字语言表达，那么在此种知识论中，只关注文字语言是合适的。如果这样，尽管我可以设定动物、植物甚至无生命对象有心灵，甚至这种设定也并非是无必要的，如在宗教、巫术、文学等领域可能是必要的，但对知识论来说并不是必要的。在此种知识论中，我需要设定与我使用共同文字语言的他人是可能有心灵的，实际也只需要做到这一点。

我与王浩有共同的文字语言，我们之间的交流可以通过各种文字表现出来，因而于我看来，王浩与我一样可能有心灵。我与其他所有讲汉语的人都借汉语表达世界，并且能相互理解，我们之间有共同语言，因此，我可以设定他们与我一样可能有心灵。那些说英语、法语的人，尽管与我没有共同语言，但我能通过翻译与他进行交流，而且设若我学了点英语或法语，则我可与他们进行交流，因此于我看来，所有操英语、法语的人也可能有心灵。推而广之，我可合乎逻辑地设想：所有与我使用共同文字语言进行交流的他人，或尽管与我没有共同文字语言却可通过翻译与我进行交流的他人都可能有心灵。

一些制作精良的机器如所谓的智能机器似乎也能与我进行文字语言上的交流，我说出某种语言表达，机器也能通过某种特定的语言表达来应对，这种过程能持续进行，我是否可设定此机器有心灵？的确，前面只是表明有共同语言的言语者可能有心灵，不同的言语者伴随有不同的心灵，却并不能断定使用共同语言的言语者都有心灵。这正如知识是语言表达，不同的知识要借不同语言表达断定出来，却不能断定所有语言表达都是知识一样。何种言语者有心灵？我与机器之间的交流同我与他人之间的交流是否有不同？如有不同，这种不同体现在何处？

一般来说，当我与某个伴随有心灵的他人进行交流时，这种交流具有如下的特征，即我在某一情形中发出某种语言表达，与我进行交流的他人也有相应语言表达的应对，不仅这种过程能持续进行，而且我不可能精确预测他的应对。如果我可能精确预测他人对我所发出的语言表达的应对，也即我的语言表达与他人之间存在因果作用，这时它们之间的关系就如某个物质对象与另一个物质对象的关系一样，此时设定他人伴随有心灵无疑是不合理的。正是由于我根本不可能精确预测他人的言语行为，不可能精确预测他人对我所发出的语言表达的应对，我才能确定地断言他人伴随有心灵。更进一步说，如果我可能把某个物质对象与其他物质对象之间的关系纳入某种因果关系中，可能精确预测它的变化，那就没有理由断言它的变化是自由发动的，也就不能设想它伴随有心灵。反之，如果我不可能精确预测某个物质对象的变化或它将来可能出现的现象，则可以说此对象伴随有心灵。正是基于这一点，我能判定一个对象是否有自由或是否伴随有心灵，也正是基于这一点，我能断定何种言语者有心灵。

在进一步的讨论之前，首先要对这里所说的预测作些解释。说我可能预测某物质对象的变化或它将会出现某种特定的现象，即是指我可能获得某项知识，它表达了那些关于这类物质对象的知识基础之间的关系，并且根据有关此对象的某些知识基础，能推演出某些有关它将来出现的现象的描述，而这种描述被表明是真的。可见，预测的顺利进行要基于两个条件，即可获得关于被预测对象的知识，同时能获得关于此对象的某些相关知识基础。正如只有依赖于某些特定的标准才能对物质对象给出精确的区分一样，这里所说的精确预测也相对于特定的标准。只有在特定的标准下，人们才能获得关于某对象的知识基础，也只有依赖于某些特定的标准，才能确定此预测是否精确。

对于这里所给出的确切地判定何物有心的标准，无疑可能会遇到疑问。首先，只有基于特定的精确性标准，人们才能给出判定何物有心的标准，然而，特定的精确性标准并不明确。特定的精确性标准是什么？基于某些特定的标准可能精确地区分或预测物质对象及其变化过程，而基于另一些标准，则不能做出精确的区分或预测。此处所说的特定的精确性标准是指，在当前条件下，人们所接受的那些可精确地区分或预测某类物质对象及其变化过程所要求的标准。有批评者指出，对于某个物质对象将来可能出现的现象，即便基于某种特定的标准也无法做出精确预测，如无法精确预测后天的天气，无法精确预测一个包含多个并且相互之间有作用力的物质对象的变化，无法精确预测一个猴子如何跳跃，等等，但人们通常并不认定这些对象伴随有心灵。这里要指出的是，一些目前无法被精确预测的物质对象，可能是由于没有获得有关于这些物质对象的知识，也可能是由于不能在某种特定的标准下获得知识基础，但随着认识的深入，这些精确预测的条件可能达到，因而最终它们是可能被精确预测的。

根据上述判定何物有心的标准，我的身体是否伴随有心灵？此问题也即是指：假如我能并且已获得了关于我身体的某项知识，同时又获得了关于我身体在某一时刻 t 之前的知识基础，我能否对自身进行精确预测，或能否表明我身体在时刻 t 之后的行为可为此项知识与关于我身体的那些知识基础推演出来的语言表达所描述？当我利用此项知识以及这些知识基础进行推演，并获得某些语言表达时，这无疑要花费某些时间，因而预测只能在时刻 t 之后的某一时刻 $t_1$ 开始，如果这样，那么此项知识对于我身体在 t 到 $t_1$ 之间的情形是永远无法预测的，它完全处于其预测范围之外。这也即是说，当我表达这些知识以及知识基础时，当我根据它们进行演绎时，当我表达演绎结果时，这无疑要花费一些时间，而在此段时期中身体的行为是无法被此项知识所预测的。也可更一般地说，我获得某些关于我身体的知识基础，并由此获取某项知识，同时可运用此项知识进行精确预测，然而，所有这些活动并不能为此项知识本身所预测。或许人们会提出，可能用其他的知识来对此段时期中的身体状态进行精确预测，不过很容易表明此项知识对身体来说也仍有无法预测的盲区。上述的讨论并不针对特定的精确性标准，因而可以说，无论采用何种精确性标准，对我身体的精确预测在逻辑上都是无法完成的，这一点并不因我认识的深入而有任何改观。基于此，我可以确切地断定，我身体包含自由特征，它伴随有心灵。

是否只有我有心灵？由于知识基础或知识要由语言表达出来，尽管我可能从知识基础中获得知识，并能由此预测其他对象，但此过程并不完全只与我有关，而与所有拥有共同语言的其他对象有关。我可能精确预测那些与我没有共同语言的对象，是否可能精确预测那些与我拥有共同语言的对象呢？设想有两个拥有共同语言的言语者 A 与 B，A 由某些知识基础获得了关于身体的某项知识 a。a 尽管不能精确预测 A 的身体，A 的身体伴随有心灵，由于 A、B 的身体具有相似性，A 能运用 a 精确预测 B 的身体吗？如果这是可能的，那就表明至少对 A 来说 B 是不自由的，不能设定 B 有心灵。假定 A 能获得某一时刻之前的有关 B 的知识基础 p，A 通过 a 与 p 能精确预测到关于 B 的身体现象 q，也即对 A 来说，q 是必然出现的。这种情形的确能出现吗？

由于 A、B 拥有共同语言，因而谈到 p 时，A、B 都能明白 p 的含义，并能在语言中正确地表达它，否则只能说 A 或者 B 没能真正理解 p。然而 A、B 对 q

有共同一致的理解吗？或能在语言中正确表达它吗？设想如下的情景，如果A自身出现了p所描述的情形，他会说q的出现是必然的吗？由于A是自由的，这意味着A了解到，如果根据a与p必然地得出q，他将有能力避开q所描述的情形，因而他会说q的出现不是必然的，可能有$q_1$的情形出现。如果这样，这时对A来说构成了一个两难：要么，B能理解A所谓的$q_1$，这也意味着B的身体能由p而产生$q_1$的现象，也即在关于B的身体现象中，p并不必然随着q，也可能随着$q_1$。然而这样一来，A断言能预测B的身体就失败了，也即A如不可能精确预测其自身一样，他也不能精确预测B。要么为了保证达到预测目的，这时A要做到，当他说到$q_1$时，B认为A是指q，即在B的语言中，没有$q_1$的存在。

在真正的语言交流中，A不能做到在与B交流时，语言表达q意味着q，而在不与B交流时，语言表达q意味着q与$q_1$。如果的确能做到这一点，也就意味着在A与B的交流中，A能自由地定义语言表达q所表达的内容。由于在此q是任意的，因而也没有理由否认A有能力自由地设定其他语言表达所表达的内容。如果在与B的交流中A的确能自由地定义语言表达的内容，这时可以说A与B之间尽管有语言表达的应对，却没有真正的交流。这实际也表明A与B并不拥有共同的语言系统，如果他们分别拥有不同的语言系统，那么在这些不同语言系统之间没有可靠的翻译，在他们各自的语言表达之间没有对应关系。在能真正进行交流的语言过程中，其中出现的语言表达所表达的内容并不由任何言语者单独决定，它们是不同言语者共同决定的结果，因而不可能出现由某个交流者单独地规定某语言表达的内容，而其他言语者甚至不可能完全理解此种语言表达的情形。我可以自由地用“桌子”来表达椅子、某个动物或某类星体等事物，但一当与他人进行真正的交流，就会发现我其实并没有这样的自由，我在使用语言表达时并不能随心所欲。如果一定要这样，那么我与他人的交流就会中断，或表明我与他人之间没有共同的语言。

我和某个言语者交流时，我指着桌子告诉他这是“桌子”，指着椅子告诉他这是“椅子”时，他可能并不理解我何以如此表达，他可能并不能很好了解这些词。当他用“椅子”来指称桌子，或用“桌子”来指称椅子时，我也可能不能理解他的这些语言表达，这时我可能说“你应当把‘桌子’理解为桌子而不是椅子”。在这种情形中，如果我与他之间要有真正的语言交流，这种交流能持续地进行，就不能不相互改变某些单纯由个人所赋予给某些语言表达的内容，否则我们之间就不能交流下去了。不仅我可能要求他进行改变，他也可以要求我进行改变，正是通过这样的相互改变、相互修正，语言交流才能进行。尽管并不是所有交流都存在这样一个相互适应、相互改变的过程，但语言交流可能存在这样的过程，而只有可能存在这样的过程，才可说 A 与 B 之间拥有共同的语言。由于语言是众多交流者共同支持的结果，它并不依赖于任何个别的交流者，因而可以说语言表达的内容由不同言语者共同决定，它具有客观性。这时也可以说，语言不是个人的私有物，而是交流的共同尺度，任何个人都不能随意改变语言所表达的内容。

尽管我与智能机器有文字语言的交流，我们之间拥有共同的语言，但这种交流并不是真正的交流。我能与其他言语者使用某些语言表达进行交流，这种交流同我与智能机器通过文字语言所进行的交流有根本的不同。智能机器不能要求我改变语言表达，我与智能机器之间不可能出现相互适应、相互改变的交流过程。我可以在智能机器输入不同的文字符号，而此文字符号所表达的内容可由我自由规定，因而我与智能机器之间的文字关联与其说是一种交流，不如说是一种指令。尽管我与智能机器之间有文字语言的关联，这种文字语言所表达的内容其实不是我与它共同决定的，而是我与他人共同决定的产物。

语言表达由某些物质载体来表现，智能机器与我所发出的语言表达之间的关联过程实际是智能机器与表现语言表达的那些物质对象之间的物质过程，因而它可以分解为一些物质之间的因果过程。或许我难以确定这种因果过程，但与我有相互交流的设计者是能确定的这种因果过程的。由于我可能与此设计者有真正的交流，因而最终我也可能精确地预测智能机器的行为。结果，于我来说，智能机器不具有自由特征，不能设定它伴随有心灵。的确，尽管我与智能机器有应对，但我从来没有想到要把它当作是有心灵的，如果对智能机器输入相同的语言表达，而它有不同语言表达的输出，这会让我很惊奇。与我有真正交流的言语者或他人同我交流时，我说出某些语言表达，尽管我可能预测他大体会如何应对，但如果他的应对超出了我的预测，这通常不会让我感到惊奇。总的来说，拥有共同语言的言语者之间如果有真正的交流，那么可以说他们包含有自由特征，都伴随有心灵，而智能机器一般地不具有心灵。

# 第四章　语言的意义

## 14. 语言意义及其基本单位

语言通常要通过一定的物质载体，如竹板、纸张、声波等表现出来，可把那些表现于特定物质载体、并以此区别于其他同类物质载体的人为痕迹称为符号。不过符号还不是语言，只有那些负载一定意义的符号才是语言。什么是意义？这无疑是一个难题，据说“意义”的定义有几十种之多。这里并不打算关注意义的定义，而一般地把意义看作是符号所包含的、并不同于其物质载体却能为它所表现的东西，有时又称为语义，或又称为内涵、含义、意思等。这里称某个或某些具体语言符号为语言记号，而称那些具有相同意义、由相同或相似语言记号构成的东西为语言类型，如“雪是白的”、“*雪是白的*”是两个不同的语言记号，但它们表现了共同的语言类型。人们关注的往往是具有普遍性的语言类型，而一般所说的语言表达即指语言类型，但语言类型又要通过个别语言记号表现出来。也正如此，除非特别指出，我们并不太在意它们之间的区别。

在一个语言符号或语言记号中，物理痕迹与意义总是粘在一起，它们就如一张纸的正反两面一样不可分离。不过特定的意义与特定的物理痕迹之间并无固定的联系，不仅采用某种特定的物理痕迹来表达特定的意义与语言系统有关，甚至在同一语言系统中，同一意义可由不同的物理痕迹来表达，而同一物理痕迹也可能有不同的意义。汉语符号“車”与“车”有相同的意义，“親”与“亲”有相同的意义，而在“道路”、“道学家”、“道理”等语言表达中，“道”的意义却是不同的。物理痕迹与意义的关联与人相关，似乎有人为的约定性，如在1950年前，汉语用“車”表示车，用“親”表示亲，而之后却人为地用“车”、“亲”等来取代“車”、“親”等。尽管如此，人们在给出语言物理痕迹与其意义之间的联系时并不像确定一场约会那样随便。

我记得几天前与某人谈话的意思,但难以记得那次谈话时所出现的各种语音与语调。我记得前年所读过的一本书的内容,但难以记得那本书的字体的大小、标题的颜色等。语言的目的在于表达与交流,而意义看起来使这一切成为可能,它正是人们所要表达与交流的东西,因而相对于表现它们的物质载体或物理痕迹,意义反映了语言符号的本质。人们通常承认,如果“雪是白的”是知识,那么“Snow is white”也是知识。一个语言符号或语言表达之所以是知识,并不由于它是某些特定的物质载体表现的结果,也不因它是某些特定的物理痕迹表现的缘故,之所以断言“雪是白的”与“Snow is white”是相同的知识,只是由于它们有相同的意义或有某些相同的意义。可见,知识不是指表现语言表达的物质载体或物理痕迹,而是指它们所蕴含的意义或由之决定的东西。所谓理解知识也就是理解那些被确定为知识的语言表达的意义,探求知识的过程则是了解各种语言表达的意义,并把具有某些意义的语言表达确定为知识的过程。人们正是根据语言表达的意义,而不是其物质载体或物理痕迹来对知识给予分类。

什么是意义?如何确定一个给定语言表达的意义?这是考察语言时首先所要面对的问题。对意义作些基本了解看来并不难。一定的意义总是与一定的语言符号相联系,而语言的一些基本特征恰恰体现了意义的基本特征,或者说语言的基本特征也正是意义的基本特征。人们能利用语言进行交流,对所交流的语言表达有共同的理解,因而语言具有客观性,很显然,语言的客观性即是意义的客观性。实际上,如果语言的意义不具有客观性,而人们能依赖它进行交流并基于它有相互理解就是一个奇怪的事。然而于知识论而言,对意义作这样一些肤浅了解是远远不够的。

尽管有关知识论或对其他学问的研究都要以语言为基础,不过在探索各门具体学问的过程中,意义问题通常隐而不显。这些领域中的探求者很可能相信他所作出的语言表达的意义显而易见,或者相信对语言表达的意义的确定轻而易举,以至并不必在此浪费精力。的确,如果人们能作出某些语言表达,能以此进行有效的相互交流,他们相互之间没有理解上的困难,那么追问“语言表达具有何意义”、“人们如何确定某语言表达的意义”等问题似乎就纯属多余。当要超越这种表面的显而易见而做深入探究时,当希望超出特定领域,并把此领域中的某些特定语言表达运用于更广泛的领域中时,人们可能会发现意义问题并不是已得到解答的。

在某一领域中的某种特定情景中有可能出现如此的情形:不同的人们对某种语言表达有不同的理解,至少对其中的某些人来说,原来认为清晰明白的语言意义变得模糊与混乱起来,争议与歧见开始出现,甚至正常的理解与相互交流不能持续,要摆脱这种困境,如果不依赖于语言之外的力量,就不得不求助于对意义问题的追问。正是对“力”、“质量”等语词给出深入的意义分析,才最终使牛顿派与爱因斯坦派的争论趋于平息,才使得物理学家再一次得以顺畅地表达与交流。与追索具体学科中的特定知识不同,在知识论研究中,意义问题会更引人注目地突显出来,它甚至比其他知识论问题更为一般、更为基本。似乎只有首先获得对给定语言表达以及其他相关语言表达的意义的满意分析,才能获知此语言表达如何完成其作用,才能阐明把它当作知识意味着什么以及知晓它成为知识的根据是什么。

从物理形态上看,某个复杂语言表达由各个简单语言表达根据某些构成规则复合而成,似乎获得了那些简单语言表达的意义以及由简单语言表达构成复杂语言表达的构成规则,也就可能知道复杂语言表达的意义。反过来,如果复杂语言表达的意义的确由那些简单语言表达的意义复合而成,那就可以把简单语言表达看作是基本意义单位。于是意义理论也许首先要探寻的问题就是:构成复杂语言表达的那些简单语言表达或基本意义单位是什么?具有意义的语言表达通常包括语词、语句等,语句由各种语词构成,而语词则大体可以分为两类,一类是由其他语词复合而成的复合语词,一类是不由其他语词复合而具有特定物理形态与意义的语词,这里称这样的语词为简单语词。从物理形态上看,复合语词和语句能由多个简单语词复合而成,因而有人可能推想,复合语词与语句的意义可由那些在物理形态上构成它们的简单语词的意义构成,意义的基本单位理所当然地是简单语词。

把简单语词当作语言的最小意义单位或基本意义单位自然有一定的风险,这种看法要成立,首先要能确定什么是简单语词,要有一个能确定特定语言表达是简单语词而不是复合语词或语句等其他语言表达的可靠标准。如何做到这一点呢?在英语中,简单语词(word)与简单语词之间在印刷上有一定的空间间隔,可以说在各种语言表达中,那些在印刷上联系更为紧密的一组字母就是简单语词。然而在汉语中,“葡”、“萄”、“乒”、“乓”等在印刷上有分割,但它们都不是简单语词,而是字。在汉语中,字只是书写单位,没有意义,而只有语词才有意义,才是真正的语言表达。从这一点来说,汉语缺乏跟英语简单语词(word)完全对应的语言表达单位,因而根据印刷上的物理分割而给出的确定简单语词的标准不具有普遍适用性。更进一步说,简单语词与复合语词、语句之间的区分是一种意义区分,语言表达的物理形态与意义并没有必然的联系,因而根据物理形态难以给出一个区分简单语词与复合语词、语句的满意标准。

从其他方面能否给出区分简单语词与复合语词、语句之间的可靠标准呢?有人提出,在汉语中,如果在一个语言表达的中间还能插入另一个语言表达,而扩展形成的语言表达同样也有意义,那么它就是复合语词或是更复杂语言表达。例如"大树"可以插入"的",扩展为"大的树","打井"可以插入"一口",扩展为"打一口井","他来了"可以插入"高兴地",扩展为"他高兴地来了",这些扩展后的语言表达都有意义,因而"大树"、"打井"、"他来了"都不是简单语词,而是复合语词或是更复杂语言表达。反之,如果不能插入别的成分,则说明这些语言表达结合紧密,它的意义是单一的、基本的,它是一个简单语词,而不是复合语词或其他语言表达。这种区分标准也并不完全可靠,如"马虎"可以扩展为"马和虎","牛奶"可以扩展为"牛的奶",但一般把"马虎"、"牛奶"看作是简单语词而不是复合语词。

这里出现的另一种情形也值得注意。一些通常被当作简单语词的语言表达如"马虎"、"牛奶"等又可能分为其他的意义成分如"马"、"虎"、"牛"、"奶"等,而"马"、"虎"、"牛"、"奶"也是简单语词。在英语中也有类似情形,"liveboat"、"redact"可分为"live"、"boat"、"red"、"act",后者是简单语词,但人们也把由之组合而成的语言表达当作简单语词,而不把它当作复合语词。为何一些由简单语词构成的语词是简单语词,而另一些由简单语词构成的语词则是复合语词呢?由于英语可以通过印刷间隔而把简单语词与复合语词区分开,问题不太严重,汉语却没有这样的方便。为考虑这种情形,有人认为简单语词由一些更基本的语言表达构成,它是更基本的意义单位,并称之为词素。词素可以构成词,有时一个词素可构成一个词,有时多个词素构成一个词,如"马"、"虎"是词素,而"马虎"是简单语词。但作为词素的"马"、"虎"与作为语词的"马"、"虎"有何区别?"马虎"的意义与语词"马"、"虎"的意义有巨大的差异,"马虎"的意义如何由词素"马"、"虎"的意义构成？这些问题无疑是难以解答的。不仅如此,人们发现,词素与简单语词的区分与简单语词与复合语词的区分一样,也并不十分清楚。①

叶斯柏森断言,"无论是声音还是其意义都不能告诉我们什么是一个语词,什么不是一个语词",因而必须寻求语法标准才能解决这个问题②。然而,这样的看法依然无法彻底解决问题。不同的语言系统会有不同的语法,会有不同的构造复杂语言表达的规则,因而也会有划分简单语词的不同标准。可以预见,那些在汉语中被运用来确定简单语词的标准并不一定在英语中有效,反过来,那些在英语中被运用来确定简单语词的标准也不一定在汉语中有效,因而叶斯柏森的看法如其说解答了问题,不如说是表明了这样的问题根本无法解决。实际上,语言学家一直试图从不同的方面来确定什么简单语词,试图提出使简单语词从其他语言表达中区分开来的标准,但终因看法不一而不尽如意,以至于可以说:找到一个普适的、确定简单语词的标准是困难的。由于难以给出一个区分简单语词与复合语词的严格标准,为了表达的方便,如果不是特别地需要对二者作出分别,我们常常不把简单语词与复合语词区分开,而一般地称为语词。

根据某些约定俗成的方式,人们在实际过程中确定何种语言表达是语词,何种语言表达不是也许并无太大的问题,但即便能很好地说明什么是语词,能从各种语言表达中区分出语词,语词是否能作为基本意义单位也是有疑问的。语句由语词复合而成,语句的意义与构成它的语词有关,但语句的意义并不完全由语词的意义决定。语句的意义与构成它的语词的意义有何关系？在讨论这一点之前也许先要说明如何区别语词与语句。我们将在后面讨论语词与语句之间的区别及区别标准,为方便计,这里先确认这种区别并认为实际能给出这种区别。的确,在实际的言语过程中给出这种区别并不是困难的。两个语句"刘邦胜了项羽"与"项羽胜了刘邦"所包含的语词完全一样,但由于它们的排序不一样而有不同的意义,可见,语句的意义并不完全由构成语句的语词决

① 王希杰:《词汇学的对象和研究方法》,《扬州大学学报》2007年第6期。

② [丹麦]奥托·叶斯柏森:《语法哲学(英文版)》,世界图书出版公司2008年版,第93页。

定,还与它们的排序等其他东西有关。更进一步说,简单语言表达按照一定规则形成复杂语言表达,而后者甚至还可再形成更复杂的表达,复杂语言表达的意义与那些简单语言表达的意义有关,但也与那些构成规则有关。如果承认这一点,那就可以说,语句的意义并不完全由语词的意义唯一决定,它至少与由语词构成语句的那些构成规则有关。

固执地坚持只有简单语词或语词是基本意义单位是难以接受的,不仅语言中的各种构成规则可能与意义有关,甚至某些语词并没有独立的意义,它们的意义依赖于其他的语言表达,似乎只有了解了其他语言表达的意义以及与这些语言表达之间的联系才能获知其意义,"或者"、"并且"等就是这样的语词。当然在此是有争议的,有人可能争辩说,这样的语词的确有独立的意义,而包含它的那些语言表达的意义依赖于它的意义。我们并不打算卷入这样的争论,而只争辩另一点:即使假定所有语词都有独立的意义,这种假定对坚持语词是基本意义单位的想法也几乎没有价值。人们总是通过个别语句来理解事物,如果所理解的事物包含语词,对语词的理解也只有表达于某个语句中才能达到,而其意义只有表现于某个语句中才能被呈现出来,也只有如此它才能成为表达与交流的对象,这时可以说,只有通过语句才能最终获得某个给定语词的意义。因而即便假定语词具有独立意义,这一点对于希望获知语词意义的人来说也没有太多价值,对它的表达和认识依然要依赖于语句。实际上,人们总是从语词在语句中的用法来学会语词,并且用如此学到的语词用法来建构其他语句。也许有人提出,某些个别的语词也可以如语句一样有独立的意义,如"行了。"、"好!"等表达就体现了这一点。但这些人可能忽视了一点:这些语言表达如果的确有独立的意义,它也并不完全等同于"行了"或"好"等语词的意义,它们实际是一个省略了诸多成分的语句,它们的意义与这些省略的成分有关。

更进一步说,人们的理解、表达与交流总是通过一个个的语句而不是一个个的语词完成的,如果一定要追寻一个基本意义单位,那么它似乎不是语词,而是语句。弗雷格早就有类似看法,他说:"必须在句子联系中研究语词的意谓,而不是个别地研究语词的意谓"。① 不过由此断定语句是基本意义单位也

① [德]G.弗雷格:《算术基础》,王路译,商务印书馆2001年版,第9页。

可能是不合适的。要理解语句“雪是白的”就要理解“雪”、“是”、“白的”等语词的意义,不能说理解某语句,却没有理解构成语句的那些语词。然而,上述的语词并不能单独地从“雪是白的”中获得意义,它们的意义与其他语句相关,因而理解这些语词往往要理解那些与之相关的语句或至少要理解其中的某些语句。显然,在这些相关的语句中又包含了一些新的语词,对这些语句的理解又意味着要理解那些新的语词,而对后者的理解又涉及其他更多的语句。如此不断地追索,人们很快就会发现,一个语句并不单独具有意义,它的意义几乎与整个语言系统有关。因而有人提出,任何语言表达的意义都不能被单独地获得理解,只有理解整个语言系统才可能理解语言中的某个语词或某个语句,只有整个语言系统才有独立的意义,而其中的任何语言表达都没有独立意义。

如果上述的整体论是合理的,那就表明人们不能给出确认某一给定语言表达具有特定意义的确切标准,不能对一个语言表达具有何意义给出富有建设性的说明,它甚至不能表明语言系统有完整的意义,而只能说一个语言表达的意义与其他语言表达有关。这种整体论给人们对意义理论的探索蒙上了一层阴影。另一方面,这种整体论的断言似乎与人们学习、掌握语言的实际过程不符。实际上,一个人可以说知道了某个语句的意义,但他往往不会声称他知道了所有语句的意义。这种整体论也难以合理地解释语言交流现象。语言交流的前提是交流双方都能理解他们之间出现的语句,它要求这些语句具有单独的意义,并且这种意义能在实际使用过程中显示出来。

尽管整体论难以被接受,不过它也能提供一些建设性的启发。由于对语词的理解要依赖于语句,而对一个语句的理解又依赖于构成它们的语词甚至其他一些语词,在一个包含各种语词与语句所构成的语言系统中,各种语言表达的意义相互关联,在众多语言表达中,没有某个或某些特定的语言表达在确定意义的过程中是优先的,任何一个语言表达都可能作为基本意义单位而成为确定其他语言表达的意义的基础。选择何种语言表达作为基本意义单位?人们可根据特定的目标而作出方便的选择,他可以把某些语词或某些语句当作基本意义单位,也可同时把某些语词与语句当作基本意义单位。

语句是人们说话的基本单位,选择语句作为意义基本单位是合理的,但设想语词是独立的意义单位也并非不合理。语句由语词构成,人们常常直观地认为语句的意义以语词的意义为基础,谈论语词的意义比谈论语句的意义更为通常、更符合人的直观。对意义给予详细说明的一个用处在于帮助人们学习和掌握语言,在此学习过程中,人们并不是被逐个地告知某语句的意义,而是先被提供个别语词的基本意义,并根据某些规则运用它们来组成语句,因而语言学家与语文教师常常选择语词作为基本的意义单位。知识是已被构成的语句,人们探求知识就是希望从各种语句中选择出知识来,因而对于知识论来说,选择某些语句作为基本意义单位是合理的。尽管如此,知识论的研究者应当充分注意到这种选择并不是唯一的,它只是一种选择的方便,由于语句由语词构成,因而他也可能方便地以某些语词和语句作为基本意义单位。

## 15. 意义的确定

即便选定了某些语言表达作为基本意义单位,意义问题也并没有完全获得解答。如果"雪是白的"的意义由"雪"、"是"、"白的"等语词的意义决定,这表明"雪是白的"的意义在特定的构成规则下与"雪"、"是"、"白的"的意义同义,相对于前者,可把后者当作是基本意义单位。然而要确定"雪是白的"的意义,仅仅知道这一点是不够的,除非表明"雪"、"是"、"白的"的意义是什么,以及如何由它们来决定前者的意义。实际上,对语言意义的研究或意义理论至少包含两个方面:一是要表明复杂语言表达的意义如何在某些构成规则下由其他语言表达的意义构成,也即要表明那些复杂语言表达的意义与某些简单语言表达的意义在某些构成规则下如何是相同的;一是要表明如何确定那些简单语言表达的意义。前一问题也就是同义性问题。仅仅解答同义性问题并不能确定语言表达的意义,它只不过表明了一个语言表达如何由基本意义单位根据某些规则构成,要确定一个给定的语言表达的意义,无疑还要确定那些被选定为基本意义单位的语言表达的意义。

如何确定那些基本意义单位的意义?或凭什么来确定语言表达的意义呢?一种典型的看法就是指称论。根据指称论,一个语言表达的意义由它所指称的对象决定,或由它与所指称的对象之间的关系来决定。不过在后一情况中,也可以说二个语言表达的意义归根到底由所指称的对象决定。如"长城”的意义由它所指称的对象——长城而确定,或由它与长城之间的关系确定。一个语句的意义与之略有不同。“雪是白的”的意义由它所指称或表达的对象而确定,或者由它所包含的语词所指称的对象确定。在后一情况中,要确定此语句的意义,首先要确定此语句中所包含的语词的意义,而后再由这些语词的意义确定语句的意义。

指称论尽管简单明了,但它远不足以解释形形色色的语言现象。为了简单起见,这里只考虑语词的指称。实际上,如果只有外部对象可成为语言表达所指对象,那么大体上可以说语句没有指称,它的意义由具有指称的语词的意义来确定。根据指称论,一个语词的意义归根到底由它所指的对象确定,然而,有些语词的指称并不明确,有些语词甚至难以说有指称,如“跑”、“勇敢”等就不像“长城”、“雪”那样有确定的指称对象,而“和”、“或者”、“的”等语词则难以说有指称。指称论者可能辩解说,没有指称对象的语词是由于它们不是基本意义单位。然而,如果基本意义单位可以根据方便来选择,那么这种辩解显然是无效的。同时,这种辩解由于没有说明那些没有指称对象的语词如何由其他基本意义单位来确定而失去价值。

另一种辩解提出,指称论只适用名词,它于某些种类的语词如虚词是不适用的。即使如此,指称论依然没有摆脱困境。“孔子”、“阿房宫”等所指的对象现在并不存在,而“孙悟空”、“飞马”看来根本没有所指,但它们似乎都是有意义的。一些看起来有指称的名词,一旦细究起来,它们的指称也不明确,其意义难以由其所指决定,“钢笔”、“桌子”等就是这样的语词。“钢笔”并不指称某支特别的钢笔,也许指称论者会断言,“钢笔”指称所有的钢笔,包括现在存在的、曾存在的与将存在的钢笔,但一个语词如何能指称那曾存在的对象与那将存在的对象呢?即便说“钢笔”指称现在存在的钢笔,问题也依然存在。现存的那些具体的钢笔各有差异,言说“钢笔”的人往往不可能观察到所有的现存钢笔,他何以能声称知道该词的意义呢?指称论的另一困难是:不同的语词可以指同一个对象,却没有理由认为它们有相同的意义,如“暮星”与“晨星”尽管有相同的指称,却有不同的意义。总的来说,即便语词有指称,其意义也不能为其完全确定,或者说语词的所指对象并不是决定其意义的唯一因素。

也许指称论者辩护说,上述的批评是基于批评者想当然地把所指对象看作是外部对象的结果，其实，语言表达所指称的对象并不必定是外部对象，它可能是指某些抽象对象，如指某种功能。对于像“和”、“或”、“钢笔”等语词，它们指称了某种对象，如“和”指称合取功能，“或”指称析取功能，而“钢笔”则指称那被称为钢笔性的东西。那些表面上指称不同外部对象的语词可能指称同一抽象实体，而那些看上去指称同一外部对象的语词，却可能指称不同的抽象实体。“暮星”与“晨星”尽管有相同的外部指称，但它们其实指称不同的抽象实体。这种辩解并不是很有效的，除非能对语词所指称的这些功能与抽象实体有更详细的说明，说明人们如何能确定它们，说明它们如何与那些语词的意义相关，否则就依然没有对人们理解某个语词的意义有帮助，相反，这种特设性解释只不过是导致新一轮批评的开始。

观念论与指称论不同，它相信语言表达的意义由它所指称的那些心灵中的对象即观念决定。在观念论看来，每个语言表达都会在心灵中引起某个观念，而此观念就是此语言表达的意义，或者决定此语言表达的意义。这就如洛克所言：“字眼的功用就在于能明显地标记出各种观念，而且它们的固有的、直接的意义，就在于它们所标记的那些观念”。[①] 观念论看上去能解答那些没有外部指称对象的语词如何是有意义的问题，如它可能提出，虽然人们找不到某些语词所指的外部对象，但它们无疑指称了某些心灵内部的对象即观念，正是这些观念决定了它们的意义。

观念论首先的一个难题就是它难以说明某一语言表达必定有一个特定的观念，难以说明什么是“或者”的观念，什么是“的”的观念。同时它也无法确定一个语言表达在不同人的心中是否会引起相同的观念，甚至无法确定一个人在不同情形中所作出的某个语言表达是否必定会在其心中唤起相同的观念。听到“三角形”一词，有人可能想到直角三角形，有人可能想到锐角三角形，也有人可能想到钝角三角形等。一个人向他人讲述三角形时，在某一种情形中他心中产生的可能是直角三角形的观念，在另一种情形中其心中产生的可能是另外的观念，这是否意味不同的人表达“三角形”有不同的意义？是否意味在不同时刻，某个语言表达甚至在同一个人那里也有不同意义？索绪尔提出，一个语言符号可能在心灵中产生两种不同的东西，即“概念和音响形

① [英]洛克：《人类理解论》，关文运译，商务印书馆1997年版，第386页。

象”，这就是他所说的“所指”与“能指”。[1] 如果索绪尔的区别是合理的，那么人们可以抱怨，观念论者并没有清楚地说明，观念是指一个语言表达的“概念”或“所指”，还是指其“音响形象”或“能指”，或者同时是指上述二者？

观念论者通常并不能清楚地告诉人们如何区分“的”与“地”、“或者”与“并且”等在心中引起的观念，而批评者可以说，“的”、“地”、“或者”、“并且”等语词的意义之所以有区分，并不是由于它们在心灵中所产生的观念有所不同，而恰恰在于它们是不同的语言表达，人们也正因此而知道它们在心灵中所产生的观念是不同的。更一般地说，观念与观念之间的关系以及它们之间的区分要通过语言表达做出，为了确定在不同人的心灵中是否有相同的观念，往往要问他们是否对某语言表达有共同的理解。如果人们对“的”、“地”有共同的理解，那么就说他们心中的观念是相同的，反之，如果对这些语言表达没有共同的理解，即便使用同一语言表达，也可以说此语言表达在他们各自心灵中引起的观念是不同的。如果这样，观念便恰恰是由语言表达或语言表达的意义等派生出来的东西，而不是相反。显然，由语言表达而得以区分的东西不能作为语言表达的前提，不能成为语言本质特性的根据。总之，如果语言表达有意义，这种意义恰恰不能或不完全能由观念来确定。

观念论与指称论都把意义当作某种确定的、静态的东西，都似乎确信，语言表达的意义与它所指称的外部对象或相关观念一样独立于语言的实际使用过程。行为论与此不同，它认定语言表达的意义来自于人们对语言表达的反应。根据行为论，某个特定的语言表达在特定情景中会对听者产生某种刺激，从而导致他产生某种相应的行为反应，而此语言表达的意义恰恰就是这种反应或由此而确定。如“关门”的意义就是这句话在听者中所引起的刺激而随后导致的反应，即听者去关门，或其意义由之决定。布龙菲尔德持有如此的看法，他明确地断言，语言表达的意义就是“说话人发出语言形式时所处的情境和这个形式在听话人那儿所引起的反应”。[2]

行为论自然也有不能令人满意之处。批评者可能指责说，行为论相信任

---

① ［瑞士］费尔迪南·德·索绪尔：《普遍语言学教程》，高名凯译，商务印书馆 1999 年版，第 101 页。

② ［美］布龙菲尔德：《语言论》，袁家骅、赵世开、甘世福译，商务印书馆 1997 年版，第 166 页。

何一个语言表达都会在听者那里产生某种特定的行为反应是言过其实的,并不是所有的语言表达都有可表现的行为反应,如听到“直线”、“平行线”、“过直线外一点有且仅有一条平行线”等的人就难以说必定会在其身上产生某种特定的行为反应。不过行为论者可能辩护说,这些语言表达同样会引起听者身体内部的某些变化,如体液浓度的变化、某种激素分泌的变化等,或者会引起未来行为的某些变化,而语言表达的意义恰恰由它们决定。但如果这些变化不能被观测到,对于如何由此有效地决定语言表达的意义也就提不出除猜测之外的其他更好的方式,那么这样的辩解其实是无效的。另一个更严重的批评是:一个语言表达与行为反应之间并没有确定的、唯一的决定关系,一个语言表达可能会引起多种行为,而不同的语言表达可能会导致同一行为。“当心!”可能会引起如闪避、俯伏和挡开等不同的反应,而“卧倒!”、“发现敌人”、“有子弹飞来!”等语言表达可能会引起相同的行为反应。如果把听到的语言表达作为一种输入,而把听者所作出的行为看作是一种输出,那么正如前面批评现代唯物论时所曾谈到的,不管行为论者如何设计一些更精致的回答,都没有理由表明,语言表达在人体内部所引起的行为反应必定是一种严格的因果联系,如果这样,试图从听者的行为中决定性地确定特定语言表达的意义就会变得毫无可能。

行为论在确定语言表达的意义时只考虑了听者的行为反应,而语言表达在人们的相互交流中产生,因而可以设想,语言表达的意义不仅与听者有关,也与说者有关,与说者期望表达的东西有关,甚至与产生语言表达的其他具体情景有关。使用论者恰恰有类似的想法。使用论者试图更完整地考虑所有这些可能影响意义的因素,他相信特定语言表达的意义的获得要依赖于所有这些因素、依赖于其具体使用,知道某语言表达的意义也就是知道如何使用它,反过来,知道了某语言表达如何使用也就知道了它的意义。这里所谓的使用不仅与听者有关,也与说者有关,与语言表达出现的具体情境有关。行为论与使用论有时并没有严格的区分,行为论可以很容易地考虑使用论所曾考虑的因素。一个行为论者可以说,一个听者的行为恰恰是说者所表达的东西与语言表达的各种具体情境等因素作用的结果,因而行为论常常可以修正而成为使用论。也正是如此,行为论所面临的困境也同样是使用论所面临的困境。

一个语言表达有多种甚至无限的使用,如果这样,语言的意义实际也就根本无法确定,结果使用论者力图通过描述语言表达的各种使用以便确定其意义的想法就变得不可能了。由于任何使用相对于特定的情景,因而按照使用论,一个语言表达的意义相对于特定情境。于是,同一语言表达在不同情景中可能有不同的意义。使用论的这种相对主义论调与人们对语言的实际了解并不完全一致。某个语词的意义可以在其被使用之前就能为人们所了解,人们因此而可运用它们来构造特定意义的语句。在打哈欠时说"想去上班",指着果盘说"把那本书递给我",当一个人作出这样的语言表达时会令人莫名其妙,因为人们在使用这些语言表达之前就能确定其意义或至少能确定其某些意义,这些意义不由其使用决定。也只有如此,人们才可能断定其使用是否合适。另一方面,某人说出或听到许多语句,他似乎不必联系其使用情景而很自然地知道它们的意义,如可以知道"苹果是红的"的意义,而并不必联系其具体的使用情景。

种种情形表明,一个语言表达的意义与其使用关系密切,但是不能绝对地画等号。语言表达的意义恰恰不等于其使用,或不能由使用决定,语言表达有某种与特定情景无关的意义,而这种意义处于使用论者的视野之外。从某一方面来说,一个语言表达的意义规定其使用,语言表达的意义是先于其使用或至少其某些意义是先于其使用的。语言表达的意义表明何种使用才是可理解的,何种使用是不可行的,它对语言的使用提出了一种限制。如果断言语言的使用即意义,这也就意味着任何被使用的语言表达都是有意义的,而上述的限制将不可能发生。

使用论似乎提供了一种更全面的解答意义的可能性,它要求人们在与各种言语活动的相关场景中寻找语言表达的意义,由于这种场景所包含的因素广泛、复杂而又模糊不清,人们几乎无法完全地获得这些确定意义的因素。使用论可能恰恰希望表明的是:人们并不能确定特定语言表达的意义。如果这样,使用论者并不能对确定语言表达的意义提供积极的建议,它与其说提供了一种确定意义的方式,不如说主要在于提醒人们:在寻求意义理论时要警惕某些教条,那种以为可以轻易地从某些方面,如从语言表达所指称的外部对象、从它们在心灵中形成的某些观念或从听者的行为反应等中决定性地确定其意义的想法是轻率的,它甚至暗示,所有那些试图完全确定特定语言表达的意义的方式都是无效的。

使用论的暗示是有根据的。意义与所指称的对象、观念以及人的行为活动有根本的不同。某个对象是方的,是长的,而表达它的语言的意义并不是方的,并不是长的。某观念是私有的、主观的,有一个产生、持续及消失的过程,却并不能说表达它的语言的意义是私有的、主观的,有一个产生、持续及消失的过程。意义没有时间性,而行为却有时间性,人们发动了某种行为,但并不会说发动了某种意义。指称论、观念论与行为论似乎都没有注意到这一情形,因而也就无法独立而完整地解答"如何确定特定语言表达的意义"的问题。有可能从其他方面确定语言表达的意义吗?人们之所以使用如此这般的语言表达来表达某种意义,当然与外部对象有关,与作出语言表达的心灵有关,也与语言表达所出现的具体情境有关。另一方面,外部对象、说话者的心灵、听者的心灵以及它们之间的各种关系一起形成了语言表达,而一个语言表达的意义由所有这些因素决定。如果语言表达的意义与心灵有关,那么对它的探求也就离不开对心灵的认识,离不开对心灵产生各种语言表达的作用过程的认识。正如前面所指出的,对心灵的这种作用过程的认识存在一种逻辑的困境,它超出了人的认识能力。如果这样,认识语言表达的意义也存在一种逻辑上的困境,对它的完全认识超出了人的认识能力。的确,人们可设想任何语言表达存在其特定的意义,并且可设想它是客观的,但完全决定性地确定某个特定语言表达的意义是什么就如完全确定心灵是什么或心灵是如何活动的一样不可能,任何合理的意义理论都不能无视这一点。

## 16. 意义与真

希望完全确定语言的意义、充分理解语言,这最终难免令人失望,对知识论的讨论是否要在此止步?人们运用各种语言符号来表达对象,形成各种语句,这些语句尽管具有客观性,却并不都是知识,它们至多是可能的知识。对于知识论来说,重要的不是了解各种语言表达或语句的意义,而是把知识从中分辨出来。其实,即便确切地知道了某个语言表达的意义,也还要给出一个标准来确定何种语言表达是知识。反过来,只要能做到这一点,即便并不完全了解如何确定特定语言表达的意义,甚至并不完全了解那些被当作知识的语句的意义,也大体可以说达到了目的。可见,在知识论中,只讨论意义理论是不够的，甚至也不是完全必要的。

人们对世界的理解要通过众多语句表达出来，当他对这些语句进行反思时，首先会对其给出一个初步的区分、评价，为了标记这种区分、评价，他往往把那些具有某种或某些特别意义的语句称为真语句，而称其他语句为不真的语句，如说“三大于二是真的”、“雪是白的是真的”等。有时把这种真的语句称为真理，如“雪是白的是真的”也即是指“雪是白的”是真理。在对真或真语句作进一步研讨前，首先对此处“真”用法作些解说是必要的。在日常运用中，“真”是一个多义词，它有多种表达作用。在“你是一个真朋友”、“真心真意”等语言表达中，“真”就如“红”在“这是一张红桌子”中所起的作用类似，它是一个表达对象的语词，或是一个限定其他语词的语词。在“返璞归真”、“抱拙守真”等中，“真”则指某种本性、本原或未经人为而成的对象，它能为其他一些语词所限定。当引入“真”来区分或评价语句时，“真”的用法与此两种用法有很大的不同，它不表达对象性质或意指某对象，它不限定其他语词，也通常不为其他语词所限定，它表达的是语句。顺便指出，区分语句的真与不真当然要对语句本身有所认识，“真”或“不真”是对这种认识结果的表达，因而真理指的是认识结果，而不是认识过程或其他东西。

历史上有许多关于真或真理的思考，其中某些思考与上述对真或真理的看法存在明显的差异。有种广为流传的看法相信，真理或真的东西是某种语言之外的对象，即真表达的是语言之外的对象。德谟克里特宣称“真理就是现象，与显示于感官的东西毫无区别”①时，他坚持的大约是这样一种想法。柏拉图也有类似的看法，在他看来，真的东西不能显示于感官中，它只能用人的理性或灵魂能看到，它是永恒的、绝对不变的实在。黑格尔提出：“真理只不过是辩证运动，只不过是这个产生自身的、发展其自身并返回于其自身的过程”。② 在黑格尔看来，辩证过程是绝对精神活动的过程，是世界的运动过程，它甚至是存在于本原世界中的事物，因而他所谓的真理似乎也是存在于语言之外的东西。在黑格尔的意义上，辩证过程又是一认识过程，因而在他那里，

---

① 北京大学哲学系外国哲学史教研室编译：《西方哲学原著选读》，商务印书馆1988年版，第50页。

② ［德］黑格尔：《精神现象学》，贺麟、王玖兴译，商务印书馆1979年版，第44页。

真理并不是认识的结果，而是认识的过程。看起来，黑格尔并没有把认识的结果与认识的过程区分开。当然黑格尔可能并不在意这一点，在他看来，所有这样的区分都无法获得真理，辩证法的作用恰恰在于把这一切的区分消除，以便获取真理。类似的看法与混淆也存在于海德格尔的著作中。海德格尔把真理看作是进行揭示的和被揭示的状态，他宣称："'是真'（真理）等于说'是进行揭示的'"。[①] 有时他似乎认为"如何追求真理"并不是一个认识论问题，而更是一个伦理学与心理学问题，是人如何追求某种人生状态或心理境界的问题。

无论是德谟克里特或柏拉图，还是黑格尔或海德格尔，他们所谈到的真或真理与此处所谈到的真与真理不大相同。不太清楚他们何以如此理解真或真理，我们也无意断言他们对真或真理的理解是不合理的或甚至是错的，不过我们相信：尽管他们的理解可能代表了"真"或"真理"等语词的某些其他的用法，但这种理解表明他们在使用"真"、"真理"等时偏离了这些语词在知识领域、甚至日常生活领域中的通行用法。我们之所以坚持把真看作是对语句的区分，而用"真理"一词来指真语句，一方面由于这样的想法能更好地解释知识现象和日常用法，另一方面也由于希望把真理与真理获得的方式或真理的功能等区分开来。的确，真语句或真理需要通过某种认识方式而获得，它们可能在心灵中产生某种影响，对人的行为起某种作用，但这些都不是真理，把它们混同起来对探求知识或研讨知识论来说并不是好事情。

对语句给出初步区分之后，即区分真语句与不真语句之后，人们可能愿意说，知识是真的语句，不真的语句则不是知识。是否真的语句便是知识？如果不是，何种真语句是知识呢？或什么是知识呢？这类问题无疑极为重要，但此时无法给出满意的回答，只能留待后面来逐步研讨它们，这里暂时满足于断定知识是真语句。如果知识是真语句，如何获知一个给定的语句为真就成为一个重要问题了。对此，一种极为自然的看法是：确定一个给定语句为真之前先要了解它的意义，只有如此才能够试图发现它是否为真，因此意义理论应当先于真理理论并在一定程度上是独立于真理理论的。卡尔纳普就说："认识论的两个主要问题就是意义问题与证实问题。第一个问题要问：在什么条件下一个语句是有意义的，……第二个问题要问：我们如何得以知道一些事情，我

① ［德］海德格尔：《存在与时间》，陈嘉映、王庆节译，三联书店 1999 年版，第 252 页。

们如何能够发现一个给定的语句是真的还是假的”。① 在卡尔纳普看来,意义问题先于真理问题,对真理问题的回答要以对意义问题的回答为基础。然而,由于难以对意义问题给出完全的解答,难以完全确定某一给定语句的意义,因此,这种自然的想法实际上是令人生疑的。如果不能解答第一个问题即“如何确定一个给定语句意义”的问题,是否能解答第二个问题即“如何确定此语句为真”的问题呢?对此问题的回答是肯定的。的确,即便不能完全确定一给定语句的完整意义,也可能确定一个语句是否为真,实际的求知活动本身就表明了这一点。不过,实际现象是什么是一回事,而如何对之给出合理的解释是另一回事。

如何确定一个语句为真将是后面讨论的主题,在对此给出详尽讨论之前,这里将再就有关意义的问题作些说明。也许会有人提出,如果能确定一个语句是否为真,意义问题也就无讨论的必要了,甚至于说,确定了一个语句是否为真,也就确定了其意义。如在物理学中,要了解“力”、“质量”等语词的意义,就要了解包含这些语词的语句的意义以及了解包含这些语词的语句之间的关系,而对这些语句意义以及语句关系的真正了解恰恰要根据某些已被确定为真的语句。如果这类看法是合理的,那么不仅意义问题不先于真理问题,甚至单独地追求语句的意义是不必要的,真理问题包含了意义问题。戴维森就有类似的看法,他说:“给出真值条件也正是给出语句意义的一种方式。知道一种语言的语义性真理概念,便是知道一个语句(任何一个语句)为真是怎么一回事,而这就等于理解了这种语言”。② 的确难以认同这样的想法。从直观上说,只有在了解语句的意义之后才能确定它是否为真,也即语句的意义是决定它是否为真的条件。另一方面,知道一个语句是否为真或知道它是否为真的条件对于知道此语句的意义或许是必要的,但并不一定是充分的。有时人们能确定一个语句为真,如从书本上学到一个真的语句,但对此语句的意义并不完全清楚。另一种情形也值得注意。有些语句如“此处禁止吸烟”、“不要说谎”等并没有真与不真的区分,因而也就无法确定它们是否为真或为真

---

① [美]卡尔纳普:《可检验性和意义》,洪谦主编:《逻辑经验主义》,商务印书馆1989年版,第69页。

② [美]D.戴维森:《真理与意义》,A.P.马蒂尼奇编:《语言哲学》,商务印书馆1998年版,第135页。

的条件，但它们无疑是有意义的。

真理问题不同于意义问题，同时又不能完全确定一个语言表达的意义，那么对于意义问题的讨论是否有价值呢？如果有，这种价值何在？尽管难以充分地确定一个语言表达的意义，谈论意义却是有作用的，它至少能消除人们所抱持的有关语言意义的某些不切实际的教条。如有的教条认定能充分地确定某些特定语言表达的意义，并且认定对一切知识论问题、一切哲学问题的解答都基于这种确定。这样的教条显然难以再为人们所坚持了。另一方面，尽管不能确定一个语言表达的完整意义，并不能表明谈论意义是无价值的，正如人们不能完全确定心灵的性质以及心灵如何支持知识基础的出现，但谈论心灵依然有价值一样。引入“意义”一词确实是必要的。意义是表达、交流的中介，是人们所理解的对象，没有“意义”一词，对于交流过程与认识过程等的理解就没有了凭借；没有“意义”一词，对同义性的讨论也就失去了基础，甚至人们无法理解语言记号与语言类型之间的区别。尽管如此，在知识论中，意义只是一个享有优宠而无实权的立宪制君主，具有真正实权的是真理，而人们探求的核心是真以及有关真的问题。

# 第五章　真

## 17. 陈述与命题

不是所有语句都可能为真,不是所有语句都可能用“真”语词来表达,“真”语词可能表达何种语句呢?语句由众多语词按一定语法规则构成,可把它们分为单一句与复合句。这里所说的复合句具有如下特征:构成复合句的语言表达可切分为多个部分,除了连接这些部分的连接词如“但是”、“或者”、“和”、“并且”等外,这些部分同样也是语句。无论如何切分,其部分不都是语句的语句则可称之为单一句,而复合句由两个或两个以上的单一句组合而形成。可能用“真”表达的单一句在一些连接词的组合下形成复合句,这些复合句通常也可能用“真”表达,因而“真”可能表达何种语句的问题也就是“真”可能表达何种单一句的问题。为了简便,下面通常只关注单一句,如果不特别指出,以下所谈论的语句即是指单一句。

由于语句多种多样,“真”所表达的语句也几乎是无限的,这使得直接回答“‘真’可能表达何种语句”变得几乎不可能了。为了有效地接近对此问题的解答,可以把语句按某种方式分类,这样一来,上述问题也就成了“‘真’可能表达何种类型的语句”的问题。分类可以按照多种方式进行,如按语法标准可将语句分为主谓句和非主谓句;分为“被”字句、“把”字句、连谓句、兼语句、双宾语句等。由于确定一个语句是否为真不是根据语词构成语句的语法规则,而是它的意义,因而这样的分类并不能对此处的研讨有太多的帮助。按语义标准而对语句给出的分类于此处的研讨无疑是最合适的,只是由于语言表达的意义难以完全确定,因此,纯粹的语义标准也是难于给出的,实际上,即便有这样的标准,它也难于得到应用。有一种常见的分类,即把语句分为陈述句、疑问句、祈使句、感叹句等,据说“真”可能表达陈述句,其他类型的语句则没有真与不真的区别。弗雷格说:“人们通常把真这一谓词用于句子;但是必须排除愿望句、疑问句、祈使句和命令句,只考虑断定句,即我们藉以传达事实、提出数学定律或自然律的句子”。[①] 弗雷格所谓的断定句也即陈述句。弗雷格在此表达的是一种被广为接受的看法。

对于上述看法,批评者可能指出,并不是所有陈述句都可能用“真”来表达,或并不是所有陈述句都可被区分为真与不真,有些陈述句如“现在的法国国王是秃子”、“孙悟空有七十二般变化”等就没有真与不真之分。另一种批评是,一些非陈述语句似乎也可用“真”来表达。一些特殊的疑问句和某些感叹句就难以说不可用“真”来表达,如“他不是来了吗?”、“这束花真漂亮呀!”等语句就是如此。有人甚至断言某些祈使句如“请出去!”、“此处禁止吸烟!”等也可用真来表达。或许这些批评是有争议的,但的确没有理由断言只有陈述句才可能用“真”表达。是否可以说,“真”并不只是表达陈述句,它也可以表达疑问句、感叹句和祈使句呢?看起来是可能的。果如此,那么上述问题依然没有得到解答。是否有某种对语句的分类标准,人们依据它而能确切地知道“真”可能表达何种类型的语句?实际上,如果不按语义标准来区分语句,此问题是无解的,而语义标准不仅难以获得,甚至也难以得到应用,因而此问题归根到底是无解的。

讨论似乎又回到了起点。尽管如此,上面的讨论依然有所启发,它至少表明只有引入意义,才能对上述问题给予合适的解答。通常认为真理是客观的,这里所指的客观性确乎不是指“真”所表达的对象即语句具有客观性。从某个方面而言,任何语句都具有客观性,且不说任何语句都有表现它的客观的物理痕迹,而且它们具有客观的意义。说“真理具有客观性”时,它显然并不是说真理具有任何语句都具有的那种客观性,而是指真理具有某种特殊的、不是所有语句都具有的客观性。“真理具有客观性”中所谓的客观性指什么?一般来说,这种客观性不来源于表现语句的物理痕迹,也不来源于此语句的一般的意义,而只能来源于蕴含于其中的某种特殊的意义,通常称这种意义为认识意义。

语言表达有多种的使用,即便是同一语言表达,也可能有不同的使用,它

① [德]《弗雷格哲学论著选辑》,王路译,商务印书馆2001年版,第183页。

因不同的使用而呈现出不同的意义。当某人说出某语言表达时，此语言表达可能表达了某种事物或对象，它可能对听者的行为产生了影响，它也可能只与特定使用情景有关，总之，此语言表达在不同情形中有不同的作用，也即有不同的意义。也可以说，一个语言表达有多种意义或多方面的意义，它在不同的使用情景中可能呈现出不同的意义，其中某些意义在特定的情景中隐而不现或与特定的使用相关，有些意义则不与特定的使用相关。甚至于可以说，在一种情境中，某一语言表达没有某种类型的意义，但并不意味它没有其他方面的意义。诗句“白发三千丈”不是真的，但并不是无意义的，如它有审美方面的意义。

语言表达有哪些方面的意义？语言表达影响人的行为，也许可以说人的行为有多少类型，意义也就可分为多少类型，如人的行为可以分为宗教行为、伦理行为、审美行为、认知行为，因此可以相应地断言语言表达含有宗教意义、伦理意义、审美意义、认识意义。也可能区分出其他不同类型的意义。利奇就曾区分出了七种不同意义，即所谓的理性意义、内涵意义、社会意义、情感意义、反映意义、搭配意义、主题意义。① 这些区分是否完整？所区分出来的不同意义之间的界限是否清晰？这些问题不是此处所要讨论的目标。实际上，如果不能有一个充分的确定意义的标准，这种区分的价值是有限的。这里只是试图指出，在这些意义中可以分出一种意义，也即一般所谓的认识意义，包含它的语言表达能向人传达关于对象世界的信息，或能表达人们关于对象世界的认识。

通常来说，确定一个语句是否为真并不一定要知晓它的所有意义，只要知道它的认识意义也就足够了，而那些可能用“真”表达或可被确定是否为真的语句具有认识意义。这样一来，可以说那些不具有认识意义的语句，无论是陈述句，还是疑问句、感叹句和祈使句，都不可能用“真”来表达或不可被确定是否为真。另一方面，如果一个疑问句、感叹句和祈使句在某些特定情景中具有认识意义，则它们也可能被区分为真或不真。很显然，如果一个语句是否是陈述不是根据认识意义来确定，那么并不是所有陈述都可能用“真”表达，并不是所有陈述都可能被区分为真或不真，而只有那些具有认识意义的陈述才有

① ［英］杰弗里·N. 利奇：《语义学》，李瑞华等译，上海外语教育出版社 1987 年版，第 13 页。

可能。有时为了更明确表达这一点，就把语句的认识意义称为命题，如果不同的语句包含了相同的认识意义，则说它们表达了同一命题。由于命题必定要由特定的语句表达出来，因而有时也称命题是含有认识意义的语句。于是可以说，“真”只可能表达命题，而只有命题才可能被确定是否为真。

使用“命题”一词有诸多好处，它能使人们谈论知识论时表达得更为准确，可避免某些误解。如尽管不可说所有陈述都能被确定是否为真，却可说所有命题能被确定是否为真，如果疑问句、祈使句、感叹句等包含了命题，那么它们也有真与不真的区分。当要特别强调陈述的意义时，引入命题也常常是方便的。在“我相信地球是圆的”中，我相信的对象并不是“地球是圆的”的语言记号，甚至也不是“地球是圆的”的所有意义，而是它的某种特定意义或认识意义，因此在说“我相信某陈述”时，不如说“我相信某命题”来得更好，更不会产生歧义。一个陈述有多种方式的使用，在不同使用中有不同意义，如果引入了“命题”，就可以说，尽管出现于不同情形中陈述记号是同一的，但它们表达了不同的命题。引入“命题”也能方便地表达那些不同陈述实际表达同一命题的情形，如“刘邦战胜了项羽”与“项羽被刘邦打败了”是两个不同的陈述，但它们表达了同一命题。

由于意义本身暧昧不明，不能期望通过认识意义来确定真，恰恰相反，只能通过那些具有真或不真的语句才能确定认识意义。实际上，可以把认识意义看作是为解释真与不真设定出来的东西。作为一种意义，命题只是一设定物，引入“命题”是否暗示存在某种类型的实在对象？由于命题毕竟要通过某些特定的语言符号表达出来，此时引入“命题”这样的抽象语词有必要吗？即便认为“命题”不表达某种实在对象，它是一抽象语词，它表达的是一类抽象对象，但并不因此就不能引入它、使用它。在知识领域，人们引入了大量不表达实在对象的抽象语词如“力”、“场”、“化学键”等，它们对于认识活动甚至是不可缺少的。实际上，“意义”、“陈述”也是不表达实在对象的抽象语词，而这些语词在人们的思考过程中或语言系统中几乎不可缺少。如果能推进对世界的认识，使表达更为清晰，引入任何语词——包括一些所谓的抽象语词，都有其合理性。一般来说，使用“命题”一词至少是无害的，它更清晰地显示了“真”、“不真”等所表达的对象或显示了确定一个陈述是否为真的根据。

不过使用“命题”一词也可能引致某些问题。它可能引诱人们提出某些难以辨认的抽象物，如提出所谓的命题态度与命题内容等。这些抽象物的区分正如区分心灵的各种机能一样，常常模糊不清，依据它们提出的解释具有浓厚的特设性质。尽管人们可能对命题态度与命题内容等给出某些区分，但批评者确实有理由怀疑基于它们而提出的解释是否有效或是否值得。另一方面，如果特定的命题总要通过某些语言符号表达出来，人们只能通过某些表达命题的语言符号来辨认它们，那么谈论一个命题与谈论某一语句并没有根本的区别。基于这些，也许能够说，有了认识意义，引入"命题"一词就变得并不是很迫切的事了。

特定的意义可能用不同的语言符号来表达，特定的认识意义也可能用陈述句、疑问句、感叹句等来表达。那些可能被区分为真或不真的疑问句、感叹句等尽管包含了认识意义，其中的认识意义也可以用其他形式的语句如陈述句来表达，也即疑问句、感叹句可以转化为具有相同认识意义的陈述句。如"他不是来了吗?"、"这束花真漂亮呀!"可转化为"他来了"、"这束花真漂亮"等陈述句。尽管某些陈述句可能不具认识意义，但陈述句通常含有认识意义，而疑问句、感叹句等较少具有认识意义，因而为了表达的方便，这里只关注陈述句。另一方面，陈述总是表达一定的意义，当人们说某陈述为真时，"真"表达的不是其他意义而是认识意义，如果使用者时刻记得这一点，把命题与陈述区分开来其实并不是重要的。由于命题总要通过某些语句而表现出来，因而我们并不把命题与陈述做严格的区分，甚至有时把它们当作同一事物。不过在此要记得的是：在说某个陈述为真时，此时"真"表达的是陈述的认识意义。

与"命题"相类似的还有"概念"一词。为了更好地区分表现语词的物理痕迹与其意义，或为了更好地把某种意义如认识意义从其他意义中区分出来，人们把语词的某种特定意义即认识意义称为概念。引入"概念"与引入"命题"的理由基本一样。在"电子概念"的表达中，使用"概念"一词只是为了显示上述表达中的"电子"是指电子的意义而不是其物理痕迹，或只是为了显示"电子"的某种特定意义与其他意义之间的区分。如果陈述有多种意义，陈述由语词构成，则有理由说语词也具有多种意义。如果陈述具有认识意义，也有理由说语词具有认识意义。不过人们有理由认定语词与陈述的认识意义尽管有相关性，却不是完全相同的。语词的认识意义是什么，陈述的认识意义与语词的认识意义有何相关性？对于这些问题，将在后面讨论。

引入“概念”一词自然可能使人们的表达更为清晰,但考虑到它可能引起的一些误解,使用“概念”一词时更要小心。在许多人的心目中,概念不只是指语词的意义或特定意义,它往往还指更多其他事物。在康德哲学中,概念只是在非常罕见的情况下才被完全当作语词的意义或认识意义。当康德说“时间概念”、“空间概念”时,他通常不是用它们来指时间语词或空间语词的意义或认识意义,而可能是指有关时间、空间的知识或知识形式。当康德说“纯粹知性概念”时,这时“概念”一词很可能又具有另一种使用,即可能被用来指认识过程。在黑格尔那里,除了类似康德的用法外,他对“概念”的使用更为丰富,或者说更为混乱。当他说“名词概念”、“绝对的概念或谓词”时,大体可以说他把概念看作是指语词或语词的某种意义。当他说“在酸性概念里含有着碱性概念,在阳电概念里含有着阴电概念”时,此时概念不太可能是指语词的意义,而似乎是指事物或事物的本质。当黑格尔说“有机物的本质可以说就包含在目的概念里”时,他心目中的概念可能是指知识或理论。但他有时又把概念看作是自我之类的精神对象,如他说“概念就是我们最内在的自我”,“当概念成长为本身自由那样的一个存在时,它便不外是自我或纯粹的自我意识”时①,大体就有如此的含义。当用“概念”一词不加区分地表达各种互不相干的一些事物,并努力在此基础上建立一个协调一致的理论体系时,混乱就开始产生了。

与“命题”一样,引入“概念”一词并没有明显的不当,但由于它负载过多的意义,结果不但不能使表达更为清晰,反而引致混乱。如何合适地使用“概念”一词,也许任何人都没有能力对此做出一般的规定,或许也没有必要做出这样的规定。人们可能用“概念”一词来意指不同的事物,不过一旦确定在特定情景中用它来指某种事物时,使用者就要在同一情景中严格一贯地使用它,而不能想当然地用它来意指其他事物。为了避免误解,为了与那已用得相当混乱的“概念”一词区分开,我们更愿意直接而简明地使用“语词”,并以此来取代“概念”一词。

---

① [德]黑格尔:《小逻辑》,贺麟译,商务印书馆 1986 年版,第 95、378 页;《精神现象学》,贺麟、王玖兴译,商务印书馆 1979 年版,第 172—173 页;《逻辑学》(下),杨一之译,商务印书馆 1996 年版,第 246 页。

## 18. 必要而基本的真

对于“真”,除了说它是对具有某种意义即认识意义的陈述的表达之外,还能有更多可说之处吗?除了所表达的对象不同之外,看起来“真”与“磁性”、“红色”等语词没有什么不同。不过,并不是所有的人都同意这一点,在拉姆齐等人看来,“真”与“磁性”、“红色”等有根本的区别。尽管表现“雪是白的是真的”与“雪是白的”两个陈述的符号不同,但其意义没有什么区别,当一个人说“雪是白的,但它不是真的”时,就如说“雪是白的,但雪不是白的”一样自相矛盾。可见,在“雪是白的是真的”中,“真”完全是多余的,“真”被用来表达一个陈述时,它或许会起到强调或增添文采的作用,但从认识的角度而言,它并没有什么作用。因而人们可以问“什么是磁性”、“什么是红”,但并不能问“什么是真”这样的问题,“什么是真”根本就是一个假问题。

塔尔斯基在考虑“真”的用法时,曾提出过如下的说法:“‘雪是白的’是真的,当且仅当雪是白的”。按多余论者的理解,塔尔斯基在此似乎表明“‘雪是白的’是真的”和“雪是白的”向人传达了相同的信息,它们具有相同的意义,因而他们把塔尔斯基引为同道者。不过塔尔斯基的看法与多余论依然有细微的区别。多余论者相信“雪是白的是真的”与“雪是白的”同义,而塔尔斯基至多表明:“‘雪是白的’是真的”和“雪是白的”是同义的,这两者无论如何是不同的。在塔尔斯基看来,“‘雪是白的’”与“雪是白的”并不同,前者是一个有引号的语言表达,它与后者不同。前一语言表达如同语词,而不是陈述,在两个陈述“‘雪是白的’是真的”与“桌子是方的”中,“雪是白的”与“桌子”具有更多的相似性,而它较不同于“雪是白的”这样的陈述。对于语词与陈述的区别在后面还会谈到,不过这里一定要注意到“‘雪是白的’”与“雪是白的”之间的不同。为了更清晰地显示它们之间的不同,塔尔斯基建议用不同的符号如X、P来表达。于是上述的说法可以被理解为“X是真的,当且仅当P”,其中X表示“‘雪是白的’”,而P表示“雪是白的”。① 如果这样,塔尔斯基只是

① [波兰]塔尔斯基:《语义性真理概念和语义学的基础》,A. P. 马蒂尼奇编:《语言哲学》,商务印书馆1998年版,第85—86页。

表明了“P”的意义与“X是真的”的意义相同，按他的想法，或许没有“真”就不能提出如上的说法，因而在他那里，“真”不仅不是多余的，甚至是必须的。

语词“真”似乎是人们进行基本的逻辑思考所必需的。逻辑关系给出了众多陈述之间的转换关系，根据它，其中一些具有某种特征的陈述能转换成另一些具有某种特征的陈述。显然，在进行逻辑思考之先，首先要对那些具有某种特征的陈述进行标记，使它不同于其他陈述，只有如此才可能对逻辑关系给予研究，而真恰恰可以成为这样的标记。可见，只有先有“真”这样的语词，由它标记各种陈述，即先赋予某些陈述为真或不真——它们实际是否为真或不真是另一回事，人们才能说明那些被称为逻辑的转换关系。在逻辑思考中，“真”不只是一个标记，对真的理解还影响人们对各种逻辑联结词的理解，甚至影响逻辑关系的具体内容。对一些逻辑联结词的阐明必需借助于“真”、“不真”等语词。人们通常接受如下的逻辑关系：如果陈述P为真，陈述Q为真，那么P和Q也为真。联结词“和”的意义要借这种逻辑关系显示，显然，在阐明“和”之前先要了解真。这一点对于其他联结词如“或”、“推出”等也成立。一些逻辑关系的获得也要依赖于真。条件复合句的真或不真当然要根据它所包含的各个分支语句或子句的真与不真来确定，但其真假又不完全决定于它所包含的子句的真与不真，也与其他方面有关，如与人们对真的理解有关。的确，人们可因对“真”、“不真”等语词的不同理解而建立起关于条件复合句的不同逻辑关系。实际上，之所以提出不同的甚至相异的逻辑系统，恰恰表明人们对真与不真有不同的理解，可基于这些不同的理解形成不同的逻辑关系，构成不同的逻辑系统。总的来说，不管人们如何理解真，在研究逻辑之先，他无疑要先拥有“真”这样的语词，要先对其意义有所领会。甚至于可以说，逻辑学是在特定意义的“真”的基础建立起来的。

人们按一定的语法规则把“磁性”、“红色”、“桌子”等语词连接起来，形成各种陈述以表达世界，不管这些陈述与所表达世界的关系如何，语词“真”都不可缺少。断言某陈述为真或不真时也就表明了人们对此陈述作出了一种基本的区分或评价，这种对陈述的思考表明了人们并不满足于单纯地表达世界，还对自身表达世界的结果感兴趣，希望反过来在思考世界的基础上做进一步的思考，因而它是一种反思。人们生存于世界中，各种语言表达是他受世界的刺激而作出的自然反应或动物性行为，当他反过来审视这种自然反应，审视语言表达本身时，也就体现了他对自身行为、思考的一种重新审视、一种反思、一种自觉。语词“真”的引入与使用体现了人类的这种自觉，显示了人类高于动物的能力与尊严。古往今来，人们把追求真理看作是一种崇高的行为，甚至是人生的第一要务，人们往往为追寻真理而不惜放弃现实的感官享受，甚至不惜放弃生命，因而可以说，追求真理的活动体现了人们试图区别于动物，使其行为区别于动物行为的那种不屈的努力。无论如何，“真”不是多余的，它是人类认识活动所必需的，相对其他语词，它的引入不仅是必要的，甚至也是不可避免的。

相对于“红”、“黄”等语词，“颜色”语词不是基本的，它可能由某些具体的颜色词如“红”、“黄”等来替代，或者说可能还原为“红”、“黄”等语词，之所以使用颜色词，或许不过是为了表达的方便。而“力”也与此类似，它可由“质量”、“距离”与“时间”等来表达，可以还原为“质量”、“距离”与“时间”等。“真”是否如同“颜色”、“力”等语词一样，尽管不是完全多余的，但可用其他的语词取代，因而它并不是基本的语词呢？斯特劳森就曾有类似的看法，他相信，在“雪是白的是真的”或“王浩说的是真的”中，“真”并不表达某种事物，它不同于“是红的”、“是高的”等语词，而指向某种行为，它发出“我赞同”的信号。当我说“雪是白的是真的”，它的意义等同于“我赞同雪是白的”、“我保证雪是白的”，因而“是真的”的意义与“我赞同”、“我保证”等的意义一样，也即“是真的”可用“我赞同”、“我保证”等代替。①

人们有理由怀疑斯特劳森的看法。尽管“我赞同”、“我保证”对所获得的陈述给予了区别，但它与“是真的”依然有不同。一般来说，“我赞同宇宙大爆炸理论，但宇宙大爆炸理论不一定是真的”并不是自相矛盾。一个陈述是否为真，并不因我的赞同、我的保证而为真，我的赞同与保证带有个人的主观意愿。如果一个陈述仅仅因我的赞同而为真，那么它也就失去了真理的基本特征：客观性。也许斯特劳森提出，“是真的”的意义的确不同于“我赞同”、“我保证”，但它与“我们赞同”、“我们保证”的意义相同。这种情形比上述情形尽管更为复杂，但批评者还是可以说，“我们赞同”、“我们保证”与“是真的”是不同的。一方面，看上去如下的表达“我们赞同某个陈述，而某个陈述并不一

① 参见弓肇详：《真理理论》，社会科学文献出版社 1999 年版，第 114 页。

定是真的”并不矛盾。另一方面,赞同只是一种心理状态,人们不可能为任何心理状态找到充分的根据,它甚至完全排斥这样的根据。如果一个陈述之为真只是因人们的赞同,那就意味着人们不必费心为确定一个陈述是否为真寻找任何根据,这种根据即便存在,他也难以获得。这种对真的看法与人们对真的日常理解相去太远,几乎不太可能为知识论所采纳。

还有一种看法相信,“满足”这个词比“真”更基本,可以由“满足”来定义“真”。抱持如此看法的人似乎可从塔尔斯基那里获得支持。塔尔斯基曾提出,当用表达特定对象的语言表达“雪”来替换给定函项如“X 是白的”中的自由变元 X 时,这时给定函项就变成了真陈述,那么就说表达特定对象的语言表达满足了给定的函项,于是可能通过“满足”而定义“真”。塔尔斯基的确说:“真理的定义可以通过一种很简单的方法从对另一个语义学概念,即满足概念的定义中得到”。[①] 不过仅凭这一点并不足以断言“满足”比“真”更基本,不足以断言可由“满足”来定义“真”。当用某一语言表达来替换给定函项中的自由变元时,此时可把用来替换的语言表达称为对象语言,而称被替换的函项为元语言,因而“满足”表达或显示的是对象语言与元语言之间的关系。而“真”明显与之不同,它表达的是元语言中的语句的一种性质,就此而言,“满足”与“真”不是同一类语词。塔尔斯基对这一点无疑有认识,他强调:“满足”这样的语词“表示某种关系(某些表达式和这些表达式所‘指称’的对象之间的关系),而语词‘真的’却具有另一种不同的逻辑特性,它表示某些表达式比如语句的一种性质”[②]。

尽管人们可能从对“满足”一词的理解中领会一个语句为真是怎么一回事,但如果“满足”与“真”的性质根本不同或者说它们所表达的事物根本不同,断言它们能相互替代或其中一种语词可能定义另一种语词是缺乏理由的。针对上面的想法,也可以说一个陈述是否获得满足,只有在它为真时才能确定,只有真陈述中的语词才能保证有满足,果如此,那么只有形成了关于真的理解,才能有对满足的理解。另一方面,由于“真”不能从同类语词中获得阐

---

① [波兰]塔尔斯基:《语义性真理概念和语义学的基础》,A. P. 马蒂尼奇编:《语言哲学》,商务印书馆 1998 年版,第 96 页。

② 同上书,第 87 页。

明，它只能从与之不同类的一些语词如“满足”中显示出来，这实际表明“真”的确是一个基本的语词，因此，如果塔尔斯基果然坚持只能用“满足”来定义“真”，那么恰恰表明，在他看来，“真”是一个基本语词。

如果一个陈述不可检验、不可确定，那也就不能断定它为真，而真陈述就是已被检验了的陈述，一个陈述只有被检验为真或获得辩护才能说它是真的，因而有人提出“可检验性”或“可辩护性”比“真”语词更基本，甚至后者可以用前者来定义。达米特明确宣称：“真理概念产生于一个更基本的概念”，即“可辩护性”概念。① 由“可检验性”或“可辩护性”来定义甚至替换“真”显然也是成问题的。一个陈述的可辩护性标准可能依赖于主观取舍，与辩护者的心理状态、认识能力相关，而确定一个陈述是否为真的标准则不同，它不与确定者的主观意愿相关，不取决于个别确定者的认识能力，具有客观性。或许可以说，可对可辩护的标准作出更多的限制，使得此标准并不相对于个人，而相对于某个认识共同体，因而此标准具有客观性。即便如此，也不可说可辩护性比真更基本，可以用它来定义真。如果可辩护性比真更基本，那么确定一个陈述是可辩护的并不必定依赖于人们对真的理解，相反，确定一个陈述为真却要依赖于对可辩护性的理解。通常，于某个认识者来说，一个复合陈述是否可得到辩护尽管依赖于它所包含的单一陈述的可辩护性，却也依赖他于对真的理解，因为一个复合陈述是否可得到辩护不仅依赖于它所包含的单一陈述的可辩护性，也依赖于单一陈述与复合陈述之间的某些转换关系或逻辑关系，而逻辑关系依赖于真。如一个条件复合句是否可辩护不能完全依据其子句的可辩护性来加以说明，还应当了解各子句与条件复合句之间的逻辑关系，而要获得子句与条件复合句之间的逻辑关系却要以对真的理解为前提。

另一方面，“可辩护性”与“真”具有根本不同的意义，它们不可相互替代，因而也没有何者更为基本的问题。“可辩护性”表达人们对某个陈述的评价过程，而“真”表达的是评价的结果。一个可辩护的陈述与一个可能为真的陈述并不存在对应关系，一个陈述是真的，或许它是可辩护的，有时却不一定是可辩护的，后面将谈到的基础陈述便是如此。一个陈述是可辩护的却不一定

---

① Michael Dummett: *The Source of the Concept of Truth*, in *The sea of Language*, Oxford: Clarendon Press, 1993, p. 190.

是可能为真的，除非在谈论辩护时早已给出了真，并且把辩护活动限定在为一个陈述是否为真而辩护的范围内。从发生学上可以说，“可检验性”、“可辩护性”等语词的出现先于“真”的出现，人们可能先有关于对某个陈述的可检验性、可辩护性等的直觉，而后才在此基础上对陈述的评价提出进一步的要求，并以此确定一个陈述是否为真。尽管如此，“真”语词一旦提出，它就成了一个基本的语词，它并不能由可检验性、可辩护性来定义。可以顺便指出，发生式方法或许能例示某些反思结果，却不能反思地建立这些结果，依赖这种方法来从事哲学研究，将不是把哲学变成一种类型的自然科学，就是把它变成了一种历史考古学。

对于上述的讨论也可进一步说，如果要讨论可辩护性，就要先以真为前提。不然何以确定这些讨论是真的？一般而言，任何对“真”语词的解说、定义都建立在对真、不真等的理解之上。设若有人试图给出有关“真”语词的定义，那么他总是可能被追问：它是不是真的？无论他如何回答，他总要先行地考察真，以对真的理解为前提。总之，“真”可能通过各种不同的使用来显示其意义，却不能通过其他语词来定义或替代它，它是一个基本的语词，试图通过其他语词来解释“真”将会导致逻辑循环。

## 19. 二值还是多值

把那些表达世界的各种陈述中为真的陈述挑选出来，其余的陈述可用“不真”来表达，“不真”意指什么？通常认为，不真即是假，而假即指真的反面。如果“真”是表达陈述的基本语词，显然“假”也是，真、假也被称为真值。根据这种看法，一个陈述要么为真，要么为假，这就是所谓的二值原则。依赖二值原则可对陈述赋予不同的值，并能以此为前提来研究陈述之间的转换关系，而由此可获得各种形式必然转换关系或演绎关系，它们可能构成不同的演绎系统，而逻辑即是这样的演绎系统。通常把建立在二值原则基础上的演绎系统称为二值系统，如果它被当作逻辑，那么可称之为二值逻辑。

在卢卡西维茨等人看来，二值原则并不是完全合适的，有些陈述并不能被确定为真或为假，那些关于未来的陈述如“明天他将来这里”就不可被确定真假，而那些据说包含不指称实在对象的语词的陈述如“孙悟空有七十二般变化”等也是如此，因而断言一个陈述要么为真、要么为假是不合适的。卢卡西维茨等人的看法可能会遇到异议。人们其实并不必断言所有陈述都可能区分为真或为假，而只认为那些具有认识意义的陈述才有可能，关于未来的陈述没有认识意义，因而它们不可被确定真假是自然的。不过反对二值原则的人更进一步指出，一些有认识意义的陈述实际也不一定可以被确定为真或为假，“在鸿门宴上，项羽穿的是褐色衣服”就是这样的陈述。为了更全面地表达具有认识意义的陈述，卢卡西维茨等人提出，可以对那些无法被确定真假的陈述赋予不同于真、假的另一值，可称之为不真不假或不定等。这样一来，一个陈述可能被给予三种真值，即真、假、不真不假或不定，或者说一个陈述要么为真，要么为假，要么是不定的。人们称此原则为三值原则。通常称依三值原则而获得的演绎系统为三值系统，称建立在此原则上的逻辑为三值逻辑。

所谓的三值逻辑不同于二值逻辑。在三值逻辑中，二值逻辑的一些演绎关系如排中律是无效的，而三值逻辑也拥有一些二值逻辑系统所没有的演绎关系。这样一来，从一些前提，根据三值逻辑可能演绎出某个结论，但根据二值逻辑并不一定能演绎出此结论。同样，从某些前提可根据二值逻辑演绎出某个结论，根据三值逻辑却并不一定能演绎出此结论。如果依据一种逻辑系统的某些演绎关系，从某些给定的前提能演绎出某一结论，但依据另一种逻辑系统中的演绎关系不能做到这一点；反过来，如果依据后一种逻辑系统可从某些给定的前提演绎出某一结论，但依据前一逻辑系统中的演绎关系也不能做到这一点，那就可以说这两种逻辑系统是不一致的，它们不能相互包容。很显然，二值逻辑与三值逻辑是互不一致的逻辑系统。我们在后面将表明，在人们的相互交流过程或认识活动中，甚至在一个语言系统中，有且只有一种演绎系统是逻辑系统。如果这样，那么对于二值逻辑与三值逻辑来说，其中至多有一种是人们所接受的逻辑系统，这也意味着至多有一种真值原则是认识活动所必须接受的。对于二值原则与三值原则，或对于二值逻辑与三值逻辑，应当接受何种真值原则或何种逻辑系统呢？

陈述是对对象世界的描述，确定一个陈述是否为真与世界对象相关，是否可能基于人们关于世界的看法来确定真值原则呢？达米特对此持肯定看法。实在论者往往相信有一些独立于陈述的实在对象，它们使得某一个陈述为真或为假，因而一个陈述之为真或为假是预先确定了的，不因人们是否认识它而发生改变。实在论者的这种看法或许促使达米特相信，实在论必定要坚持二值原则，二值原则以实在论为基础，相反，反对二值原则也就要反对实在论，反实在论也就必定反对二值原则。他说："实在论学说的一个共同特征是坚持二值原则"，而"几乎所有反实在论版本，只要细加分析，均可表明隐含着对二值原则的拒斥"。[①] 确实有许多实在论者坚持二值原则，而一些反实在论者反对二值原则，但这并不表明达米特的看法是合适的。人们反思它所获得的陈述，确定某一陈述为真，这种确定当然与世界有关，但并不由之决定。人们认识世界，为表达这种认识而形成了各种陈述，同时他也需要对这些陈述做出进一步的反思、评价，为表达这类评价结果，他要给出一种评价等级，以便区分它们，如可分为真、假二个等级，也可分为真、假、不定三个等级，甚至可分为更多的等级。很明显，这种等级的区分可能与世界有关，但并不完全由之决定，它更与评价者有关。尽管某些反实在论者拒斥二值原则，某些实在论者坚持二值原则，但这一点并不具有必然性。反实在论者依然可以坚持二值原则，而某些实在论者也不必定坚持二值原则，思想史的实际情形也表明了这一点。

或许达米特辩护说，上述实在论所谈到的实在对象是关于本原世界的对象，但他所谓的实在论所谈到的对象是解释语言表达或陈述的设定，它们并不独立于语言表达或陈述。而反实在论并没有明确的理论形式，它只是针对特定实在论而提出反对的结果。如针对某种语言表达，实在论者设定某些对象是实在的，然而反实在论可能指出，实在论所给出的那些设定不合适，不能也不必设定此类对象是实在的。果如此，那么反实在论与实在论的争论不是关于本原世界中何物实际存在的争论，是关于解释某些语言表达所设定的对象是否合适的争论，它们是关于语言世界中何物实在的争论。即便如此，达米特的看法也难以被接受。尽管达米特对如何由某些陈述来确定实在对象语焉不详，但一般来说，确定世界中何物实在无疑与何种陈述为真有关，正是依据真陈述，人们才能确定何物实在。而在人们确定何种陈述为真，何种陈述为假时，实际已预先接受了某种真值原则，因而人们并不基于实在论与反实在论来选择何种真值原则，相反，他可能恰恰依赖真值原则来获得某些关于世界的基

① [英]迈克尔·达米特：《形而上学的逻辑基础》，任晓明、李国山译，中国人民大学出版社 2004 年版，第 8—9 页。

本看法。更为重要的是,尽管反实在论者不同意其批判对手关于实在对象的设定,如果实在对象只不过是解释语言表达或陈述的设定,那么反实在论者也往往要做出类似的某些设定,不然他与其他人的相互交流就难以进行,他的认识活动就无法有根基,而这样一来,他也就支持了某种类型的实在论。就此而言,反实在论甚至根本无法提出。

卢卡西维茨等人提出三值原则的理由在于:二值原则无法表达那些难以被确定真假的陈述,三值原则却能表达,因而它能更好、更全面地表达对陈述的评价。然而在提出这种理由时,卢卡西维茨等人在思想中出现了一种混淆,他们把可能的东西与实际的东西混为一谈了,也即把一个陈述不可能被确定真假与一个陈述实际不能被确定真假混为一谈了。真值原则只是提出一个陈述可能被赋予的真值,它并不关心一个陈述实际如何被赋予真值,也即一个陈述是否可能被确定为真是一回事,而人们实际如何确定其为真是另一回事。一个陈述实际不能被确定具有某真值并不因此而改变真值原则,正如一个学生没有参加某课程的考试,教师无法对他作出评价,但教师并不因此而改变评价标准一样。某个陈述能否在实际中被确定真假与人的认识状态有关,与人们所接受的特定认识背景有关,在某一认识背景中不能被确定真假的陈述可能在另一种认识背景中能被确定真假。人们之所以断定"金属是导电的"为真,这只是在他所确定的某实在世界中才能做到这一点。在特定的论域,如《西游记》的世界,人们也可确定"孙悟空有七十二般变化"的真假。同样,对于那些与未来相关的陈述,人们也可能设定某些情景而确定其真假。当卢卡西维茨等人把那些实际不能被确定为真假的陈述给予一个值时,这种真值与由认识、评价陈述而给出的真值有根本的不同,它不是认识的结果,而是对认识过程的表达,可以说它是与后者具有根本不同性质的值,甚至它与后者能否协调地构成一个真值原则都是可疑的。对此,哈克评论说:一个陈述无法确定真假,并不表明它有第三值,多值逻辑的提出者简直混淆了真值承担者。①

另一方面,如果卢卡西维茨等人对二值原则的指责的确成立,那么这类问题在三值原则中也同样存在。在三值原则中,如果陈述可能被赋予三个值,即真、假、不定,那么在实际的认识过程中,同样可能无法精确地确定一个陈述是

---

① [英]苏珊·哈克:《逻辑哲学》,罗毅译,商务印书馆2003年版,第264页。

真、是假或是不定,也即真与不定之间或不定与假之间依然可能没有精确的界限。为了表达这种不精确性,按卢卡西维茨等人的想法,就如要在二值原则中引入不定一样,也要在三值原则中引入其他的值,由此可能提出所谓的四值原则。显然,四值原则依然存在类似的问题,于是可能要引入更多的值,如引入五值、六值……直至无穷多的值,从而提出五值原则、六值原则以及更多值的真值原则。可见,即便按卢卡西维茨等人的思路,希望全面地表达对陈述的评价也是不可能的。反过来,如果正如三值或多值原则的倡导者所说的,二值原则存在问题,那么三值原则、四值原则或其他多值原则也几乎存在同样的问题,就它们在交流过程与认识过程中可能起的作用而言,后者或许并不会比前者做得更好。

应当承认,上述对三值原则的批评并不是决定性的,它并不表明三值原则必定不可能成立,并不表明它存在逻辑的不一致。上述的讨论不过表明三值原则对二值原则的批评并不是合理的,如果二值原则存在问题,那么这些问题在三值原则中同样存在,人们可能选择三值原则与建立在三值原则上的三值逻辑,不过没有决定性的理由表明在交流过程与认识过程中它们比二值原则与二值逻辑更合适,当然也没有决定性的理由表明它们比二值原则与二值逻辑更不合适。现在的问题是,在交流活动与认识活动中,如果只能在二值原则、三值原则或其他多值原则之间接受一种真值原则,把建立在其上的某种演绎系统当作逻辑系统,人们应当接受何种真值原则及逻辑系统呢?

三值原则把不能确定真假的陈述强行确定下来,给予它一个确定的真值——不定,但其实它并没有消除思想上的不确定性,相反,它带来了新的混乱与歧义。第三值不定是指什么?即便是三值原则的倡导者对之也有种种不同的理解,如把它理解为不确定的、可能的或是悖论等,他们可能在这些不同的理解上确立起不同的演绎系统。可以说,三值原则的倡导者也没有把何种三值演绎系统推荐为逻辑而做好准备,或许他们中的多数人并不准备把它当作逻辑。的确,人们之所以对三值原则或多值原则感兴趣有其他方面的原因。对于三值原则,人们并不把真、假、不定等看作是不加定义的或是与实际情景无关的,相反,认为它们可以由具体领域中的某些事物代替,如用1、0、1/2代替,或用开关电路中的触点的位置代替,如在触点A时为真,在触点B时为假,在触点C时为不定,由此可能形成针对某些特定问题而给出的数学模型。

这些模型在解决一些实际问题中,如在开关电路和计算机技术等中有作用。同样也可能采用其他多值原则以及建立在这些原则上的多值系统,它们可能在解决一些实际问题时起各种不同的作用。可以看到,无论是三值系统还是多值系统,它们往往只是针对特定问题而给出的数学模型,它们的运用依然基于二值原则及二值逻辑,它们明显不具有普遍的认识意义。从这一点来说,把三值系统或多值系统作为逻辑是误导人的。

长期以来,人们坚持二值原则及二值逻辑,把它当作表达与交流的基础,当作获取知识的基础。在漫长的使用过程中,二值原则运转良好,它在人们心灵中经过逐渐积淀,形成了强烈直觉。如果提出的三值原则或多值原则没有明显的优势,如果它的支持者对二值原则的指责并不是完全充分的,那么人们并不必贸然放弃长期的传统,而接受一个前景难以预料的原则。实际也是如此,尽管经过某些人对三值原则或多值原则的鼓吹,目前几乎很少有人把建立在三值原则或多值原则基础上的三值系统与多值系统当作真正的逻辑。的确,三值原则或多值原则并不排斥二值原则,相反,可能以二值原则为基础,如三值形式系统所获得的规则要么为真,或为假,而不能是不定的。我们的目标只是对奠基于某种逻辑基础上的知识进行解释,而不是给出一种合理的逻辑,因而在此满足于二值原则以及建立在此基础上的二值逻辑是合适的。

## 20. 确定真理的标准

如何确定一个陈述为真或如何区分真陈述与假陈述呢?这就是所谓的真理标准问题。最有影响的真理标准理论无疑是符合论。符合论源远流长,其起源至少可以追溯到德谟克利特或亚里士多德,悠久的历史使得它有可能充分地发展出各种理论形态,因而在今天甚至难以简单地表达它的基本特征。最典型的符合论大体有如下的看法:人们可根据一个陈述是否符合某些客观事实来确定它为真或为假,一个陈述为真就是指它符合客观事实,为假则表明它不符合事实。符合论者认定陈述能与不依赖于任何个人的事实对照,无论是否已经为认识者所相信或接受,一个陈述是真的就总是真的,是假的就总是假的,客观事实本身预先决定了陈述的真假,与认识它的人没有关系。

符合论的困难是明显的,其中一个便是“符合”一词不够清晰。陈述与事实之间的符合关系至少存在两种：一种是指构成陈述的元素与事实之间存在一一对应关系，就如一幅画与实物之间所存在的一一对应关系一样；另一种则指陈述与对象之间没有一一对应的关系，只有一种整体的相关，这种相关性类似于政府的等级制与金字塔之间的相关性。符合论中的符合指何种关系？符合论者往往言之不详，这也为它逃离批评提供了机会。然而，上述的两种符合关系都存在难以克服的困难，难以想象一个陈述与在它之外的事实存在如画像与其原型那样的一一对应关系，而所谓的整体相关充其量也只是一种隐喻，难以由此设想有一个能确定它们是否符合的确切标准。

只有确定事实是什么，才能确定一个陈述与事实是否符合。事实是什么？符合论提到事实时往往含混不清，它所谓的事实包含多种意义，然而多数的意义都使符合论陷入困境。如果事实是指存在于心灵之外、不依赖于心灵而出现的东西，那么它与陈述有根本的不同，因而难有真正的符合。在这种理解中，由于符合论完全不考虑心灵对陈述是否为真所产生的影响，因而批评者也可能指责它对心灵作用的认识是不够的。符合论者可能辩解说，他所指的事实并不是存在于心灵之外的东西，而是心灵中的感觉经验、内心体验或意象等与心灵相关的东西，它们与陈述相符合，并且心灵能领会、把握甚至给出这种符合关系。这种依赖于心灵的事实以及依赖于心灵的符合关系带有浓厚的主观性，依之而确立的符合论却又难以解释真理的客观性，把它们作为确定真理的基础明显是可疑的。为了避免如此的困难，罗素提出："严格地说，事实是不能定义的，但是我们可以说，事实是那使得命题为真或为假的东西。"①在罗素看来，事实只是为了解释陈述为真或为假的逻辑设定，但他既没有说明如何依事实确定一个陈述的真假，也没有确切表明什么是事实，因此罗素与其说解答了问题，不如说回避了它。

即使符合论者确定了什么是事实，事实与陈述的符合是可能的，他往往也只能依此确定某些陈述是否为真，只能解释某些真理，而不能解释全部的真理。符合论者可能断言，因为符合某些事实，"这天鹅是白的"、"这根铁丝导电"是真的，但他们如何确定如"所有的天鹅都是白的"、"所有的铁丝都导电"等陈述的真假呢？"所有天鹅都是白的"为真与"这只天鹅是白的"、"那只天

① [英]罗素：《逻辑哲学论·导言》，贺绍甲译，商务印书馆1999年版，第7页。

鹅是白的”等为真相关，因而确定“所有天鹅都是白的”为真的事实与确定“这只天鹅是白的”、“那只天鹅是白的”为真的事实是相关的，但前一陈述是否为真并不完全能由确定后一些陈述为真的事实来确定。那么确定“所有天鹅都是白的”为真的事实是什么？它们与确定“这只天鹅是白的”、“那只天鹅是白的”等为真的事实有何关系？这些问题常常令人困扰。一般来说，如果“所有天鹅都是白的”为真是因它符合某些事实，那么这种符合与前一类符合有着根本的不同。另一方面，数学关系与逻辑形式关系也是真陈述，它们如何与事实符合？如果的确存在一种符合，这里所说的符合与通常符合论者所谈到的符合不同，对于这种不同，符合论者无疑缺乏充分的说明。不过，尽管符合论困难重重，但它强调有某种存在于被确定陈述之外的东西，这些东西能作为确定某陈述是否为真的根据，人们可依此对某陈述是否为真给出合理的解释，这也许是符合论给人们带来的最大教益，同时也是它至今具有生命力的重要原因。

在数学与逻辑学领域，人们发现各个数学陈述之间或各个逻辑陈述之间存在相关性，某个数学陈述可能由其他数学陈述演绎出来，而一个逻辑陈述也可能由其他逻辑陈述演绎出来。如果某个数学陈述或逻辑陈述能由其他数学陈述或逻辑陈述演绎出来，同时如果演绎的前提为真，那么通常认为那个被演绎出来的数学陈述或逻辑陈述也是真的。如何确定那些前提为真呢？这可能得继续追寻那些演绎出它们的前提，由于各种数学陈述或各种逻辑陈述相互关联，某些前提可能由另一些前提演绎出来，这样的追寻可能不断地持续，为了不导致无穷后退或循环论证，就必得中止于某些前提。很显然，这些前提能作为所有由之演绎出来的那些陈述的前提，也能作为所有由它们演绎出来的结果而演绎出来的陈述的前提，但不再把它们看作基于某些前提，人们通常称它们为公理。如果那些演绎其他数学陈述或逻辑陈述的公理为真，由之演绎出来的所有其他陈述也是真的。如何确定这些公理为真呢？一些人提出，数学公理或逻辑公理是否为真并不是看它是否与事实符合，而是看它能否与其他一些数学陈述或逻辑陈述组成一个不矛盾的系统，如果它能与其他数学陈述或逻辑陈述形成一个不矛盾的或一致的系统，那么此系统为真，也即此系统中所有陈述为真，否则，此系统不真，也即此系统中的陈述不全是真的，至少有些陈述不真。更一般地说，确定某个数学陈述或逻辑陈述是否为真，并不是看它是否与事实相符合,而是看它与其他陈述一起形成的陈述系统的特征,只有与其他相关陈述一起才能确定它是否为真。

上述的看法体现了融贯论的基本想法,而融贯论恰恰从这些关于数学与逻辑学的研究中获得启发。融贯论相信,任何个别的陈述都难以说它为真或为假,确定真假的单位是由众多陈述构成的陈述系统,也即只有众多陈述一起才有真假。如果一个陈述与系统中其他陈述相一致或融贯,它便是真的,此系统中的所有陈述为真,否则就说此陈述系统是假的,或此系统中的某些陈述为假。融贯论尽管不一定反对陈述源于或反映客观外部事实,但它断言这一点与确定陈述是否为真或为假无关。融贯论相信,一个陈述的真假只与陈述系统中各种成分之间的内在关系相关,而决不依赖此陈述系统与外在于此系统的事物之间的关系。①

融贯论的困难也是明显的。"融贯"与"符合"一样也不是一个清楚的语词。融贯论者对"融贯"一词有多种解释,一种看法认为它指相容。一个陈述系统中的陈述是融贯的,即指它所包含的各种陈述相互相容,这些陈述相互之间没有逻辑矛盾。这种真理标准似乎太宽泛,如果断定一个陈述系统中各种陈述之间是相容的,其中的陈述就是真的,那就可能会容许过多的真陈述。根据这种看法,"金属不导电"与"金属遇热膨胀"是相容的,因此它们都应当是真的,但人们一般不把"金属不导电"看作是真的。对融贯的这样一种理解甚至可能导致逻辑矛盾。"金属导电"与"金属不导电"都与"金属遇热膨胀"是相容的,而前两个陈述却是矛盾的。另一种看法认为"融贯"是指演绎关系。一个陈述系统中的陈述是融贯的,即指它所包含的各种陈述之间存在某种演绎关系,正如在数学系统与逻辑系统中所看到的那样。如果这样,人们可能会发现这个标准太严格,它可能把许多通常被当作为真的陈述排除在外。"金属导电"与"金属遇热膨胀"之间不存在演绎关系,而按此标准,它们其中的一个就不是真的,然而它们通常都被认为是真的。

也许融贯论者所提到的融贯的意义比上述考虑的更为复杂。有一种融贯论提出,融贯指陈述系统之中的陈述能相互解释、相互证实,它意指一种概率

---

① Laurence Bonjour: *The Structure of Empirical Knowledge*, Harvard University Press, 1985, p. 108.

支持关系等。在某个陈述系统中,其中一个陈述由于这个系统中的其他陈述为真,而它也更可能为真,反之,如果其他陈述不为真,而它为真的可能性就会降低,[①]这时就说此陈述与其他陈述是融贯的。这样一种融贯关系比演绎关系弱,但比相容关系要强。在具有这种融贯关系的陈述系统中,对于其中的任何一个陈述来说,如果其他陈述为真,也就能表明此陈述为真。尽管如此,这种类型的融贯论依然是不合适的。依据这种融贯论,"有一片绿叶"、"有一朵红花"与"所有乌鸦都是黑的"存在融贯关系,因为前两个陈述为真能提高后一陈述为真的可能性,也即支持了后一陈述为真。[②] 但"有一片绿叶"与"有一朵红花"同样也使得"所有乌鸦都是蓝的"为真的可能性得到提高,或支持了"所有乌鸦都是蓝的"为真。显然,"所有乌鸦都是黑的"与"所有乌鸦都是蓝的"并不是一致的,它们不可能同时为真,因而把这种融贯关系作为确定陈述为真的标准是成问题的。反对者可能指出,如果一个陈述系统中,一个陈述受其他陈述比较弱的支持,这时不能把它们看作是融贯的,只有受到较高程度的支持才能把它们看作是融贯的。不过这样一来就不仅要回答"一个陈述系统中某陈述受到其他陈述何种程度的支持才能把它们看作是融贯的"的问题,同时还要能给出一个客观的、精确的计算标准,并且要保证此计算标准具有普遍适用性。对于融贯论是否能做到这一点是大可质疑的,在谈到确证问题时还将对此给出说明,这里不再深入。

"融贯"一词的模糊性使得不同的人有可能对"融贯"一词有不同理解,从而抱持不同的融贯论,不过只要融贯论主张确定一个陈述是否为真完全依赖于它与其他陈述的某种关系,无论"融贯"一词取何种意义,它似乎注定存在如下的问题:对同一个对象,人们可能提出许多不同的理论或陈述系统来描述它,如果融贯论是合理的,那么人们将难以在其中做出准确的判定,判定其中一个理论或一个陈述系统比另一个更真。一个真的陈述系统是融贯的,但一个假的陈述系统也可能是融贯的,融贯标准并不能帮助人们有效地区分真的陈述系统与假的陈述系统。也许这个系统本身的真理性只能取决于在更大的系统内与其他陈述系统之间的融贯,但那个更大的系统本身的真理性又如何

① 胡军:《知识论》,北京大学出版社 2006 年版,第 238 页。

② 陈晓平:《归纳逻辑与归纳悖论》,武汉大学出版社 1994 年版,第 152 页。

确定呢？如果试图解答此问题，融贯论很可能将陷入无穷倒退，而如果不试图解答此问题，那么根据融贯论，编造得好的虚构或谎言也可以被看作是真的。

融贯论一方面受到数学、逻辑学研究的启发，另一方面也可能考虑到了如下的情形，即人们不可能脱离语言而直接达到外部世界，他所认识的世界是其所使用的语言呈现出来的世界，构成某一陈述的语词同时又与其他语词一起构成其他陈述，因而此陈述的意义与其他陈述的意义相关。的确，融贯论使人们认识到，各种陈述有相互影响，一个陈述是否为真与其他陈述有关。或许人们会提出，一个陈述与其他陈述相融贯不是它为真的充分条件，但它无疑是一个必要条件，因为如果能表明某个陈述与其他已知为真的陈述或陈述系统相融贯，那么它至少可能为真；特别是，如果能表明它是其他已知为真的陈述的演绎结果，那么它就必定为真。但融贯论的考虑无疑不是全面的，它没有考虑到在求知过程中不同陈述的地位并不是完全等同的，其中有些陈述可能比其他陈述更为基础，而另一些真的陈述由这些基础陈述获得，它们相对于那些基础的陈述而为真。另一方面，表达世界的陈述总是不断地增长，知识系统也总是不断增长，然而融贯论通常针对的是一种封闭的系统，因而它不能完全地解释知识现象并不是奇怪的。

另一种确定真理的标准就是实用论。按照实用论，一个陈述的真假要依据它所产生的实际效果来确定，如果一个陈述有用，它便是真的，甚至反过来也成立，即一个陈述是真的，它就必是有用的。实用论的问题似乎是显然的，因为通常认为一些为真的陈述，如某些有关黑洞的陈述、有关中微子的陈述就没有什么实际应用。不过实用论者可能反对说，这种指责并不完全合理，批评者所谈到的陈述的实际应用是指它在当前情况下的实际应用，但实用论所谈到的并不是这种短期的实用，而是长期的实用，某些自然科学的陈述在目前可能没有多少实际应用，但从长远来说则是有用的，它的用处要超过有关宗教信仰的陈述或有关巫术的陈述的用处。詹姆士就指出，实用论并不“只把眼光放在当前实用的地方，而是也同样望着世界最遥远的前景”。① 但这种辩解并不能使批评者满意。遥远的前景是一个模糊不清的东西，批评者可能继续追问：遥远是多远？是一年、十年、还是一个世纪？另一方面，在遥远的将来任何

① ［美］威廉·詹姆士：《实用主义》，陈羽纶、孙瑞禾译，商务印书馆1995年版，第66页。

事情都有可能，甚至一切逻辑上可能的东西都可能在遥远的将来实现，因而任何逻辑可能的陈述都可能为真的，如“所有乌鸦都是黑的”与“所有乌鸦都是蓝的”都可能为真，甚至与现在认定为真的陈述相矛盾的陈述在将来也可能为真。可见，把真理的评价寄托于遥远的前景，这只能算是十足的遁词，人们需要的是在目前给出某种标准来对某个陈述的真假作出确定。另一些批评者提出，有用的陈述并不一定为真，很多明显错误的陈述也会有某些实用，一些有关宗教的陈述或有关巫术的陈述通常被认为是假的，但它们有时也能产生有益作用。实用论者也许辩护说，这里指的有用不是精神上的慰藉作用，而是一种物质利益作用或经济实用。这种辩护其实也是无力的，不仅宗教、巫术也能产生一些经济实用，一些现在被认为假的陈述，如热质说在过去也确实产生过实际的应用。

上述的争辩恰恰反映了实用论的另一缺陷，即“实用”是一个极为含混的词。实用论者几乎不太可能对“实用”的意义给出较为清晰的界定。任何的实用必定是针对特定的人而言，对同一陈述，不同的人有不同的看法，它是否有用，与相对它的人有关。一个陈述可能对某人是有用的，而对他人则是有害的，反过来，某个陈述对另一些人是有害的，但对其他人则可能是有用的。可以说，根据实用而确立的真理标准其实否定了真理的客观性，与人们对真理的基本看法相背离。人们在已有的认识基础上区分所获得的各种陈述，确定它们的真与假，符合论与融贯论即以此为前提。由于实用论对陈述真假的评价依赖于陈述所产生的实际效用，无论这种实用是在近期出现，还是在遥远的将来出现，实用总是出现在将来，果如此，那么实用论不仅难以成为合适的真理标准，甚至根本取消真理标准问题。由于实用论者实际无法提供一种真理标准，因而它常常把符合论、融贯论标准偷运进来，把它们改装成实用论，实际上，在实用论中，人们常常能发现符合论、融贯论的痕迹。杜威说：“根据我把‘符合’当作是一种操作上和行为上的事情的这个意义（这个意义在通常的经验中就明确地有与它相同的意义），我主张我的这一派别的理论是配称为真理符合论的唯一的一个派别。”①杜威在此表达了一种典型的符合论。詹姆斯

① ［美］约翰·杜威：《人的问题》，傅统先、邱椿译，上海人民出版社2006年版，第301—302页。

声称:“我们最好去相信的观念就是真的,除非这种信念会有时和其他更大的利益相冲突。”①这种看法又与融贯论相距不远。

目前所提出的各种真理标准,无论是符合论、融贯论或实用论都难以说是可靠的、合理的,它们或是存在明显的反例,或是与人们对真的一些基本理解不符。是否可能有其他不同形式的符合论或融贯论出现,它们比目前流行的符合论或融贯论更合理,它们可为更多的人所接受?这无疑是可能的,不过是否能给出这样一个真理标准,此标准不仅适用于确定各种不同陈述的真假,同时也能适用于任何人,也即它是一个绝对的标准,这却是可疑的。存在绝对的真理标准或许只是封闭知识论者的一个信条,而奠基于封闭知识论教条基础上的符合论或融贯论将不可避免地走向失败,实用论的提出甚至早已暗示了这样的失败。在某种程度上,实用论的出现意味着追求绝对真理标准是难以可能的,正是由于追求这样标准的失败,人们才求助于实用论。然而实用论只能打破现存的教条,只是消除武断、绝对思想的解毒剂,它自身并不是建设性的,人们不能指望它能提供一个确定真理的独立标准。

① [美]威廉·詹姆士:《实用主义》,陈羽纶、孙瑞禾译,商务印书馆1995年版,第43页。

# 第六章　怀疑论

## 21. 什么是怀疑论

如果在某种情形中确定一个陈述真假的标准在另一情形中不适用，人们就有理由怀疑此标准是否具有普遍性，甚至有理由怀疑它是否是真正的真理标准。如果没有一个确定某陈述真假的普遍而客观的标准，而知识却是一种真陈述，似乎就难以确定一个陈述是否为知识，这样一来，怀疑论就产生了。这种出现于知识领域的怀疑论可称为知识怀疑论。为表述的方便，除非特别说明，这里我们对真理与知识暂时不加分别。对于一个求知者来说，他理所当然地认为能确定某一给定陈述为真或为假，能确定它是否为知识，但知识怀疑论指出，人们其实无法做到这一点，可见，知识怀疑论者的目标看起来与求知者的目标是对立的。知识怀疑论可能使人们失去追求知识的信心，也可能使人们把一些无据的猜测、想象都当成知识，因此知识论要有进展，首先要对付这种怀疑论，而消化它也往往是知识论前进的前提。实际上，如果没有怀疑论长期持久的刺激，难以想象人们会持续地专注于对知识的反思。

因怀疑程度强弱的不同，可把知识怀疑论区分为三种。一种认为，基于某些理由，人们没有办法绝对地确定某个陈述是否为真，也没有办法确定与之相似的其他陈述是否为真。针对这种类型的怀疑论，可能有人会提出，尽管人们不能确定某一陈述是否为真，但他依然可以区分不同的陈述，可以认为某个陈述比其他陈述更可接受或更合理。卡尔纳普就曾指出，尽管完全证实一个普遍性陈述是不可能的，但如果一个普遍性陈述可能比另一个普遍性陈述获得更多的支持，则前者比后者更可能被人接受。① 这给反对上述怀疑论的人提

① ［美］卡尔纳普：《可检验性和意义》，洪谦主编：《逻辑经验主义》，商务印书馆 1989 年版，第 75 页。

供了理由。反对者提出,尽管不能绝对地确定一个陈述为真,或任何一个确定陈述是否为真的标准并不总是有效,但可能存在一些判据,根据它可能确定一些陈述比另一些陈述更可接受、更合理。很显然,如果把那些更可接受、更合理的陈述称为知识,那么知识依然是可获得的。一种比上述怀疑论更强的知识怀疑论则认为,确定一个陈述比另一个陈述更可接受、更合理的绝对标准也不存在。

无论是否可能有一确定某个陈述为真的绝对标准,在作出任何确定之前,无疑先要对陈述有客观理解。一种更强的知识怀疑论提出,甚至没有办法表明人们可能对一个陈述有客观的理解。这是一类强有力的怀疑论,如果它能成立,那么前两类怀疑论也自然成立,反过来,前两类怀疑论成立,它却并不一定成立。但此种怀疑论的问题也是显然的。人们在使用某种共同语言进行交流时,也就表明交流的双方对出现于交流中的陈述有客观的理解,这种客观理解甚至并不需要有可言说的理由,它是进行相互交流的前提,而人们提出的任何理由都恰恰要以它为基础。另一方面,当这种怀疑论者试图提出支持其想法的理由,并把这些理由表达出来时,他早就假定其他人能理解他的这些表达,就此而言,他的看法是自相反对的。实际上,按其思路,这种怀疑论者甚至根本不必把其想法提出来,因为他人对表达其想法的语言表达可能有不同的理解,他没有理由期待他人对此有共同的理解,果如此,他所做的语言表达、甚至发出这种表达的行为便都是多余的了。

第三种知识怀疑论因存在明显的缺陷而难以为人接受,我们关注的重点是前面两种知识怀疑论。前两种知识怀疑论看上去存在区别,但它们其实是相类似的。人们对所获得的陈述作出评价、给予区分,可能根据不同的方式,如根据陈述的不同特征来区分陈述,从而有不同的区分结果。可以说,"真"与"假"是为表达某种区分结果而引入的语词,而"合理"与"不合理"则是为表达另一种区分结果引入的语词。如果不固执地断言一个陈述为真是由于它具有某种特定特征,而只是一般性地断言一个陈述为真是由于它具有某种特征,却不管这种特征是什么,那么上述两种怀疑论的区别就并不太大了。尽管根据某种特征难以确定一个陈述的真假,但如果一定要确定其真假,这时也可以把基于另一种陈述特征来确定某陈述是否合理的标准当作真理标准,这样一来就可把那些被确定为合理的陈述称为真陈述,而把那些被确定为不合理的陈述称为假陈述。这样一来,上述两类怀疑论就不仅是相似的,甚至可以说是同一的了。下面将不加分别地对待这两种怀疑论,可以一般地把它们表述为:由于被称为知识的陈述具有某种特征,而人们没有办法表明一个陈述具有如此的特征,因此也就无法确定它是否为知识。①

怀疑论不只存在于知识领域,也广泛地存在于其他领域,如伦理、审美、宗教、政治等领域中,这些领域中的怀疑论与知识怀疑论无疑存在区别,不过它们之间的区别可能没有通常想象的大。伦理怀疑论表明,对于伦理规范如"不应说谎"、"不要偷盗"等,人们没有一个确定它们好坏的绝对标准,没有一个确定它们是否值得遵守的绝对理由,如果不能给出这样的标准,在一种情形中被确定为好的伦理规范在另一情形中则可能被认为不是好的,因而人们有理由怀疑某个伦理规范是否值得遵守,有理由怀疑坚守它是否只是基于个人的偏好。这类怀疑论实际表明,人们无法确定诸如"不应说谎"、"不要偷盗"等语言表达是否具有某种特征,或者说无法确定诸如"不应说谎是好的"、"不要偷盗是好的"等陈述是否为真或是否可被接受,就此而言,伦理怀疑论与知识怀疑论在表现形式上并没有根本区别。

对于"这朵花是美的"、"她容貌秀美"、"这首乐曲凄美动人"等语句,如果人们认为没有理由确定美或秀美、凄美的绝对标准,没有区分秀美、凄美的绝对根据,一个人只是凭借其主观偏好而作出上述陈述,那就可以说他抱有一种怀疑论,可称之为审美怀疑论。在一定程度上,审美怀疑论只是表明一个人无法确定"这朵花是美的"、"她容貌秀美"、"这首乐曲凄美动人"等陈述是否为真,或是否可接受等。如果知识论怀疑论只是表明人们无法有绝对的根据确定诸如"这张桌子是黑色的"、"雪是白的"等陈述是否为真,显然审美怀疑论与知识怀疑论在形式上没有根本区别。

人们从事伦理、审美、宗教、政治等方面的研究,其研究结果要通过某些语言表达或陈述表达出来,这些陈述表达行为的善恶、伦理规范的好坏或事物的美丑。但伦理学、美学、宗教学、政治学等方面的探究并不只是作出这样的表达,更重要的是断言这些陈述具有或不具有某些特征。当人们试图做出这样

① 参见 Stephen Cade Hetherington:*Knowledge Puzzles:an Introduction to Epistemoiogy*, Oxford: Westview Press,1996, p.112.

的断言时，怀疑论也可能依此产生出来了。存在于这些领域的怀疑论断言，人们无法有一个绝对的标准确定此领域中的陈述是否具有某种特征。可见，至少从形式上看，出现于伦理、审美、宗教、政治等领域中的怀疑论与知识怀疑论没有根本的区别，因而对知识怀疑论的讨论尽管局限于知识领域，其结果却可能超越这一点，对其他领域的怀疑论也将有影响。

据说有一类怀疑论，它并不指向特定的陈述，而指向那些产生陈述的基础或支持语言表达出现的基础，即指向本原世界，它们往往也被称为本体论怀疑论。根据这种怀疑论，人们并没有理由断言那些支持某一语言表达出现的事物即本原对象是否实际存在，任何断言这些本原对象实际存在的陈述都是可疑的。一般而言，支持某一语言表达出现的事物有三种，即物质实体或外部对象实体、自我实体与他心实体，因此相应的本体论怀疑论也有三种：一种认为人们不能确定物质实体是否实际存在，所有断言它们实际存在的看法都是无根据的；另一种认为人们不能确定自我实体是否实际存在，任何断言自我实际存在的陈述都是没有根据的；如果对物质实体是否实际存在有疑问，对自我实体是否实际存在也有疑问，那么对于他心实体更是如此，第三类本体论怀疑论认为，人们没有充分可靠的理由确定他心实体是否实际存在。

本体论怀疑论从来就不少见，在古希腊怀疑论者那里可以看到它出现的影子，在近代学者如休谟等人的著作中也可常常发现它。不过这种怀疑论的意义并不太明确，它甚至是否可作为一种独特的怀疑论形态也是很可争议的。实际上，当某个人说“长城是实际存在的”时，他很可能是指在“长城是方形的”、“长城是长的”、“长城是黄色的”等一系列关于长城的陈述中，其中一个为真，而他怀疑“长城是实际存在的”时，也即是指他认为没有一个确定那些表达长城的陈述为真的绝对标准。更一般地说，人们怀疑某个或某些外部对象是否实际存在也即是指，他认为没有一个确定那些关于它们的陈述为真的绝对标准。如果这一点是确实的，那么所谓本体论怀疑论其实就是知识怀疑论。任何事物只有通过某些语言表达出来才能为人们所讨论，才能成为怀疑论所讨论的对象，那些形成语言或作为其基础的本原世界是语言所不能表达而只能显示的，出现在语言表达中的对象却是语言世界中的对象，一旦了解这一点，所谓本体论怀疑论甚至根本不能提出来。当人们试图提出这类怀疑论时，它往往显示提出者在其思考中出现了一种混淆、一种混乱。尽管如此，这类怀疑论的出现也不是没有意义的，它的出现显示本原世界的某些特性，它表明人们无法对本原世界中的对象是否实际存在提出可靠的根据，或甚至根本无法说出，它表明对本原世界的认识超出了人的认识能力。

由于其他领域的怀疑论要么就是知识怀疑论，要么与知识怀疑论具有类似的形式，我们在此仅仅关注知识怀疑论，甚至简便地称之为怀疑论。怀疑论为人们对知识论的思考提供了长久而深远的刺激，而知识论的发展往往又反过来刺激了怀疑论的发展，结果出现了多种多样的怀疑论。根据所涉及的范围，又可把知识怀疑论或怀疑论分为两种：局部怀疑论与全面怀疑论。局部怀疑论只是断定人们无法确定某些或某类陈述的真假，它涉及的范围有限，怀疑的态度相对温和，也可以称之为温和怀疑论。有多种多样的温和怀疑论。有的温和怀疑论者对基于感知而来的个别知识提出怀疑；有的温和怀疑论者尽管相信感知知识是可靠的，但相信那些超越于个别感知知识的普遍性知识是可疑的，断言它们是知识没有可靠的根据；有的温和怀疑论者并不认为所有感知知识都是可疑的，而是认定只有某些感知知识，如由宗教体验所获得的知识、由感官幻觉所获得的知识或冥思体悟所获得的知识是可疑的；还有些温和怀疑论者并不认为所有普遍性的知识都是可靠的，而只是断言存在于社会科学或人文科学中的某些知识没有可靠的根据，它们是可疑的。

全面怀疑论针对的对象是整个知识领域，因而并没有温和怀疑论那么多的种类。全面怀疑论相信，人们甚至无法确定任一个陈述是否为真，所有知识都是可疑的。相对于温和怀疑论，这种怀疑论的看法是激进的，又可称之为激进怀疑论。激进怀疑论似乎并不认为不存在知识，并不认为一切陈述都是假的或是错误的，不过，如果没有确定一个陈述是否为真的根据，那么真理与谬误就难以区分，说存在知识也就没有太多的意义了。因而尽管“一切陈述都没有根据”、“没有一种知识可能得到辩护”、“一切都是可疑的”与“一切知识都不存在”、“没有真理”、“一切都假”等所表达的内容存在差别，但这种差别并不太大，可把它们都看作是对激进怀疑论的表达。

## 22. 怀疑论的论证

怀疑论者并不空洞地提出它们的看法，他们往往提出一些令求知者意想不到理由，以表明那些被当作确定陈述真假的标准其实是不充分的、无效的，从而迫使人们把原本当作知识的陈述排除于知识之外。显然，怀疑论给出的理由越充分，论证越有力，它所产生的效果也就越大，因而知识论应当重点关注的不是怀疑论的结论，而是获得其结论的论证。

在人类反思知识的漫长历史过程中，产生了各种各样的怀疑论论证。人们或许指出诸如“这张桌子是黑色的”之类的陈述是知识，并提出，此类陈述之所以是知识只是因为这类陈述反映了本原世界中的真实情形，而本原世界为之提供了根据。怀疑论者指出，外部实体与陈述有根本的区别，它们并不能成为知识的直接基础，因而把这类陈述当作知识是无根据的。或许有人声称，上述陈述之为真是由于它符合人的感知经验，经验是此类陈述为真的根据。这种说法也遇到了怀疑论者的反驳。怀疑论者提出，出现于心灵中的感知经验与陈述有根本的差异，即便不同的心灵拥有共同经验，他们也可能对之有不同的语言表达，而不同的心灵所做出的共同语言表达却可能导源于不同的经验，总之，经验与语言表达之间并没有一一对应的反映关系，把经验看作知识的根据，并希望由此来确定一个陈述是否为知识是可疑的。断言一个陈述为真就要有一个确定它为真的标准，从而可把此陈述与其他假陈述区分开来。但怀疑论者提出，检验真理的各种标准，如符合论标准、融贯论标准或实用论标准都不是绝对的，这些标准要么模糊不清，不能给出具体的应用；要么与人们的某些基本知识信念不符合，它可能把一些通常不被当作知识的陈述纳入知识的范围，或把一些通常被当作知识的陈述排除于知识之外，但它无论如何不能普遍有效地把真陈述与假陈述区分开。

仔细观察上述简要列举的怀疑论论证，可以发现尽管它们看上去各不相同，其论证形式却有共同之处。一般来说，怀疑论的论证大体有如下过程：首先，怀疑论者从流行的看法或求知者所给出的一些知识论证等处得知，一个陈述要成为知识，就要具有某种特征；其次，怀疑论者提出各种理由，表明人们没有办法确定一个陈述具有如此的特征，这样他就达到了其目的，即表明了此陈述无法被确定为知识。可对怀疑论给出更简洁的表述：如果一个人把某陈述 P 当作知识，那么他知道 P 具有某种特征，它可用 Q 来表示，也即他知道 P 蕴含 Q；但由于他不知道 Q；因此他也就不能把 P 当作知识或他不知道 P。于是怀疑论论证大体具有如下的论证过程：某人知道 P 蕴含 Q，而他不知道 Q，那么他也不知道 P。[①] 此论证过程体现了所谓认知逻辑中的闭合原则,因而又称闭合论证,当然严格来说,它不是一种含有特定内容的论证,而只是一种论证形式。

显然,上述所列举的各种怀疑论论证都符合此论证形式。可以很容易地表明许多其他怀疑论论证也符合上述论证形式,是否如一些人所断言的那样,所有怀疑论论证都具有如此的论证形式,而那些不具有此形式的论证也可能转化为此种形式呢?有人提出,某些怀疑论论证不符合此种论证形式,它们具有其他的论证形式,而所谓的不充分决定论论证似乎就是一种与之不同的论证形式[②]。所谓不充分决定论论证即指,对两个不相容的陈述 P 和 Q,其中 P 通常被认为是知识,而 Q 则不被当作知识,如果有根据表明 P 与 Q 可能为真,但支持 P 的根据并不多于支持 Q 的根据,这样也就无法表明那些通常被认为是知识的陈述 P 是知识,于是就导致了怀疑论。不过不充分决定论论证似乎也符合闭合论证。在上述论证中,可以说它包含了如下的论证过程:一个陈述要成为知识,那么它具有如下的特征,即它能与另一与之不相容的陈述区分开来,由于人们不能使之与另一与之不相容的陈述相区分,因此他也就不能确定此陈述是否为知识。是否所有的怀疑论论证都具有闭合论证的形式?或许难以对此作出肯定答复,这里也不试图做到这一点。一般来说,大多数怀疑论论证符合此种论证形式,甚至人们所能想象到的那些怀疑论论证通常都符合此论证形式。

怀疑论论证是否合理?如果怀疑论论证具有上述论证形式,则可以依此来讨论此问题。由于闭合原则符合认知演绎关系,可以认为它是有效的,不过符合有效演绎关系而获得的结论并不一定是真的,除非其前提为真。因而怀疑论论证要合理,它所获得的结论为真,除非演绎出其结论的前提为真。观察上述怀疑论的论证形式,可发现其论证要基于两个前提:一是如果某人知道一

---

① J. Dancy:*An Introduction to Contemporary Epistemology*, Basil Blackwell, 1985, pp. 10–11;曹剑波:《知识与语境:当代西方知识论对怀疑论难题的解答》,上海人民出版社 2009 年版,第 77—84 页。

② Anthony Brueckner, "The structure of the skeptical argument", *Philosophy and Phenomenological Research*, Vol. LIV, No. 4, December 1994 pp. 827–835;阳建国:《怀疑论论证的结构》,《哲学研究》2006 年第 12 期。

个特定陈述或把它当作知识，他就要知道它具有某种特征，即他知道P蕴含Q；二是某人实际并不知道此陈述具有某种特征，即他不知道Q。这两个前提是否为真或是否合理呢？首先考虑第一个前提。

笛卡尔式的怀疑论者宣称，如果你知道面前的桌子是黑色的，那么你就知道它不是你梦境中的事物，由于你不知道它不是你梦境中的事物，因此你就不知道面前的桌子是黑色的。这类怀疑论者所接受的前提之一是，可成为知识的陈述具有如此的特征，即它所表达的事物不可能是梦境中的事物。然而此前提是可疑的。我知道面前的桌子是黑色的，我把“面前的桌子是黑色的”当作知识，但并不表明它所表达的不是我梦境中的事物。知识是对出现于人类语言表达中的各种陈述进行区分的结果，它与这些陈述如何得来无关。无论是在清醒世界，还是在梦境世界，人们获得诸如“面前的桌子是黑色的”等陈述，它们当然不必是知识，但它们是否为知识却不必与其如何得来有关，甚至不必与它们所基于的本原世界有关。如果所有的事物都出现在梦境中，陈述是对梦境世界所作出的表达，对这些陈述，人们依然可能对之作出评价、区分，此时并不意味人们没有知识，并不意味人们不能谈论知识。

另一类怀疑论者提出，一个陈述之所以为知识，它必定是不可错的，是确定无疑的，由于没有一个陈述是不可错的，因此也就没有一个陈述可能为知识。笛卡尔就有类似看法，他说：“对于那些不是完全确定无疑的东西也应该不要轻易相信，因此只要我在那些东西里找到哪怕是一点点可疑的东西就足以使我把它们全部都抛弃掉。”①怀疑论者对知识的要求——如果某个陈述是知识，那么它必定是不可错的，是确定无疑的——是否合理呢？怀疑论者在此对某一陈述之为知识提出了一个严苛的、甚至崇高的标准，然而这样的要求看上去是过分的。在一个怀疑论论证中，怀疑论者对一个陈述之为知识提出了种种要求，如断定一个陈述要成为知识，它必要反映外部对象实体或必要符合感知经验，如此等等。然而反对者可能提出，这样的要求是不合适的，一个陈述之为知识，它并不必具有如此这般的特征，如它并不必反映外部对象实体，或并不必符合感知经验。总之，当怀疑论者提出，如果某个陈述为知识，它就要具有某种特征时，人们总可以说，一个陈述之所以是知识，它并不一定要具

① ［法］笛卡尔：《第一哲学沉思集》，庞景仁译，商务印书馆1986年版，第15页。

有怀疑论者所认定的那种特征，可能只要此陈述具有其他某种特征，人们就愿意把它当作是知识了，怀疑论者没有认识到这一点，因此怀疑论者的论证瞄错了目标。

怀疑论论证的第一个前提——如果某个陈述是知识，它就要具有某种特征——通常也是求知者论证知识时所遵从的前提，而只有第二个前提才体现了怀疑论论证与知识论证之间的区别。怀疑论者所接受的第二个前提是：人们不能知道陈述具有如此这般的特征，如他不能知道某个陈述是否来源于梦境，不能知道某个陈述是否确定无疑，不能知道可否依赖特定的绝对标准来确定某个陈述的真假等。这样的一些断言无疑会引起争议。一些求知者可能坚持他知道某个陈述具有某种特征，如他知道某个陈述的获得不是来自于梦境，知道某个陈述符合经验，知道某个陈述是确定无疑的，知道能依赖特定的绝对标准来确定某个陈述的真假等。摩尔就断言他知道某些陈述是真的，在他看来，常识就是清晰明白的、不可怀疑的真理。理性主义者则坚持能自明地知道一些天赋观念，并能确定无疑地给出一些天赋知识。摩尔或理性主义者的看法并不一定完全合理，但他们的确提出了与怀疑论者不同的断言，如果怀疑论者坚持他所给出的前提比前者所给出的前提可靠，那就要提出合适的理由。不过，一旦怀疑论者试图提出诸如此类的一些理由时，他就可能落入反对者的圈套，反对者可以追问，那些理由必定合适吗？它是否只是一种新的独断？如果怀疑论也只不过是一种独断，与摩尔或理性主义者提供的那种独断相比，人们有何理由相信它是更合理的呢？

从这里可能引申出对怀疑论论证的更一般的指责。如同所有其他论证那样，怀疑论论证也要有一定的根据，要依据一定的前提，而这样的前提本身是否有根据呢？怀疑论者指出，一个陈述之为知识，它要具有某种特征，同时人们不能知道它具有此特征，因而不能断言此陈述为知识。反对者可能指出，一个陈述之为知识，它的确必要具有这样一些特征吗？人们是否真的不知道一个陈述具有如此特征？怀疑论者可能为其前提给出更进一步的理由，但疑问并不因此而消除：这些理由是否有根据呢？它们是否只是一些并不优于其论辩对手所遵从前提的另一类独断呢？如果怀疑论者不能回答这些问题，那么人们对他所提出的论证最终难以释怀。无论如何，如果人们并不接受怀疑论者提出的前提，不接受他为这些前提给出的根据，那么怀疑论的论证也就是无效的了。

对于上述的批评，怀疑论者可能提出异议，他可能提出，怀疑论者并不预先规定一个陈述之为知识必定要具有何特征，并不断言人们必定不知道什么或必定知道什么，他只是根据求知者论证知识时所给出的前提而提出自身的论证。如果求知者试图论证某个或某些陈述是知识，他不是有义务告知人们，一个陈述之为知识需要具有何种特征吗？同时他不是有义务保证他或其他人能知道此陈述具有此特征吗？怀疑论者则对此提出反对：那个求知者其实并不知道此陈述具有诸如此类的特征，因此断言此陈述为知识是无根据的。可见，怀疑论论证的第一个前提其实是论辩对手的前提，怀疑论者只是从其对手那里借用过来而显示其对手论证的困境而已，此前提的合理性并不能要求怀疑论者给出。与此相似，对第二个前提，怀疑论者也只是表明，求知者给出的理由——人们能知道一个陈述具有某种特征——是不合理的，求知者其实不能在一个陈述具有某种特征与不具有某种特征之间做出明确的分辨，当怀疑论者表明这一点时，他就达到了其目的，而他并不试图表明人们必定知道什么，反对者对他提出这样的要求是过分的。

尽管如此，怀疑论者在此给出的前提——人们不能知道一个陈述具有某种特征——并不一定是合理的，求知者可能提出反驳，不过怀疑论者也可能对此给出进一步的辩护。实际上，人们对某些具体怀疑论的讨论往往是这样的论证、反驳、辩护、再反驳的无尽纷扰，或许对这些争论的研讨是有趣味的，不过我们不准备对某些具体怀疑论的争论作出评判。一般来说，即便怀疑论者的此类论证能成立，它也并不表明所有知识无法确立，而至多表明不能获得某领域的知识或表明不能依某种方式确立知识。或许有些求知者提出，在某一领域如感知领域、普遍性陈述领域或人文学科领域中的知识具有某种特征，怀疑论者则指出，人们不知道在此领域中的某一陈述是否具有此种特征，也即不能确定此陈述是否为知识。但这种怀疑论往往不涉其他领域，不表明人们在其他领域不能确定陈述的真假，因而通过这种方式确立的怀疑论通常只是一种温和怀疑论。

温和怀疑论并不是空洞的谈论问题，它几乎总是在特定的知识论证或语境中提出，也正是如此，在一些人看来支持怀疑论的论证，在另一些人的眼中它们并不是合理的，而在一些人看来支持求知者的知识论证，在另一些人看来则是可疑的。一些人可能认为那些依《圣经》而给出的陈述不是知识，但在某些宗教人士看来，这些人无疑是怀疑论者。在那些相信尼尔斯·波尔对量子力学解释的人看来，爱因斯坦无疑是怀疑论者。实际上，当人们坚持某些确定真理的标准或提出某个陈述之为知识的普遍性根据时，他们很可能把不同意其看法的人当作怀疑论者。由于他们同时也排除了其他确定真理的标准，因而他们也很可能被其他人看作是怀疑论者。的确，当人们把某类陈述看作是知识时，这也意味着他把其他与之不相容的那些陈述不当作知识，或者认为断定它们为知识的根据是不充分的，因此这类知识论证在某种意义上也是一种怀疑论证。甚至可以说，怀疑论论证与知识论证相伴相随，在人们给出知识论证时，也就同时给出了怀疑论论证，任何一种知识论证也意味着一种或多种怀疑论。当某人反对某些温和怀疑论者时，他同时也可能早已在其他人眼中成为另一种类型的温和怀疑论者了。这样看来，温和怀疑论比人们所想象的要多得多，几乎人人都可被当作是温和怀疑论者。

长期以来，人们对怀疑论存在诸多误解，把怀疑论当作一种有待消除的理论形态。显然，并不是所有怀疑论都是应当被克服的，也不是所有的怀疑论都是能被克服的。实际上，任何知识论证都有一定的前提，而这也给温和怀疑论提供了存在的理由，因而试图消除所有温和怀疑论是不可能的，也是不必要的。温和怀疑论往往并不试图正面地建立某种看法，它只是努力揭示求知者的知识论证所具有的局限，试图把那些论证中独断的、未经反思的成分揭示出来，以显示它们的缺陷与不合理之处，增进人们对知识的理解。尽管怀疑论的前提并不一定都是合理的，却并非没有意义，它始终洋溢着一种反思精神，提醒人们不要轻信权威的根据，要时刻使知识保持在清醒的审查中，使人类在追寻知识的过程中不致偏离方向。对知识论证的关注与严肃地考虑怀疑论所引致的困难和挑战几乎就是同一回事，任何开放的知识论并不忧心怀疑论，并不试图消除所有的怀疑论，而是把怀疑论当作一种反省自身、破除教条的清醒剂，它甚至愿意和这种类型的怀疑论结盟，以消除知识论中的那些封闭式知识论遗留下来的教条。

## 23. 激进怀疑论与共识

在激进怀疑论与温和怀疑论之间有时并没有绝对的界限,有些激进怀疑论恰恰建立在温和的怀疑论之中。笛卡尔曾提出,甚至人们在最为自信的领域如数学中可能出错,那么他在其他方面也可能出错,如在物理学、天文学、医学以及其他一切学科领域中都可能出错,这些学科中的知识都是可疑的,这自然也可以说,一切知识都是可疑的。有些怀疑论在形式上是温和的,但实质是激进怀疑论。一种温和怀疑论者指出,感知知识是可疑的,但如果他同时断定感知知识是其他一切知识的基础,这种温和怀疑论也就立刻转变成了激进怀疑论。尽管如此,通常所谓的温和怀疑论与激进怀疑论有着重要区别,不仅它们的某些具体的论证方式不尽相同,它们对知识论的影响也有差异。

激进怀疑论断言一切都是可疑的,断言人们没有办法确定任何一个陈述为知识。人类文明的发展史表明,知识是可能的,人们总是不断地获得各种知识,总是从不知到有知,从知之不多到知道得越来越多。合理的知识论不能否定知识的存在,它的目的只是尽可能地解释知识现象,解释人们获得知识的过程,并为其求知活动提供帮助。就此而言,激进怀疑论不是一种合理的知识论,它是一种对知识的坏的解释,它不仅无法为求知活动提供建设性的刺激,甚至可能从根本上颠覆求知者求知的基础,因此在进一步反思知识之前,有必要对其问题给予揭示,以尽可能地消除它所产生的消极影响。

尽管一些激进怀疑论的论证与温和怀疑论的论证有相同之处,甚至以温和怀疑论论证为基础,但还是存在明显的不同。这里不打算考虑激进怀疑论的论证,即使激进怀疑论论证的某个或某些根据不充分,甚至毫无道理,也不表明其结论是错误的,它的结论依然可能由其他根据提出,或甚至可独断地提出,因此我们将更多地注意其结论本身。激进怀疑论的结论是可信的吗?对激进怀疑论的一个常见批评是它自相反对。批评者指出,当激进怀疑论者断言一切知识都是可疑的时,其实他至少相信了某个陈述是不可怀疑的,或他至少断定了一个真陈述,这就是“一切知识都是可疑的”,既然如此,激进怀疑论者如何可能说“一切知识都是可疑的”呢?当激进怀疑论者断言人们没有办法确定任何一个陈述为知识时,其实他至少相信有办法确定一个陈述为知识,这就是“没有办法确定任何一个陈述为知识”。这类针对激进怀疑论的批评广为流传。亚里士多德早就指出：对于这类看法有一个人人皆知的责难，即“他们自己取消了自己”，因为“说一切为假的人就使自己也成为虚假的”①。后来的卢克来修也曾提出：“如果有人认为任何东西都不能被认识，那么他也就不能知道这一点本身是否能被认识”②。在现代文献中也不难找到类似的批评。

不过激进怀疑论者可能辩护说，他只是对求知者给出的知识论证中的独断性成分提出疑问，指出求知者所提出的那些确定某个或某些陈述为知识的根据是不充分的，但自身没有也不必确立某个论题。也即激进怀疑论只是指出论辩对手的不合理，它寄生在对手那里，却不确立其他新的论题，如果论辩对手被驳倒，其目的也就达到了，同时它的论证也就失去了价值。就如一个对象与它的影子一样，对象不存在，影子也自然不存在了。“一切知识都是可疑的”等只是对激进怀疑论给出的论证状态的表达，而不是表达此论证所确立的某个论题，因此指责激进怀疑论自相反对是不合适的。不仅如此，即便激进怀疑论最终表达了某个论题，它说出了什么，也并不因此损毁它怀疑的效力，人们不能简单地宣称其中包含自相矛盾而排除它们。塞克斯都在回答指责怀疑论是自相反对的批评时说，“当我们说‘论证不存在’时，我们的命题也暗含着这一例外：证明论证不存在的论证不在其中，因为唯有它是论证”。③ 按塞克斯都的看法，当怀疑论者提出怀疑一切时，这里所谓的“一切”包括了除“一切都是可疑的”之外的所有陈述，却并不包括这陈述本身。

由于“所有”、“一切”等语词所指不明确，人们在理解包含这些语词的陈述时可能产生混乱。在“所有的陈述都无法被确定真假”中，人们可能认定“所有陈述”表达了此陈述本身，也即此陈述是自我指涉的，结果在理解它时产生了混乱。激进怀疑论在表达其结论时常常包含这样一些所指不明确的语词，因而可能存在不严谨之处，不过他可以对此给出修正，如说上述表达中所

① 苗力田主编：《亚里士多德全集》第7卷，中国人民大学出版社1993年版，第15—19页。

② ［古罗马］卢克莱修：《物性论》，方书春译，商务印书馆1999年版，第214页。

③ 参见包利民：《怀疑论：是悖论还是一种新哲学？——论希腊怀疑论的启示》，《杭州大学学报》1992年第2期。

说的“所有陈述”不包含自身，这样一来，人们对激进怀疑论的指责就失去了根据。因此，更公平的说法是，对激进怀疑论的上述批评只是指出了激进怀疑论在语言表达上的某种不严格性，却并没有对其内容产生实质的冲击，而这种问题可以通过更严格的表达而避免，从而使上述的批评归于无效。

如果像激进怀疑论所承认的那样，只有“一切知识都是可疑的”、“没有办法确定任何一个陈述为知识”等是知识，能确定它们为真，这样的知识或真理无疑是极度贫乏的。可否向激进怀疑论者要求更多？答案是肯定的。激进怀疑论提出它的结论时，都要依赖于一定的前提，以及根据此前提进行演绎而获得其结论的逻辑关系，不依赖于这样的前提及相关的逻辑关系，它就只是一种独断。不管这些前提以及逻辑关系是什么，至少激进怀疑论者相信它们为真。如果确是如此，激进怀疑论者断言一切知识都是可疑的就没有根据了，或者他在说“一切知识都是可疑的”时，这里的“一切”并不包含此陈述本身，同时也不包含他所相信的那些前提与逻辑关系等。更进一步，尽管激进怀疑论者对任何知识抱有不信任的态度，但当他使用“知识”一词时，人们就可能询问他所说的“知识”是指什么，有权要求他提出一些实例，如果根本没有这样的实例，他如何可能向人们保证“知识”一词是有意义的？如何可能向人们保证在使用这一词时确有所指？如果这种要求是合理的，激进怀疑论者将不得不确认更多的陈述为真。

人们甚至还可能向激进怀疑论者要求更多。即便激进怀疑论者怀疑人们能否确定“雪是白的”为真，他也相信，他与其他人对“雪是白的”有共同的理解，否则就无法指望在谈到它时，他可能与其他人有相互交流。这里所谓的“理解”或“共同理解”是何意思？“某人对一语言表达有理解”或“相互交流的人对一语言表达有共同理解”是何意思？此处是对“理解”或“共同理解”的意义作出辨识的时候了。通常，说“某人对一语言表达有理解或他对之不理解”与说“某一陈述是真或不真”不同。一个语言表达只有真与不真两种情形，它要么是真的，要么是不真的，这时就说真所表达的情形是二择一的。但理解与之不同，它不是二择一的，而有程度的区别。可以说一个人对某特定语言表达的理解比另一个人对它的理解更深刻，而后者的理解则比其他人对它的理解更深刻。对某一特定的语言表达，一个人比另一个人的理解更深刻是何意思？正如前面所表明的，一个语言表达有多种意义，一个人理解它时，并不一定对它的所有意义有理解，而只是理解了其中的某些意义。如果一个人所理解到的某语言表达的意义比另一个人所理解到的此语言表达的意义要多，他能比后者把握此语言表达的更多意义，那么就可以说前者比后者的理解更深刻。理解的程度区别不仅表现在不同的人之间，也表现在同一个人的不同时期之间。如果在某一时期，某人对一特定语言表达的理解比他在另一时期的理解更多，此时他能把握此语言表达更多的意义，那么就说他在前一时期的理解更深刻，反之则说他在此时期的理解更不深刻。

同样也可以说，对一特定语言表达有共同理解是指人们都能理解此语言表达的某些意义。很显然，共同理解也有程度的区别，某些人对一特定语言表达的共同理解可能比另一些人对此语言表达的共同理解要深刻，而后者对它的共同理解又可能比其他一些人对它的共同理解要深刻。同样，某些人在不同时期对一特定语言表达的共同理解也有程度区别。知识论更关注认识意义，因而在此可就某些人对一特定语言表达如“雪是白的”有共同理解大致区分两种情形。一种情形是：这些人不仅对特定语言表达的某些其他意义有共同理解，而且对其认识意义有共同理解，这表明他们不仅对“雪”、“是”、“白的”等有共同理解，对它们如何构成此陈述的语法规则等有共同理解，同时能确切地知道此陈述为真或为假。我们称此种情形的共同理解为完全的共同理解。另一种情形是：这些人尽管对此语言表达的某些意义有共同理解，却对其认识意义没有共同理解，也即他们可能对“雪”、“是”、“白的”等有共同理解，对它们如何构成此陈述的语法规则等也有共同理解，却不能确切地知道此陈述为真或为假。我们称此种情形的共同理解为不完全的共同理解。

激进怀疑论者与他人对“雪是白的”有共同的理解，但他们对此语言表达的认识意义的理解并不完全相同，这时可以说他们对此语言表达有不完全的共同理解，正因此激进怀疑论者不认为人们能确定“雪是白的”为真，尽管其他人可能认定此陈述是真的。激进怀疑论者与他人对“雪是白的”有不完全的共同理解意味着什么呢？尽管他们之间对此陈述有不完全的共同理解，却可能对“雪”、“是”、“白的”等有共同理解。由于这些语词的意义由某些包含它们的陈述呈现出来，因而他们对包含这些语词的陈述可能有共同理解。很显然，激进怀疑论者要保持其怀疑态度，他将不得不坚持他与其他人对这些语词以及陈述的共同理解依然是不完全的，其他人可能确切地确定这些陈述为真或为假，但他依然怀疑这一点。尽管可能做进一步的追溯，但激进怀疑论者依然相信，他与其他人对某个或某些语言表达只有不完全的共同理解，而没有完全的共同理解。

对某些语言表达有共同理解是人们相互交流的前提，人们是否对语言表达只有不完全的共同理解，而没有完全的共同理解呢？如果对任何语言表达都只有不完全的共同理解，也即对任何语言表达的认识意义没有共同理解，那么说对某一语言表达有共同理解与没有共同理解就没有区别了，因而说对某语言表达有共同理解也就没有任何价值了。说两个事物尽管不同，它们却是相似的，即有部分相同之处，这时如果不能确切地指出它们之间的完全相同之处，那就不能真正地断言它们是相似的，不然，说它们是相似的与不相似的就没有区别了。如果人们对某一语言表达有共同理解，尽管此共同理解是不完全的却意味着他们必定对此语言表达的某些意义有共同理解。这一点恰恰表明他们对某些语言表达有完全共同的理解，即对某些语言表达的认识意义有共同理解。人们对某一语言表达如“白发三千丈”有共同理解，尽管他们对此语言表达的认识意义没有共同理解，却对其他某些意义如审美意义有共同理解。然而，要确定对此意义有共同的理解，却要基于对某些语言表达的认识意义有共同理解，如根据此种理解，可把“‘白发三千丈’用一种夸张的手法描述了作者的一种惆怅情绪”等等看作为真。概言之，只要人们对某些语言表达有共同理解，尽管这种共同理解是不完全的，当人们要确认这种不完全的共同理解时，却要对某些语言表达或某些陈述有完全的共同理解。可见，人们不可能对语言表达只有不完全的共同理解，不完全的共同理解往往要以某些完全的共同理解为根据。

在一个语言系统中，如果人们可能对“雪是白的”有共同的理解，尽管这种共同理解是不完全的，它也意味着人们对某些其他的语言表达有完全的共同理解。如果激进怀疑论者认定人们不可确定“雪是白的”是否为真，只要激进怀疑论者与这些人之间有相互的交流，他们对此陈述有共同的理解，那就意味着他们对某些语言表达有完全的共同理解，如对“雪”、“是”、“白的”等有完全的共同理解，或对某些包含“雪”、“是”、“白的”等语词的陈述有完全的共同理解。也即他们可能共同断定某些包含这些语词的陈述如“雪是一种由水凝结的晶体”、“白是一种颜色”等为真。我们把相互交流的人们对之有完全共同理解的真陈述称为共识。

很显然，共识不是由某些前提演绎出来结果，而是解释人们相互交流的结果，它们是人们相互交流时不得不接受的前提。人们不能甚至也不必追溯共识为真的根据，就如心灵与物质是解释知识基础的前提，人们不能也不必追溯它们产生的根据一样。尽管如此，共识却可能成为人们交流的基础，成为人们共同理解的基础，也无疑可能成为认识活动的基础。任何个人谈不上共识，共识并不相对于特定的个人，而是相对于特定交流情景中的人们，它们是相互交流中的人们不可怀疑的基础或前提。在此也可看到，在一种交流过程或认识过程中，并不是所有的陈述都有根据，不是所有的陈述都可追溯根据。尽管共识为真，却不可有根据地确定它们为真，也因此我们把确定共识的方式称为确认。这里所谓的确认是指没有根据确定的意思。可见，不是所有真理都是相同的，不同真理之间有本质的区别。正是为显示这种不同，人们才引入“知识”一词。

可以一般地说，人们表达对象，形成特定的陈述，当他运用这些陈述与其他人进行相互交流时，也就表明他们对某些陈述有完全的共同理解，他们之间有共同接受的共识或真理，因此在特定的语言交流中没有激进怀疑论的位置，激进怀疑论产生于脱离语言实践的地方。维特根斯坦说：“如果我想怀疑这是我的手，那么我怎么能不怀疑‘手’这个词是否有任何意义？因此这是某种看来我毕竟还是知道的东西。但是更正确地说：我在我的句子里不假思索就使用‘手’这个词以及所有其他的词，实际上如果我甚至想去怀疑这些词的意义，我便会面对着虚无的深渊。”①根据维特根斯坦，当你要怀疑“我有一双手”是否为真时，你就必须知道什么是手，知道“手”这个词在你表达时、与他人交流时意指什么。如果一个人知道“手”这个词的意义，并且知道它意指的是什么，那么尽管他可能怀疑“我有一双手”是真的，却不太可能获得激进怀疑论的结论。在实际的交流过程中，如果激进怀疑论者告诉我们，他并不知道“手”的意义，不知道“手”意指什么，也即他与我们没有关于手的任何共识，这时他与我们之间不可能就有关手的陈述作交流，他与我们在这方面的语言游

① ［奥］《维特根斯坦全集》第10卷，涂纪亮、张金言译，河北教育出版社2003年版，第253页。

戏就玩不下去了。

上述的结论实际也对激进怀疑论的某些论证形成了反对。激进怀疑论可能通过一些论证获得,其中一个典型论证是:对任何一个陈述,如果你认为它是真的,那么人们总是可以问:"它的根据是什么?"无论你如何回答,他依然可以追问你回答本身的根据,如果你不保持沉默,就只有三种可能:一是无穷后退,一是循环论证,一是提出一个独断的假定。无穷后退表明你所认定为知识的陈述没有可靠的基础。循环论证则表明,知识的基础在其自身,这恰恰回避了问题,实际也就等于什么也没有说。独断地假定一个基础自然也不是可靠的,因为任何人都可以做出这样的假定。由于此类论证并不针对某个或某类特殊的陈述,而是针对某个不定的陈述或任一陈述,因此它导致了激进怀疑论。现在看来这种似乎有效的论证的前提是存在问题的。批评者可以说,至少对于某些陈述来说,它之为真并不一定要有根据,人们并不一定总能追溯一个陈述为真的根据。

# 第七章　共识与基础陈述

## 24. 新基础主义的一般特征

人们在特定的情景中与世界相接触，在世界中观察、体验、想象，并把由此获得的结果用陈述表达出来。其中某些陈述同时也为其他人所理解，他们接受它们，确认它们为真，因而成为他们的共识。显然不能保证所有人都接受这些陈述，这时可把那些接受这些陈述，并把它们当作共识的人特别地称为共同体。共同体成员之间可能存在直接的交流，他们之间的共识无疑是其交流的基础。是否有直接的交流并不是辨识共同体的根据，有时共同体成员之间并无直接的交流，不过只要他们拥有共识，这种交流总是可能发生的，因而也可称共同体是可能产生语言交流的人们所构成的群体。

共识不是抽象的，它总是在特定的人群中达成，总是在特定的言语行为中出现。显然，共同体也不是抽象的，它在特定的言语行为中出现，并且可以在特定的语境中被辨识出来。共识相对于具体的共同体，而共同体相对于特定的共识，共识与共同体是共同呈现的。共同体接受某些特定的共识，共同体依赖它们而进行相互交流与认识活动，在此基础上获取知识。同时，只有在特定的共同体中才形成种种可能成为知识的陈述，并形成一些具有规范性的认识形式，，由之判定何种陈述为知识，何种陈述不是知识。可以说共同体是认识的基本单元，是认识的真正主体，也可称之为认识共同体，有时也简便地称为我们。

作为认识基本单元或认识主体的认识共同体无疑与那些拥有共同信仰、持有共同政治纲领的政治共同体有区分，也与那些居于共同地域、使用共同设施的社会共同体有区分。认识共同体的成员并不只有一个人，它由两个或多个人组成，这些人共同组成一个有共同语言、有相互交流的集体。与我形成共同体的其他人可以是你，也可以是他；可能是一个人，也可能是许多人，却并不只是特定的某个人或某些人。共同体也不是稳定不变的。与我组成共同体的他人可能此时是你，彼时是他，或此时是你们，彼时是他们，它是一个流变的集体，只有在具体的情形或具体的语境中才能确定其构成。共同体成员因接受共同的共识而联结在一起，而不同共同体可能接受不同的共识。不仅其他共同体不一定接受我们所接受的共识，甚至此时的我们与彼时的我们所接受的共识也不一定相同，此时的我们与彼时的我们分别属于不同的共同体。

共识总是在特定的语境中呈现出来，不同的语境可能有不同的共识。是否可以说共识相对于特定语境？共识相对于特定语境，知识的获得以及其他各种认识活动也都相对于特定语境，基于诸如此类看法的语境主义是否可能成为合适的知识论或成为构建合适知识论的基础呢？如果如语境主义所说，语境是认识的基础，那么就要有一个辨识语境的根据，只有如此才能确切地解释知识现象，才能对实际的认识活动产生影响。人们的交流活动与认识活动总是持续的，语境主义如何可能把持续的言语行为切割成个别的语境片段呢？而切割语境的根据是什么呢？实际上，语境本身变化莫测，不同的人们几乎无法对它有共同的辨认，往往只能在想象中才能把握住它。另一方面，由于不同的语境各不相同，它们在时间、空间中分散开来，如果不同语境中的人们可能有不同的共识，那么不仅不同的人们在不同语境中可能有不同的共识，甚至相同的人们在不同语境中也有不同的共识，这样一来，语境主义者无法保证认识者在此一语境中作出的语言表达能在下一语境中为他人所理解，甚至不能保证为自身所理解。由于没有超语境的共识，不定形的语境不仅难以解释人们之间所存在的持续不断的交流，也难以理解知识的客观性、可继承性或可传递性。很显然，如果客观知识要基于某些超语境的知识基础之上，则语境主义无论如何都难以成为合适的知识论或成为构建合适知识论的基础。

语境主义者可能提出，当你在谈论语境时，当你在说共识在特定的语境中呈现时，不是暗地里接受了语境主义吗？对此可以辩解说，此处所谈到的语境与语境主义的语境有根本的不同，这里的语境只是认识活动呈现的背景，是一种获取知识的中介，而并不是构成知识的决定性因素。可以说，语境在认识过程中所起的作用正如意义在认识过程中所起的作用。任何语言表达与意义相关，人们也通常使用“意义”一词，但并不必先确定一个语言表达的意义或给定一个确定语言表达的意义标准才可能获得知识。任何语言表达在特定的语境中出现，人们也可能为表达的方便而使用“语境”一词，尽管如此，却并不必认定只有给出一个分辨语境的标准才能获取知识，也不必认定只有接受语境主义才可能有合理的知识论。共识在特定语境中呈现出来，但并不表明共识是相对于语境的，或许语境只是一个呈现共识的中介。作为认识主体的共同体与语境不同，尽管共同体是一个流变的集体，但它不是一个变化莫测的抽象物，而是可以辨认的对象。在特定的语境中，特定共同体所接受的共识是确定的，而一旦确定共同体以及与之相关的共识，它们又超越特定的语境。确定的共同体以及与之相关的确定的共识不仅保证知识的形成不因个人的主观意愿而变化，保证由此获得的知识具有客观性，同时又能保证在不同语境中所获得的知识是可积累的、可传递的。

共识超越特定语境而相对于特定共同体，在共识的基础上可能获得客观的知识，由此确立起来的知识论尽管能克服语境主义的困难，不过可能面临新的问题。知识以共识为基础，因不同共识而可形成不同的知识，因而知识相对于特定的共识、相对于特定的共同体，也即对某个共同体来说是知识的陈述，对于另一个共同体来说不是知识，这不是一种相对主义吗？相对主义与怀疑论往往是一个树杈上的两根支条，它可能使得认识者对自身所获得的真理产生怀疑，断言它是不可靠的。在某种方式上，用相对主义来表达此种知识论是合适的，不过其中也不乏误解。这种评论不是对某个特定共同体认识世界所获得的知识的描述，而是对不同共同体所获得的知识进行知识社会学研究的结果。当某个特定共同体进行认识并获取知识时，共同体成员并不把他们所获得的知识看作是相对的，对他们而言，不与他们同属一个共同体的他人所接受为真的陈述除非获得他们的确认，否则难以被他们看作为真。换言之，在一个共同体根据共识形成知识的过程中并没有相对主义问题。

在这种知识论中确立起来的知识相对于特定共同体，对知识论问题的讨论通常以特定共同体为背景，对此兴许有人提出：知识论应当关注的是人类的知识，解释人类的智识成就，如果知识论只关注特定共同体的知识，只解释特定的人的知识，它不是极为片面而不可信吗？根据它所提供的方式而获取的不只是一些有局限、适用范围狭窄的知识吗？实际上，如果人类是指所有人构成的一个集体，由于过去的人总已逝去，将来的人却有待出现，因而人类只是一个不完整的、想象的对象。即便人类是指所有现在存在的人,由于我并不能与现在所有人有相互的交流与理解,在我们之外的人,那些不与我们拥有共同语言,或不与我们有相互交流、并接受相同共识的人,在某种意义上只是无。在人类所包含的对象中,并不是所有的人相互之间都有实际的交流,他们之间通常没有共同的共识,因而他们也就不能成为一个认识主体。一般而言,所有人或整个人类都确认的共识是不存在的,最荒谬的陈述也会有人把它看作是真理,最离奇的陈述也可能成为某些人的共识。相反,最无可怀疑的陈述也有人会把它当作谬误,最明晰的东西也会有人把它当作是可疑的。从人类所接受的共识中寻求知识,正如从无中寻找有,从黑暗中寻找光明一样,除了在此陷入空洞的争论之外,往往一无所获。从认识活动来说,人类只是一个空洞的抽象物,不可能由之获得所谓的人类知识,或许人类知识只是封闭式知识论者的一种幻想。

共识是相互交流的基础,也是人们认识活动的基础,而共识的存在也意味着知识存在基础。知识存在基础并不是一种新看法。亚里士多德就曾说:“我们不仅主张知识是可能的,而且认为还存在着一种知识的本原。我们借助它去认识终极真理”①。相较于其他看法,这种被称为基础主义的看法在知识论中占主流地位,不过传统基础主义者对“知识基础是什么”一直争论不清。德谟克利特把影像当作知识基础,柏拉图则认为知识基于理念,近代经验主义者相信知识基础是经验,而理性主义者则认定它是天赋观念。诸如此类的传统基础主义具有某些共同点:知识基础是某个静止的开端,它绝对地、与人无关地摆放在那里,是所有人都认可的基础,所有知识都建基于其上,它是一个建立知识的“阿基米德点”,人们从中可能获得确定无疑的甚至永恒的知识。不管如何确定知识基础,传统基础主义似乎一开始就走错了方向。由于人们所了解的东西要通过特定的语言表达描述出来,知识是语言表达或是由语言表达描述的东西,因此知识基础也必定是语言表达或是由语言表达描述的东西,只有在语言表达中或借助语言表达才能获得知识基础。

把相对于特定共同体的共识当作知识基础的看法无疑也是一种类型的基础主义,但它不同于传统基础主义。这种基础主义尽管不否认存在某些实体

① 苗力田主编:《亚里士多德全集》第1卷,中国人民大学出版社1993年版,第251页。

对象，甚至可能相信它们是知识的最终根据，但它并不打算依据它们来解释知识现象，它并不试图通过心灵实体、外部实体对象或它们之间的各种作用过程等来确定知识基础。在这种基础主义中，知识基础只是解释它所接受的某些前提的结果，因而它使用的不是发生式方法，而是解释方法。这种基础主义所确定的知识基础并不是根据某种因果决定关系而来，而是根据所接受的前提以及前提与知识基础之间的解释关系、逻辑关系而来，它把知识基础看作是所接受的前提的必要条件。这种方法可称为逻辑解释方法。

在这种基础主义看来，人们可能在所获得的知识基础上构建起他们共同的智慧成果如知识，不过从知识基础构成知识的过程也不是一个实体作用过程。这种构造过程或许会从实际的知识现象中获得启示，但并不完全基于它，由之获得的构造形式也可看作是对这些知识现象解释的结果。无论如何，一旦严格地把解释过程与实体过程区分开，由之建立的知识论就与发生式方法发生了决裂，而任何试图引入发生式方法的想法都可能损毁此种知识论的严密性与纯粹性。这种基础主义并非不接受任何前提，甚至也难以说它所接受的前提比传统基础主义的前提更真，接受它的人更多。尽管如此，它与传统基础主义有根本的不同，它的前提是反思性的，它并不要求人人都接受这些前提，也并不排除其他的可能性，因此由之建立的是一种开放式知识论。

逻辑解释方法是开放式知识论的必然要求，甚至也是任何自觉的哲学思考的必然要求。然而，这种方法并不是全新的，出现在笛卡尔那里，为康德明确提出并使用的先验方法大体就是这样一种方法。胡塞尔强调只有摆脱自然的发生式思维才能严格地确立知识的基础，因此他所使用的也是与发生式方法相对的先验方法。然而无论是笛卡尔、康德，还是胡塞尔，他们对先验方法的使用都是不彻底的。由于受传统基础主义的影响，他们往往没有把知识基础看作是完全解释的结果，并没有完全摆脱发生式方法。传统认识论没有认真反思知识的表现形式，没有考虑到这种形式对知识内容的影响，没有考察这种形式对知识论的影响，因而也就不可能完全先验地解释知识。在传统认识论中，它即便逻辑解释地确定了知识基础，在从知识基础构成知识时也不自觉地引入了发生式方法。可以说，任何前语言哲学的旧哲学都不太可能在知识论中真正完全地使用逻辑解释方法或先验方法，不管它们如何保证能做到这一点。

## 25. 共识的获得

共识是什么？如何获得共识？现代经验主义者注意到，把经验当作共识固然存在困难，但对经验的表达即经验陈述却是共识。对现代经验主义者来说，经验是直接觉察到的东西，而经验陈述是对经验的直接表达，因而人们直接获知的经验陈述必然是真的，它们可作为知识的基础。由于不同的人有不同的经验，如果经验陈述是共识，那么共识并不相对于共同体，而相对于个人，因而现代经验主义与传统经验主义一样难以解释知识的客观性，它不过是披着现代哲学外衣的近代思想。特定的经验陈述如何描述特定的经验？也许现代经验主义者会把“王浩站在房子中间”、“太阳是圆的”当作是经验陈述，然而他确实难以说明这些陈述是如何直接描述某个经验的。或许现代经验主义者可以说，“王浩”与“太阳”直接与某些特定的经验相关，但他难以说“站”、“中间”与“圆”完全是对此特定经验的表达。实际上，它们似乎也与其他经验相关。果如此，现代经验主义的基础就不是牢靠的了。的确，人们可能用不同的陈述来表达同一经验，也可能用同一陈述来表达不同的经验。如对某一经验，可以用“这张桌子是红色的”来表达，也可以用“这张桌子反射了波长为0.77—0.62微米的光”来表达。而对“太阳是圆的”、“今天天气很热”等陈述来说，在不同的人那里，这些陈述可能表达了不同的经验，没有理由断言接受这些陈述的人心中所呈现的经验是相同的。如果所谓的经验陈述与特定的经验之间并没有一一对应关系，那就难以说经验陈述表达了人们直接觉察到的真实东西，难以说经验陈述必定是真的，因而也就难以说现代经验主义的根据是合理的了。

摩尔似乎愿意认为常识就是共识或包含了共识。这里指的常识是人们平常自然而然认定为真的陈述，它们不需要推理或证明，是直接被知道的，同时它们简单、基本而常见，为理智正常的人所共有。摩尔在反驳怀疑论时曾提出，那些被当作常识的陈述，如“我有两只手”、“存在一个地球”等不仅是真的，而且可能获得证明，是有根据的真陈述或知识。摩尔对上述陈述的证明比较特别，他以为举起自己的双手，也就证明了“我有两只手”，他显然没有认识到，知识的基础只能是其他的语言表达或陈述，因而举起双手的行为并不能作为任何陈述的基础。摩尔似乎也承认并不能对“这里有一只手”和“这里还有另一只手”给出逻辑上的证明，但他仍坚持人们能够知道这些陈述为真，他相信有些真理是人们确实知道却是不能被证明的。显然，即便同意摩尔的这种看法，也不能说他完全驳倒了怀疑论，实际上，他只不过是把怀疑论想要怀疑的某些结论当成了不可怀疑的前提。当然这也并不意味摩尔反驳怀疑论的努力全然不成功，他的想法至少暗示：怀疑论者认为所有知识都要有根据是没有道理的，有一些真陈述或知识是不要根据的，不过它们只能被显示出来，而不能被证明，它们是其他知识的基础，常识恰恰是这样的基础。当然，我们有理由抱怨摩尔没有明示这一点，抱怨他没有注意到那些不假思索而承认的常识与其他知识之间的不同，抱怨他没有意识到显示这种不同时也就动摇了怀疑论的根基。这里不打算深入上述讨论，目前主要关心的是，常识是否可能成为其他知识的合适基础或是否可能成为共识呢？

人们自然而然拥有的常识并不依赖于任何有关对实体对象及其相互关系的某些思想，并不依赖于预先确定的某种本体论，它们是被直接获得的。甚至可以说常识的真并不依赖于独断，而可以从各种生活实践中显示出来。同时，人们对知识的探求总是从最朴素的常识开始，而许多知识可能直接或间接地还原到常识，因而常识往往是构建知识的最直接、最原始的材料。似乎把常识看作共识比传统基础主义的看法更适切、更可信，但常识的确能成为合适的知识基础吗？诸多原因使得人们难以对此做肯定回答。

常识往往暧昧不定、模糊不清，它们总是零散地出现，充满随机性。常识漂浮在人们认识活动的周围，却几乎难以确定如何获取以及获取何种常识作为共识，断言那些系统而精确的知识基于零散而随机出现的模糊常识是难以令人置信的，断言那些有意创造的知识基于无意形成的常识是难以令人置信的。尽管人们拥有许多常识，甚至拥有一些人们可能从来没有意识到的真理，它们共同构成一个庞大的系统，为人类的交流与生活提供了最基本的前提，不过作为知识基础，常识的范围依然显得很狭窄。常识难以为描述广远的太空世界以及精微的原子世界的知识提出基础，而量子物理学理论与分子生物学理论等也难以说是基于常识的。

常识所包含的内容杂乱，某些常识不仅不是共识，不是知识，甚至可能与知识不一致，它们不是真的。生活常识把鲸鱼当作鱼，但动物学家并不同意这一点;生活常识认为地球与其他行星有根本不同,而太阳与月亮却是类似的,但天文学家并不同意这一点。按生活常识的看法,我面前书桌的桌面是致密光滑的,没有空隙,物理学却告诉我,桌子由原子组成,原子中只有很小的部分是致密的,而其内部有比致密的部分大得多的空隙。互不一致的常识自然难以作为共识,而与知识不一致的常识也同样如此。也许同情常识论的人提醒说,不同的人有不同的常识,不同的人所拥有的常识可能互不一致,某人的常识可能与其他人的知识不一致,然而在同一个人的众多常识中,它们之间可能没有不一致,它们也可能不与自己的知识不一致,因而能成为知识的基础。显然,这样一些具有主观性的常识不仅难以可能成为客观性知识的基础,甚至它们是否有资格被称为常识也是有疑问的。总的来说,共识并不一定是常识,至少人们通常所理解的常识与能作为知识基础的共识并不一致,把常识宣称为自明的共识或许可能杜绝激进的怀疑论,但以之为基础而确立的知识论并不能有效地抵制怀疑论,相反为各种蒙昧主义提供了借口。

在罗素看来,要恰当地了解任何知识,就要对它们进行分析,由此追溯其形成的基础,这样不断分析、追溯,直至无可分析为止,那时所获得的就是原子陈述。原子陈述是一个具有相对独立而完整的意义单位,不同原子陈述之间既没有推导关系,也不相互矛盾,然而,借助一些逻辑联结词与演绎关系,由原子陈述可构成各种复合陈述,复合陈述的真假取决于组成它的原子陈述的真假。如果获得了所有的原子陈述,并且能确认它们的真假,那么在理论上也就能确定所有其他陈述的真假,由此也能确定知识,因而真的原子陈述似乎可能成为共识。果真如此吗?我们可以说,至少罗素意义上的真的原子陈述不是共识。在罗素看来,真的原子陈述就是亲知,而一个人的亲知就是他直接感知到的东西,因而罗素的原子陈述并不单纯是分析知识的结果,而与其特定的本体论相关。罗素所谓的亲知即使不是感知材料,而是对感知材料的表达,也不过表明他的看法不同于传统经验主义,它更类似于现代经验主义罢了。

在《逻辑哲学论》中,维特根斯坦与罗素一样也同意,一个复合陈述可能由一些单一陈述构成,那些不可再分析出其他单一陈述的、具有独立意义的单一陈述就是原子陈述,他称之为基本命题。维特根斯坦不同于罗素,他严格区分了本原世界与语言世界,他所谈到的基本命题仅仅是一个逻辑分析物,而不经验陈述。尽管维特根斯坦的原子陈述对应于原子事实,但原子事实恰恰由原子陈述体现出来,因而可以把原子事实看作是原子陈述的解释物。维特根斯坦的原子主义自然也有许多困难,不过这里只关注一点:真的原子陈述是否可能作为共识呢?维特根斯坦希望提供一种系统的分析,由此获得的原子陈述不是相对于特定共同体,而是相对于全人类,并且能作为知识的基础。不过维特根斯坦显然没有提供充分的根据表明他能达到这一点。罗素曾表明不是所有的陈述都可能分析为原子陈述,维特根斯坦似乎也难以举出这样的分析实例,实际是否存在这种意义完全独立的原子陈述是有疑问的。前面曾谈到,语言表达的意义相互关联,断定有意义绝对独立的、并且可由之构成其他复合陈述的原子陈述也许只是一种空想。另一方面,不同的人可能有不同的分析方式,他们因此而可能获得不同的最终分析结果,获得不同的原子陈述,这种分析与人们使用的演绎系统有关,也与人们对陈述结构的看法有关。如果不事先给予一种罗素那样的独断性的哲学前提,有时几乎难以断定什么是原子陈述,什么不是。总之,共识只是人们理解的共有前提,它们不一定是不可分析的最终剩余物,而一个分析的最终剩余物也并不一定是共同体成员共同理解的基础,只要人们同意,维特根斯坦式的分析可在任何一点结束,而在任何一点上获得的结果都可能成为共识。

如何在具体的交流过程中确认共识?共识的确认与特定共同体有关,甚至完全由特定共同体决定。共同体如何确认共识?可以一般地说,在把某些陈述确认为共识的过程中,没有任何一个共同体成员具有优先地位,共识可由特定共同体中任一成员提出并为其他成员接受而获得。在由我们所构成的共同体中,共识可由我提出,而由他人接受而获得,也可由他人提出,而为我接受而获得。甚至于可以说,只要为共同体成员所接受,来源于任何方面的、具有任何内容的陈述都可能成为共识。同时,共识也可能由任何方式获得,共识可能来源于观察与实验,可能来源于想象或体验,还可能来源于纯粹的分析。

特定共同体在某种情景的交流中往往直接涉及的只是有限的陈述,只涉及相当狭隘的内容。在此情景的交流中直接显现出来的无疑只有少数共识,然而并不表明共同体成员之间的交流只依赖于这样一些共识,要解释此交流过程还需要追溯更多的、未直接显示的部分。这些未直接显示出来的共识并不是完全不可显示,有时只是共同体成员相信在实际交流中没有必要全部明示出来,因而共识隐含于其中,它们可能通过追溯而获得。实际上,通过不断地回溯，可能获得远多于人们想象的共识。如果在某一共同体中，“地球是圆的”是共识，那么在此共同体中必定还有某些关于圆、地球的共识，如它可能接受如下的陈述“我们站的这个地方属于地球”、“我们所看到的各种对象构成地球”、“圆是由一条封闭曲线所构成的图形”等。在这些共识基础上，此共同体还可能追溯出更多其他的共识，如有关曲线、图形、封闭等的共识，而由此又可以延伸到其他方面。通过不断地回溯，共同体成员可能获得多种多样的共识，它们一起构成了他们顺利交流的基础，也构成了其认识的基础。

某一共同体所确认的共识甚至不一定为其成员所提出，它们可能来自于共同体之外，来自于其他共同体。尽管没有研究生物学，我们也可能理解生物学家所提出的某些陈述，并与生物学家一样接受它们。尽管不是物理学家，但我们可能理解物理学家所接受的陈述，并把它当作我们交流与认识的前提。我们也可能理解历史上的一些文献记载，并把它们当作我们的共识。尽管不是由我们所作出，只要为我们所理解，并为我们所接受，他人的见闻、实验报告以及各种文献资料等都可能成为我们共识。就共识来说，它来源于何处并不重要，重要的是能获得共同体成员的理解，能为他们所接受。就如在法庭上，控辩双方都提出各种可能的证据，证据来源是多样的，它可以是录音、图片、文字、证人的证言以及各种实物等，但这些东西要成为真正的证物，还要得到法官的确认。在交流活动或认识活动中，确认共识的法官是每一共同体成员。在一个共同体中，人人都可能是提出证据的控方或辩方，人人也都可能是法官。共同体在获得共识的过程中可能受某些规范或标准的约束，然而确认共识的共同体成员比真正的法官有更多的自由裁量权，他们所接受的法律是真正自主的法律，而很少来自于其他共同体的约束。

多样的生活实践给出了多样的陈述，只要这些陈述为共同体所认可，它们也就可能成为共识。共识的范围与人们表达世界而获得的陈述一样宽泛。共识所表达的内容没有禁区，而共识的获得向所有可能的方式开放，没有理由保证只有经由某种方式而获得的陈述是共识，也没有理由保证由某种方式所获得的陈述绝不是共识。尽管如此，某些共同体可能更乐意把由某种方式获得的陈述当作共识，甚至更乐意把具有某种特定内容的陈述当作共识。如科学家可能更愿意把通过由仪器而获得的陈述当作共识，更愿意把表达某些对象的陈述当作共识。的确，在一个共同体中，如果有某种获得陈述的方式，这种方式可比其他一些方式更可能克服人们的主观意愿的干扰，它便更可能为共同体成员所接受。在一个共同体中，如果可能依某些客观标准对某些对象作出精确的区分，而表达这种区分的陈述或许会比其他陈述更可能为共同体成员所接受。更一般地说，由于共同体成员众多，似乎越是通过客观的方式或越是基于客观的标准而给出的陈述就越可能为共同体接受为共识。

通过仪器获得的陈述能最大限度地克服个别共同体成员的主观干扰，更可能为共同体成员所接受，而此种方式也常常被当作一种有效的确认共识的方法。仪器能尽可能地排除个人的主观性，有时除非共同体成员之间根本无法交流，否则他们将不得不接受由此获得的陈述。实际上，在当前的认识活动中，特别在现代科学研究中，许多共同体都依赖此种方法确认共识。在一个共同体中，由这种方式获得的共识也许比由其他方式获得的共识要多，这种获得共识的方式也许比其他获得共识的方式更为重要，然而，仪器并不能使一个陈述完全被确认为共识，它不能提供一个陈述成为共识的充分根据。仪器或许会帮助某一共同体接受共识，但对某一共识的接受，仪器也不一定是必需的。一个陈述之所以是共识，并不因它是仪器导致的结果，而归根到底依赖于共同体成员的确认。如果能为共同体成员接受，尽管不由仪器导致，它也可能成为共识，而如果不能为共同体成员接受，即便由仪器导致，它也不会被当作共识。

总的来说，共识的确认不完全与它所描述的内容相关，也不完全与产生它的方式相关，而根本只与共同体成员是否接受有关。人们从何处获得语言表达，那里也就是可能产生共识的地方。共识不一定是经验陈述，不一定是常识，也不一定是原子陈述，但可能是经验陈述，可能是常识，也可能是原子陈述。尽管一个共同体可能会把某一方式当作获取共识的主要方式，把表达某一内容或具有某种内容的陈述当作共识的主要部分，但其他共同体并不一定如此。不能独断地把某些陈述排除于共识之外，也不能独断地接受任何陈述为共识。不仅不同共同体可能有获取共识的不同方式，可能接受具有不同内容的共识，甚至同一共同体所确认的共识也向所有可能获取陈述的方式、向所有可能内容的陈述开放。

## 26. 基础陈述的确认

一个共同体通过不同的方式获得了众多的共识，这些杂乱而偶然出现的共识来源多样，所呈现的内容各不相同，但它们并不是相互无关的。共识的相互关联性显示了它们在交流过程或认识过程中的不同价值。不同的共识在解释交流活动或认识活动中的价值并不是等同的，其中一些共识相对于另一些共识可能更为重要、更为基本。在所获得的共识当中，如果有一些共识，它们不基于任何其他共识，却可以由之演绎出其他共识，那么可称之为基础共识，这里又称之为基础陈述。反之，那些能从其他共识演绎出来的共识可称为非基础共识。显然，非基础共识不是基础陈述。

一个由众多相互关联的共识所组成的共识系统可能不总是有这样的线性演绎关系，它们中的某些共识可能演绎出另一些共识，同时前者又可由其他共识演绎出来，但在此共识系统中没有这样一个或一些共识，它们可演绎出其他共识，而自身却不基于任何其他共识，不可由其他共识演绎出来。这样的共识系统就如欧几里得几何学系统一样。几何学中的一些陈述可能演绎出另一些陈述，而前者又可由其他一些共识演绎出来，却并没有这样一个或一些几何学陈述，它们能演绎出其他几何学陈述，而自身却不基于任何其他几何学陈述，不可由任何其他几何学陈述演绎出来。为了说明几何学系统的某些特征，如为了说明一个几何学陈述是如何由其他陈述演绎而来或是如何得到证明的，人们就选择某些陈述作为公理，而把由之演绎出来的其他陈述称为定理。一个被合适选择的公理集可以演绎出几何学系统中除了公理之外的所有其他陈述。很显然，这种选择带有人为性，也即公理与定理之间的区分并不是绝对的、截然分明的。对于一个具有上述特征的共识系统来说，人们也可以从中选择某些共识作为基础陈述，而此系统中的其他共识都可以从中演绎出来。这种选择无疑也是人为的，也即在此共识系统中，基础共识与非基础共识的区分不是绝对的。

在实际的交流过程或认识过程中，或许并不必区分共识中的基础陈述与非基础陈述，但在知识论中，这种区分却是必要的。如果把共识作为知识基础，而某些共识本身以其他一些共识为基础，这样就难以区分以其他共识为基础的共识和以共识为基础的知识。如果不能逻辑清晰地区分共识与知识，可以预见在解释知识形成过程以及其他一些知识现象时也不会是清晰的。如果确认了基础陈述，那就确认了知识形成的基础，也即确认了认识过程的基础，这样就可能更清晰地了解知识的获得以及其他知识现象。为讨论的方便，我们往往把不是基础陈述的共识当作基于基础陈述而得的真陈述，把它们归于知识一类。正如区分公理与定理将使得建立严密而系统的几何学成为可能一样，区分基础陈述与非基础陈述也为获得严密而系统的知识论提供了可能。

如何从共识中选择基础陈述？维特根斯坦在其早年给出过一种看法，他提出："基本命题由名称组成。它是名称的一种关联，一种连结"。① 维特根斯坦心目中的基本命题大体就是此处的基础陈述，而他所谓的名称则是指专门用来表达个别对象的语词，也就是通常所谓的专名。一些陈述包含专名，却通常不只含有专名。尽管不是所有包含专名的陈述都是个别性陈述，但个别性陈述都包含专名。普遍性陈述可能包含专名，但也可能不包含专名。因而维特根斯坦此处所指的基础命题可能主要指个别性陈述。是否可把普遍性陈述或不含有专名的普遍性陈述排除于基础陈述之外？那些表达个别对象的个别性陈述，只要共同体成员接受它们，它们无疑可能成为此共同体的共识，并很可能成为基础陈述。不过显然不能保证此共同体所接受的所有基础陈述全然是包含专名的个别性陈述。共识在某一共同体成员之间的相互交流中呈现出来，它可能通过各种方式获得，基础陈述在共识中被选择出来，却并不因它是个别陈述才是基础陈述。

在说到某个普遍性语词如"天鹅"时，人们对天鹅有共同理解，而这往往意味着对有关天鹅的某些陈述有完全的共同理解，也即可能对"天鹅有两只脚"、"天鹅有羽毛"、"天鹅是白的"等普遍性陈述有完全共同的理解。如果一个共同体把某些对天鹅的这种陈述当作交流的前提，它们就成了由普遍性陈述表达的共识了。另一方面，普遍性共识往往不能由个别性共识演绎出来，因而在包含由某些普遍性陈述与个别性陈述构成的共识系统中，人们必定要选择某些普遍性陈述为基础陈述。如人们可能把"天鹅是白的"当作共识，而同时也确认"这只天鹅是白色的"、"那只天鹅是白色的"是共识。由于后面两个

① ［奥］维特根斯坦：《逻辑哲学论》，贺绍甲译，商务印书馆1999年版，第54页。

由个别性陈述表达的共识并不能演绎出前者,相反前者却可能演绎出前者,因而至少在此方面可以说,相对于后者,前者更为基础。一个共同体的交流过程或认识过程必定要通过各种陈述而进行,这些陈述包含了大量的普遍性语词,因而此共同体必然对这样一些语词有共同的理解,必然要选择某些普遍性陈述作为交流与认识的前提。几乎可以确定地说,尽管不一定要把某些特定的普遍性陈述当作基础陈述,但一个共同体所接受的基础陈述中必定含有某些普遍性基础陈述。

一般来说,人们不能从一个陈述的形式特征来区分何种共识是基础陈述,何种共识不是,甚至也不能从其所表达的内容来对此作出区分。一个共识或一个陈述之所以是基础陈述,不是因其具有某种特定的形式,也不是因其表达了某种特定的内容,而只是因为此共同体中的成员接受了它们,同时它们是其他共识的基础,能演绎出其他共识。不过并不是所有符合这两个条件的共识都是基础陈述。共同体成员通过各种不同方式,在不同情景中获得各种共识,这些共识所表达的内容千差万别,它们之间可能存在不一致。显然只有没有不一致或相互相容的共识才可能是基础陈述,而相互不一致的共识不可能都是基础陈述,甚至不可能都是真正的共识。人们所接受的众多共识之间出现不一致并不令人奇怪。尽管众多的共识表达同一本原世界,但它们与本原世界之间并无决定性关系或一一对应的反映关系,因而人们没有办法保证他们所获得的共识是一致的。无论是何种原因导致了不一致,这种情形必定为理智所不容许。消除被初步接受的共识中的不一致,确认基础陈述是认识的一个基本要求,而只有消除了其中的不一致,同时又满足上述条件的共识才可能成为基础陈述。

在实际的认识活动中,消除初步共识之间的不一致、确认基础陈述常常被当作认识的前提。由于历史文献资料流传久远,可能产生各种缺失、遗漏。如文献越古老,传写的次数越多,产生错误的机会也越多,校勘学的任务是要改正这些传写的错误,为其他认识活动提供依据。科学家通过观察、实验获得众多数据,在依赖它们获取知识之前,他首先要对这些数据进行初步的评判,确认它们之间以及它们与其他已被确认的共识或基础陈述之间是否一致,辨认以及消除这些不一致是其工作的一项基本要求。

如何消除初步共识之间的不一致?是否存在一些具有普遍性的消除不一

致的方式？一种可能是认定某些初步共识比其他初步共识更基本，而另一些则不那么基本，如果前者与后者矛盾，那么可以不把后者当作基础陈述，甚至排除于真正的共识之外。问题在于：由何种方式获得、具有何种内容并具有何特征的初步共识才可能成为基础陈述或才可能成为真正的共识呢？或许有人提出，人们在当下交流活动中所确认的初步共识比其他初步共识更为基本，甚至理所当然地是基础陈述，所有可能成为基础陈述的其他共识都要与当下基础陈述相一致，否则都不能被接纳为基础陈述。然而，由于共识都相对于当下共同体而呈现出来，任何共识只有为当下共同体所接受才可能成为共识，正如说所有历史都是当代史一样，也可以说所有共识都是当下的共识。除了可由共识之中的演绎关系来区分何种共识比另一种共识更基本之外，难以由这些共识出现的时间先后而区分它们。果如此，这种消除方式也就失去了价值。

是否可能通过一些其他方式来消除这种不一致？这样的方法无疑是有的，如可通过使用更为精确的语言来消除初步共识之间的不一致。当使用一些较模糊语词时，人们获得的众多初步共识之间可能有不一致之处。远远地看到一个建筑物，人们就说“那幢大楼不太高”，但近前一看，可能会提出并接受如下的陈述：“这幢大楼很高”。对于上述两个陈述，它们都可能是此共同体的初步共识，但它们之间又是相互不一致的。不过这种不一致可能是由于使用了一些模糊的语词如“不太高”、“很高”等的结果，因而通过一些较为精确的语词如“高 71 米”、“高 54 米”等来表达时，上述的情形就不会出现。使用精确语词并不只是消除初步共识之间的不一致，它也可能使一个共同体原本接受的一些相互相容的初步共识出现新的不一致。的确，由于使用某些模糊语词，人们可能达成了某些一致的初步共识，但当使用更精确的语词来表达同一事物时，那些原本被掩盖的不一致就可能会显露出来。

也许有人提出，许多看上去不一致的初步共识其实可能是一致的。某个共同体可能确认了如下的个别性共识：“这里有一辆汽车”与“这里没有一辆汽车”。这两个初步共识似乎明显地不一致，但此处其实可能并没有真正的不一致。如果用时间语词来表达上述事物，可能获得如下的初步共识：“在一小时前，这里有一辆汽车”与“现在，这里没有一辆汽车”，那就会发现上述共识之间表面的不一致会消失。可以一般地说，借助时间语词、空间语词，人们可能把表达的内容区分开，由此可发现，那些表面上看去存在不一致的初步共识其实并没有真正的不一致。

上述的方式的确能消除大量表面上的不一致,但并不是所有初步共识之间的不一致都可通过这种方式来消除。这种方式往往对消除由个别性陈述所表达的初步共识之间的不一致有效,但涉及包含普遍性陈述所表达的初步共识时,它就并不一定是有效的。那些由普遍性陈述表达的初步共识可能与某些个别性陈述所表达的初步共识相矛盾。如人们可能接受“天鹅都是白的”,结果又发现一只黑天鹅,这时陈述“存在一只黑天鹅”也可能被当作共识。这两个可能成为真正共识的陈述是不一致的,但这种不一致不能通过上述的方式来消除,因为普遍性陈述所表达的内容不局限于特定的时间与空间。在上述两个可能成为真正共识的陈述中至多有一个陈述是真正的共识,而其中一个肯定不是真正共识。如何消除它们之间的不一致?通常只有放弃其中一方,不把它当作共识,这样才能保留另一方,才能把另一方当作共识。而只要做到了这一点,共识之间的一致性也就能重新得到。在这种情况下为消除不一致性有两种可能的选择:一是不接受普遍性陈述为共识,一是不接受个别性陈述为共识。只要放弃任何一方就能保持一致性,此时应当如何选择呢?人们可能同意,所发现的确是一只黑天鹅,而“天鹅是白的”不能被共同体所接受,它不是共识,不能成为基础陈述。人们也可能坚持“天鹅是白的”,他们把所发现的新对象或者不当作是天鹅,或者认定其颜色其实不是黑的,如此等等。是否存在一个普遍的选择标准,这种标准可以告诉人们何时不接受某个普遍性陈述为共识,何时不接受某个个别性陈述为共识?一般而言,这样的标准是不存在的,也即在消除这种不一致时总是面临选择。希望在此给出某些确定的理由以表明某些陈述必定是共识,而另一些陈述必定不是共识,这是不切实际的。

归根到底,共识是共同体成员确认的结果,尽管人们可对所获得的、可能成为基础陈述的共识给予某些限制,以排除那些不是基础陈述的共识,以便从中确认出基础共识,但不可对此期望过高。实际上,在特定领域,针对特定内容,知识论不能给出任何绝对的方式或标准来确定“何种陈述是共识”、“何种陈述是基础陈述”。一般而言,这是具体学科的问题,而不是知识论的问题。

# 第八章　陈述形式及其确定

## 27. 基础陈述的概括与陈述形式

通过多样的方式，共同体成员在丰富的生活实践中获得了众多的基础陈述。这些基础陈述是共同体认识世界的结果，也是其成员相互交流的结果，它们不仅能解释过去的交流活动，也是未来交流的基础，而把握基础陈述则是认识活动的主要任务。把握基础陈述不仅能节约人的智能，同时也使确认它们的共同体能真正拥有它们。受思维能力的限制，任何个人难以记住多种多样的基础陈述，他甚至难以完全忆及自身亲历的生活场景或表达这些场景的基础陈述。或许人们可用某种方式把它们记录下来，以便在需要的时候来调取它们，然而这份记录会非常的长，以至他在其全部的生命历程中也难以完全翻阅一遍，因而对他来说，记录这些基础陈述也就形同于放弃它。

一个基础陈述为人们所把握不仅意味着他知道它存在，清楚其意义，还意味着他对它与其他基础陈述之间的关系有所了解。反过来，如果接受了一个基础陈述，并了解它与其他基础陈述之间的关系，人们也就能由某些其他基础陈述与这些关系演绎出它，这时他就可以说：即便此基础陈述不在我的记忆中，但在我的把握中。如果获得了一个基础陈述与其他基础陈述之间的关系，并且可由其他基础陈述与这种关系演绎出它，人们也就可以说把握了它，这时它们是否在其记忆中已无关紧要。就此而言，了解基础陈述之间的关系就变得极为重要了。实际上，表达基础陈述之间关系的陈述构成了知识的主要形态。由于基础陈述反映了世界，因而如果人们获得了这样的一些特定的知识，也就可以说他把握了某些基础陈述，对世界有所认识。

如何获得基础陈述之间的关系或如何把握基础陈述？图书管理员把握杂乱堆放于一处的各种书籍时，他要把书籍分门别类，并按顺序排列开来。当他做到这一点时,可以说他也就基本完成了任务。对基础陈述的把握与此有类似之处,却并不完全相同,它大体包含两个步骤:对基础陈述分类;对同类的基础陈述作概括。概括过程实际是呈现被概括的众多基础陈述之间关系,并把它们表达出来的过程。那些表达这些概括结果的陈述也就是概括陈述,概括陈述表达了被概括陈述之间的关系。概括陈述可与某些基础陈述结合而演绎出许多其他基础陈述,如概括陈述“所有人都有心脏”与其他一些基础陈述如“苏格拉底是人”、“孔子是人”、“王浩是人”等可演绎出“苏格拉底有心脏”、“孔子有心脏”、“王浩心脏”等基础陈述。被演绎出来的基础陈述包含于概括陈述与某些基础陈述之中,有时也简单地说,概括陈述包含了那些被演绎出来的基础陈述。如果做到了这一点,同时也可以说通过概括陈述把握了众多它所包含的陈述。由于概括陈述包含众多被概括陈述,它们往往也是普遍性陈述。很显然,在把握基础陈述的两个步骤中,更有意义的是后一步,甚至前一步也依赖于后一步,正是由于有信心把众多基础陈述概括成少数更具普遍性的陈述,人们才把那些基础陈述归为一类。

概括出来的普遍性陈述不仅可能与某些基础陈述结合,演绎出其他基础陈述,也可能演绎出非基础陈述。如从概括出的普遍性陈述“所有动物有心脏”与基础陈述“蛤蜊是动物”可演绎出陈述“蛤蜊有心脏”,而人们通常并不把后者当作基础陈述。非基础陈述并不一定为真,因而即便一个概括陈述包含基础陈述,它也并不一定为真。如果知识是真陈述,无疑由基础陈述概括而得的普遍性陈述并不必定是知识。然而,如果知识要表达各种基础陈述之间的关系,而这种关系可由概括而得出,甚至主要由概括而得出,那么“如何概括基础陈述形成概括陈述或普遍性陈述”、“哪些概括过程是合理的,哪些是不合理的”等概括问题便成了知识论中极为重要的问题。

众多具体的概括过程必定具有某些共同的东西,这些东西或许与被概括陈述或概括陈述的内容相关,却并不完全由这种内容决定,它们体现了被概括陈述与概括陈述之间的、超越其具体内容的某种形式关系。人们可根据这种形式关系而对类似的陈述进行概括,因此可称之为概括关系,有时又可称之为概括规则。如果不具有概括关系,某个概括过程与其他概括过程绝无相关或很少相关,它只与被概括陈述的内容相关,或只与概括而得的概括陈述相关,那么概括不仅不能节约人的思维能力,不能简便地把握基础陈述,反而因此加重人们的思维负担,这样一来,概括基础陈述也就没有任何必要了,而概括问题不仅根本没有意义,甚至根本无提出的可能。可见不管概括过程具有何种共同的概括关系,不管人们如何获得这些概括关系以及它们如何发生作用,存在概括关系却是显然的。

在对基础陈述的把握过程中将获得一些概括关系,它们是一些能适用于众多概括过程的具有普遍性的规则。值得注意的是,它们既可以被看作是对过去交流过程或认识过程的解释,也可以被看作是对未来交流过程或认识过程的规定,解释过去知识现象的规则与确立获取知识的规范是同一的。正如物理学的运动方程既是对过去运动现象的解释,也是对未来运动现象的规定一样。无论如何,了解概括关系不仅是了解交流过程与认识过程的关键,甚至概括问题主要地就是关于概括关系的问题。追问概括关系的内容、作用和效力等构成了关于概括关系问题的主要内容,而解答这些问题也就几乎自然地解答了其他的概括问题。

在进一步讨论概括关系问题之前,首先要注意的是,尽管任何概括过程与某些其他概括过程具有共同的概括关系,却并不是所有的概括过程都具有相同的概括关系。可能存在多种概括关系,某些具体的概括过程共有一种或几种概括关系,而另一些具体的概括过程共有另一种或另几种概括关系,甚至某个具体的概括过程与其他一些不同的具体概括过程共有不同的概括关系。如果具体的概括过程基于某些概括关系,那么一组陈述之所以能被概括,并不完全因这些被概括陈述具有某种特定的内容,也不完全因概括陈述具有某种特定的内容,而是因为被概括陈述之间或被概括陈述与概括陈述之间具有超越具体内容的某些共同特征,因为它们具有某种形式特征而被概括。实际上,运用概括关系进行概括时,它对被概括陈述必有某种形式方面的要求,却不一定有内容方面的要求。也正因此,概括关系既可能适用于基础陈述,也可能适用于非基础陈述,甚至可能适用于其他概括陈述。

经初步整理、概括众多基础陈述而获得的普遍性陈述依然是众多而杂乱的,人们要对它们给予进一步的整理,结果形成了一些更为普遍性的陈述。概括这些普遍性陈述的方式与概括基础陈述的方式并没有太多的不同,它们所采用的概括关系可能是相同的,只是由此所获得的概括结果与被概括的陈述具有不同的普遍性。如果把不同普遍性的陈述分为不同的层级,这时可以说它们处于不同的层级。上述概括关系可以被反复不断运用,可能由此获得越来越普遍的陈述。反复运用概括关系而获得的各级普遍性陈述可构成一个序列,它们一起形成一个有相互关联的层级系统。这样形成的普遍性陈述以及由它们构成的层级系统并不必定是知识,而那些被当作知识接受的系统却往往由此形成,那些被称为知识的层级系统也就是通常所说的知识系统。概括不同基础陈述可能形成不同的知识系统,物理学、化学、生物学、经济学等就是诸如此类的知识系统。

一个陈述与其他陈述之间具有某些超越具体内容的共同特征,这样的特征也就是形式性,可称表现陈述形式性的东西为陈述形式。陈述形式是众多陈述之间的共有之物,它不直接与构成某个特定陈述的各种成分所表达的具体内容相关,而至多与构成某陈述的各种成分之间的关系相关。由于陈述表现了陈述中各种成分之间的关系,因而也可以说陈述形式必定与构成陈述的各种成分之间的关系相关。一般而言,陈述形式不是指特定陈述中各种成分之间的具体的关系,而是指它们之间的具有普遍性的关系或由之决定的东西,也即是指特定陈述中各种成分之间的关系与众多其他陈述的各种成分之间的关系所共有的特征或由之决定的东西。概括关系无疑与被概括陈述或概括陈述的陈述形式有关,然而这些陈述形式并不决定概括关系,也即了解被概括陈述与概括陈述的陈述形式或一般地了解陈述形式将并不自动地回答概括问题或有关概括关系的问题,但只有了解了陈述形式才能真正了解这些概括关系,甚至才能恰当地表达它们。

一个陈述与某些陈述相关,它们之间具有某些超越具体内容的共同特征,具有某种陈述形式。而此陈述也可能与另一些陈述相关,它们之间具有另一些超越具体内容的共同特征,具有另一种陈述形式。可见,陈述形式并不是确定的,一个具体陈述可能有多种陈述形式,而单个陈述无所谓陈述形式,不可能单独地从某个陈述中认识到或获得陈述形式。确定一个陈述的陈述形式关键要看人们准备让它与何种陈述进行相关。如何确定那些由之可了解概括关系的陈述形式呢?由于任何陈述都可能被概括,因而此处要求所确定的陈述形式比其他陈述形式具有更高的普遍性,也即那些具有更高普遍性的陈述形式也可能是更易于被此处所接受的。尽管如此,具有较高普遍性的陈述形式也可能是多样的,如何确定那些由之可了解概括关系的陈述形式呢?在解答上述问题之前,先要说明另一种情形。

在日常生活中,持续交流过程往往包含多个陈述,这些众多的陈述之间必定包含某种转换的普遍关系,这些关系告知人们如何从一些陈述转换到另一些陈述。这种转换的普遍关系表现了陈述之间的普遍关系,也可称之为陈述关系。正是基于这样的陈述关系,人们才可能了解从一些陈述转换到另一些陈述是有效的,而从它们转换到其他陈述则是无效的,因而只有具有这样的陈述关系,真正的交流才有可能。显然,正是由于转换前后的陈述之间具有某些超越具体内容的共同特征即形式特征,它们之间才有转换关系。另一方面,运用这种陈述关系进行交流时,它对转换前后的陈述有某种形式方面的要求,却不一定有内容方面的要求。

在理解一个事物,进行某种认识与思考时,通常要使用多种陈述,它们共同表达某种思想,这些陈述并不是偶然的排列,而具有一定的次序。正是这些具有次序的陈述才能表达特定的思想,而表达特定思想的有次序的陈述之间必定具有某种关系。的确,只有那些符合特定陈述关系的陈述系统或只有那些具有特定排列、次序的陈述系统才是清楚明白的、有说服力的,甚至只有它们才可能表达某种特定思想,而那些不符合某种陈述关系的陈述系统则是模糊不清、混乱的,甚至不能表达某种特定的思想。通过这样的陈述关系,可以表明从一些陈述过渡到另一些陈述是有效的,而从一些陈述过渡到其他陈述则是无效的。显然,只有具有这样的陈述关系,人们的认识与思考才有可能。另一方面,如果这些表达特定思想的陈述之间具有某种陈述关系,那么它们之间具有某些超越具体内容的共同特征即形式特征,也正因此它才可能表现这种陈述关系。运用这种陈述关系进行认识与思考时,它对有次序排列的陈述有形式方面的要求,却不一定有内容方面的要求。

从某种方面看,交流能深入对事物的了解,因此交流也是一种认识,或至少某些交流活动或认识活动没有明显的区别。认识与思考是解答心中疑惑的结果,正是由于不断地自我的追问,认识与思考才不断地深入。这种疑惑与追问也可能由其他心灵提出。实际上,它们由何种心灵提出并不影响认识与思考,因而认识与思考也可看作是我与其他心灵不断交流的结果。无论如何,实际的交流活动或认识活动往往没有绝对的分界,可以说交流过程与认识过程之间的陈述关系是相同的,也即对交流过程有效的陈述关系对认识过程也有效,反过来,对认识过程有效的陈述关系也对交流过程有效。没有理由表明交流过程或认识过程中的陈述关系与概括关系是相同的,不过由于交流过程或认识过程与概括过程之间的关联是明显的,因而存在于交流过程以及认识过程中的陈述关系与概括过程中的陈述关系具有明显的相关性。一般来说,概括过程是人们交流与认识过程的一种,概括过程是对被概括陈述的认识,而交流过程往往自觉或不自觉地包含了某些概括过程。因而尽管交流过程或认识过程中的陈述关系并不一定是概括关系,但对概括关系的了解有助于了解其中的陈述关系,甚至概括关系就是一种存在于其中的陈述关系。

要了解交流过程或认识过程中的陈述关系同样也要了解某种类型的陈述形式,只有确立了某种类型的陈述形式,人们才能真正了解这些陈述关系,才能恰当地表达它们,并解答有关它们的问题。另一方面,尽管概括关系与存在于交流过程或认识过程的陈述关系不完全相同,但由于它们之间相互关联,因而为了解概括关系而确立起来的陈述形式与为了解交流过程或认识过程中的陈述关系而确立起来的陈述形式没有理由是不同的,也即前一类型的陈述形式也可能被用来了解交流过程或认识过程中的陈述关系,反过来,后一类型的陈述形式也可能被用来了解概括关系。如何确定由之可了解概括关系甚至了解交流过程或认识过程中陈述关系的陈述形式呢?它无疑是目前急需解答的问题。

## 28. 传统观念及其局限

陈述形式是什么?亚里士多德的看法影响至今。在亚里士多德看来,“S是P”是陈述的基本形式,其中S是主词,P是谓词,如果S表达某对象,那么P通常表达对象S所具有的性质或状态,系词“是”则指谓词所表达的性质或状态与主词所表达的对象之间所具有的关系。“S是P”加上量词与否定词,就形成了四种陈述形式,即所谓的全称肯定陈述、全称否定陈述、特称肯定陈述、特称否定陈述。凡不具有如此形式的陈述都可以转换为这种形式,如“刘备爱关羽”可以转换为:“刘备是爱关羽的人”,“北京在黄河以北”可以转换为“北京是在黄河以北的(城市)”,等等。在亚里士多德看来,人们在交流过程或认识过程中众多陈述之间的某种陈述关系——逻辑关系要通过这种陈述形式表现出来,因此亚里士多德的逻辑思想离不开他关于陈述形式的想法。亚里士多德由此提出的逻辑关系在实际应用中的有效性无疑也加深了他对这种看法的确信,因而也可以说他有关陈述形式的看法是他逻辑思想的结果。亚里士多德对逻辑的看法成了后来人们对逻辑的标准看法,他对陈述形式的看法也同样如此,这种情形一直持续到弗雷格。

把陈述形式看作是"S是P"的传统看法不仅与逻辑相关,甚至还引发了许多其他莫名其妙的"深奥"哲学问题。如果所有陈述都具有"S是P"的形式,尽管不同陈述的S与P是不同的,但所有陈述都共有语词"是",因而"是"似乎体现了陈述的共性,把握了它也就把握了陈述的共性或基本方面。只有陈述才有真假,单独的S或P并不能决定陈述的真假,因而真假似乎由是给出。的确,亚里士多德说,尽管一些语词如"人"、"白"等都有所指,"但若不加上'是'或'不是',则……都无所谓正确与错误"①。诸如此类的想法无疑促使人们相信,从是中可以发现真假的本质特性。黑格尔的哲学就隐含这样的想法。在黑格尔看来,是尽管是空洞的、抽象的,但它潜藏着一切其他概念与规定,尽管只有在那些潜藏的东西完全展现出来时才可能把真理展现出来,但真理的确就潜在于是中。

单独的S或P并不能表达世界,只有S与P相联系,形成陈述才能完成对世界的表达。S与P通过语词"是"而联系起来,因而一个陈述之所以对世界有所表达,归根到底与"是"有关。一个陈述因"是"而对世界有所表达,"是"是陈述的基础,它使对象S或是者得以呈现出来。对象S是一个潜在的东西,而种种属性潜存于其中,只有通过"S是P"的形式,才能使S中的处于潜存状态的各种属性展示出来,因而"是"使得对象S或是者被规定、被展示。海德格尔清晰地表达了这一点,他说:"'是'是使是者之被规定为是者的这个是",因此追问对"是者之为是者的是"是哲学的基本问题,有关"是"问题的目标"不仅在于保障一种使科学成为可能的先天条件,而且也在于保障那使先于任何研究是者的科学且奠定这种科学的基础"的学问本身成为可能的条件②。

在西方哲学的一些传统观念中,是不仅是知识论研究的中心,也是本体论

① 苗力田主编:《亚里士多德全集》第1卷,中国人民大学出版社1993年版,第49页。

② [德]海德格尔:《存在与时间》,陈嘉映、王庆节译,三联书店1999年版,第13页。

研究的中心，是解开许多哲学谜团的关键。之所以有如此的看法，正如我们所表明的，这或多或少与人们把“S是P”当作陈述的基本形式有关。另一方面，诸如此类的传统思想又强化了人们对有关陈述形式的传统看法的认同。如果是的确是一个能规定是者的东西，而所有的真理潜藏于其中，那么所有可能具有真假的陈述具有“S是P”形式是理所当然的。或许黑格尔、海德格尔关于是的看法并不一定完全是基于亚里士多德那种关于陈述形式想法的结果，它们可能有其他方面的理由，但这些理由往往也为这种传统观念提供了依据。人们常常看到，哲学史上围绕此类问题而出现的种种看法相互缠绕、互为因果，以至纠缠不清。要说明这些混淆，解开有关于是的问题以及陈述形式问题上的谜团，有必要追溯得更远一些。

“是”一词最早由古希腊的巴门尼德引入哲学，中文的“是”是对古希腊语“eimi”的译名。在古希腊语中，“eimi”一词有多种意义，它首先可作为系动词“是”使用。作为系动词，“eimi”有各种词性的变化，其中“esti”是其三人称单数形式，“on”是其分词形式，这时“eimi”大体对应于英语“be”、德语“sein”等。古希腊语“eimi”不仅可作为系动词或可作为一种纯粹在形成语句中起作用的语法词，它还可以作为一个与世界相关的实词使用。说“某物esti”就体现了后者的用法。上述陈述是指某物出现在那里，或依自身的力量生存在那里。人们常把这种用法的“是”所表达的意义称为存在。可见，在古希腊语中，语词“是”至少有两种用法，一是纯粹语法上的使用，它作系动词；一是用作与世界相关的实词，大体指存在。也即是说，“是”至少具有两方面的性质，即系词性与存在性①。

巴门尼德坚信从感知的具体事物中只能获得意见，而真理是对是的认识。在他看来，是不同于具体感知物，它没有生灭过程，也不可分割，是连续的整体，是与众多感知事物相对的一。“是”无疑是巴门尼德哲学的中心语词，但他对它的一些规定有许多难解之处。当巴门尼德断言：“所谓思想就是关于存在（是）的思想，因为你决不可能找到一种不表述存在（是）的思想”时，他此

① 参见卡恩：《动词“To Be”与Being概念研究之回顾》，载宋继杰主编：《BEING与西方哲学传统》，河北大学出版社2002年版，第497—509页；王路：《“是”与“真”——形而上学的基石》，人民出版社2003年版，第49—54页。

处所谓的“是”具有何性质？如果“是”作实词，指存在，则巴门尼德的上述看法包含“不能思想不存在”的想法，这种想法明显是难以理解的，因为在做这种表达时，似乎早已表明能思想所谓的“不存在”了。如果“是”指系词，那么上述看法实际是指“不可能有思想不通过含有语词‘是’的陈述表述出来”，或“不用‘是’就不能表达思想”，这种想法是可为人所理解的，甚至也是深刻的。如果这样，应当把巴门尼德在此处所使用的“是”主要理解为系词。然而，当巴门尼德说是“既不产生，也不消灭”、是“一直是现在这样。作为单一的、连续的整体而存在”、是“还是不可分的”等时①，似乎他又把“是”主要用作与世界相关的实词了，此时它指思想所表达的对象，不然就难以理解他的上述说法。如果确是这样，就可发现巴门尼德把思想所表达的东西与表达思想的东西即语言混淆起来了，也即把语言与语言所表达的对象混淆起来了，这种混淆实际也就是起语法作用的“是”即系词性的“是”与表达世界的“是”即具有存在性的“是”的混淆。巴门尼德的这种混淆不是偶然的，人们在其著作的其他地方也可以看到。巴门尼德之所以把是当作知识论研究与本体论研究的中心，把关于是的问题当作哲学的基本问题，或许这种混淆是一个不可忽视的原因。

亚里士多德系统地研究了是，他认为哲学是对是之为是的研究，特殊科学研究是的某个方面或某个部分，而哲学则研究是自身。亚里士多德的意思很明显，“是”是哲学的中心语词或至少是中心语词之一，而有关是的问题是哲学的基本问题。亚里士多德为何把“是”作为哲学的中心语词？为何不像其他人那样用诸如“一”、“气”、“道”、“无”等语词来表达类似的意义？一个可能的原因是遵循先例。不过亚里士多德对是有许多不同于巴门尼德的规定，如他认为“是”表达了事物的本原或原因；“是”体现的是所有事物的共同性，是最具普遍性的语词；“是”能述说所有事物，但并不能说出超出其他语词所表达的更多东西，如“存在(是)着的人和人乃是一回事”，如此等等②。在亚里士多德的思想中，语词“是”的各种意义是相关的，它们构成了一个整体，

---

① 参见汪子嵩等：《希腊哲学史》第1卷，人民出版社1997年版，第601—604页。

② 参见苗力田主编：《亚里士多德全集》第7卷，中国人民大学出版社1993年版，第72—73、84—85页。

“是”的种种意义成了此整体不可分割的一部分。亚里士多德之所以有如此的理解,一方面可能是由于他相信“是”的系词性与存在性本是相通的,如它们都是普遍的、基本的性质,另外也可能是他与巴门尼德一样,把存在性的“是”与系词性的“是”混淆起来了。

亚里士多德区分出了偶性的是和必然的是,偶性与必然之间的区分显然与世界相关,因而此种对是的区分是根据它与世界相关的语义而来的。但亚里士多德又根据范畴的种类来区分必然的是,认为有多少种范畴就有多少种是,而他对范畴的分类与它对语法的研究相关,因而此处对是的理解与语法相关。由此可见,亚里士多德还没有摆脱自巴门尼德以来人们对是的惯常用法,对他来说,“是”是存在性与系词性的结合,这两种性质无法分开。果如此,那么亚里士多德与巴门尼德一样,之所以把是当作知识论研究与本体论研究的中心,把有关是的问题当作哲学的基本问题,至少部分原因是他把“是”中的系词性与存在性混淆的结果,或更一般地说是把语法问题与语义问题混淆的结果。无疑,巴门尼德与亚里士多德的这种混淆所引起的思想混乱也传染给了后世的哲学。

如果古希腊语中的“是”有两种不同的意义,是否可能在使用过程中把它们区分开来呢?如果能做到这一点,至少一个直接的结果是:如果作为本体论、知识论研究基础的“是”是实词,那么人们难以说因为“是”是本体论、知识论研究的基本东西,因而陈述的基本形式便是“S 是 P”;或者难以说因为陈述的基本形式是“S 是 P”,因而是本体论、知识论研究的基本东西。确实,“是”中的系词性与存在性并不必定要混合在一起,它们可能分开。一些语言系统就没有系词,但有表示存在的语词。古希腊语中“是”最初是实义动词,只是后来才衍变成了具有抽象意义的系动词①。也有人发现,“印欧语系之外的语言一般都在表示存在的‘being’与系词的‘being’之间作出区分,并且大多数都还有一个单独的词来表示拥有和实存的存有”②。如果这样,那么在印欧语系之外的语言系统中是否应当或是否可能把“是”中的存在性与系词性区分

① 汪子嵩等:《希腊哲学史》第1卷,人民出版社1997年版,第611页。

② 葛瑞汉:“西方哲学中的‘Being’与中国哲学中的‘是/非’‘有/无’之比较”,载宋继杰主编:《BEING与西方哲学传统》(上),河北大学出版社2002年版,第428页。

的问题根本不会出现。

在含有语词“是”的语言系统中，“是”可能同时具有系词性与存在性，这时“是”中的系词性与存在性可否区分开？这种区分可能在某些古代人那里难以做到，但在现代则是可轻而易举做到的。现代的人们发现，如果做出了这种区分，将不仅不会有碍人的思考，甚至对之大有助益，它可避免哲学中大量玄奥的探索。为何亚里士多德等人认识不到这一点呢？除了上述所提到的一些原因之外，还可能有历史文化方面的原因。古代文明不够发达，古代人所使用的语言词汇量比较少，一个词语往往要承担多种意义。由于语言系统的发展，思想更为成熟的现代人可引入更多的词语来表达这些不同的意义。这一点在古今汉语的变化中可看得很清楚。古汉语中“道”有多种意义，如指路径、规律、思想、述说、引导等意思，这些意思可能在古代难以获得区分，但现在则能轻易地做到。古希腊语“是”也许恰恰是这样的词。由于文明的发展，在现代人看来，古代人由于要用一个语词表达多种意义，因而使用它时就不可避免地存在歧义和含糊之处。不过古代人的这种困难在现代完全可能获得解决，现代的人们完全可能用不同的语词来表达此语词所包含的不同意义。一旦做到这一点，现代的人们就不仅可更清晰地表达有关于此语词的思想，也可更清楚地看到古人思想中存在的混乱与其他的一些相关问题。受历史文化条件的限制，古代的天才在穷思究理时还要努力对抗语言强加的一些误导与可能的混淆，而这样一些混淆往往难以避免，因此即使巴门尼德、亚里士多德也没有能很好地区分“是”中的系词性与存在性。即便没有能区分“是”中的系词性与存在性，当然并不减损巴门尼德或亚里士多德的伟大性，不过，在现代文明的背景下，人们几乎难以再回到巴门尼德、亚里士多德等先哲那里，以他们类似的意义来使用诸如“是”等语词，并依此思考哲学问题了。

总的来说，巴门尼德式的混淆只是出现在特定语言系统中的偶然现象，也只是出现在人类特定智能水平的历史现象，而由此引申出来的巴门尼德式的“深奥”哲学问题也只是与特定语言系统相关的特殊问题，不具超语言系统的普遍性。同时，这类问题或许只是古代智能水平低下情形下出现的结果，如果现代人还把它们当作深奥的甚至基本的哲学问题，如果不是过分抬高了古人们的智慧，就是故意敌视现代的文明成就。顺便指出，如果上述说明是合理的，那么要在古代词语与现代词语之间建立一种一一对应的翻译关系是不可能的，即便在同类型的语言之间，如在古希腊语与现代英语之间甚至也不可能。这并不是由于翻译出现了问题，也不是由于古代人有深不可测的思维能力，而很可能是由于现代人比古代人有更强的语言表达能力。

在有关陈述形式的传统看法中，如果把“是”中的存在性与系词性区分开，把“是”主要作系词使用，这时可把有关是的一些想入非非的哲学探索放置一边，并不认为它们可能为关于陈述形式的看法提供根据，此时是否还可说“S是P”是陈述的基本形式呢？由于现代一些不发达少数民族所使用的语言系统中，以及在某些古老语言系统中并没有系词“是”，而现代含有系词“是”的语言系统也并不是从来就有“是”的。在那些没有系词“是”的语言系统中，或在那些曾经没有系词“是”的语言系统中，无疑存在陈述。如果探究这些语言，并希望了解这些语言中陈述所共有的形式，可以预见，人们所获得的陈述形式不会是“S是P”。也许有人提出，尽管现在一些不发达文明所使用的语言系统中或在古代某些语言系统中没有系词，但它们中的陈述可以转换成用现代更为发达的语言系统所表达的陈述，这些包含系词的语言系统中的陈述共有的基本形式依然是“S是P”，因此那些无系词的语言系统中的陈述所共有的基本形式也是“S是P”。

尽管如此，把“S是P”当作基本的陈述形式也依然存在问题。在知识论中，提出陈述形式的目的在于理解概括过程，或更一般地在于理解交流过程或认识过程，希望借此呈现陈述之间的陈述关系。为使这里的考虑尽可能具有较高普遍意义，那就要使所确定的陈述形式尽可能不与特定陈述的内容相关。顺便指出，基于我们的研究目标，这里的内容是指认识意义。具有越高普遍性的陈述形式也将越有可能超越特定的陈述内容，越有可能被普遍地运用。显然，如果所确定的陈述形式具有较高的普遍性，那么具有相同陈述形式的陈述不一定具有相同的内容，但具有相同内容的陈述却必定具有相同的陈述形式。如此看来，传统看法中的陈述形式不具有较高的普遍性。这可从如下的实例中看到这一点：考虑如下两个陈述：“刘备爱关羽”和“关羽为刘备所爱”，它们所包含的内容没有不同，但根据传统观念，它们的陈述形式并不完全相同，如在前一陈述中，S指刘备，而在后一陈述中，S指关羽。在传统观念中，具有相同认识意义的不同陈述的S或P所指示的内容可能是不同的，这不免引起人们的担忧：由此呈现出来的陈述关系也可能因表达方式的不同而有不同，或只有在特定表达方式中才能有某种陈述关系。如果能确定更具普遍性的陈述形式,依赖它能呈现更完全、更具普遍性的陈述关系,放弃传统观念也就是自然之事了。

传统观念的另一局限是没有对系词“是”的意义给予区分,它认为所有陈述中的“是”都具有相同的意义,然而实际并不如此。在某些陈述如“3+2 是 5”或“鲁迅是周树人”等陈述中,“是”即指等同,而在另一些陈述如“孔子是人”、“苹果是水果”中,“是”则有属于的意义。另一方面,尽管支持传统观念的人相信那些表面上没有“S 是 P”这种形式的陈述可以转换为这种形式,然而有些陈述(特别是表达对象之间复杂关系的陈述)看起来难以做这种转换,如“长沙在武汉与广州之间”、“刘备、关羽、张飞相互认识”、“英国从清政府手中割据了香港”等就难以转换为“S 是 P”的形式。当然有时也可以勉强做这样的转换,不过这样的转换可能会极不自然,有时甚至会损害原意。传统观念的另一问题是:表达对象之间复杂关系的众多陈述之间无疑存在某些转换关系,然而基于传统观念通常难以表现这样的关系。

无论如何,如果有些陈述不能转换为“S 是 P”,那么由此建立的陈述关系也就不能处理这些陈述,而依赖这种形式不能呈现包含这类陈述的陈述之间的关系,更不可能呈现出一种普遍性的、能适用所有陈述的陈述关系。现在看来,认为所有陈述都具有“S 是 P”的形式是牵强的,由它呈现出来的陈述关系难以解释交流过程或认识过程中所有陈述之间的转换过程,它充其量只能解释部分转换过程。实际上,如果“3+2 是 5”与“孔子是人”中“是”的意义不同,而后者中“是”的意义与“S 是 P”的意义更为接近或一致,基于传统观念而获得的陈述关系就难以解释包含“3+2 是 5”等数学陈述之间的转换过程。

## 29. 确定陈述形式的方式

如何确定那些能满足了解概括关系与交流过程或认识过程中的陈述关系所要求的陈述形式呢? 特定的共同体之所以接受某些陈述而不是另一些陈述,把某些陈述而不是另一些陈述当作基础陈述,可能只是由于这些陈述具有某种特定的内容,有时也因它们与其他陈述具有某种关系,却往往并不因这些陈述具有某种特定的形式。概括过程中的概括关系以及交流过程或认识过程中的陈述关系不仅能合理地解释特定共同体中的概括过程以及交流过程或认识过程，也能解释其他共同体中的类似过程，它对整个语言系统中的概括过程以及交流过程或认识过程都有效，甚至超越特定的语言系统而对所有能相互翻译的语言系统中的类似过程都有效。因而不能与确认基础陈述一样，完全由特定的共同体来确定陈述形式。

如何确定陈述形式？语法是一种组词造句的规则，它不仅包括构造语词的各种规则，也包括各种语词形成语句的规则。语法规则常常不与语言表达的具体内容相关，要了解语法规则，特别是了解各种语词构成语句的规则，却通常要基于对语句形式的一定了解。同时，语法规则超越特定的共同体，普遍地适用于所有陈述或语言表达，对整个语言系统都有效，是否可以说，因满足语法研究要求而确定的陈述形式也能满足了解概括关系以及交流过程或认识过程的要求呢？此种陈述形式或许能满足此处的部分要求，却没有理由认定它能完全满足此处的要求。不同的语言系统有不同的语法规则，甚至同一语言系统在不同时代也有不同的语法规则，因了解不同的语法规则而确定的陈述形式不仅相对于特定的语言系统，甚至相对于特定时代，因而满足语法研究要求而确立的陈述形式不太可能完全满足此处的要求。

人们可能辩解说，在不同表面语法下有一个固定的深层语法或普遍语法，尽管不同语言系统有不同的表面语法，不同时代的语言系统有不同的表面语法，而其普遍语法却是共有的。普遍语法适用于所有时代的所有语言，适用于所有语言系统，它们规定着人类各种语言系统中语言表达的构成，限制着人类各种语言表达可能是什么以及不可能是什么，因而似乎理解普遍语法所要求的陈述形式可以满足此处的要求。尽管有些人如洪堡特、乔姆斯基等相信有普遍语法，但是否真正存在这样的语法一直是一个谜。洪堡特认为，尽管不同民族的具体语言系统纷繁多样，甚至每个人都拥有一种特殊的语言，但它们都只是普遍语言形式的表现，“整个人类只有一种语言”。各种具体的语言不与普遍语言形式相冲突，相反，它们的每一特点“都以某种方式反映在普遍形式中”①。洪堡特似乎相信，人类之所以存在普遍语法，只是由于人类具有某种

① ［德］威廉·冯·洪堡特：《论人类语言结构的差异及其对人类精神发展的影响》，姚小平译，商务印书馆 1999 年版，第 62 页。

统一的本性和普遍的精神力量的结果，它们使得语言的普遍形式从理想变为现实。但什么是人类的统一本性、普遍的精神力量呢？洪堡特通常只能提出一些纯粹抽象而武断的说明，这显然不能解答人们的困惑。

乔姆斯基也一再认为存在普遍语法。在乔姆斯基看来，普遍语法与生俱来，它由人的生物属性决定，为人类所共有，人凭借这些遗传下来的生物属性，在其他因素的作用下，形成了或可形成某种具体语言的语法。乔姆斯基似乎没有注意到，人的生物属性与语言能力之间有一难以由人的认识所通达的鸿沟，尽管人所具有的语言能力与他所具有的某些生物属性相关，但它们如何相关是难以清楚的。更进一步说，即便人与人之间有类似的生物属性，也并不能表明他们之间有普遍语法，更不能因此确定这些普遍语法是什么。语法规则的产生同人们长期使用语言所形成的一些约定俗成的规则有关，与文化背景有关，完全离开这些条件来追寻普遍语法的做法是否有效是可疑的。通过洪堡特或乔姆斯基等人提供的方式所获得的普遍语法可能给出对具体自然语言的某些解释，但可以预见它们将难以完全解释自然语言中的各种语言行为。另一方面，我们有理由断言，即便的确存在普遍语法，而且获得了这样的语法规则，由此确定的陈述形式可能对上述问题的解答提供启发，它却不一定能提供真正的解答，这种陈述形式不一定能在了解概括关系或其他陈述关系中起作用，因为语法学家通常只考虑如何构成语词，语词如何构成句子，却并不考虑不同陈述之间的转换。

如何确定满足此处要求的陈述形式？在确定陈述形式方面，我们面临的处境似乎与确立基础陈述或知识基础时有所不同，此时有更多的东西可以借用，毕竟获得了众多的基础陈述，它们成了可靠的凭借。然而实际并不如此。由于陈述形式与特定陈述所表达的内容无关，因而难以期望由具有特定内容的陈述确定地获知特定的陈述形式。实际上，确定陈述形式时尽管可能从某些具有特定内容的陈述开始，却总是希望摆脱特定内容的羁绊。似乎可能从众多陈述之间所存在的具体陈述关系来确定陈述形式，不过这种做法也注定不会完全成功。不仅一些具体的陈述关系要基于某种类型的陈述形式呈现出来，当再依赖它们来确定陈述形式时可能会导致论证循环；而且某种类型的陈述形式与特定的陈述关系之间并没有决定性的关系，不同的陈述关系可因某一类型的陈述形式呈现出来，而不同类型的陈述形式可能呈现出相同的陈述关系。

在概括过程中，被概括陈述与概括陈述之间存在一种转换，其中的转换关系即概括关系有何特征呢？可以通过一个实例来说明。考虑如下的概括过程，“王浩有心脏”、“李刚有心脏”、“赵敏有心脏”与“王浩是人”、“李刚是人”、“赵敏是人”可以概括为“人是有心脏的”。可以看出，被概括陈述与概括陈述并不是完全不同的，概括陈述中的语词都出现在被概括陈述中，或者说转换前的陈述即被转换陈述与转换后的陈述即转换陈述并不是完全不同的，它们只有某些部分不同，甚至转换陈述中的语词都出现在被转换陈述中。可见，无论上述的概括关系是什么，它也只是表达了这些含有共同语词的概括陈述与被概括陈述之间的陈述关系。

这一特征在其他转换过程中也可看到。某一思考过程可能通过如下的陈述来表现，即“人是有心脏的”、“王浩是人”、“王浩有心脏的”。此思考过程中的不同陈述之间被认为存在某种陈述关系，可以说后一陈述是前面两个陈述按某种陈述关系转换而来。观察此一转换过程，可以发现前后陈述之间并不是完全不同的，后一陈述中所包含的语词都出现在前面两个陈述中。可以一般地说，在存在普遍性陈述关系的一组陈述中，转换陈述与被转换陈述并不完全不同，转换陈述中的语词都出现在被转换陈述中，而陈述之间的陈述关系也即是由某些语词结合而成的陈述转换为由这些语词中某些语词结合而成的其他陈述关系。可见，具有普遍性的陈述关系表达了这些包含有共同语词的一组陈述之间的关系，它归根到底体现了这些语词之间结合关系的变化。在某一具体的转换过程中，转换的前后陈述是不同的，但这些不同的陈述之间有相同的成分，这些相同的成分不是其他，而是语词，因而要了解这种陈述关系也就要了解陈述中语词的结合关系。

如果陈述形式是指陈述中各种成分之间具有普遍性的关系或由之决定的东西，显然这里所要求的陈述形式不是陈述中其他成分之间的具有普遍性的关系，而是陈述中语词之间的具有普遍性的关系。如何确定这种关系？当然只能根据意义而来，也即只有对语词意义有所了解才能确定符合我们目的的陈述形式。然而，由于并不能完全地确定语词意义，这是否会陷入麻烦呢？这种麻烦也许并不会真正出现。于此处的目的来说，或许并不必定要完全获知语词的意义，如果获知了某些基础陈述，并且它们可成为理解其他语言表达的意义的基础,它们也就可能帮助我们摆脱这种麻烦。

为着概括基础陈述或其他认识目的,这里所考虑的意义无疑是指认识意义。对于一般的语词来说,其认识意义同它与世界对象之间的关系相关,也与人的认识活动有关,因而语词之间的关系可根据不同语词与世界对象之间的关系以及世界对象之间的关系来确定。具体来说,如果确定了不同语词与世界对象之间的关系,而由世界对象之间的关系就可确定语词之间的关系。世界对象由基础陈述呈现出来,而世界对象之间的关系也可由基础陈述给出,不仅如此,基础陈述呈现世界对象时也呈现了它自身与世界之间的关系,呈现了它所包含的语词与世界对象之间的关系,因而似乎只要获得了基础陈述,人们也就能确定语词之间的关系。

如果基础陈述相对于特定共同体,由此获得的某个陈述中语词之间所具有普遍性的关系是否也只是相对于特定共同体?果如此,由此确定的陈述形式是否还有价值?这种担忧不无道理,但有必要指出的是,尽管基础陈述相对于特定共同体,尽管由此给出的世界相对于特定的共同体,在此确立的陈述中语词之间所具有普遍性的关系或陈述形式却并不一定与特定的共同体相关。由不同共同体所确认的基础陈述而呈现出来的世界对象可能有所不同,但它们之间依然具有某些共同特征,它们之间的某些关系可能是相同的。这就如不同地区生活有不同的人,但不同地区的人们之间所存在的某些关系可能是相同的一样。如果语词与世界之间的某些关系超越于特定共同体,世界对象之间的某些关系可能超越于特定共同体,可以期望陈述中的语词之间的某些关系也可能超越于特定共同体,它们具有普遍性。的确,尽管某一陈述中语词之间的具体关系与另一陈述中语词之间的具体关系不同,它们与特定的世界相关,相对于特定的共同体,但它们的某些特征不一定相对于特定共同体,它们之间可能具有某些共同特征,否则,如何可能由某些语词形成特定的陈述,而不同共同体对这些陈述有共同的理解呢?

如何确定陈述中语词之间的普遍性关系呢?由于人们并不能完全确定语词的认识意义,试图基于对语词认识意义的完全了解来确定陈述中语词之间的普遍性关系或陈述形式难免会令人失望。同时,由于对基础陈述认识意义的了解完全基于特定共同体,因而似乎也不能完全基于相对于特定共同体的基础陈述来确定语词之间的普遍性关系。除此之外,还有其他确定陈述形式的途径吗？在此似乎陷入了困境。不过如果不教条地看待陈述形式，把它当作是唯一的、永恒的东西，这样的困境终究可以摆脱。

世界对象或世界对象之间的关系根本上不过是对基础陈述的解释，语词与世界对象之间的关系也只是解释基础陈述的结果。为解释基础陈述，可以设想某种类型的解释，从而可以设想某种类型的语词之间的关系，由此可能确定陈述中语词之间的普遍性关系。世界中特定对象之间的关系可能极为复杂而多样，特定语词与它所表达的对象之间的关系也同样如此，这似乎使得这种确定变得不可能了。不过，由于只要确定语词之间的普遍性关系，因而其实并不必具体考虑特定语词之间的复杂而多样关系。如果获得了世界中特定对象之间的具有普遍性的基本关系，获得了特定语词与它所表达的对象之间的具有普遍性的基本关系，也就可能达到目标。尽管如此，这样的解释依然是多样的，可能提出多种类型的陈述形式，不过只要这样的陈述形式能表现人们所接受的陈述关系，只要运用它能合适地解释概括过程与交流过程或认识过程，它无疑是可接受的。

在确定陈述形式时可能有更多创造性的考虑，实际上，在确定陈述形式时，甚至不必由特定的基础陈述开始。即便从基础陈述开始进行探索，人们很快便会发现最终也要超出这种相对于特定共同体的基础陈述。尽管从解释学方面看，基础陈述是基本的，但在实际交流过程或认识过程中，人们早已具有诸多关于世界对象之间关系的直觉，具有诸多关于语词与世界对象之间关系的直觉。这些直觉可能并不一定完全符合基于某些特定基础陈述的解释，甚至它们之间可能存在不一致。某一共同体中的成员所拥有的直觉很可能不符合基于其他共同体的基础陈述的解释，不符合其他共同体成员所拥有的直觉，不过人们依然可能基于这样的直觉来探询陈述形式。只是在利用这些直觉来确定陈述形式时，要尽可能排除其中的不一致，尽可能与由基础陈述呈现出来的世界观相一致。更为关键的是，最终被确认的陈述形式要能表现人们所接受的陈述关系，要能合适地解释概括过程以及交流过程或认识过程。

如果由这样的方式确定了不同类型的陈述形式，如确定了两种类型的陈述形式，它们可能分别呈现出众多的陈述关系，那么何种陈述形式是更可接受的呢？一般而言，如果由其中一种类型的陈述形式所呈现出来的陈述关系比由另一种类型的陈述形式所呈现出来的陈述关系能解释更多的概括过程以及交流过程或认识过程,前者能解释后者所不能解释的诸多陈述之间的转换过程,同时也能解释后者所能解释的诸多过程,那就可以说前者更具普遍性,它是人们更乐意选择的。通过特定的方式确定了某种类型的陈述形式,从中呈现出的陈述关系如果不能解释某种转换过程,这时可能要作出其他不同的考虑,提出不同的陈述形式,并努力使之能解释这种转换过程。显然,那些能解释更多转换过程,更能解释交流过程或认识过程的陈述形式无疑是更可接受的。

# 第九章　实词与世界

## 30. 语词的分类

要确定陈述形式，首先要确定构成陈述的各种语词与世界相关的基本类型，也即要确定语词表达世界的基本方式。在说明这一点之前，有必要对语词作一基本区分。这里把那些与世界有直接联系，并主要因与世界的联系而确定其意义的语词，如“太阳”、“勇敢”、“树叶”等称为实词，反之，把那些不与世界直接相关，并主要不因与世界的联系而确定其意义的语词称为虚词。一般而言，“和”、“且”等语词能联结其他的语词构成陈述，它们并不直接与世界相关，只有与其他语词一起构成陈述时才有意义，而单独来看它们几乎没有意义，或者说几乎没有独立的、完整的意义，因而它们是虚词。还有一些如“吗”、“呢”、“罢”之类语词，它们表示全句的语气，只有与其他语词构成语句时才有意义，一般也把它们看作是虚词。与虚词相比，实词的意义相对独立于其他语词，比较不受其他语词的影响。

确定陈述形式需要了解实词与世界相关的基本类型，不过虚词并不是不重要的。虚词在陈述中起联结或附着作用，尽管与世界没有直接的关联，但它们也是构成陈述的组成部分，有时甚至是不可缺少的部分。确实，缺少虚词，陈述有时就难以简洁、清楚地表达。在表现陈述之间的陈述关系时，虚词似乎也是不可缺少的。要了解陈述之间的陈述关系，对联结词的了解是必要的，甚至是关键的。如果联结词的意义依赖于联结前后的语言表达，而联结前后的语词表达由实词或实词与实词的复合构成，那么只有了解了实词的认识意义，或者至少了解了实词与世界相关的基本类型，才能了解联结词的意义。其他一些虚词也大致如此。基于此，我们先只考虑实词与世界相关的基本类型。下面所谈到的语词，如果不是特别指出，也往往是指实词。

如何区分实词与虚词？中世纪逻辑学家在研究陈述时，把构成陈述的语词分为两类：一类是范畴词，一类是助范畴词。范畴词本指亚里士多德的十范畴所包含的语词，但中世纪的逻辑学家往往用它来指那些能表达确定的世界对象，因而具有确定而相对独立意义的语词，同时这些语词也能够作陈述的主词与谓词。他们一般认为助范畴词没有确定的表达对象，不能做主词与谓词，只有与范畴词配合才有意义，单独来看，它们并没有意义。① 助范畴词包括修饰主词的助范畴词如"所有的"、"全部"、"不定的"；包括修饰谓词的助范畴词如"必然"、"可能"、"偶然"；包括修饰主谓联系方式的助范畴词如"是"、"和"，"并且"等。范畴词与助范畴词之间的区分和上述实词与虚词之间的区分是否是相对应的呢？如果中世纪逻辑学家所给出的这种区分与此处实词与虚词的区分存在相似性，这种相似性也只是表面的。首先，并不是所有语词都可分为范畴词与助范畴词，或者说范畴词与助范畴词的分类并没有穷尽所有语词。如果范畴词可以被看作是实词，从现代眼光看，助范畴词是指作为陈述之间的联结词与量词②，那么一些语词如"吗"、"呢"、"罢"等似乎即不是范畴词，也不是助范畴词。另一方面，对范畴词与助范畴词的区分不是或并不完全是基于语词与世界的关系，它还基于语法关系，因而难以说它会与此处对实词、虚词之间的区分完全一致。

语言学家也对语词进行了分类，除开能独立成句的叹词外，他们把语词分为实词与虚词。语法学家所谓的实词通常指表达世界对象的词，它们具有认识意义，可以独立充当语句成分，虚词则不表达世界对象，没有认识意义，一般不能单独充当语句成分，但它们能帮助实词构成语句。此处的分类与语言学家的分类无疑有关联，但也并不完全相同。语言学家并不完全根据语词与世界的关系而分类语词，他们往往也根据语法来做出分类，因而所给出的分类与此处所要求的分类并不完全一致。可能在语言学家看来是实词的语词，此处要把它们当作是虚词，而此处所说的实词在语言学家那里可能是虚词。另一方面，语言学家的分类本身也不是完全清晰的，它有时与其他语词的意义或语境有关，有时则与语词在语句中的位置有关，如"我今天就走"，"今天是个好

① ［英］奥卡姆：《逻辑大全》，王路译，商务印书馆2006年版，第3—8页。

② 张家龙：《逻辑学思想史》，湖南教育出版社2004年版，第404页。

日子”，前一个陈述中“今天”是虚词，而后一个陈述中“今天”则是实词。针对这些模糊情形，王力曾提出半实词、半虚词之说，在他看来，如“是”是半虚词，而“很”、“最”、“不”等则是半实词。①

当我们指责语言学家的分类不清楚时，并不表明我们便能根据与世界的相关性而可把语词清晰地区分为虚词与实词。世界与人们的语言表达相关，不同共同体所承诺的世界对象并不完全相同，在某一世界中看来是虚词的语词，在另一世界中则可能是实词。“必然”通常被当作虚词，但在某些人看来，它可能表示世界中某种对象或对象的属性即必然性，它是实词。尽管一些纯粹的虚词与一些纯粹的实词有明显的区别，但离开共同体或特定的语境而希望对实词与虚词给出清楚的区分是困难的。不过这并不会为难我们达到目的。尽管不同共同体区分实词与虚词的标准不同，在一个共同体中被当作实词的语词在另一共同体中可能被当作虚词，在一个共同体中被当作虚词的语词在另一共同体中可能被当作实词，但并不表明两个共同体中的实词与世界相关的基本类型不同。超越特定共同体或甚至超越特定语境而普遍性地给出虚词与实词的区分标准或许是不可能的，实际上，对于我们的目标来说，它甚至也是没有必要的，只要表明在特定共同体中或在特定语境中语词之间有这种区分，并且能在此条件下作出这种区分就已足够了。

要了解实词与世界相关的基本类型，最自然的做法是尽可能分别确定个别实词与世界的关系，然后从中概括它们相关的类型，不过这明显是一个难以完成的任务。实词与虚词的区分不仅与特定的语境相关，同时实词尽管有限，对我们的研究来说也依然显得太多。另一方面，随历史的发展，一个语言系统中的有些实词会消失，同时它又可能不断地产生新的实词，因而此任务总是有待于完成的。为了探究实词与世界相关的基本类型，一种切合实际并且能带来诸多简便的做法是对诸多不同的实词给予分类。如果能确定同一类的实词与世界相关的基本类型，那么分别探知不同类别的实词与世界相关的基本类型，也就可能方便地确定所有实词与世界相关的基本类型。

有多种方式对实词给予分类。词典根据组成语词的偏旁、字母顺序等来分类语词。词典分类纯粹根据构成语词的物理痕迹而做出，它不与语词的意

① 《王力文集》第2卷，山东教育出版社1985年版，第38页。

义相关，因而通过此种分类为基础来找寻实词与世界相关的基本类型，就如从个别实词来找寻实词与世界相关的基本类型一样，并不能为研究带来任何的简便。也可根据语音对实词进行分类，如由此可把实词分为单音节词、双音节词及多音节词等。然而，除了一些拟声词，语词的读音与世界的相关性也是偶然的，因此这种分类如词典分类一样，对实词与世界之间关系的探求也没有太多的促进。

语言学家通常把简单实词分为名词、形容词、动词、数词、代词等，这种分类显然不是根据语词的物理痕迹而获得的，因而似乎对此处的研究有促进。语言学家是依据何种方式来区分名词、形容词、动词等的呢？一种看法认为，他们是根据语词在语句中的语法特征而作出如此的分类的。如在某些语言学家看来，不受“不”、“很”修饰的即为名词，同时名词常做主语、宾语，它一般不作谓语；不受“很”修饰但能受“不”修饰的实词一般是动词，动词通常作谓语，且常常可带宾语；形容词则常常能受“很”、“不”等修饰，它们不能带宾语。应当指出的是，这种分类并不是绝对可靠的，它存在许多模糊与例外之处。并不是所有的形容词能受“很”修饰，如“很”不能修饰“精光”、“稀烂”；一些形容词如“红了脸”、“高你一头”等也并非绝对不带宾语；而某些动词也能受“很”修饰，如“很想念”、“很喜欢”等就是如此。一般来说，希望根据语法特征来对复杂多样的实词给出绝对可靠的分类是困难的，尽管在某一确定的时期，语法可以被看作是固定不变的，它却可能随时代而变化。实际上，不同时代的语言有不同的语法规则，而不同的语言系统也有不同的语法规则，因而人们可能有不同的语词分类。

依据纯粹语法标准给出的语词分类并不一定有益于达到我们的研究目标，我们更期望根据语义标准来对语词给出分类，这样的分类是否可能呢？的确，有些人提出，可以根据语词与世界的相关性来对语词给出分类，如把指称世界对象的语词称为名词，把表达对象动作、变化的语词称为动词，而把表达对象的性质或状态的语词称为形容词。根据语义标准来分类实词的做法尽管比较切合此处的目的，不过对这种分类并非没有质疑。一种可能的质疑是：这种分类与人们看待世界的方式有关，因此并不很严格，人们可以把动作、变化或者性质、状态等看作是对象，因而也可以把表达它们的词看作是名词，而不一定非要把它们当作是动词或形容词。另一疑问是：我们是希望由这种分类获得对语词与世界相关的基本类型的认识,而这种分类难道不是已把我们所要达到的目的设定为前提了吗?

正如前面所表明的,不能对实词给出严格的分类并不会对往后的探究产生太多的阻碍,因为实词的分类对后面的研讨并不起决定作用,它只是进行简便讨论的基础。我们希望找到各种词类中语词与世界相关的基本类型,以期合理地确定所有实词与世界相关的基本类型,从而获取对陈述形式的了解。在某种分类中,如果名词与世界相关的基本类型同形容词与世界相关的基本类型是相似性的,根据这种相似性能确立陈述形式,同时表明此种类型的陈述形式能合理地解释交流与认识中的转换过程,那么是否能严格地区分名词与形容词就不是一个重要问题了。因而这里的关键问题在于:那些通常被区分为名词、形容词、动词、数词等的实词,它们与世界的基本相关性是否具有相似的类型?另一方面,尽管可根据语词与世界的某些相关性的来对语词作出初步的分类,并以此作为研讨的起点,也不必担心会把研究的结论当作了前提,从而导致一种逻辑循环。动物学家并不是一开始就获得了对动物的合理分类,他往往是在一些不太合理的前提上开始的,然而,通过不断地回溯、修正,他可能获得越来越合理的解答。我们也不期待可以一劳永逸地确定语词与世界相关的基本类型,但相信可以从某种初步的前提开始,通过不断地与所要解释的现象对照,修正所给出的前提,最终有可能获得合理的结果。

## 31. 专名与通名

语言世界中对象之间的区分并不先于语言而给出,它们因语言表达而呈现出来,语言在表达世界对象时不仅使某一对象与其他对象区分开来,同时它也可把世界中被区分开的对象集聚起来。可以说,语言表达分合着世界,而它们恰恰也是表达此分合世界的结果。可把那些专门用来表达某对象而不涉及其他对象的实词称为专名,通常"苏格拉底"、"孙悟空"、"太阳"、"衡山"等便是诸如此类的实词。专名绝对地、确定地与世界对象相联系,也可称这种表达方式为指称。专名把某特定对象从世界的其他对象中分离开来,它所表达的对象又可能区分为许多部分,这些部分可看作是比专名所表达的对象更次一级的对象,它们一起构成了专名所指称的对象。

实词中专名的作用无疑是重要的,它把一个对象与世界中的其他对象区分开,并使之进入语言中,可以说它是表达世界的基础,是表达所指的对象以及此对象与其他对象之间关系的基础。专名与世界对象之间的绝对确定的关系为知识的客观性、确定性奠定了基础,它也是任何语言表达具有客观性、确定性的重要根源。无论如何,一个语言系统要与世界发生关系,专名是少不了的。一般来说,纯粹专名所表达的对象只是一些次级对象的任意组合,这些次级对象之间可能具有某种联系,但纯粹专名并不显示这种联系,它只是把这些次级对象集聚起来,把它们呈现于语言世界中,从而与世界中的其他对象区分。人们在实验室中使用一些数字标签,把它们贴在试管上,以便辨认所标记的对象。纯粹专名可看作是贴在世界对象上的标签,是人们为了辨认对象而给出的一个标记,这种标记并不特别与对象相关,它是任意给定的,是一个纯粹的标记。尽管此标记是认识的基础,但它本身并没有体现人们对世界的更深入的了解,因此也往往认为它没有认识意义。

这里要预先指出的是,实际语言表达中那些被当作专名的实词往往并不完全是纯粹的,它们反映了次级对象之间的某些联系,或反映了所指对象与其他对象之间的联系。为什么实际语言表达中有些或大多数被当作专名的实词不是纯粹的?如果它们不是纯粹的,为何在此首先要提及纯粹专名呢?是否在实际的语言表达中存在纯粹专名?这些问题将在后面给出简要说明,这里只指出一点:即使实际语言表达中没有纯粹专名,从纯粹专名开始对研讨实词表达世界的基本方式来说也并非是不合适的,这就如实际世界中并没有所谓的质点、理想气体,但物理学研究依然首先要设定它、研究它一样,因为这对于方便地解释众多物理现象或对于其他物理学研究是有帮助的。

世界的对象可能是有限的,不过即便是有限的对象,也可能形成多到难以想象的集聚对象,如果要对每一集聚对象都给予一个专名,无疑将远远超出人们的把握能力,甚至超出人们的符号构造能力。幸运的是,人们早已知晓这一点,因此他只根据需要对少数特别的对象给予专名,这些对象于他的认识是重要的,它们经常在其表达、交流中出现,分别给予它们特定专名能为其表达、交流带来莫大的方便。大量的其他对象,如沙滩上的一粒粒沙子、天空中的一只只飞鸟、水中的一尾尾鱼虾,它们于人们的认识来说太平凡,以至不需要给予特别的注意,同时它们也并不经常出现在其表达、交流过程中,因而他并不打算一一给予专名。

世界的任何对象都可能是认识的对象,如果不给予上述对象以专名,人们如何表达它们?如何使其进入语言世界,进入其认识范围呢?当人们希望表达它们,使其进入交流过程中或打算认识它们时,他似乎有必要分别给予它们以专名。为了摆脱这种困境,人们使用了某种特殊的专名。当打算认识某些不打算用某个特定的专名来表达的对象时,通过这样的专名,可把它们表达于基础陈述中。但在概括这些基础陈述,形成概括陈述,并最终确定其中某些概括陈述为知识时,作为知识的概括陈述往往不包含这样的专名,因而一旦达到目的,这种专名的作用也就消失了,它可能被重新用来指称别的对象。显然,这样的专名对所指对象来说,它只是临时性,只在交流过程或认识过程中起辅助作用。更一般地说,在特定的交流活动或认识活动中,为了达到交流与认识的目的,人们要指称某些特定的对象,不过他没有必要分别为这些对象给出一个永久性的特定的专名,这时他很可以用一些临时性的专名来表达它们,一旦其目的达到,这样的临时性专名也就失去了作用,就不需要了,但这些实词依然可以用来指称其他所要表达与认识的对象。

显然,这样的临时性专名并不必很多,但在语言系统中几乎不可缺少,通常"这"、"那"、"这些"、"那些"等就是这样的实词。运用这样一些临时性专名,人们可以来指称那些没有被特别给予专名的对象,甚至也可以用来指称那些被特定专名标记的对象。这些临时性专名如此特殊,以至它们是否的确是专名也存在争议。罗素认为是它们无疑是专名,甚至只有它们才是真正的专名,也有人可能因为这类实词不是对特定对象的标记,它们可指称许多对象,甚至能表达所有可能的对象而不同意这一点。不过这些实词即便无专名之名,但在特定的语境中无疑有专名之实,只要理解这一点,对上述问题的争论便是无关紧要的了。

专名把一个对象与世界中的其他对象区分开来,而纯粹专名也仅仅只能做到这一点。随着认识的深入,人们发现世界中的某些对象是相似的,或至少某些对象在一些方面是相似的,此时他可能把这些具有相似性的对象归为一起,并使用某些实词来表达它们,使它们与世界中的其他对象区分开,这样的实词通常被称为通名。为了解释的方便,有时把归在一起的对象当作一个新的对象,它是通名所表达的对象,而称此对象为某类。很显然,类只是为解释方便而给出的或设定的，它与实词所表达或呈现出来的对象有根本的差异。发现王浩、赵敏、李刚等具有相似性，于是把它们看作一类，并用“人”来表达它，而“人”即是通名。王浩、赵敏、李刚等所构成的类只是为解释“人”而提出的，它与王浩、赵敏、李刚等有根本的不同。通名表达的类所包含的对象具有相似性，这种相似性不是任何的对象都具有的，不可把世界中的任意对象都归于此类中，因此通名不是任意的标记，它体现了人们对世界的某些认识。专名所指的对象也由诸多次级对象构成，但纯粹专名并没有体现人们对世界的认识，因而通名不同于纯粹专名。于此可见，如果纯粹专名体现了实词与世界相关的一种基本类型，那么通名体现了实词与世界相关的另一种基本类型。

一旦运用通名来表达世界，这时世界对象之间的相似性就向人们呈现出来了，这种相似性表明了相似对象之间的联系。对于不与诸多对象相似的对象或甚至不与其他任何对象相似的对象而言，人们只能单纯地标记出它，却不能建立起它与其他对象之间的联系，这样的对象完全异于其他对象，它超出人的认识之外，具有神秘性。远古的人类由于认识水平低下，难以获知世界对象之间的联系，世界中的许多对象于人来说是神秘的，这样的世界是充满神秘性的世界。随着认识水平的提高，人们发现世界对象并不是那么不同，不是那么相互特异，也不是杂乱无章的，而具有相似之处，这时世界于他变得明晰起来，结果联系或秩序逐渐取代了神秘。神秘性的祛除是人类智慧提升、认识进步的结果，而在此过程中，命名，特别是通名的给予是人类认识世界的最初一步，也是极为关键的一步。我国仓颉造字而夜鬼哭的传说恰恰反映了古代这种民智日开、神性消退的情形。

通名无疑是重要的，在交流活动或认识活动中，人们所使用的实词大都是通名。而通名与专名之间的区分体现了实词与世界相关的不同基本类型，它们之间的明显不同甚至引起了一些哲学难题，如哲学史上实在论与唯名论之间的争论就与之相关。通常，专名与所表达的个别对象紧密相关，如果个别对象发生了变化、甚至消失了，表达它的专名便可能在语言系统中没有了依靠，它在交流活动或认识活动中就变得微不足道，失去了出现的理由，甚至可能在此语言系统中消失。就此而言，专名不是永恒的，词典通常不收录这样的实词。通名则不同，世界中可能没有王浩、赵敏，但人们依然可能提出“人”这样的通名。通名所表达的类所包含的某些对象可能发生变化，甚至完全消失，然而通名往往并不因之而变化，不会因之而消失，不会失去可以使用它的场景，甚至其意义也不因之而变化。就此而言，通名所表达的东西是永恒的，而词典收录的一般是通名。

把世界中的某些对象看作是相似的，把它们归为一类，并用通名把它们表达出来，此活动也可称为通名化活动。可能用不同的通名来表达同一对象或同一类对象，因而通名化活动不完全是因为世界对象本身具有相似性的结果。通名化活动也不完全是心灵自由作用的结果，否则不同的人可能有不同的通名化活动，然而在表达特定的世界对象时，生活于不同环境的人给出了相同的通名。认知生理学家们发现，对对象的分类或通名化活动是人类生理结构的一个不可逃避的后果。人们从世界中获得种种刺激，这些杂多的刺激物通过各种感觉器官和神经网络通道来接受、传递，最初接触外部对象的众多神经触点把所接受的刺激物通过神经网络通道上转到大脑，在传递过程中，越向上传递，这种传递的通道就越少。传递过程中，神经网络通道必然要对大量的刺激物给予分类，经由不同神经网络通道输入的刺激物可能由同一通道输出，或经由低层级神经网络中不同通道输入的刺激物可能在高层级神经网络中由同一通道输出。这就好比一个带有众多筛孔的漏勺，从漏勺上方输入的面团通过筛孔时，就会自动地输出各种不同形状的面条，这时就可以说：漏勺对输入的面团给出了分类，并把它们表现出来，表现的结果就是面条。在认知生理学家看来，人的神经系统大致就是一个具有多层次输入与输出的复杂漏勺，由于不同人的生理结构大致相同，因此面对同一的本原世界所给予的刺激也就有大致相同的输出，对本原世界或本原世界所给予的刺激进行分类与表达几乎是由身体的生理结构自动地、机械地完成的，因而可以说通名化活动也几乎是自动的、机械地完成的。

然而，人毕竟不同于漏勺，漏勺无法改变对面团的分类以及分类方式，但人可能改变对刺激物的分类，甚至改变对其分类的方式。人能把某些刺激物归为一类，而把另一些刺激物归于另一类，同时他也至少在某些情形下能有意地改变这一点。确定世界对象相似的标准或选择对象的分类方式是复杂的，这些复杂过程中无疑包含一些无意识的机械过程，但似乎并不总是如此，有时它确乎与心灵的主观意愿有关。人可能主动地提出某些分类标准或分类方式，如他能指鹿为马、颠倒黑白，因而尽管通名化活动是人类认识的不可缺少的一环,但由于心灵的作用,它或许并不完全是一个机械过程。如果不是一个机械过程,在此过程中,心灵所起的作用有多大?通名化活动在多大程度是自动的?人们对这些问题是难以给出完全确切的回答的。实际上,正如前面所表明的,试图对上述问题给出确切回答是不可能的,它们超越了人的认识能力。

就表达世界对象的方式而言,通名比专名要复杂,其中之一在于通名所表达的对象并不确定或通名有多种不同的用法。通常"王浩是人"的意思是指王浩属于人或王浩是人中的一员,在此陈述中,"人"所表达的对象是所有个别人如王浩、赵敏、李刚等构成的一个类,当然此类并不是把一些对象任意地归为一处的,而是对那些具有相似性的对象归类的结果。通名并不只有这种表达方式。在"人是伟大的"中,此陈述中"人"所表达的对象不是个别的人,而是个别人所构成的作为整体出现的类,即人类。可见"人"至少有两种不同的用法,在前一种用法中它强调并表达包含众多个别对象的类,而在后一种用法中,它强调并表达的是以整体出现的类。人们把前一种用法称为分举用法,而把后一种用法称为合举用法。弗雷格也注意到了通名的上述两种用法,他说:"同一个词用来表示一个概念和处于这个概念之下的一个个别对象。根本没有表现出概念和个别事物之间的清楚的差别。'马'可以表示一个个别动物,也可以表示类"。①

人们或许会在此提出,因为以整体出现的类也可被看作是一个对象,可以把上述具有分举用法的实词看作通名,而把具有合举用法的实词称为专名,如在陈述"人是伟大的"中,"人"可以被当作专名来使用②。专名表达一个对象,但表达一个对象的实词并不一定是专名,至于合举用法中的"人"是不是专名,这自然要看人们如何定义专名了。如果把这种用法中的"人"看作专名,它与"王浩"等专名还是有区分的。这种专名尽管指称某对象,但它所包含的次级对象并不是任意地集聚而成的,它是具有相似性的对象的集合,当用它来表达对象时,它不是一个纯粹的标记,而体现了人们对世界的认识,具有认识意义。如果一定要把这样的语词称为专名,它无疑是一种特殊的专名。为了解说的方便,我们更愿意把它看作是通名,不过它无疑体现了通名的不同

---

① [德]《弗雷格哲学论著选辑》,王路译,商务印书馆2001年版,第38页。

② 陈晓平:《谓词的指称与通名的外延》,《自然辩证法研究》1998年第9期。

用法。这样看来,通名有两种不同的基本用法或有两种不同的表达世界的基本方式,由于任何通名都可能有此两种用法,可以说通名与世界之间的基本相关性又具有两种不同的类型。不过由于前一种用法较为普遍,为了简便,我们往往只关注此种用法。

人们常把"红"当作通名,"红"如何表达对象呢?"红"似乎与"人"不同,它表达的是那些个别红的对象如太阳、某片彩霞、这面红旗等之间所具有的相似性,却不太像是具有相似对象的类,因而"红"与世界的基本相关性似乎不同于"人"与世界的基本相关性,它体现了一种新的表达世界的基本方式。另一方面,"红"的用法与上述"人"的合举用法是类似的,它们都表达某一特定对象,"红"表达的是某种相似性——红性,而"人"表达的是作为整体出现的人类。但其区别也是明显的,"红"不是指由个别对象构成的作为整体出现的类,而是指众多个别对象中的相似性,从表达的对象而言,与其说它类似于"人类",不如说它类似于"人性"。这种用法是否显示了实词与世界的另一种相关的基本类型?一般来说,一个通名是对相似对象的归类,它是对此类的表达,但当它表达此类时,也就同时表达了此类所包含的对象的相似性。也即是说,这种相似性与此类可看作是同一事物的两面,不可想象一个通名表达了某类,而没有表达此类中所包含的对象的相似性。就此而言,"红"的上述用法并没有显示出实词与世界的另一种相关的基本类型,充其量只是表明人们对通名与世界的基本相关性有不同的理解。

当说到"人"、"红"时,可以发现它们既表达了由某些相似对象所构成的类,同时也表达了众多对象之间的相似性。可以一般地说,通名是对相似对象所构成的类的表达,也是对众多对象相似性的表达。这里对通名的不同理解可以看作是对通名的两种不同定义。这两种定义有何关系?或许人们可以把它们看作是相同的,如塔尔斯基似乎就有类似看法,他说:"对于事物的每一个性质,就有一个唯一的确定的类与之对应。而且,反过来,对于每一个类,也有一个唯一为这个类的元素所具有的性质,也就是说,从属于这个类的这样一种性质,与这个类对应"①。不过它们的确存在一些细微的区别。当说一个通

① [波兰]塔尔斯基:《逻辑与演绎科学方法论导论》,周礼全、吴允曾、晏成书译,商务印书馆 1989 年版,第 69 页。

名表达众多对象中的相似性时，可以把相似性看作是通名的内涵，而把那些具有相似性的对象或具有共同内涵的对象看作是通名的外延。内涵是什么？有人可能断定它即是意义，也有人把它看作是认识意义，也许在此问题上存在某些争议，不过至少可以把一个通名的内涵看作是与此通名认识意义相关的东西。当说一个通名表达众多对象中的相似性即内涵时，由此给出的对通名的定义就是所谓的内涵定义。类似的，当说一个通名表达相似对象所构成的类时，可把这种定义称为外延定义，而那些具有相似性的对象或具有共同内涵的对象即是此通名的外延。

一般而言，通名的外延包含无限的对象，这里所说的无限对象是指这些对象不能由某个别心灵所完全把握，如"人"并不只含有王浩、赵敏、李刚，它还包含众多的、甚至无法完全列举或者无法由个别心灵所完全把握的对象。人们通常指出，凭借内涵一般可以识别外延，却不一定可从有限的外延中归结出内涵，因此内涵是更基本的，它在逻辑上先于外延，决定外延，因而内涵定义比外延定义更为基本。的确，人不是指王浩、李刚之间的相似性，不是指王浩、李刚、赵敏之间的相似性，甚至不是人们通常所见的具体的众多个人之间的相似性；人也不是指王浩、李刚之间所构成的类，不是指王浩、李刚、赵敏构成的类，甚至也不是指人们通常所见的具体的众多个人所构成的类，因而似乎不能完全准确地由外延来定义通名。相反，王浩、李刚、赵敏之所以被归于一类却是由于他们具有相似性的结果，因而可能从内涵给出对某通名的准确定义。

不过上述看法只看到了问题的一方面。内涵是什么？如何确定一个通名的内涵？如果不能告知如何确定一个通名的内涵，说它决定外延或比外延更基本也就没有意义了。由于外延不能完全决定内涵，是否可以从其他方面来确定内涵？如有人可能说"人"的内涵是有理性的动物，即一个通名的内涵可不由外延而由定义来给出。这种看法是可疑的。上述的做法或许只是表明了"人"的内涵与"有理性的动物"的内涵是相同的，却并没有真正表明"人"的内涵是什么。同时，如果这种定义只是一种独断的规定，那当然没有什么好说的，不过当试图给出这种定义的根据时，人们马上会发现将出现麻烦。在提出"人"的内涵与"有理性的动物"的内涵是相同的时，有必要给出一个判定内涵相同的标准，但判定这两个通名内涵完全相同的标准何在呢？如果内涵与意义相关或就是意义或是某种类型的意义，这样的标准当然无法绝对地给出。

可见,人们尽管可由“有理性的动物”来定义“人”,规定它们之间的内涵是相同的,但“人”的内涵其实并不能由“有理性的动物”决定,它根本只能通过王浩、赵敏、李刚等显示出来。进一步说,尽管外延不能完全决定内涵,却几乎只能从外延来决定内涵。从定义上看,通名的内涵比其外延更为基本,内涵决定外延,但从认识角度而言,通名的外延又似乎比其内涵更为基本,终究只能由外延才能认识内涵。就此而言,外延定义比内涵定义更为基本。另一方面,由于一个通名的外延往往是无限的,因此希望由外延完全决定其内涵却是不可能的,这一情形反映出了通名的内涵与外延之间的某种不一致性,而这种不一致性不仅体现了认识的限度,同时也体现了语言的某种本质特征。

正是内涵与外延之间的不一致性使得语言可能成为交流的媒介,使得语言表达具有客观性。不同的人们使用同一通名来表达并进行交流时,由于此通名表达了某些对象之间的相似性,而这些对象为使用此通名进行相互交流的人所共同认识,因而人们在使用此通名进行表达与交流时,会获得共同的理解。但此通名并不只是对此时此地相互交流的人们所共同认识的相似对象的表达,它所表达的对象可能是无限的,其中的某些对象为某一交流者所认识,但可能不为其他交流者所认识,而另一些对象为另一交流者所认识,却可能不为其他交流者所认识,因而相互交流的人们在运用此通名进行交流时,它又表达了他们对世界的各自不同的、独特的认识。可以说,相互交流的人们运用通名来表达某个或某些对象时,它可能被用来表达交流者所共同了解的对象,因此它具有客观性。但同时由于通名可能表达无限的对象,它的内涵不完全由有限的对象所决定,因此在某一表达中,不同的人们可能对之有不同的理解。通名的这种特征既满足了交流双方运用它表达特定个别对象的客观性要求,又满足了个别人运用它表达某些独特理解的要求。也即通名在使人们在特定情形中相互理解、达到客观性的同时,它又能提供无限理解的可能性,能满足不同认识者的独特要求。正是这样的特征使得通名能适用于各种不同的语境,能被广泛地运用于不同的交流过程,或恰恰由于这一点使得人们之间的交流成为可能。

## 32. 简单实词的表达类型

上节所列举的实词主要是所谓的名词。根据表达世界对象的方式，名词可分为专名与通名，是否所有的实词都可分为专名与通名呢？其他种类的实词如形容词、动词等与名词在陈述中所起的语法作用不同，它们是否在表达世界对象的方式上有根本的不同呢？在陈述“太阳是红的”中，“红的”是形容词，它如何表达对象？一种看法认为，“太阳是红的”实际是“太阳是红的对象”的省略表达，而“红的”在表达中实际是指“红的对象”，它是对众多具有相似性的对象所构成的类的表达，因而它与名词的表达方式是一致的，可把它当作通名。另一种看法认为，“太阳是红的”是指太阳具有某种性质，即红性，而红性是指个别红的对象如太阳、某片彩霞、这面红旗等对象之间所具有的相似性。正如前一节所指出的，这两种表达方式其实可看作是一致的。果如此，那么可以说“太阳是红的”中的“红的”与“王浩是人”中的“人”在表达世界的基本方式上没有太多的区别，如果“人”是一种通名，形容词“红的”也是。这一点无疑对许多形容词也同样有效。“这张桌子是圆的”中“圆的”是形容词，可以把它看作是对世界中众多具有相似性的对象所构成的类的表达，或是对某些对象之间所共有的相似性的表达。

一般地说，尽管形容词在语法功能上与名词有区分，但在与世界的基本相关性上，它们之间并没有不同。这一点也可从另一方面获得佐证。在实际的使用中，有些实词既可看作是形容词，也可看作是名词。在汉语中，如果不是从语法功能上给出区分，甚至难以分辨一个实词是名词还是形容词难以区分，如在“这是一片红叶子”中，“红”是形容词，而在“红是一种颜色”中，“红”则是名词。在英语中，一个实词既可作名词，也可作形容词，在不同情形中，同一实词有不同的表现形态，这些不同并不是由于它们在表达世界的基本方式上有不同，而只是显示出它们有不同的语法功能。

在陈述“李白举头”、“李白思故乡”中，“举”、“思”等动词如何表达世界呢？在回答此问题之前，先要把动词所指向的对象与它所表达的对象区分开。在上述陈述中，“举”所指向的对象是“头”，而“思”所指向的对象是“故乡”，但“举”与“思”所表达的并不是头或故乡，而是李白所发出的动作。这一点从那些不及物的动词可以看得更为明白。在“李白跑”、“李白休息”等陈述中，“跑”、“休息”等都没有所指向的对象，但它们对世界都有所表达。“跑”、“休息”等动词显然不同于“王浩”、“太阳”等专名，它们不是对某个特定对象的标记，因为还有“王浩跑”、“那只老虎跑”等表达。这些实词似乎也不同于“人”、“桌子”等词，后者是对一些对象的归类，它们表达某些类或某些类中对象所具有的相似性。不过可以把“李白跑”看作是与“李白是跑的(对象)”同义的，也即是说，这两个陈述表达了如下意义：世界中有一些对象，如李白、王浩、那只老虎等，它们具有相似性，因而构成了一类，“跑”是对此类的表达，而“李白跑”即是指李白是此类中的一个对象。如果这样，可以说在表达世界的基本方式上，动词与名词其实没有根本的不同。确实，人们有时也说“跑”表达了李白、王浩等对象所发动的某种动作或状态，而它即是这些对象之间所具有的相似性。

总之，在语法功能上，动词与名词有不同，如动词主要用作谓语，它与作主语的名词共同构成陈述，如此等等，但在与世界的基本相关性上，动词与名词没有区别。正是基于此，一个语言系统中的动词经过合适的变换可以成为名词，而名词经过合适的变换也可成为动词。这一点在许多语言系统中都可看到。汉语中的动词几乎都能作名词，有时一个实词在同一陈述中可能既是名词又是动词，如在“君君、臣臣、父父、子子”中，前一个“君”、“臣”、“父”、“子”是动词，而后一个“君”、“臣”、“父”、“子”则是名词。英语中的动词经过合适的变换可以成为名词，即所谓的动名词，而有些动词同时也就是名词，甚至表现形态都没有不同。

一个实词在不同的情形下可以充当不同的语法成分，它可能成为名词，也可能成为形容词与动词等。在英语、德语等语言系统中，具有不同语法功能的语词有时有形态的区分，人们可以从其形态来判定它们属于何种词类，汉语却没有这种方便。一个汉语实词在特定的语境中是作名词还是作形容词或动词，往往只能根据具体的情况来判定。在陈述“他是一个快乐的人”、“他快乐起来”、“他的快乐感染了周围的人”中，“快乐”分别用作形容词、动词与名词。汉语的这一特征或许表明它可更真实地呈现实词与世界之间的相关性，或表明它在表达世界时更少受到人为因素的影响。在英语、德语等语言系统中，人们在不同语境中用同一实词的不同变化形态来表达世界，不过这一点本身也恰恰表明了实词与世界的基本相关性并不因其语法功能的不同而有所改变。基于此,我们可以进一步猜测:一个实词之所以可被区分为不同的词类,主要是它们要扮演不同的语法角色的结果,而与它们表达世界的基本方式并无密切相关。

这里可能会产生某种误解。人们可能根据语法上修饰与被修饰、限制与被限制的不同,而对实词所表达的对象作出区分,如他可能认为被修饰实词表达了世界对象,而断言修饰实词表达了对象的性质、状态等。名词往往被当作被修饰词,它表达对象,动词、形容词则往往被当作修饰词,它修饰名词,因而它表达对象的状态、属性。据说状态、属性与对象有根本的区分,它们附在对象之上,而对象恰恰通过它们表现出来,从而为人所认识,那些不为属性所表现的对象则不能为人所认识。亚里士多德的实体学说大体就是这样一种看法。尽管这样的看法流传甚广,却难以说有充分的根据。这类看法相信修饰词与被修饰词不仅在语法上有所不同,甚至在表达世界的方式上也有根本的区别,无疑把语法问题与语义问题混同起来了。

在表达世界对象的方式上,不是所有的实词都与上述所例示的实词相同,甚至并不是所有的名词、形容词与动词都具有上述的表达方式,有些实词表达世界的方式可能更为复杂,这些不同的表达方式是否反映了实词与世界相关的另一些基本类型呢?有人可能认为如"老师"、"兄弟"等实词与"桌子"、"椅子"类似,其实不然,"桌子"表达相似对象所构成的类或表达某些对象之间所具有的相似性,但"老师"则似乎不是。一个对象之所以被称为老师,并不完全在于它与其他对象具有相似性,也在于它与其他特定的对象有关。在陈述"孔子是颜回的老师"、"苏格拉底是柏拉图的老师"中,孔子之所以是老师,这是与特定的对象——颜回有关的结果,而苏格拉底之所以是老师,则是与特定的对象——柏拉图有关的结果。这时也可以说,孔子与颜回之间具有某种关系,苏格拉底与柏拉图之间具有某种关系,这些对象之间所具有的关系具有相似性,可以把这些关系看作一类,"老师"是对此类或对此相似性的表达。可见,"老师"并不是对个别相似对象所构成的类的表达,而是对具有相似的两个或多个对象之间存在的某种关系所构成的类的表达,或者是对众多对象——两个或多个对象之间存在的某种关系——之间的相似性的表达。人们常常把这种的实词称为关系词。由于关系词是对众多关系之间的相似性或相似关系所构成的类的表达，因而也可把它看作是通名。就此而言，在与世界的基本相关性上，关系词与前面所谈到的名词、形容词、动词等并无不同。

关系词表达的并不是某个对象，而是对象之间的关系，这种关系可用对象序列来表示，如可用“（孔子　颜回）”、“（苏格拉底　柏拉图）”等来表达。人们也可把（孔子　颜回）、（苏格拉底　柏拉图）当作对象，而“老师”便是对这些对象之间的相似性的表达，这样一来，“老师”表达的便不是对象之间的关系的相似性，而是对象的相似性。不过，由于孔子、颜回、苏格拉底、柏拉图等有专名表达，人们更习惯于把“孔子”、“颜回”、“苏格拉底”、“柏拉图”等所表达的事物当作对象，而把“（孔子　颜回）”、“（苏格拉底　柏拉图）”所表达的事物当作关系。之所以把“老师”、“兄弟”当作关系词，当然没有充分的根据，或许只是由于这样的解释比较简便，比较符合人们的直觉而已。

无论是把（孔子　颜回）当作对象，还是把它当作关系，这都是可行的，不过并不能因此把关系词与非关系词混同起来，或把对象的关系与对象混同起来。对它们做出区分是重要的，这种区分可能避免某些思考的混乱。柏拉图在考虑理念论时没有注意这一点，结果就产生了混淆。柏拉图认为“大”、“小”与“红色”、“圆”一样，它们表达了世界对象中所包含的理念。按柏拉图的看法，一对象相对于某一对象是大的，因而此对象含有大的理念，此对象相对于另一对象又是小的，因而它又含有小的理念。这样一来，一个对象既含有大的理念，又含有小的理念，于是混乱就产生了。不过在一些日常使用中或在某些特定的语境中，这种区分有时并不很重要。在某些情形中，由于相关的对象不言而喻，因而把某关系词当作是一个非关系词也是可行的。如说“那辆汽车在运动”，汽车的运动只有相对于某种特定的对象才有意义，但在特定的语境中，这一点并不需要特别明示，这样一来，尽管“运动”是一个关系词，但常常把它当作非关系词了。严格来说，“红”、“热”、“硬”等也是关系词，但人们通常把它们当作非关系词。尽管如此，在一些清晰的语言表达中，这种忽视常常不是可容许的。

有必要指出，关系词并不都是名词，形容词、动词也可能成为关系词，如“大”、“小”等形容词、“爱”、“交流”等动词都是关系词。可称那些是名词的关系词为名词性关系词，相应的，可称那些是形容词、动词的关系词为形容词性关系词、动词性关系词。甚至一些介词，如“……在……中”、“……在……

东边”等也是关系词，如“在……中”是对（故宫　北京）、（岳麓山　长沙）、（中山陵　南京）等关系所归的类的表达，或是对这些关系之间的相似性的表达，如此等等。关系词所表达的不只是两个对象之间的关系，也可能是三个或更多对象之间的关系。如“……在……与……之间”所表达的就是三个对象之间的关系，在陈述“王浩、李刚、赵敏、陈明一起玩扑克牌”中“一起”所表达的就是四个对象之间的关系。可以把表达两个对象之间关系的关系词称为二元关系词，而把表达三个对象之间关系的关系词称为三元关系词，相应的，也有四元或更多元的关系词。可以很容易地表明，形容词性关系词、动词性关系词或介词性关系词等尽管具有不同的语法功能，但它们与名词性关系词一样，都是对众多关系之间的相似性或相似关系所构成的类的表达，它们在表达世界的基本方式上是相同的。不仅如此，不同元的关系词在表达世界的基本方式上也是相同的，它们都可被当作是通名。

上面尽管对某些词类的语词在表达世界的基本方式上做了说明，不过实际中的语词所做出的表达比上述所列举的情形还要复杂。一些实词所表达的相似性或类也可能成为新的对象，它们为其他实词所表达。如“人”表达某些相似对象所构成的类，而此类又可以成为一个新的对象，这样的对象是单纯由实词的表达而形成的对象，它可能与其他对象具有相似性，可能与它们形成新的一类，对此可以用某一语言符号如“‘人’”或“S”来表达。当谈到某实词表达众多对象的相似性或表达相似对象所构成的类时，此时的相似性或类只是解释此实词的设定，而不是此实词真正所表达的事物，此实词真正表达的是那些类所包含的对象。这里要注意的是，我们在谈到通名表达某些对象或表达由诸如此类的对象所构成的类时，并没有能显示出它们之间的不同，如既说“人”表达王浩、赵敏等，也说它表达了由它们所构成的类。在一般的情形中，没有显示这种不同并不会产生歧义，不过在特定的情形中是应当注意它们之间的区别的。

当把这种相似性或类当作一个对象时，此对象与其他对象之间也可能具有相似性，它与其他对象可能构成一类，此时被当作一个对象的相似性或类就不仅仅只是一种设定，而是某一实词所真正表达的对象。不过此对象与其他对象毕竟有所不同，它是由其他实词表达而形成出来的对象。为了更好地区分那些表达由实词形成出来的对象的实词与形成这些对象的实词，就说它们处于不同的阶层，如“人”与“‘人’”或“S”处于不同的阶层。可以说，相比于形成这些对象的实词来说，表达这些对象相似性的实词处于更高的阶，如果说前一类实词是一阶的，那么后一类实词便是二阶的。很显然，后一类实词所形成的对象又可能为更高阶的实词所表达。

为了方便，有时也把那些不因解释某个实词而设定的、却因其他原因设想出来的类当作对象，此对象与其他对象之间具有相似性。相对于那些表达这些类所包含的对象的实词来说，可把表达这种相似性的实词当作高阶实词。由于语言表达复杂多样，一个语言系统常常包含不同阶的实词。这种阶层关系不仅与世界对象有关，甚至可能与特定的表达世界的方式有关，因而不同实词所处的阶是相对的。也正是如此，尽管一个语言系统中包含不同阶的实词，但要在其中对它们给出一种从低阶到高阶的有次序的排列可能会令人失望。

有一类常见的高阶实词，这就是数词。陈述“他有一双手”与陈述“他有二双手”只有一个位置上的语言符号不同，即前一陈述中的“一”在后一陈述中变成了“二”，“一”、“二”即是数学语词，有时也简称为数词。上述两个陈述的语言符号之间细小的不同使得它们的认识意义截然不同，前一陈述通常被认为是真的，后一陈述则被认为是假的。同时，数词也能修饰名词、动词等实词，这种修饰有恰当与不恰当之分，它们之间的区分与所表达的世界相关，因此数学语词不是虚词而是实词。数学语词如何表达世界呢？它与其他实词不同，其他实词表达某些特定对象所归的类，而一般不能表达其他对象所归的类。在陈述“王浩有十本书”中，“王浩”指称王浩，却不能表达王浩之外的其他对象，“书”表达书，它不能表达桌子、树木等。数学语词“一”、“二”或“十”似乎与此不同，它不只可表达某个特定对象或某些特定对象，而几乎可以表达所有的世界对象，甚至可以说它与世界对象之间没有特定的相关性。如果实词是人们构造出来表达世界的工具，那么“一”、“二”之类的数学语词不同于大多数其他实词，它是一种纯粹的构造，对它的构造与特定的对象无关。

数学语词如何表达世界？对于像“一”、“二”、“三”等基数词，罗素给出了一种解释。罗素指出，一双筷子构成一类，一对双胞胎构成一类，两排路灯构成一类，两辆汽车也构成一类，这些类有相似性，即任何两个类中的对象之间存在一一对应关系，这些具有一一对应关系的类具有相似性，它们一起构成一个新的类，基数词“二”就表达了这种相似性或表达了这种新的类。更一般地说，一些类中的对象能一一对应，那么就表明这些类之间具有相似性，可以把它们归为一起，基数词就是对由此所形成的新的类的表达，即“一个类的数是所有与之相似的类的类”。① 很显然，相对于“筷子”、“路灯”、“汽车”等语词，基数词“一”、“二”、“三”等是高阶实词。序数词如“第一”、“第二”同样也是高阶实词。就“第一”或“第二”而言，它由一个对象与其他对象的关系来确定。在一个类中的某对象与其他对象具有某种关系，那些具有这种相似关系的类所构成的类就可由关系数词来表达，也即某特定的关系数词表达的是具有相似的给定关系的类所构成的类，而序数词则是一种关系数词②。显然，序数词与表达此类中的那些对象的实词相比，它是更高阶的实词。如果罗素的解释是合适的，那么尽管基数词或关系数词与其他的一些实词可能处于不同的阶，但它们在表达世界的基本方式上并没有不同，它们是对众多对象之间相似性或相似对象所构成的类的表达，只是此时的对象是类，因此它们也可被看作是通名。加上一些合适的实词，其他的数学语词如负数词、分数词、实数词等可能用基数词、关系数词等来定义，因而可以说其他数学语词也是通名，并且是比一般通名更高阶的通名。

高阶的实词不只有数学语词，其他一些语词也可能是高阶实词。在陈述“孔子是聪明的”、“孔子是博学的”、“孔子是高尚的”、“孔子是非同寻常的”等中，实词如“聪明的”、“博学的”、“高尚的”、“非同寻常的”似乎都是在表达孔子，但它们其实并不相同。相对于“聪明的”、“博学的”等实词，“非同寻常的”表达了某些对象所归的类，这些对象同时又属于“聪明的”、“博学的”、“高尚的”等所表达的类。另一方面，如果没有后一些实词所归的类，“非同寻常的”就无法给出，因为只有当一个对象同时可归于“聪明的”、“博学的”、“高尚的”等所表达的类时，才能归于“非同寻常的”所表达的类，因此“非同寻常”所表达的类与“聪明的”、“博学的”、“有许多著名学生”等形成的对象有关。因而可以说，相对于这些实词，“非同寻常的”是高阶实词。很显然，此高阶实词与数学语词一样，它们在表达世界的基本方式上与其他实词没有不同。一般地说，虽然不同实词可能分属于不同的阶，但在表达世界的基本方式上，

① [英]罗素：《数理哲学导论》，晏成书译，商务印书馆 1999 年版，第 22—23 页。

② 同上书，第 55—56 页。

高阶实词与低阶实词没有什么不同，可把它们看作是通名。

这里顺便提及另一类特殊的实词，这就是代词。单独而言，代词如“我”、“你”、“他”、“他们”、“它”等并不表达特定的世界对象，但在特定的语境也有表达作用，它的作用如同它所代表的名词、动词与形容词等实词一样。一定意义上，代词不是根据语法功能划出的，正如它的名称所表明的，代词只是代替其他词，其自身并没有确定的、独立的意义，人们使用它也许只是纯粹为了表达的简便或更节约地用词。代词的语法功能分别相当于它所代替的动词、名词、数词等语法功能，而它在表达世界的基本相关性上也与它所代替的实词相同，因此它可能是专名，也可能是通名。在“中国是一个伟大的国家，它有广阔的土地”中，“它”指“中国”，“它”与“中国”一样起一种标记作用。在“鲸鱼是哺乳动物，它们生活在大海中”中，“它们”则是鲸鱼，是通名。

## 33. 复合实词的表达类型

为了研讨的方便，前面所提到的实词基本都是简单实词，相对于简单实词，复合实词的数量要多得多，正是众多的复合实词才能对多样的世界或人的认识给出精确的表达。所谓精确的表达是指，当用两个或多个实词来表达某些对象所构成的类时，如果其中一个实词所表达的类包含于另一实词所表达的类中，也即前一类所包含的对象都包含于后一类之中，而后一类所包含的对象却并不都包含于前一类中，那么前一实词在表达世界时比后一实词的表达更为精确。“人”可表达王浩、赵敏、李刚等构成的类，“动物”也能，“人”表达的类所包含对象都出现在“动物”所表达的类中，但反过来则不成立，这时就可以说“人”对王浩、赵敏、李刚等的表达就比“动物”对它们的表达更精确。表达越精确，也就表明人们对世界对象之间的相似性有更多、更丰富的了解，对它们的认识更深入。纯粹专名没有认识意义，因而在此不考虑纯粹专名的表达是否精确的问题，这里所谈到的精确性主要针对的是通名。当然也可以说纯粹专名的表达是绝对精确的。

在表达世界对象时，复合实词与简单实词是否有所不同？要说明这一点，首先要了解复合实词的形成。一个简单实词在表达世界对象时，无论是专名还是通名，都可以看作是把某一对象或某些对象归在一起，并与世界中的其他对象区分开来的结果。一个类包含诸多对象，其中的某些对象也可能同时属于其他的类，当要表达的某个或某些对象既属于某一类，同时又属于其他类的情形时，可能就要用复合实词来表达了。如果一些对象既属于某一类，同时又属于另一类，而这两类所包含的对象又不是完全相同的，这时就可用表达此两类的实词所形成的复合实词来表达这些对象所构成的类。这样形成的复合实词可看作是构成它的那些简单实词相互限制的结果。很显然，在此种情形中，复合实词的表达往往比那些构成它的简单实词的表达更精确。

由简单实词构成复合实词的方式有多种。一种是通名与通名的复合，“白马”、“红旗”、“聪明人”等就是由此形成的复合实词。如果一个对象或一些对象是“马”表达的类所包含的对象或简单地说是“马”所表达的对象，同时它又是“白的”所表达的对象，此时用“马”或“白的”都不够精确表达此对象或这些对象，更精确的表达就要由“白马”一词来作出。由通名与通名复合而成的复合实词，如“白马”、“红旗”等也许是使用最广泛的一类复合实词。其中有些复合实词由于用得比较普遍，有时甚至可用一个简单实词来代替，如把“小牛”说成“犊”，把“微笑”说成“哂”。无疑，在与世界相关的基本类型上，由多个通名复合而形成的复合实词与简单实词并无不同。

一个对象可用专名来标记，它又可能包含在由某个通名所表达的类中，如果这样，人们可能用专名与通名相互限制而形成的复合实词来表达此对象，“聪明的一休”、“伟大的中国”、“红太阳”等就是这样形成的复合实词。在与世界相关的基本类型方面，由此形成的复合实词显然与简单实词并无不同，然而它是专名还是通名呢？如果专名是指把某个对象从其他对象中标记出来的实词，那么这样的复合实词依然可以看作是专名。不过这类专名尽管是对某个对象的标记，但又与只起标记作用的纯粹专名不同，它包含了人们对此对象的许多认识，这种认识由其中的通名表现出来。如“一休”标记了某个对象，而“聪明的一休”则表达了一休与其他某些对象所具有的某种相似性，即聪明的。还有一种情形值得指出，当人们在特定的语境中用临时性专名“这”、“那”等标记某对象时，有时为了表达得更明确，又对此语词作了更多的限制，由此形成如“这根铁丝”，“那个高个子”等复合实词，这些实词在特定语境中也可看作是有认识意义的专名。

也许人们会在此争辩：由通名与专名复合而形成的实词不应当被看作专

名,由于具有认识意义,它们充其量只是一种伪专名。如果认定专名绝没有认识意义,它们只是纯粹的标记,那么上面所谈到的这类实词自然不是专名。但如果把能标记出一个对象的实词当作专名,这样的实词当然可被当作专名,不过这样的专名并不是纯粹专名。争辩不纯粹专名是否是专名并没有太多意义,它只是一种与特设性定义相关的争辩。如果一种特设性定义不能为解释带来方便,人们有理由作出其他特设性定义;如果它能为解释带来方便,这样的解释便没有理由不被接受。因而单纯争论何种特设性定义合理没有太多的价值。人们习惯地称之为专名的一些实词并不是纯粹的,它们具有认识意义,如王浩是指姓王的人家的儿子,而太阳与中国阴阳学说有关,它表达最阳的东西。严格来说,这些通常被当作专名而并不完全没有认识意义的实词如“王浩”、“太阳”等都不是纯粹专名。实际上,纯粹专名很少,它们甚至在实际的语言表达中难以找到,也许只出现于一些特别构造的人工语言中。如果只把纯粹专名当作专名,那么那些通常被称为专名的实词则不能再被称作专名。为了与习惯性的称呼保持一致,我们并不只把纯粹专名称为专名,也把那些标记某个对象,同时具有一定认识意义的实词看作是专名,有时也特别地称之为普通专名。

为何人们往往在使用某些实词标记特定对象时又赋予它一些认识意义,而不大使用纯粹专名来标记对象呢?这恰恰体现了人类思维的高妙之处。人们并不只是单纯为标记对象而给出专名,之所以标记对象,更重要的是为了认识它。为了以更简便、更少的语言符号来表达世界——这样的语言符号也更容易为人所掌握,在标记某个对象时,人们通常使用一些出现在其他通名中的语言符号,当用这些符号或符号的组合来标记对象时,它们有时也传达了它们充当通名时的一些认识意义。只要能有效、经济地把对象标记出来,这样有何不可呢?实际上,提出纯粹专名只是为了更好地解释实词与世界之间的基本相关性,它并不一定在实际的语言表达中大量出现,甚至可能很少出现。

一般不用多个纯粹专名来标记同一对象,因为这会造成语言符号的浪费,会不必要地增加理解的负担。不过实际的语言表达可能用许多专名来表达同一对象,如可能用“鲁迅”与“周树人”或“晨星”与“暮星”等表达同一对象。考虑到不纯粹的专名或普通专名具有认识意义,这一点倒是不难理解。由于人们对专名抱有某些固执的教条,因而在此有过不少的争论,不过一旦注意到纯粹专名与普通专名之间的不同,那就可能发现,这些争论如果不是完全没有价值,其价值也常常不如通常所想象的那样大。穆勒认为专名只是贴在其指称上的一个标签,没有认识意义。穆勒的看法对于纯粹专名无疑是合适的,但他可能没有注意到,这样的专名其实很少,他的看法也可能由于忽视了普通专名而变得没有实际价值。为了解释一个对象有两个专名的问题,弗雷格宣称专名具有认识意义,并且它不由或不完全由其所指对象给定。如果注意到纯粹专名与普遍专名之间的不同,那么人们就会发现,专名其实并不必定具有认识意义,如纯粹专名就是如此。即使弗雷格所指的专名只是普通专名,而不是纯粹专名,人们也有理由抱怨他的这种解释模糊了专名和通名之间的不同。

还有一类复合实词,它似乎是专名与通名的复合,这里指的是如“长江大桥”、“中国结”等实词。严格来说,这些复合实词并不是通名与专名的复合,而是通名与通名的复合。“长江大桥”中的“长江”与“中国结”中的“中国”看上去是专名,其实是通名。在“长江大桥”中的“长江”指长江上的建筑物,而“长江大桥”表达如下对象所构成的类:这些对象既是长江上的建筑物,同时它们又是桥。在“中国结”中的“中国”指具有中国特色的东西,而“中国结”是指具有中国特色的结。在汉语中,由于这些实词没有形态的变化,因而它们对实词与实词之间的结构关系表现得不是很清楚,在其他语言系统如英语中,它们可能表现得更清楚。无论如何,由专名与通名相互限制而形成的复合实词在与世界相关的基本类型方面同其他实词没有不同。

专名与专名也可能有相互的限制,由此形成的实词通常依然是专名。不过从认识角度来说,专名之间的限制要么没有增加认识意义,这种表达方式是不必要的,要么是错误的。如果形成复合实词的两个专名所标记的对象具有包含关系,即其中一个实词所标记的对象是另一实词所标记的对象的次级对象,或是它的一部分,这样的限制往往就只是一种强调,并没有能够表达出人们认识世界的深入,使用它们是不必要的,是无价值的。如“中国湖南”、“北京故宫”等就是这样的复合实词。通名与通名之间也可能形成类似的复合实词,如“黑暗”、“广阔”、“重复”等就是如此。这样的表达尽管在认识上无价值,却也并非完全没有其他方面的价值,不过这种价值并不在我们所考虑的范围之内。如果形成复合实词的两个专名所标记的对象是不同的,由此形成的复合实词如“美国湖南”、“上海故宫”等往往就是一种错误表达,也可以说这种表达无意义。当然,上述的表达或许可能作另外的理解,如“中国湖南”、“北京故宫”不是指专名与专名之间的相互限制,而是指通名与专名的相互限制,即它们分别与“中国的湖南”、“北京的天坛”同义,这样一来,形成这些复合实词的简单实词之间的关系就同形成“聪明的一休”的那些简单实词之间关系一样了。

不同阶的实词也可能相互限制,形成复合实词,由此形成的复合实词可能是通名与通名的复合,也可能是通名与专名的复合,“三本书”、“非同寻常的孔子”等即是这样形成的复合实词。“三本书”可以说是对如下对象所构成的类的表达,此类中的对象是书,这些书所构成的类与其他的类同属于“三”所表达的类。“非同寻常的孔子”是指孔子可能同时归属于某些类,如归属于“聪明的”、“博学的”、“高尚的”等表达的类,同时能归属于这些类的对象又同属于一类,它为“非同寻常”所表达。由这些事例可以看出,不同阶的实词能复合,从复合方式上看,不同阶的实词所形成的复合实词并不与由其他实词所构成的复合实词有根本的不同,在与世界的基本相关性上,这类复合实词与其他复合实词也没有什么不同。总之,通过千变万化的复合,有限的简单实词能复合形成众多的、甚至无限的复合实词,它们可对世界给出复杂的描绘。无论是简单实词还是复合实词,它们在与世界的基本相关性上并没有区别。

复合实词能更精确地表达世界对象,随着认识的深入,几乎必然要使用复合实词。在由某些简单实词复合形成复合实词的过程中存在一些形成的规则,这些规则也可以说是构词法。这些规则可能与实词所表达的世界相关,但并不完全由世界确定,有时甚至与之没有太多的关系。可能按不同的秩序,由同一些实词形成不同的复合实词,这些复合实词对世界给出了不同的表达,如说“白雪”时,重点是表达雪,而说“雪白”时,重点是表达白。有时根据一些约定俗成的规则,人们判定某些复合是不合法的,判定另一些复合是合法的,如对于语法学家来说,只能说“白马”,不说“马白”,只能说“辛亥革命”,而不说“革命辛亥”。可由诸多简单实词联结形成复合实词,由于联结的方式不同,形成复合实词的意义也有所不同,有时甚至根据某种联结方式形成的符号不是实词。某种特定的联结具有何种意义?何种联结是合适的?何种不是合适的?这不是我们所要关注的问题。此处可完全按语法学家给出的构词规则来理解实词之间的联结方式,这种理解无疑不会影响我们达到目的。

尽管实词多种多样,不同类的实词的语法功能各不相同,但在它们与世界的相关方式上或在表达世界的方式上可以把它们分为少数几种基本类型。一般来说,一个实词,只要它表达世界的某些对象,也就可以说它把所要表达的对象放到一起,归为一类了,也由此显示出了它所表达的对象与其他的对象之间的不同。其中专名只是任意地把某些对象放在一起,并把它当作一个对象,从而与其他对象区分开来,通名则是对世界对象中那些具有某些相似性的对象所构成的类的表达。

## 34. 专名与通名的实际确定

在进一步讨论之前,有必要对上述所达成的一些看法作些辩护。有人可能认为,把某些实词即通名看作是对相似对象所构成的类的表达太勉强。尽管有些这样的实词可以被看作是对相似对象所归的类的表达,但有些实词实在难以被如此看待,它不符合人们的心理直觉,如人们在使用"一"、"二"、"三"等实词时,似乎并没有想到它们表达的是"相似的类的类"。这种批评当然不是合适的。这里所给出的只是对人们如何使用实词表达世界而做的解释,它也许根据心理直觉而来,但也并不完全如此。作出某个语言表达时的心理直觉并不等同于对此表达过程的解释,人们做出某种解释时通常不必太在意是否符合心理直觉,是否符合心理直觉并不是解释成功的关键。当然并不表明上述的解释必定是真的,它是一种解释,也仅仅只是一种解释,人们可能选择其他的解释,不过如果它能合适地解释知识现象,并能促进求知事业,坚持它也并非没有理由。

也有人提出,把实词看作是对相似对象所归的类的表达是不合适的,至少有一些实词,如"老师"、"团结"等关系词就难以说是对世界中某些对象所归的类的表达,而一些高阶实词如"职业"、"品质"就更是如此,因而上述的解释是牵强的,甚至完全说不通。如果追问批评者:为何"老师"、"团结"、"品质"等实词不是对世界中相似对象所归的类的表达?他们可能回答:因为根本没有"老师"、"团结"、"品质"等实词所表达的对象,或没有这些实词所归类的对象。如果这样,我们还可以继续追问批评者:你是如何知道没有这样的对象的呢?批评者可能回答:这难道不是很明显吗?的确,除了这样的回答,似乎难以想象批评者可能还有其他的回答。这种回答其实隐含了如下的前提:人们在作出某语言表达之前就已知道世界中何种对象实际存在,何种对象不实际存在,那些实际存在的对象支持特定的语言表达的出现,它们不依赖于任何语言表达而存在。很明显,批评者所谈论的不是语言世界而是本原世界,在他们看来,语言表达可能直接反映本原世界,可以根据本原世界中的对象以及语言与实体对象之间的相关性来区分实词。对于这种看法的问题,前面已有过诸多批评,这里已无需多说。

我们愿意承认有一个本原世界,尽管不清楚它如何决定语言表达,却可以把它当作语言表达出现的根据。不过语言世界不同于本原世界,它是语言表达呈现出来的世界。语言世界中存在何物只能根据语言表达来确定,在语言表达之前,人们不能预先独断地确定在语言世界中“老师”、“团结”、“品质”等实词是否表达了某对象或它们所表达的对象是否存在。尽管“老师”不是表达某个特定的人或某些特定的人,却是对某些人之间的特定关系的表达,它是对这些相似的特定关系所归的类的表达,可以把这种关系当作某种类型的对象。老师或许不同于孔子、苏格拉底等个体对象,它以一种不同于后者存在的方式存在,却可在语言世界中存在。

使批评者迷惑的可能是一些高阶实词。高阶实词所表达的对象是其他实词所形成的对象,或甚至是想象中的对象,这样的对象无疑也是语言世界中的存在物。实际上,实词一旦给出,只要其内部不包含逻辑矛盾,它们所表达的对象便是可设想的,便存在于语言世界中。一些包含逻辑矛盾的实词,如“方圆”、“明暗”等,尽管构成它们的简单语词如“方”、“圆”等表达了某些对象,但这些语词本身所表达的对象不可设想,就此而言,它们并不表达语言世界中的对象,也可以说这样的语言表达是无意义的。一般对说,在做出任何语言表达时,人们甚至不用考虑实词到底表达何种对象,所表达的对象是一还是多,只要它是有意义的语言表达,便可以认定它表达了某个或某些对象,此对象是语言世界中的存在物。

另一种批评则认为,上述的解释将会导致悖论,因而是不合理的①。类是解释实词而给出的设定或是一个思想的抽象物,如果这种设定与其他设定存

① 参见陈波:《逻辑哲学导论》,中国人民大学出版社2000年版,第69页。

在矛盾,无疑表明它是不合理的。如果人们提出某种假定,如把类区分为两种:一种是包含以自身为对象的类,另一种是不包含以自身为对象的类,这时就可看到,当试图解答"那种不包含以自身为对象的类属于哪一类"的问题时,他在此就会陷入矛盾、导致悖论。批评者据此提出,上述的解释是不合理的。可以肯定地说,利用这种方式来反对上述解释是不适当的。上述的解释并不必定要求进一步把类区分为"包含以自身为对象的类"与"不包含以自身为对象的类",不必定要求解答"那种不包含以自身为对象的类属于哪一类"等之类的问题。批评者提出这样的区分与问题时,他其实已把类与类所包含的对象混淆了。可见,之所以在此出现矛盾,不是由于上述解释出现了问题,而是批评者出现了混淆的结果,这种混淆实际也是表达与对表达的解释之间的混淆。批评者可能指出,类似于上述的悖论在日常言语活动中也经常出现,如"我现在说的是假话","一切都是假的"等就是这样的语言表达,因而完全排除这种语言表达方式不符合实际。不过,即便如此也依然不表明这种批评是合理的,而恰恰表明了上述解释的合理性。实际上,在上述解释中出现这样的悖论并不表明解释本身有悖论或导致悖论,只是表明这种解释能表现出这些在日常言语活动中出现的悖论。如果一种对语言的解释不能呈现出这些悖论,那只能说这种解释并不自然。

一个更具威胁的批评是,尽管从定义上可把实词严格地区分为专名与通名,在实际的言语活动中可否也能做到这一点呢?也即可否把一个实词严格地区分为专名或通名呢?如果不能做到这一点,那么提出这样的区分有何价值?实际情形表明,一个语言系统中的实词难以绝对地被区分为专名与通名。实词总是能被持续地使用,它可能出现于不同的时期,一个实词可能先被当作专名,后来则被当作通名;也可能先被当作通名,后来则被当作专名。"皇帝"一词最初被当作专名,它指秦始皇,后来则被当作一个通名。"伯乐"最初也是一个人名,被当作一个专名,但现在则常常成为了通名。一些表达地名的实词,最初出现时往往被当作通名,后来却从通名转化为了专名,如"山西"、"河南"、"洛阳"大约就是这样的实词。

一个实词之所以在某一时期被当作专名,在另一时期则被当作通名,可能有多种原因。因认识范围的扩大或认识的深入,为了更有效地表达世界,往往需要增加一些新的实词,但新的实词会增加思维的负担,于是人们有时通过改变某些实词的使用来做到这一点。由于对某些实词表达世界的方式作了改变,人们可能把原来用作专名的实词当作通名,或把原来用作通名的实词当作专名。小孩把他经常看到的那个人命名为“妈妈”,在他的世界中,“妈妈”就是专名。后来他逐渐了解到,其他小孩也把他所看到的某个对象命名为妈妈。因认识范围的扩大,也为着与他人之间的相互交流,他后来就把“妈妈”看作是对许多女人之间的相似性的表达。有时由于被表达的对象太宽泛,随着认识范围的扩大或认识的深入,人们发现有必要对世界给出更精确的表达,于是他就把原来用作通名的实词当作专名来使用了。某些被当作专名的地名或许就包含了这样的转化过程。

考虑到一个实词可能有的漫长的使用过程,的确难以绝对地确定它是否为专名或为通名。或许在某一时期,一个实词被当作专名,在另一时期它则被当作通名,而现在被当作专名或通名的实词在将来可能被当作通名或专名。人们根据实词与世界对象的基本相关性而区分专名与通名,因而除非预先确定世界中的对象,否则难以在实际的语言表达中确定一个实词是专名还是通名。的确,如果不确定世界对象,人们难以把太阳确定为专名,也许有人认定“太阳”是专名,但在后羿射日的神话故事中,“太阳”则是通名,它表达帝俊的儿子们。一般把“桌子”当作通名,但如果一个世界中只有一张桌子,“桌子”是对这张桌子的标记,此时它无疑就成了专名。世界对象要通过语言表达而呈现出来,不同共同体可能承诺有不同的世界,如果只有确定了世界对象才能确定一个实词是专名还是通名,这甚至意味着即便在同一时期也无法确定一个实词是专名还是通名。

是否根本无法在实际的言语活动中区分专名与通名呢?对此显然难以做出肯定答复。实际上,即便没有绝对的区分,但相对于特定的共同体,这种区分是可能做到的。抽象地说,某个实词在一些人那里被当作专名,在另一些人那里可能被当作通名;或在某一时期它被当作专名,在另一时期则可能被当作通名。但在特定的共同体中,这一点并不总是可能的。一个共同体由于有诸多共同确认的基础陈述,这些基础陈述也就理所当然地成了确定实词是否为专名或通名的可靠根据。确实可能通过基础陈述来确定一个实词是否为专名或为通名。如果把“王浩是人”当作基础陈述,那么就很难把“人”当作专名,而只可把它当作通名。如果一个共同体中的某一成员把“人”当作通名,另一个成员把它当作专名,那么无疑难以说他们对此陈述有共识。如果把“梁山泊爱祝英台”当作基础陈述,接受此陈述为基础陈述的共同体就不太可能把“爱”当作专名。

不仅特定共同体中的人们可能确定一个实词是否为专名或为通名,甚至属于不同共同体的人们或使用共同语言系统的人们,只要他们之间有相互的交流,那么他们也就可能确定许多实词是否为专名或为通名,也即对许多实词是否为专名或为通名有相对一致的看法。这样的确定也许是约定俗成的,但无疑总是可能的,而不至于使得人们谈论专名与通名时没有实际的所指。当然不可说人们在特定语言系统中能绝对地确定一个实词是否为专名或为通名,甚至在特定共同体中,共同体成员也不能做到这一点。某一共同体成员可能把某一实词当作专名,而另一成员则把它当作通名,共同体成员之间的这种不同有时并不会影响他们对基础陈述的确认,不会影响他们达成某些共识。如某共同体接受“王浩是人”为基础陈述,共同体成员将把“人”当作通名,但并不能由此确定“王浩”是专名或是通名。共同体中的某些成员可能把它当作专名,另一些成员则可能把它当作通名,这种不同往往并不影响他们把此陈述当作基础陈述。

一个实词是否为专名或为通名,与特定的语言系统有关,与特定的共同体有关,甚至与特定的语境有关。我与一个同伴在等王浩,这时看到他正从不远处走来,我对同伴说:“瞧,王浩来了”,我的同伴附和说:“是呀,人来了”。在上述语境出现的陈述中,“人”也就成了专名。不过,有时即便在同一语境中也无法绝对地确定一个实词是否为专名或为通名。在同一语境中,人们可能对一些实词做出不同的理解,结果对它们是专名或是通名给出不同看法。人们可能把“长城”、“故宫”当作复合的通名,也可以把它们看作是一个具有认识意义的专名。一般把“水”看作是通名,“水”是对诸多对象之间的相似性的表达,这些对象分布于不同地方,但它们共有一个名称。但“水”似乎与专名也并无不同,人们完全可以把“水”看作是对世界中的水的命名,盆中的水、湖中的水、海中的水是对它的分有,是它的部分。然而,无论是把“水”当作专名还是当作通名,似乎在通常的情形中都不会影响人们的相互交流,不会影响人们达成某些共识。

在一共同体中,人们能确定某些实词是否为专名或为通名,但不能确定所有实词是专名还是通名,甚至在特定的语境中也难以做到这一点,是否可以说,区分专名与通名没有价值?之所以有如此的疑问,很可能是批评者没有清晰了解在此区分专名与通名的目的的缘故。至少在这里,之所以区分专名与通名不是因为其他,而只是为了说明实词与世界之间的基本相关性,希望以此确定陈述形式,以获得对交流过程或认识过程的理解。尽管不能绝对地确定某个实词为专名或为通名,如果在一个共同体中或在特定的语境中能确定一个实词是否为专名或为通名,由之获得了实词与世界之间的基本相关性,确定了陈述形式,同时根据所确定的陈述形式充分地表达出了陈述之间的各种转换关系,并以此能合理地解释交流过程或认识过程,解释各种知识现象,那么可以说已达到了目的。如果能做到这一点,即便不能实际地区分所有实词是专名还是通名,只要具有能区分一个实词为专名或为通名的可能性,并在某些具体情形中能确定某些实词是专名还是通名,我们就已心满意足了。

为解释特定的交流过程或认识过程,有时不得不确定在某一共同体中或在特定语境中所使用的某些实词是专名还是通名。在特定共同体中或在特定语境中,人们通常能做到这一点。即使在某些情形中不能完全确定一个实词是否为专名或为通名,人们也可能通过一些适当的、具有特设性的规定而做到这一点,只要能做到一点,其目的也就可能达到了。许多人希望在实际言语活动中超越特定共同体或特定的语境而绝对地解答一个实词是专名还是通名的问题,并提出诸多区分专名与通名的标准或规则,另一些人则拼命地针对这些标准或规则寻找相应的反例,结果在此产生了大量的争论。现在可以幸运地发现,卷入这种争论其实没有太多的必要。

# 第十章 陈述形式与实在对象

## 35. 语词与陈述

陈述由语词构成,它一般包含多个简单语词,从这一点来说,它类似于复合词。尽管在特定的语境中,简单语词也可构成陈述,不过在它作为一个陈述表达世界而不是单纯作为一个语词表达世界时,可以把它看作是省略许多其他成分的结果。如我在一条杂草丛生的僻静小道上散步,看见一条蛇,就大声喊叫:"蛇!"在此表达中,尽管只有一个实词"蛇",但此语境中的"蛇"并不同于单纯作为语词的"蛇",它如同一个陈述,其意义如同"这是蛇"、"这里有一条蛇"等。在此不考虑这些具有诸多省略成分的特殊情形。在表达世界的方式上,可以期望陈述与语词有类似性,可以由语词表达世界的基本方式来了解陈述表达世界的某些特征。不过二者在表达方面的不同也是值得注意的。陈述与简单语词以及由之组合而成的复合词有根本的不同,后者没有真假之分,而只有陈述才有真假。复合词或一般地语词与陈述如何区分?它们在表达世界的方式上有何不同?

由于某个陈述与另一陈述可能没有任何共同的语言符号,因此它们之为陈述并不依赖于这些语言表达是否包含了某些特定语言符号,或者说没有任何语言符号可以作为区分陈述与语词的根据。也许可由语词与语词之间的某些关系来区分语词与陈述。对于英语等语言系统来说,人们可能认为可以根据动词来进行区分。在英语中,不同陈述或甚至语句中的谓语动词有各种形态变化,这种变化因时态、人称的不同而不同,谓语动词的形态要与时态、人称保持一致,因此可把那些可能包含不同形态变化的动词的语言表达看作是语句,而陈述作为语句的一类也得以与语词区分开。但这一点并不具有普遍性,在有些语言系统中,语句的谓语动词并不因时态、人称的不同而有所不同,它甚至并无形态的变化。汉语语句“我跑”、“他跑”和“我现在跑”等的时态与人称都不同,但它们的谓语动词“跑”并没有形态的变化。可见,根据谓语动词的变化来区分语词与陈述的方式充其量只对某些语言系统有效。

另一种看法认为,一个陈述之为陈述,在于它有一个特定的结构,即主谓结构,凡具有主谓结构的语言表达便不是语词,而是陈述或语句。这一点对于英语等语言系统来说或许有道理。在英语中,一个语句之为语句,其主语与谓语不可或缺,有时一个语句或许没有合适的主语,这时也要给出一个形式主语如“it”。但它同样不具有普遍性。某些语言系统中的语句并没有明确的主谓结构,汉语就是这样的语言系统。汉语中存在着大量紧缩、省略等现象,一些语句常常没有主语,或是主语不出现,如“下雨了”就没有主语。有时甚至可以说,人们并不是根据主谓结构来判定一个语言表达是否是语句,而往往是由于已知它是语句才断言它具有主谓结构,并因此寻找此语句中何种成分是主语,何种成分是谓语等等,因而依此来区分语词与语句恰恰倒因为果了。

一般而言,陈述或语句都带有标点符号,语词则不带有标点符号,因而有人提出,只有带有标点符号,一个语言表达才能成为语句,那些不带标点符号的语言表达则不是语句,于是标点符号成了语句之为语句的根据。这种看法的问题是显然的。一方面,有些语言系统没有标点符号,现在那些存在标点符号的语言系统也不是从来就有的。没有标点符号的语言系统并不能说没有语句,如古汉语没有标点符号,显然不能说在古汉语中没有语句。另一方面,人们只是由于断定一个语言表达是语句才给予它标点,而并不是根据一个语言表达有标点才断定它是语句。

由于语句是语言交流的出发点,在言语行为中,人们总是一句一句地说,也总是一句一句地理解语句的,因而看上去语句是语言的基本运用单位,它在意义上具有独立性。或许有人会进一步提议:只有那些具有独立意义的语言表达才是语句,由于语词不具有独立的意义,因此不是语句。这种看法的问题在于:意义本身只是隐藏在语言表达之后的东西,人们无法确定一个语言表达的完整意义,更没有一个判定意义是否独立的标准。同时,甚至语句也并不一定具有完全独立的意义,它的意义与其他语句有关,因而对于“一个语言表达是否具有独立意义”的问题常常难以给出断然的回答。同时,对于上述看法,反对者也总是可以说,正是由于断言一个语言表达是语句才断定它具有独立意义,而不是相反。

尽管可能从多方面对语词与语句给出区分,然而这些区分都不是绝对的,都存在种种例外。由语词构成语句的语法规则与特定的文化传统有关,而不同的语言系统有不同的语法规则,甚至同一语言系统在不同时期也有不同的语法规则,这似乎更进一步促使人们认定:根本无法找到一个可被普遍接受的标准,可依据此标准在言语行为中区分语词与语句。然而人们似乎并不担心这个问题,实际上,正如他可能按某些约定俗成的规则区分简单语词与复合语词一样,他也可能按约定俗成的方式区分语词与语句,只是不能期望这些区分标准具有普遍的有效性,它适用于所有人,适用于所有语言系统。

由于只有陈述才可能成为知识,语词不可能成为知识,因而有必要对语词与陈述作出严格的区分,只有如此才可能合理地理解知识现象,才可能有自贯一致的知识论。在此处,追问语词与陈述之间的区分比追问语词与语句之间的区分更有价值。如何区分语词与陈述?由于语词无真假的区分,只有陈述才有,可以说,正是那决定陈述真假的东西才是语词与陈述得以区分的根本原因。由于只有具有特定认识意义的陈述才有真假,因而也可以说正是语言表达的特定的认识意义才是语词与陈述得以区分开来的根本原因。一个语言表达的认识意义与其所表达的世界相关,甚至于语词与陈述之间在认识意义方面的不同根本源于它们与世界相关方式的不同,因而与它们表达世界的方式相关。语词与陈述在表达世界的方式上有何不同?

一般来说,语词表达世界时,它呈现出了世界对象,它所呈现出的世界对象可以说是存在的。人们可能对世界中的对象给予多种多样的归类,而语词则不多不少地表达了它们,因而无论是简单语词还是复合语词,它们都表明人们可以对世界对象进行如此的归类。尽管语词表达的类所包含的对象存在于语言世界中,但仅仅通过这些语词并不能获知这些对象如何存在。人们说到"桌子"、"黑天鹅"、"独角兽"等时,他只是表明在语言世界中存在这样一些对象,这些对象可以被归为如此这般的类,有时也可以不严格地说在他的思想中形成了诸如桌子、黑天鹅、独角兽等观念或表象,但难以从这些语词获得这些对象在语言世界中如何存在的信息。

陈述则不同。由于陈述有真假之分,相对于语词,具有真假的陈述不只表达了语言世界中对象的存在,它还表达了世界对象的其他一些特性,我们把这样的特性或其中的某些特性称为实在性。实在性表明了世界对象如何存在，也即一个实在的对象不仅是存在的，而且它以实在的方式存在。如果一个陈述表达了世界对象的实在性，这时也说它断定了世界。陈述“金属导电”表达了语言世界中的存在某些对象，它们可被归于金属一类，同时也可被归于导电的一类。但此陈述所表达的东西不只是如此，它还表达了世界的更多特性，即世界对象的实在性，它断定世界中的对象不仅可能具有某种关系，并且实在地具有这种关系。语词“导电金属”则不能做到这一点，它只是指出世界中存在某些对象，它们既可被归于导电的一类，又可被归于金属一类，至于此对象是否实在则是另一回事。按照这种解释，语词与陈述之所以有不同，在于它们与世界的相关性方面有所不同，陈述不仅表现世界，而且还断定世界。为了表达出语词和陈述与世界相关方式的不同，有时说语词表现或呈现世界，说陈述描述世界，显然，这里的“描述”一词既有表现的含义，也有断定的含义。尽管注意到了这一点，不过有时为了方便，我们往往只是一般地说语词或陈述表达世界，而并没有把它们表达的方式细致地区分开。

由语词表达出来的存在世界是抽象的、不确定的，它混沌不清、捉摸不定。如果人们相互之间有交流，不同的人们对同一语言表达就要有共同的理解，作为交流与理解中介的语言表达，它必定要具有确定性，也即它所表达的世界不能是混沌不清、捉摸不定的。如果陈述是交流或理解的中介，无疑它所表达的世界不是抽象的、不确定的，它不仅要表达世界，也要对世界有所断定，可称具有真假的陈述所断定的世界为实在世界。反过来也可以说，陈述之所以有真假，正是由于它是表达实在世界的结果，而确定陈述真假的根据正是实在世界。很显然，实在世界不同于语言世界，如果语言世界是抽象的、不确定的，那么相对而言，实在世界则是具体的、确定的世界。实在世界当然也不是与语言世界根本不同的世界。实在世界基于语言世界，它内在于语言世界或隐身于其中，只不过它可能借陈述而从语言世界中凸现出来，正如雕塑隐身于石块中，同时它又可借雕刻家的手而从石块中凸现出来一样。

对于陈述与语词的这种区别，弗雷格也有类似看法。弗雷格认为语词所表达的是表象，如“天鹅”表达天鹅表象，“黑色”表达黑色表象，而黑天鹅则是上述两种表象的组合。当语词形成陈述时，陈述无疑表达了由之所构成的各个语词所表达的表象的组合，此组合表象可看作是陈述所表达的内容。除此

之外，陈述还表达出了与语词或语词组合所表达出来的东西不同的东西，那就是对此内容的断定。这样弗雷格就把陈述分析为两个基本成分:陈述的内容和对此内容的断定。弗雷格用符号“—”表示陈述的内容，用“|”表示陈述的断定，而任何陈述都具有这两方面的表达能力，他借助于符号“⊢”来表示这一点，因此他声称“⊢”是所有陈述的“共同谓词”①。弗雷格没有深究语词与陈述为何有不同，语词所表达的世界与陈述所表达的世界有何关系，但他无疑直观地体会到它们之间所存在的这种区分。

显然不能指望在此给出一种确切的标准，借助这种标准能在实际的言语行为中严格地表明某语言表达是陈述，其他语言表达则不是，或借助它把语词与陈述区分开来。甚至上述所给出的关于语词与陈述之间的这种区分也只能显示出来，因为这种标准本身就是一种断定。严格而言，这里不是在给出一个区分标准，而只是解释当人们把一个语言表达称为陈述时意味着什么。不过，如果依此区分而能对交流过程与认识过程给出合理解释，并且建立在此基础上的认识规范可能对人们的求知事业提供助益，对我们来说无疑已经够了。合理的解释只能期望在后面的讨论给出，在此只能满足于独断性地确立这一点。

## 36. 陈述的形式

除非是省略句，一个陈述往往包含两个或两个以上的实词，它们可能相互限制。另一方面，世界中的对象具有各种分合的可能性，因而了解了语词与世界相关的基本方式也就可能了解一个陈述中语词之间的基本关系。这些基本关系不与语词的具体内容相关，不与它们所表达的特定对象相关，它们具有普遍适用性。获知了一个陈述所包含的各种语词之间的基本关系，由于类似陈述所包含的语词也可能具有相同的关系，因而也就可能获知这些陈述中语词之间的普遍性关系，也即可能获知这些陈述所共有的陈述形式。

在构成陈述的各种实词中，通名的作用是重要的，没有通名几乎无法构成陈述。认识世界对象的过程往往是表明某个或某些对象属于某一类，从而建

① [德]《弗雷格哲学论著选辑》，王路译，商务印书馆2001年版，第6—8页。

立起各种对象之间联系的过程。此目标通常需要经由通名才能达到。在认识王浩时,形成了诸如“王浩是人”、“王浩跑”、“王浩聪明”等陈述,如果没有“人”、“跑”、“聪明”等通名,人们几乎无法把对王浩的认识表达于陈述中,实际也就无法认识王浩。对于通名的作用,黑格尔有过一些具有启示性的看法,他曾说,被感知的东西只不过是一些不真实的、无理性的东西,仅仅是意谓的东西,它们甚至不可言说,而所能表达的“只是普遍的东西或共相”,因此我们所说出的“永远仅仅是一般的东西或共相”①。黑格尔似乎相信,只有运用通名,那些被感知的东西才能被表达出来,才能形成有关于它们的知识或真理。陈述中的语词不仅包括通名,也往往含有专名,然而,如果不说在实际语言表达中根本不存在只有专名的陈述,那也可以说这种陈述比较少见。而且,即便存在这样的陈述,这种陈述也可看作是省略了某些成分的结果,如果把它所包含的成分完整地表达出来,它实际也是包含了通名的。如此一来,可根据是否包含专名而把陈述分为两类,即包含专名的陈述与不包含专名的陈述。

陈述由语词根据某种方式构成,由于语词在表达世界对象方面只有少数几种基本方式,可以预见陈述在表达世界对象方面也只有少数几种基本方式。对一个包含专名的简单陈述,如“王浩是人”、“太阳是圆的”等来说,它与世界之间的基本表达关系似乎只有少数几种情形,甚至可以简单地认为只有两种情形,也即这类简单陈述表达了专名所标记的对象属于通名所表达的类或不属于此类。对不包含专名的简单陈述,它包含两个或少数几个通名,这样的陈述在表达世界的基本方式上可能会比较复杂一些,但也只有少数几种情形。具体来说,对于只包含两个通名的简单陈述有如下可能的情形:或一个通名所表达的类包含于另一个通名所表达的类中,如“人是动物”;或一个通名所表达的类与另一个通名所表达的类相同,如“单身汉是未婚男人”;或两个通名所表达的类互不包含但包含共同的对象,如“有些花是红的”;或两个通名所表达的类互不包含且没有共同的对象,如“城市不是人”。可以很容易地表明,包含更多通名的简单陈述在表达世界的基本方式上也只有少数几种情形。可见,简单陈述尽管数量众多,但在表达世界的基本方式上并不是完全不同

① [德]黑格尔:《精神现象学》(上),贺麟、王玖兴译,商务印书馆1979年版,第72—73页。

的,可以把它们归结为少数几种基本类型。

一个简单陈述可以通过添加各种修饰词形成复杂陈述。在简单陈述“王浩学习”中包含了的多个语词,可以对它们分别加以限制或添加各种修饰词,如“王浩”由“聪明的”修饰,“学习”由“认真”、“中国历史”等限制,结果可形成新的复杂陈述:“聪明的王浩很认真地学习中国历史”。可以认为从简单陈述到复杂陈述是按一定的规则一层一层地复合而成。通过添加各种修饰词而由简单陈述形成复杂陈述的过程中,无疑要根据一定的语法规则,但如何根据语法规则形成复杂陈述不是这里关注的目标,我们只注意的是,尽管有许多修饰词,但正如简单语词形成复合语词时并没有改变语词表达世界的基本方式一样,由简单陈述形成复杂陈述的过程中也没有改变陈述表达世界的基本方式。在表达世界的基本方式上,复杂陈述与简单陈述一样,也只有少数几种类型。由于专名标记对象,通名表达相似对象所构成的类,大体可以说,包含专名的陈述表达了专名所标记的对象与通名所表达的类之间的关系,不包含专名的陈述实际是对类与类之间关系的表达。因此,可以一般地说,陈述是对某个对象或某些对象与其他类的对象之间归属关系的表达。

在某一共同体中,或在某一语境中,不同语词所表达的世界是相同的,它们不过分合着同一世界,因而构成陈述的语词之间的普遍性关系可根据语词与世界的基本相关性而给出。同时,由于这种关系具有普遍性,它不与个别语词所表达的具体内容相关,因而可能用某些符号来显示。显然,这种关系也就是陈述形式。一种特定的陈述形式反映了一种类型的陈述所共有的特性,也可以说由于某些陈述具有相同的陈述形式才可断言它们是同一类型的陈述。如何由此确定某些陈述所共有的陈述形式?弗雷格在此作了开创性的工作。

根据弗雷格提供的启示,某一陈述在表达世界的基本方式上与其他陈述具有相似性,所有陈述都可看作是对世界对象之间类属关系的表达。通常用小写字母表达专名,用大写字母表达通名,这样就可通过分别字母的大小写来分别实词与世界相关的不同基本类型。对于表达某一用专名标记的对象归属于另一通名所表达的类的陈述而言,如果用小写字母如 a 表示标记个别对象的语词即专名,而用大写字母如 F 表示表达相似对象所归的类的通名,这时构成此陈述的语词之间的基本关系可用符号 Fa 表示,而 Fa 表示“a 是 F”。有时也可以把 Fa 理解为“a 属于 F”、“a 处于 F 中”或“a 具有 F”等,正如通名既可以看作是对相似对象所归的类的表达，又可看作是对众多对象相似性的表达一样，上述的不同理解基本上可以看作是一致的。有时也可简便地说，a 标记个别对象，F 表达相似对象所归的类，Fa 表示 a 属于 F，或 a 处于 F 中，或 a 具有 F。

显然，“王浩是人”可用 Fa 表示，这时 Fa 可以看作是对“王浩是人”的符号化，此时 a 指“王浩”，F 指“人”，而 Fa 表示“王浩属于人(类)”、“王浩处于人(类)中”或“王浩具有人(性)”等。对弗雷格来说，数学陈述如“2+5=7”与那些非数学陈述如“王浩是人”没有什么根本的不同。如果把“5”当作一个专名，用符号 a 表示，它标记数学世界中的某个对象，同时把“2+……=7”当作一个通名，用符号 F 表示，它表达某些相似对象所构成的类，这时“2+5=7”可以符号化为 Fa。可以看出，上述两个陈述即“王浩是人”、“2+5=7”在表达世界的基本方式上具有相同的形式，而 Fa 显示了它们共有的陈述形式，或甚至可以把 Fa 看作是它们共有的陈述形式。显然也可以用 Fa 表示“北京是城市”、“长城是中国的”、“7+8=15”等陈述中语词之间的普遍性关系或这些陈述所共有的陈述形式。一般地说，可以把所有那些能用 Fa 表示的陈述看作是同一类型的陈述，它们具有共同的陈述形式，而 Fa 显示了它们表达世界的基本方式。

Fa 本身没有真假，但如果 F 或 a 表示了确定的语词，它就可能具有真假了。如果 F 指“人”，a 指“北京”，那么 Fa 就是假的。而如果 F 指“人”，a 指“王浩”，那么 Fa 就是真的。如果 F 指“2+……=7”，a 指“8”，那么 Fa 也是假的，只有当 a 指“5”，Fa 才是真的。这种关于陈述形式的看法与传统看法无疑是不同的。按传统看法，基本的陈述形式由“S 是 P”显示。由于不同陈述中的“是”的意义并不完全相同，因此它其实并没有把陈述完全形式化。在上述的看法中，尽管在理解 Fa 时，系词“是”依然可以出现，如 Fa 可以看作是“a 是 F”，但这并不是必然的，也可以有其他的读法，如读作“a 属于 F”、“a 处于 F 中”或“a 具有 F”等，因而它的形式化更为彻底。另一方面，这种看待陈述形式的方式也能清晰地区分“是”的不同用法，因而它把语法问题与语义问题彻底地区分开了，从而可能避免由此而引起的诸多混乱。同时，由此考虑的陈述形式可能用于不含“是”的陈述中，因而相比于传统看法，它具有更普遍的适用性。

并不是所有的陈述都具有如此的形式,并不是所有陈述的形式都可通过Fa显示出来。如果陈述中包含关系词,此时陈述就可能涉及多个专名,于是可能要用更复杂的符号来表示其中的语词关系。如果一个陈述包含一个二元关系词,此陈述可能涉及两个专名,这时它们可分别用两个小写字母如a、b来表示,而关系词可用F来表示,于是可用Fab表示含有一个二元关系词的简单陈述。对于"苏格拉底教过柏拉图",可用F表示"教过",用a表示"苏格拉底",b表示"柏拉图",这样就可用Fab表示陈述"苏格拉底教过柏拉图"。a、b也可用其他的专名代替而形成不同的如"孔子教过颜回"、"鲁迅教过许广平"等陈述,这些陈述无疑共有相同的陈述形式。同时F也可表示其他的二元关系词,这样就形成了不同的如"梁山伯爱祝英台"、"南京在上海的西边"等陈述,此时也可以说Fab显示了上述这些陈述共有的陈述形式。对于包含更多元关系的陈述,同样可以类似地用Fabc、Fabcd等来表示。对于陈述"长沙在广州与北京之间",可把F看作是"……在……与……之间",如果用a表示"长沙",用b表示"广州",用c表示"北京",那么"长沙在广州与北京之间"就可以用符号Fabc表示了,也可以说Fabc显示了它以及其他类似陈述所共有的陈述形式。经上述的处理,可把许多含有复杂关系的陈述符号化,由此可显示出某些具有复杂关系的陈述在表达世界的基本方式上是相同的,它们具有相同的陈述形式。

通过这样的处理,尽管能把许多陈述符号化,但还不足以把所有陈述符号化。对于含有否定词的陈述如"长城不是人"以及一些包含"有些"、"所有"等语词的陈述如"有些东西是人","所有东西是人"等,它们就难以用上述方式符号化。为了把包含这样一些语词的陈述符号化,可以认为包含于这些陈述中的某些语词如"不"、"有些"、"所有"等的意义是相同的,认为它们不与特定的表达内容相关,它们本身是形式化了的。这时为了表达的方便,可把它们用某个固定的符号来表示。如果用固定符号"¬"表达一个陈述中的否定词"不",而对此陈述的其他部分则用如同上述的方式符号化,那么就可能把含有否定词的陈述符号化。对陈述"长城不是人",如果F表示"人","长城"用a表示,那么"长城不是人"则可以用符号¬Fa表示。显然,在实际的使用过程中,还有许多其他一些语词如"没有"、"无"、"非"等也表达否定意义,而且它们相互之间可能具有某些不同的意义,这些意义往往与陈述所表达的实在世界有关,与特定的语境有关。在符号化包含这些语词的陈述时,一般不考虑这些与特定实在对象相关、与特定语境相关的意义,也即固定符号¬ 所表达的意义只是“不”、“没有”、“无”、“非”等中那种与特定实在对象无关的、超越于特定语境而具有的意义。

如何把“有些东西是人”,“所有东西是人”符号化?由于陈述“有些东西是人”关涉某个或某些不确定的对象,它其实是指存在某个或某些对象,并且它们是人。如果不定的对象用 x 来表达,那么此陈述实际就是指:世界中存在某对象 x,x 是人。这时可以用固定符号∃表示“存在”,用 H 表示“人”,那么上述陈述就可以写成:∃xHx。对于那些包含“一些”、“某个”、“某些”等语词的陈述,通常都可以用类似的方式把它们符号化,从而显示出它们的陈述形式。为了把陈述“所有东西都是人”、“所有东西都有心脏”符号化,人们通常引入另一个固定符号即∀,∀表示“所有”。“所有对象”、“所有东西”并不包含任何具体的专名,只能用 x 表达不定对象,因而它可以被符号化为∀x。对于“所有东西都是人”,如果用 H 表示“人”,那么可以把它符号化为:∀xHx。对于那些包含“全部”、“一切”、“每个”等语词的陈述,也可以用类似的方式把它们符号化,从而显示出它们的陈述形式。显然,在上述的符号化过程,固定符号∃、∀所表达的意义只是“有些”、“一些”、“某些”或“所有”、“全部”、“每个”等语词中那种与特定实在对象无关的、超越于特定语境的意义。往往把固定符号∃、∀称为量词,并把前者称为存在量词,把后者称为全称量词。量词的引入使得人们对复杂的陈述进行符号化成为可能,而传统看法是难以做到这一点的。如人们难以根据传统看法把“每一事物是某一事物的原因”等陈述符号化,现在则可以方便地做到这一点。由于上述陈述实际是指:世界中的所有对象 x,其中有某种对象 y,并且 x 是 y 的原因。因而可把上述陈述符号化为:∀x∃yCxy,其中 C 表示“……是……的原因”,有时也更明确地说它表示了“x 是 y 的原因”,其中 x、y 指示了不同对象在此关系中的位置。

对于陈述的符号化,这里还有些问题值得考虑。象“人是动物”这样没有专名的陈述,如何把它符号化呢?人们可能用 Ah 表示上述陈述,其中大写字母 A 表示“动物”,小写字母 h 表示“人”。显然,在作这样的符号化时,“人”被当作专名,它指称某个对象,如指人类。正如上一章所表明的,这样的用法是许可的,的确,在某些语境中可能把“人”当作专名。不过在其他的一些语境中，"人"常常只能被当作是通名，因而用大写字母表示。如对于"王浩是人"，往往只能把它符号化为 Ha，此时"人"被看作是通名，并用符号 H 表示。在不同语境中对"人"做出不同的理解，从而用不同类型的符号表示它无疑是可行的。不过有时也可能会在一语境中同时出现"人是动物"、"王浩是人"等之类的陈述，为了一致地理解"人"，此时就不能既把它当作专名，又把它当作通名了。如何把它们符号化呢？由于在"王浩是人"中只能把"人"当作通名，因而在"人是动物"中就不能把"人"当作专名，也只能把它当作通名，即只能用大写字母如 H 表示它。这时可把"人是动物"看作是与下述陈述具有相同意义的陈述，它就是：对于所有的对象而言，如果它是人，则它是动物。把此陈述符号化就是：$\forall x(Hx \rightarrow Mx)$，其中 H 表示"人"，M 表示"动物"。也称 $Hx \rightarrow Mx$ 为蕴涵式，其中称 Hx 为前件，称 Mx 为后件，→是固定符号，它表示联结词"如果……则"。在此也可看到，单一陈述与复合陈述并没有严格的区别，一个在日常语言表达中似乎是单一的陈述，其意义并不一定是单一的，而是多种意义的复合，它其实是一个复合陈述。同时，在此也再一次表明，语义问题与语法问题是不同的。

同样，在陈述"2+5=7"中，人们可以把数 2、5 当作某个对象，"2"、"5"是指表达某个世界对象的专名，如果其中一个可用小写字母 a 来表示，F 表示其他部分，则可以用 Fa 表示此陈述。但在陈述"这里有 2 匹马"中，通常不能认为"2"所表达的是某个对象，不能认定它是专名，只能把它看作是一个高阶通名，因而在此陈述中的"2"不能用小写字母 a 表示，要用其他方式来表示。一般而言，陈述"这里有 2 匹马中"可以用符号表示为：$\exists x \exists y\{Hx \cdot Hy \cdot (x \neq y) \cdot \forall z[Hz \rightarrow (x=z) \vee (y=z)]\}$，其中 H 表示"马"。可把上述符号解读为：有某个对象 x，它是马；并且有某个对象 y，它不是 x，而 y 是马；并且对于任何的其他对象 z，如果它是马，那么 z 或者等同于 x，或者等同于 y。为了表达数 2，这里引入了一个新的固定符号，即=。=表示等同或相等，它是一个二元关系词，表达世界对象之间的相等关系。同时在此也用到其他一些固定符号，如·、∨，它们分别表示"并且"与"或者"等，对于这些固定符号的意义与用法，后面将会谈到，这里暂时略过不提。

如果如前面所谈到的，通名所表达的相似性或类也可能成为新的对象，可为其他实词所表达，那么量词不仅可以针对一般的对象，也可针对由通名所形成的对象。对于陈述“孔子具有某种性质”，如果 a 指“孔子”，F 表示不定的某性质或不定的某通名所形成的对象，那么可以把上述陈述符号化为 $\exists F(Fa)$。同样也可把“孔子有一切属性”符号化为 $\forall F(Fa)$。另一方面，对于包含高阶通名的陈述，可以把低阶通名所表达的类当作对象，相对高阶通名，可把表达它的语词当作专名，从而用小写字母表示，而用大写字母表示高阶通名。这样一来，似乎就可通过区分字母的大小写而区分不同阶层的通名，如对“诚实是一种品质”，可以把它符号化 Af，其中 A 表示“品质”，f 表示标记“诚实”所形成的对象的专名。在某些情形中，这种处理方式是合适的，但有时并不是合适的，此时不能简单地把低阶通名当作专名，而只能通过其他的方式来处理。在这种情形中，为了与其他通名相区别，可以用黑体的大写字母如“**A**”、“**B**”、“**C**”来表示高阶通名，用非黑体的大写字母表示其他低阶通名。这时可以把“诚实是一种品质”符号化为 **A**F，其中 F 指“诚实”，**A** 指“品质”。对于“王浩具有他妈妈的一切美德”，这时用符号 w 表示“王浩”，用 Mxy 表示“x 是 y 的妈妈”，用 F 指性质，用 **D** 指美德，这样可以把它符号化为：$\forall F(\exists x\{Mxw \cdot [\forall yMyw \rightarrow (y=x)] \cdot Fx \cdot \mathbf{D}F\} \rightarrow Fw)$。

通过这样一些方式，几乎可以把任何可能的陈述符号化。由于符号不只与特定的世界对象相关，不只与特定的表达世界对象的语词相关，它可以自由地表示任何对象或语词，因而由此获得的符号能显示某种类型的陈述的形式。符号化过程几乎必然地要用到某些固定符号，这些固定符号反映了陈述内部成分之间的关系。由于复杂陈述中往往包含众多单一陈述，因而至少某些固定符号反映了陈述与陈述之间的关系。在许多情形下，固定符号几乎是陈述表达世界的不可缺少的部分。固定符号是否有必要引入这么多？是否有更简便的表示？这些不是我们所关注的问题，这里只是说明，如果通过这种方式来显示陈述的形式，它将大大地超越传统看法，可能使人们更为深入地理解各种陈述转换过程以及它们之间的各种转换关系，可能使人们更为深入地理解交流过程或认识过程，从而为知识论研究带来新的光明。

## 37. 实在对象的确定

实在世界中的对象是实在对象，实在对象是交流与认识的基础，知识恰恰可以看作是对实在世界的表达或反映,因而确定何种对象实在无疑是极为重要的事情。世界中何种对象实在?何种对象不实在?要解答此问题,除了各种语言表达之外,并没有其他可以凭借的东西。中世纪西方的实在论者与唯名论者尽管没有清晰区分语言问题与本原问题,他们所谈到的实在对象往往属于本原世界,而不属于语言世界,因而他们所谈到的实在对象其实是实体对象,但如果把他们所确定的实体对象当作语言世界中的对象,其看法依然代表了人们试图解答上述问题的努力。实际上,唯名论者与实在论者心目中的共相与殊相大体可看作是通名与专名所表达的事物。通名能为不同的人所共用,甚至为不同共同体所共用,具有客观性。同时通名尽管可表达个别对象,但又超越个别对象,不直接因个别对象的生灭变化而发生意义的变化,相对于它所表达的个别对象,其意义具有恒定性。当实在论者把共相或通名所表达的事物看作是实在对象时,他可能把实在性与语言表达的客观性、意义的恒定性混为一谈了。另一方面,专名直接指称某个对象,通名的意义要依赖于专名所表达的对象,但并不一定如唯名论者所言,专名所表达的对象是实在的。当唯名论者把殊相或专名所表达的事物当作实在对象时,他可能把语言世界与实在世界混淆起来了。同时,唯名论者与实在论者一样,也没有注意到语词与语句或陈述之间的区别。实在对象是陈述之为真假的根据,却不是语词表达的根据。无论是专名还是通名,它们所表达的对象都只是一种抽象的、可能的对象,依赖它们无法获取任何有关实在世界的更多信息。

要确定何种对象实在不能根据语词而来,只能根据陈述而来。实在世界是对陈述之为真假的解释,在某种意义上,它也是判定陈述真假的根据,因而只可能从真陈述或假陈述来确定世界中何种对象实在。一般认为真陈述断定了实在世界,是对实在世界的真实反映,如果能从陈述来确定实在对象,无疑真陈述可能作出这样的确定。真陈述如何可能确定对象的实在性呢?可从一个比较简单的事例开始。如果“王浩在那间房子里”是真的,“王浩”、“那间房子”是专名,那么此陈述不仅表明王浩存在、那间房子存在,并且王浩与那间房子具有某种关系,此关系可用“在……里”表达,而且此陈述还断定了王浩、那间房子与其他世界对象有所不同,它们具有实在性,也即断定了王浩与那间房子是实在对象。可以一般地说,专名把对象标记出来,如果那些包含专名的陈述为真,那么也就可能由之断定专名所指的对象是实在的。

假陈述是否可能确定对象的实在性？如果可能，真陈述与假陈述在确定实在对象方面是否有差异？一般来说，如果把假定义为不真，把不假定义为真，那么一个陈述为假，其否定却为真，因而如果能根据真陈述来确定对象的实在性，根据假陈述也同样能做到这一点。如果“王浩在那间房子里”是假的，那么“王浩不在那间房子里”便是真的，如果能由后者确定王浩、那间房子是实在的，显然也就能从前者确定它们是实在的。不过这种确定对象实在性的方式与人们对否定的理解相关。不如此理解否定，不把假定义为不真，不把真定义为不假，也可能无法根据上述方式由假陈述来确定对象的实在性。如果不取二值原则，而取三值原则或其他多值原则，是否可能由假陈述来确定对象的实在性呢？根据三值原则或其他多值原则，不假的陈述并不一定为真，不一定为真的陈述似乎也就不能完全确定对象的实在性，因而也可能难以由假陈述来确定对象的实在性。根据三值原则，如果“王浩在那间房子里”是假的，那么“王浩不在那间房子里”或是不定的，或是真的。如果“王浩不在那间房子里”是不定的，这可能是由于专名“王浩”或“那间房子”所标记的对象不实在，因而无法确定其真假的结果，也即从“王浩在那间房子里”是假的不能确定“王浩”或“那间房子”是否实在。或许可根据三值原则或其他多值原则来重新定义实在，在这种定义中，人们依然可能由假陈述来确定对象的实在性，不过由于我们默认的是二值原则，因而对于在此情形中如何确定对象实在性的问题，这里不做讨论。

这里要说明的是，根据二值原则，任何陈述都只可能被赋予两种真值之一，即不是真便是假，因而可能根据陈述来确定何种对象实在，但这并不一定是实际可能的，因为不是所有陈述是实际地可被确定为真或为假的。另一方面，即便可根据假陈述来确定对象的实在性，这种确定实际也是根据真陈述而来的，因此根据真陈述来确定对象实在性的方式是基本的，根据假陈述的确定要基于它。为了方便，我们只关注如何从真陈述来确定实在对象的问题。显然，这样做并不会遗漏有可能确定为实在性的对象。

尽管可从真陈述来确定对象的实在性，却并不是所有真陈述都可能被用来确定实在对象，不包含专名的陈述便可能无法做到这一点。通常把不包含专名的陈述分为两类，一类是所谓的特称陈述；一类是普遍性陈述。“有人是有心脏的”等真的特称陈述表明了世界中存在某些对象，这些对象既是人、又是有心脏的，同时是实在的。由于此陈述并不特定地指称某些对象，因此根据它并不能直接地确定何种对象实在。尽管如此，却可以说它间接地确定了实在世界中存在具有某些特征的对象。真的普遍性陈述如“人是有心脏的”也同样如此。此真陈述既表明世界中存在某些对象，这些对象不仅可归于人类，又可归于有心脏的一类，同时它又断定世界中存在这样的实在对象。这个真陈述并不特定地指称某些对象，因而难以由之确定何种对象实在，这时也可以说它间接地断定了某些对象的实在性。

有些逻辑学家提出，真的特称陈述“有人是有心脏的”断定了某些对象实在，真的普遍性陈述“人是有心脏的”则并不断定某些对象实在。他们的理由是，后一陈述只是表明世界中的对象具有如此这般的特性，却有可能在实在世界的确没有人，而陈述“人是有心脏的”依然是真的。如果这种反对意见成立，那么也同样没有理由说特称陈述“有人是有心脏的”确定了世界中某些对象实在。另一方面，如果“人是有心脏的”为真，那么它之为真毕竟与实在世界相关，不然如何确定它为真呢？如果的确没有所断定的对象，那么说“人是有心脏的”与“人是无心脏的”也就没有区别了，也就无法断定“人是有心脏的”为真了。上述的反对意见或许是没有把逻辑上可能赋予的真与实际所确定的真区分开的结果。在逻辑上，人们可能不必考虑实在世界而赋予一个陈述为真或为假，但他在此谈论的只是可能的真与假，他所谈及的世界依然是语言世界，是存在世界。如果人们实际确定了某个陈述为真或为假，如确定了“人是有心脏的”为真，那么他无疑需要依赖于实在世界来做到这一点，这种真陈述无疑凸现出了某些实在对象。

如果只有那些包含专名的真陈述才可能被用来确定何种对象实在，这里所指的专名无疑不只是纯粹专名，而包含普通专名，它既可以是“王浩”、“长城”“中国”、“辛亥革命”等，也可以是“那间房子”、“这根铁丝”等。如果确定了“王浩在那间房子里”、“长城在中国的北方”、“这根铁丝导电”为真，而“王浩”、“那间房子”、“长城”、“中国”、“这根铁丝”是专名，那么王浩、那间房子、长城、中国、这根铁丝就是实在对象。通过这样的方式将可能确定大量的实在对象，这些对象中的某些对象具有相似性，可以把它们归于一类，并用某通名来表达它。为了方便表达，有时就称此通名所表达的对象是实在的。如确定了王浩、李刚、赵敏等是实在对象之后，人们可能把它们归于一类，并称之为人，这时也简便地说：人是实在的。同样也可能称桌子、动物、花草树木是实在的。不过在此要记得的是，这只是一种简化表达，它只是指人是对某些实在对象的归类，而并不是指此类是实在的，甚至也不是指人所归类的所有对象是实在的。

然而并不是所有包含专名的真陈述都可能被用来确定实在对象，有一些包含专名的真陈述便不能做到这一点，有这样一类陈述，其中的任一陈述又包含另一陈述，但除开包含于其中的陈述以及一些相关的联结词外，构成此陈述的其他语言表达并不是陈述，因而此陈述依然是单一陈述。可称包含于此陈述中的句子为从句。“毕达哥拉斯相信地球下面有一叫对地的星体”、“苏轼认为月亮里有嫦娥”、“刘邦为韩信打败了项羽而高兴”、“塑造孙悟空三打白骨精这个故事的是吴承恩”等都属于此类陈述。上述陈述分别包含从句：“地球下面有一叫对地的星体”、“月亮里有嫦娥”、“韩信打败了项羽”、“孙悟空三打白骨精”，同时，除开所包含的从句以及一些相关联结词，这些陈述的其他部分并不是陈述。上述这类陈述包含专名“地球”、“对地”、“月亮”、“嫦娥”、“韩信”、“项羽”、“孙悟空”、“白骨精”等，它们尽管为真，却不能由此确定地球、对地、月亮、嫦娥、韩信、项羽、孙悟空、白骨精等是实在的。之所以如此，原因在于：包含在这些陈述中的那些从句尽管从形式上看是一陈述，但并不是真正的陈述，它们并不断定世界，它们在陈述中的作用就如语词在其中的作用一样，只是呈现某一对象，所呈现的对象与此陈述中其他语词所呈现的对象具有某种关系，而此陈述表达并断定这种关系。由于此陈述的真假并不决定其从句的真假，因此尽管此陈述为真，却不能断定它所包含的从句为真，于是也就不能由此确定其从句所包含的专名所表达的对象是否实在了。

还有一些包含专名的真陈述也不能被用来确定实在对象，如“孔子是孔子”、“太阳是太阳”等就是这样的陈述。这些陈述尽管为真，却并不反映实在世界，因而不能由之确定实在对象。这里有必要作出一个区分，前面为了表达的方便而没有提及这种区分。一般而言，真是对陈述区分的结果，有些陈述之为真是它表达了实在世界的结果，但有些陈述之为真并不因此而来，而是由于它表达了某些语言表达之间的某种形式关系，或是由于它是这些关系的例示。有时又称后面这样的真理为形式真理。各种语言表达之间可能存在某些关系，其中一些关系与那些具有相关性的语言表达的特定内容相关，不具有如此内容的语言表达便不具有此种关系。有些关系则不同,它们不与那些具有相关性的语言表达的特定内容相关,不具有如此内容甚至不具有相似内容的语言表达也可能具有如此的关系,此种关系普遍适用于具有各种内容的语言表达,通常称之为形式关系。如果表达这种关系的陈述被确定为真,这种真理也就是所谓的形式真理。

由于形式真理适用于众多具有各种特定内容的语言表达,也可以说它不与那些具有特定内容的语言表达相关,也即它不与实在对象相关。"a 是 a"或"a=a"就是这样的形式真理,其中 a 可以表示任何语言表达,它可以表示语词,也可以表示陈述。如果用某一语言表达代入符号中,由此形成的语言表达可以看作是此形式真理的例示,如"孔子是孔子"、"太阳是太阳"就是上述形式真理的例示。作为形式真理的例示,这样的陈述无疑是真的,不过其中的语言表达尽管与特定的世界对象相关,但其为真不是根据实在世界而来,而是根据形式真理而来。可见,尽管上述陈述包含了专名,却不能由此确定实在对象。可以说,任何例示形式真理的陈述都不能确定何种对象实在,尽管它们可能包含了专名。

这里可能会出现一个疑问:为解释陈述的真假,可把世界对象分为实在对象与不实在对象,如果我们又断言正是实在对象确定了某个陈述是否为真或为假,在此不是陷入了一种论证的循环吗?许多人为打破这种循环而努力。大体有两种可能的方式打破此循环:一是预先承诺某种实在世界,它们是真陈述或知识的前提,可能依此来确认某陈述是否为真;一是承认真陈述能确定实在对象,但陈述的真假不由实在世界来确定。传统唯物主义者推荐前一种方式,而传统理性主义者可能会推荐后一种方式。显然,无论何种方式都难以与其他前提协调一致,都或多或少地存在问题。是否在此陷入了困境?其实只要略作考察就会发现,上述的循环并不是真实的。从根本上说,人们并不依实在世界来确定某个陈述是否为真,相反,只有通过具有真假的陈述才能确定实在世界,实在世界是解释陈述真假的结果。不过,已被确定的实在世界可能成为某些陈述是否为真的根据,只是此一确定过程是第二位的,它依赖于前一确定过程。显然,确定实在世界的真陈述与为实在世界所确定为真的陈述不是同一陈述,考虑到这一点时,担忧在此将陷入循环论证就是不必要的了。在这里也可以看到,实在世界在认识过程中只起一种中介作用,那些为实在世界确定为真的陈述归根到底建立在那些从根本上确定实在世界的真陈述中。

## 38. 实在对象的基本特征

从根本上确立实在世界的真陈述是什么？在此没有其他凭借，无疑只能依靠基础陈述，可以说，已被确认的基础陈述是确定何种对象实在的基础。从非基础的真陈述中当然可能获得关于何种对象实在的消息，但由于它们的真由基础陈述而来，因此非基础陈述所给出的实在世界并不比基础陈述所给出的实在世界大，而当由基础陈述来确定实在对象时也并不会遗漏任何可能被确定的实在对象。另一方面，由于所有真陈述最终都基于基础陈述，因而所有被基础陈述确定为真的陈述都可能为实在世界确定为真。

由基础陈述所确定的实在世界有何特征？基础陈述相对于共同体，因而由基础陈述所确定的实在世界无疑也相对于共同体。不同共同体所确立的实在世界可能是不同的，几乎可以肯定没有一个为所有人都接受的实在世界。在信仰宗教的人看来，陈述“上帝是全能的”、“上帝创造万物时，也创造了恶”等是真陈述，甚至是基础陈述，如果“上帝”是专名，那么上帝无疑是实在的。一些科学家承认，“那个电子从阴极射线管发出，打在对面的荧光屏上”是真陈述，因此那个电子是实在的。一些科学家也可能确认“这段 DNA 序列包含在此染色体中，而 DNA 决定蛋白质的复制，它们是基因”是基础陈述，因此这段 DNA 序列是实在的。电子、基因是对那个电子、这段 DNA 等众多类似对象的归类，因而可简便地说电子、基因是实在的。某一神学家与某一科学家可能分属于不同共同体，没有理由认定他们会接受同一实在世界。由于具体确定何种对象实在是一个与特定共同体相关的事，是一个与具体学科相关的事，因而它甚至不是知识论的问题。

也许有些小朋友会把陈述“孙悟空会七十二种变化”看作是真的，在由这些小朋友所构成的共同体中，孙悟空是实在的。对知道孙悟空是《西游记》中的人物的人来说，他并不把“孙悟空会七十二种变化”当作基础陈述，也不认为它是基于基础陈述而为真的陈述，他也不把与之相矛盾陈述“孙悟空不会七十二种变化”当作真陈述，因此他无法断定孙悟空是实在的。但也有人可能会说，相对于《西游记》，“孙悟空会七十二种变化”是真的，这时似乎可以说，相对于《西游记》，孙悟空是实在的。如果这种说法是合理的，那么可以说，“何种对象实在”不仅是一个相对于特定共同体的问题，甚至也是一个相对于特定论域的问题。不过，是否的确可以说实在对象相对于特定的论域，这要基于人们如何规定“实在”一词的用法。也许规定不同的“实在”一词的用法，实在对象也就可能呈现不同的特征。我们不考虑那些关于“实在”一词的过于复杂而特别的用法，只把实在对象当作是对真假陈述的解释。

即便如此，也依然可能产生一些误解，也依然有某些需要进一步说明的地方。人们可能把“苏格拉底是人”当作真陈述，甚至把它当作基础陈述，在此陈述中，“苏格拉底”是专名，似乎可以说，苏格拉底是实在对象。但有人可能提出疑问：可以说太阳实在、长城实在、故宫实在，但苏格拉底并不实在。之所以存在如此的疑问，可能是由于批评者把本原世界当作实在世界，并预先设定了某些实在对象的结果，也可能是由于批评者预先确定“实在”一词具有某些特别的意义，然后用它来作为批评根据的结果。如果确是这样，上述批评的效力无疑是有限的。由基础陈述确定众多实在对象，这些实在对象各不相同，但它们之间的不同不能根据事先独断给定的某些前提给出，只能由基础陈述之间的不同来确定。可以一般地说，陈述成真的条件也就是世界对象实在的条件，基础陈述之间的不同也体现了实在对象之间的不同。

基础陈述“苏格拉底是人”与“王浩是人”在陈述形式上相同，如果王浩是实体，没有理由不断定苏格拉底是实体。不过确定上述两个陈述为真的条件并不完全相同，而这种不同无疑也可能会体现在由它们所确定的实在对象中。人们直接感知到某个对象，做出“王浩是人”的表达，并确定它为真。人们之所以确定此陈述为真，可能是由于他看到面前有某个对象，此对象是王浩，同时此对象可被归于人的一类。因而严格来说，他所确定为真的不只是“王浩是人”，而是“现在我面前的这个对象是王浩，他是人”。基础陈述“苏格拉底是人”与此不同，它并不是直接感知的结果，而是根据一些文献作出的，因而严格来说，人们所确定为真的不只是“苏格拉底是人”，而是“两千多年以前，在古希腊有一个人叫苏格拉底”。上述两个基础陈述尽管确立了两个实在对象，不过它们并不是相同的，可以说王浩是现在的实在对象，苏格拉底却是过去的实在对象，或他是两千多年以前的实在对象。

如果实在对象是解释基础陈述的结果，同时基础陈述包含时间语词，尽管不能断言所有实在对象存在于时间之中，至少可以说某些实在对象存在于时间之中，它们可在时间中被区分开来。由于基础陈述表达了实在对象之间的某种关系，为解释那些包含时间语词的基础陈述，往往需要设定其中的时间语词表达了某些实在对象之间的某种关系或者表达了实在对象之间各种关系之间的某种关系。无论如何，时间语词与实在对象直接相关，时间关系直接地便是实在对象之间的关系或是实在对象之间关系的关系，实在对象或实在对象之间的关系可在时间中展现出来，而诸多实在对象往往可能因时间而得以区分。

有些基础陈述如“王浩是人”没有出现时间语词，不过那通常只是省略的结果。并不是所有没有出现时间语词的基础陈述都是省略的结果，确实有些基础陈述不含有时间语词，某些普遍性的基础陈述如“金属导电”、“5+7=12”、“过直线外一点有且只有一条直线与之平行”等就是如此。某些个别性的基础陈述如“上帝爱世人”也似乎不含有时间语词。尽管难以说依据不包含时间语词的基础陈述而确定出来的实在对象不存在于时间之中，不可在时间中被区分开来，的确可能有某些实在对象不在时间中，有某些实在对象可能不因时间而得以区分。据说上帝便不在时间之中，自我似乎也是如此。如果1、2以及某些由语词而形成的对象是实在的，它们也不因时间而得以区分，那么何种实在对象不在时间中？或何种对象不因时间而得以区分？存在于时间中的实在对象具有何种时间关系？这些问题的解答一方面与特定的共同体有关，同时也与对时间语词的了解有关。无论如何，如果具有真假的陈述所断定的世界为实在世界，实在对象是陈述真假的根据，则不得不说：某些实在对象存在于时间中，不仅有现在的实在对象，也有过去的实在对象，甚至有将来的实在对象。当然可以仅仅规定只有上述意义上的现在实在的对象才是实在对象，或只把实在对象当作现在实在的对象，但此种对实在对象的规定是特设的，它不是解释基础陈述的结果，非基础陈述的真假似乎也不能完全根据这种实在对象来确定。

如果基础陈述包含了空间语词，尽管不能断言所有实在对象存在于空间之中，至少可以说某些实在对象存在于空间之中，它们可在空间中被区分开来。由于基础陈述表达了实在对象之间的某种关系，为解释那些包含空间语词的基础陈述，同时考虑到空间语词与时间语词之间的不同，往往设定其中的空间语词表达了某些实在对象之间的某种关系。如果这样,可以说空间语词与实在对象直接相关,空间关系直接地便是实在对象之间的关系,实在对象可在空间中展现出来,诸多实在对象往往可能因空间而得以区分。

有些基础陈述如"月亮是运动的"没有出现空间语词,空间语词似乎在此被省略了。没有出现空间语词的基础陈述并不都是省略的结果,确实有些基础陈述不含有空间语词,某些普遍性的基础陈述如"金属导电"、"5+7=12"等或某些个别性的基础陈述如"你的思想是错的"就是如此。尽管难以说依据不包含空间语词的基础陈述而确定出来的实在对象不存在于空间之中,不可在空间中被区分开来,的确可能有某些实在对象不在空间中,有某些实在对象可能不因空间而得以区分。何种实在对象不在空间中?或何种对象不因空间而得以区分?存在于空间中的实在对象具有何种空间关系?问题的解答与特定共同体有关,同时也与对空间语词的了解有关。然而,如果具有真假的陈述所断定的世界为实在世界,而实在对象是陈述真假的根据,那么不得不说,某些实在对象存在于空间中。

实在对象相对于共同体,如果不同的共同体确定了不同实在对象,那就意味着它们确认了不同的基础陈述。然而并不意味着接受不同基础陈述的共同体所确定的实在对象必定不同,相反,接受不同基础陈述的共同体可能接受相同的实在对象。一个共同体确认了一些共同的基础陈述,如他们确认"王浩昨天穿了一件红衣服"、"这间房子边的那棵树是苹果树"等是基础陈述,而另一个共同体则认可另一些基础陈述,如确认"王浩昨天穿了一件紫色衣服"、"这间房子边的那棵树是梨树"等为基础陈述。尽管上述两个共同体所确认的基础陈述不同,但它们都可能把"王浩"、"这间房子"、"那棵树"所指的对象看作是实在的。从这一点来看,实在对象是超共同体的,也即不同共同体可能有共同的实在对象。

在某个语言系统中,其中任一特定的语言表达可能为某个共同体所使用,也可能为其他共同体所使用,它可以在特定的语境被使用,也可能在其他语境中被使用,也即不同共同体在不同语境中可能使用共同的语言表达,因此语言表达是超共同体的。实在对象的超共同体性恰恰表明了语言表达的超共同体性。如果语言表达不是超共同体的,那么存在超共同体的实在对象便是不可想象的,反过来,语言表达的超共同体性也表明存在超共同体的实体对象。如果人们能使用“桌子”、“人”、“红”等语词来表达世界，并能利用它们来进行交流，尽管这些语词所表达的对象不一定都是实在的，但由于这些语词在不同共同体之间被使用，一特定共同体的成员可能在下一时刻与其他共同体的成员发生交流，他们往往不得不共同认可其中某些语词所表达的对象是实在的，不然他们之间的交流便没有了基础。

在日常的交流活动中，相互交流的双方有共同的实在对象。即使没有共同交流、不属于同一共同体，人们实际共同认可的实在对象通常也比他们所承认的要多。正是由于不同共同体之间存在差异性的同时又具有这样的同一性，因而不同共同体之间可能相互学习、继承、传递知识。我可能在不同时期属于不同的共同体，在一共同体中所接受的实在对象并不必定在另一共同体中被放弃，相反，这些超共同的实在对象恰恰给我与不同共同体中的人们进行相互交流提供了基础，使我能放弃以前的一些知识，接受新的其他共同体的知识，同时也可能把之前在其他共同体中所获得知识带入新的共同体中，从而使得新的共同体的求知活动可能继承其他共同体的认识结果。总的来说，实在世界是超共同体的，它具有客观性，这种客观性不依赖于特定的个人，甚至不依赖于特定的共同体。不过，并不能因此把实在对象当作是人类共有的或是人类共同构造出来的对象，甚至是本原世界的实体对象。

# 第十一章　陈述关系与逻辑

## 39. 陈述关系与必然性

如果各种语词之间存在相关，由语词构成的各种陈述显然也不是独立无关的，而对陈述形式的了解为表达以及研讨各种陈述关系提供了可能。尽管前面已提到陈述关系，但没有对之作出较为细致的说明，在即将考虑陈述之间具有何种关系以及如何获得这些关系之前，在即将考虑这些关系有何作用之前，预先对陈述关系作些说明是必要的。

断言两个或两个以上的陈述之间具有某种关系是何意思？可把所考虑的陈述当作一个系统，并把此系统中的陈述分为两组，每一组都包含一个或多个陈述，如果发现其中一组陈述具有某一特征，同时又发现另一组陈述具有另一特征——可称此特征为辨认特征或标记特征，此时才可能说此系统中的陈述存在某种关系。辨认交流过程或认识过程中前后陈述之间的关系显然不基于语言符号的物理特征，而要基于陈述的意义。基于不同的意义可能在陈述中辨认出不同的特征，这些特征均可能成为辨认特征。陈述具有多方面的意义，由不同意义可能获得不同的辨认特征。基于某种特定的意义或某种辨认特征，系统中的陈述具有某种关系，而基于另一种意义或另一种辨认特征，系统中的陈述可能并无此种关系，却可能有其他的关系，也或根本无关系。

要获得交流过程或认识过程中前后陈述之间的关系，无疑只能选择基于认识意义而呈现出来的特征当作辨认特征，而由此获得的是基于认识意义之上的陈述关系。不言而喻，知识论中所谈到的关系往往正是这种类型的关系。正是基于认识意义，陈述才区分真与假，因而可以用真或假来作为辨认特征，以此研究基于认识意义之上的陈述关系。既可以用真来做辨认特征，也可以用假来做辨认特征，甚至可以同时用真与假来分别标记前后陈述。选择真还是选择假来做辨认特征似乎只是一个采取何种约定的问题，不过由于追求真理是人们的目标，因而选择真作为辨认特征或许更合适一些，这也是目前的现实选择。实际上，如果选择假作为辨认特征，由之获得的陈述关系可能与因选择真作为辨认特征而获得的陈述关系并不一致，这样的关系在求知过程中可能无法被直接使用，甚至无法被使用。

选定辨认特征之后，可以来研究陈述关系了。如果把某个陈述系统中的陈述分为两组，发现其中一组陈述为真，同时发现另一组陈述也为真，这时就可能说此系统中的陈述具有某种关系。这里强调可能是考虑到，人们并不能由此断言具备上述特征的系统中的陈述一定具有某种关系，或许前一组陈述为真时，后一组陈述只是碰巧为真，此时它们之间的关系就是一种可能关系或偶然关系。如果考虑多个与之类似的陈述系统，这些系统中的陈述都具有如此的特征，也即前后两组陈述都为真，这时才有较大把握断言此系统中的陈述具有某种关系，不过即使如此也不能断言它们必定具有此种关系。只有确定了某个系统中的陈述必定具有某种关系，也即具有所谓的必然关系，才可能真正地理解交流过程或认识过程。一般而言，必然关系具有普遍性，也即如果某个系统中的陈述具有必然关系，那么与之类似的陈述也具有这样的关系。

只有必然关系才能为理解交流过程或认识过程提供立足点，才能对未来的交流过程或认识过程提供规范性前提。没有必然关系，即便确定了某一交流过程合适或有效的根据，它也不能作为确定其他交流过程合适或有效的根据，这样一来，也就没有确定某一交流过程是否合适或有效的普遍性根据了。结果人们在交流过程中所做出的任何应对都可能被当作是合适的、有效的，这实际使得交流变得不可能了。没有必然关系，人们可能依据基础陈述来确定某陈述为真，却不能因此而确定类似陈述为真。没有必然关系，人们可能于此一时刻依据基础陈述而确定某陈述为真，但并不一定于下一时刻在类似情形中也能确定它是真的。果如此，普遍性的知识就根本无法获得。诚然，人们也可能获得一些所谓的非必然关系，如一些概率关系，这些非必然关系对于理解某些特定的交流过程或认识过程是有效的，然而它们也并不排斥必然关系，并不表明对这些过程的理解不需要必然关系，实际上，对这些过程的真正理解依然要依赖于必然关系。甚至这些非必然关系其实也隐含必然关系，可看作是必然关系的另一种表现形式，如概率关系就可以被看作是必然关系的另一种表现形式。无论如何,必然关系是我们关注的重点。

对于必然关系,现在的问题不在于是否有,而在于如何找到它。由于必然关系普遍地适用于众多陈述系统,因而它不能完全从呈现此关系的某陈述系统中的一些陈述的具体特征给出,不能完全由此系统中的全部陈述的具体特征给出,甚至也不能完全由这些陈述系统的具体特征给出,它超越了个别陈述的具体特征,也超越了个别陈述系统的具体特征。由于必然关系与非必然关系有根本的不同,必然关系也不能完全从某一陈述系统中的非必然关系中概括而得。从何处才能找到必然关系呢?在此似乎陷入了困境,不过如果从另一个角度来考虑这一问题,就会发现一片新天地。考察一些陈述系统,发现其中任一系统的陈述具有类似的特征,因而这些系统中的陈述似乎具有某种相同的关系,同时没有发现类似的陈述系统具有相反的特征,这时尽管不能确定其他与之类似的系统中的陈述必定具有这种关系,但可以规定:凡是与之类似的系统都具有此种关系。如果做了这样的规定,就可以说由此获得的这种关系具有必然性。

考虑一个由两个陈述构成的简单系统,如“这匙食盐放入水中”、“这匙食盐溶于水”,发现此系统中前一陈述“这匙食盐放入水中”为真,同时也发现后一陈述“这匙食盐溶于水”也为真。当然并不能就此断言上述两个陈述之间存在某种必然关系,但如果其他一些类似的陈述系统如“那勺食盐放入水中”、“那勺食盐溶于水”,或者“王浩拿的那包食盐放入水中”、“王浩拿的那包食盐溶于水”等,其中任一系统中的陈述都具有如此的特征,即其中的两个陈述都为真。同时没有发现类似的陈述系统具有相反的特征。这时尽管比较有把握说它们之间具有某种关系,却依然不能断定这些系统中的陈述必定具有此种关系。不过人们可能根据上述情形而规定与之类似的系统必定具有某种关系,这种必然关系由“如果食盐放入水中为真,那么它溶于水为真”表达出来,有时为了显示其必然性,特别地说,“如果食盐放入水中为真,那么必然地它溶于水为真”,有时也直接地说“如果食盐放入水中,那么必然地它溶于水”,或更直接地说“食盐必然溶于水”。必然关系不仅表明某一特定陈述系统中的陈述具有如此的关系,同时也表明其他类似陈述系统中的陈述也具有如此的关系,即它具有普遍性,它只能由普遍性陈述表达出来,因而有时又称之为普遍必然关系。很显然,表达这种必然关系的陈述理所当然地被认定为真。

获得这种必然关系可能要依赖于系统中有关陈述所表达的内容，但并不完全依赖于此，而与人的规定有关。这种规定似乎只是在表达必然关系的普遍性陈述中加上“必然”一词，而并没有给予它特定的内容。从表达内容而言，“食盐必然溶于水”与“食盐溶于水”并无太多区别，如果这样，这种规定的作用何在呢？任何陈述关系如“食盐溶于水”都是认识的结果，不过，一旦规定某种陈述关系为必然关系，也就意味着人们对此认识结果的理解有了根本提升。尽管在规定之前的认识内容与规定之后的认识内容没有太多不同，但认识者看待这种认识内容的方式有了根本的区别，认识者在理解交流过程或认识过程时有了根本的区别。可以说，一旦做出了这种规定，获得了此种必然关系，就如盲人有了一双慧眼，聋人有了一对聪耳，尽管认识者所认识的世界没有发生改变，但他对世界的理解发生了根本的变化，而这种变化也将深刻地影响他将来的认识活动。

的确如某些人所批评的，这种规定具有某种程度的独断性。正如人们在确认基础陈述时具有独断性一样，在交流活动或认识活动中，独断地规定必然关系似乎在所难免。哲学不是消除独断，而是把独断性纳入反思之中，通过反思的方式使被反思对象以其本来面目出现。另一方面，正如对基础陈述的确认尽管具有独断性，却并不是全然独断的，它也尽力基于某些客观性的条件而给出一样，对必然关系的确定也是如此。把某种陈述关系称为普遍必然关系时，人们所规定的这种关系当然不能与基础陈述相矛盾。同时，由此规定的必然关系也不能与已被确定的必然关系相矛盾，如果存在矛盾，那么它们不能都被当作必然关系。尽管满足这些条件，人们依然没有充足理由确定一个必然关系。实际上，如果必然关系的获得依赖于规定，那么归根到底不能给出充分的规定条件，充其量只能给出一些不充分的规定条件。

可以想象在此还会遇到另一些疑问。一些批评者可能会说，必然关系不是一种由主观意愿决定的东西，它具有客观性，如果必然关系可由人规定出来，它也可因人而失去必然性，因而由人规定的必然关系恰恰不是必然的。或许批评者所认定的规定必然关系的人是个别的人，也恰恰如此，这种规定依赖于个人的主观意愿。如果这样，这类批评对于基于个人的传统认识论来说是合适的、有效的，的确，仅仅基于个人的规定等于没有规定。不过这类批评在此并不合适,并不有效,此处所谈到的、规定必然关系的人不是个人,而是共同体,此种规定相对于特定共同体而出现。由共同体确立的东西并不因个人的主观意愿而改变,它具有客观性。

一种曾经流行、甚至目前依然不乏支持者的意见相信,必然关系不是人的规定,客观的必然关系是对实体对象的反映,它反映了实体对象内部稳定、重复而普遍的联系,规定了实体对象的变化过程。自康德之后,抱有这类看法的人越来越少了。康德雄辩地指出,必然关系并不来自于本原世界,它也不从各种与世界相关的材料中概括而来,不是概括的结果,相反,它是认识者为整理各种孤立、零乱的材料而做出的规定,是人主动加给这些材料的结果,它的给出根本是与人相关的。康德的看法极富启发性,但他的讨论当然也不是全面的。康德并没有细致地注意到各种必然关系之间的不同以及它们之间的相关性,同时,他往往把必然关系当作是绝对的,确信它们是超越共同体而一旦确定就永恒不变的东西。后一点恐怕对许多必然关系来说是不合适的。如果必然关系基于共同体的规定,对于某个特定的共同体来说,它可能规定某些陈述关系是必然的,也可能不做出这样的规定,甚至它可能把一些为其他共同体规定为必然关系的关系当作非必然关系,而把一些为其他共同体规定为非必然关系的关系当作必然关系。

这里还有一个问题值得考虑。获得众多的真陈述之后,这些陈述可能构成不同的陈述系统,从中选择出相似陈述系统是规定必然关系的前提。然而不同陈述系统从某一方面来看是相似的,从另一方面来看则是不相似的,可否给出一个标准,人们依赖它能确定某一陈述系统与另一陈述系统是相似的或是不相似的?这里只考虑那样一些陈述系统,其中任一系统中的陈述之间具有某种与其他系统中的陈述之间相似的结构,这样一种结构是指什么,这一点将在下一节加以说明。大致来说,两个陈述系统具有相似的结构是指,两个陈述系统中的陈述之间为相同的联结词联结,并且联结的次序也相同。具有相似结构的众多陈述系统中,可否给出某种确切的标准来确定某一陈述系统与另一陈述系统是相似的或不是相似的?

人们在认识世界时,获得了一些关于某个或某些对象的陈述,这些陈述表达了此对象或这些对象与某特定类的对象之间的关系,它们构成一个陈述系统。如获得了某些关于这匙食盐的陈述"这匙食盐放入水中"、"这匙食盐溶于水”，这些陈述表达了这匙食盐与水之间的关系，它们构成一个陈述系统。同时也可能获得某些关于另一对象或另一些对象与此特定类的对象之间的关系的陈述，如“那勺食盐放入水中”、“那勺食盐溶于水”，它们也构成一个陈述系统。由于上述两个陈述系统中的陈述所表达的对象——这匙食盐、那勺食盐可被看作是同一类的对象，可把它们归于食盐一类中。同时，上述两个陈述系统中结构位置相同的陈述即相应陈述所表达的那被认识的对象与特定类的对象之间的关系也是相似的，或是同类的，因此可把这两个陈述系统看作是相似的。

一般地说，如果两个陈述系统中的陈述所表达的对象是同一类或可归于同一类，而不同系统中相应陈述表达了此类对象与某一特定类的对象之间所具有相似关系，则可以说它们是相似的。显然，陈述系统之间的相似性不是绝对的，它相对于所表达对象而构成的类，相对于此类对象与某一特定类的对象之间的关系的相似性，甚至相对于那与之有相似关系的特定对象所构成的类。如可以把上述陈述系统看作是与如下陈述“那包苏打放入水中”、“那包苏打溶于水”所构成的陈述系统具有相似性的，因为这匙食盐、那勺食盐与那包苏打可归于同一类中，它们都是钠盐，这两个系统中的相应的陈述都表达了此类对象与水之间的相似关系。

必然关系规定了众多相似陈述系统中陈述之间的关系，具有普遍性，不过并不是所有必然关系的普遍性都是相同的。如果规定一个陈述系统中的陈述如“这匙食盐放入水中”、“这匙食盐溶于水”具有某种必然关系，它为“食盐必然溶于水”表达，这种必然关系尽管具有普遍性，但其普遍性是有限度的。如果把上述必然关系中的食盐替换成钠盐时，上述必然关系也可能成立。也即如果把这匙食盐、那勺食盐归于钠盐一类，并且发现如“那包苏打放入水中”、“那包苏打溶于水”构成的陈述系统与前一陈述系统具有相同的特征，由此可规定如下的必然关系：钠盐必然溶于水。这种必然关系无疑比“食盐必然溶于水”具有更高的普遍性。

如果把上述陈述系统中的食盐换成碳酸钙，就可能构成了如下的陈述系统：“这匙碳酸钙放入水中”、“这匙碳酸钙溶于水”。在某一共同体看来，此陈述系统中的后一陈述不为真，因而此共同体不能规定或不能接受如下的必然关系：碳酸钙必然溶于水。由上述的事例可以发现，相对于某一共同体的一些必然关系如“食盐必然溶于水”等通常包含一些直接与实在对象相关的实词，如果把出现于它们中的实词如“食盐”替换成其他实词如“碳酸钙”，由此也能构成有意义的陈述，但此陈述所表达的必然关系并不必定成立，某共同体可能不接受如下的必然关系：碳酸钙必然溶于水。这表明这些必然关系只适用于表达某些实在对象的陈述系统，而不适用于表达另一些实在对象的陈述系统，有时也简单地说，这些必然关系只适用于某些实在对象，而不适用于另一些实在对象。通常称这种只适用于特定实在对象的必然关系为实质必然关系，它也往往不无误解地被称为规律。实质必然关系无疑是人们追求的目标，获知了它们也就可以说普遍地了解了某类实在对象与一特定类的对象之间的某种关系。实质必然关系为人们的交流活动提供了可靠的基础，也为进一步认识世界提供了确定的根据，或许不是所有的知识都是实质必然关系，但它们无疑是知识的重要形态。

由上述的事例也可以发现，相对于某一共同体的一些必然关系尽管包含一些直接与实在对象相关的实词，但如果把出现于它们中的某一实词替换成其他实词，由此也能构成有意义的陈述。同时，如果此实词表达的类所包含的对象不完全包含于被替代实词所表达的类中，而被替代实词表达的类所包含的对象却包含于它所表达的类中，并且此共同体依然接受这种由新陈述所表达的必然关系，那么可以说它获得一种更具普遍性的必然关系。如把“食盐必然溶于水”中的“食盐”替换成“钠盐”，由于“钠盐”表达的类所包含的对象不包含于“食盐”所表达的类中，“食盐”表达的类所包含的对象包含于“钠盐”所表达的类中，而此共同体依然接受必然关系：钠盐必然溶于水，这样就可以说，相对于前一必然关系，此共同体获得了更普遍的必然关系。

如果一种必然关系中的实词可能为所有其他的实词所替换，这些所有可能的替换也能构成有意义的陈述，同时此必然关系依然成立，此时表达这种必然关系中的实词其实可以用不与特定实在对象相关、不表达特定内容的符号代替。显然，这种由符号表示的必然关系不与特定实在对象相关，却可能适用于所有可能的实在对象，它即是所谓的形式必然关系。形式必然关系尽管可能通过一些实词表达出来，但这些实词可能为其他的实词所替代，因而它只与陈述形式或陈述结构有关。这里所说的形式必然关系也就是前一章所提到的形式真理，而体现它的那些必然关系只是它的例示。一种典型的形式必然关系就是那些纯粹由数学语词构成的真陈述,这种纯粹由数学语词构成的形式必然关系又被称之为数学关系。

值得注意的是,人们不仅对必然关系有不同的理解,甚至对“必然”一词也有不同的看法。获得了如此的必然关系:“如果食盐放入水中,那么必然它会溶于水”,由某些陈述如“这匙食盐放入水中”等,可以演绎出“这匙食盐溶于水”。有时为了强调此陈述所表达的事物所具有的必然性,就说“这匙食盐必然溶于水”。在“这匙食盐必然溶于水”中,人们之所以使用“必然”一词,不是由于其他原因,而是希望表明此陈述可以由一些被规定为真的普遍性陈述或必然关系演绎出来。显然,此处“必然”一词的意义与“如果食盐放入水中,那么必然地它会溶于水”中“必然”一词的意义不同,后者中的“必然”表明此陈述是对人们所规定的必然关系的表达,前者中的“必然”不同于此,而是指包含它的陈述可由必然关系演绎出来。在有些陈述中,“必然”可能同时具有这两种意义,如“水必然往下流”一方面可能指此陈述“水往下流”由某些更普遍性的陈述演绎出来,又可能指它能演绎出其他的一些陈述,如“这杯子里的水从破裂的底部流出来了”等。尽管人们可能约定“必然”一词的不同意义或用法,但在严谨的表达中应当把上述两种不同意义的必然区分开。

## 40. 演绎关系与演绎系统

形式必然关系并不只有数学关系。考虑一个由少数陈述构成的简单陈述系统,如“王浩是人,并且赵敏是人”、“王浩是人”,发现前一陈述为真,同时发现后一陈述也为真。类似的陈述系统,如“长城是长的,并且黄河在中国”、“长城是长的”也具有相同的特征,这时就说它们之间可能有某种关系。为了进行有效的表达与交流,获取有关实在世界的知识,可以规定此陈述系统中或类似的陈述系统中的陈述具有某种必然关系。由于此种必然关系存在于一些具有根本不同内容的陈述所构成的陈述系统之中,也即对这些相似系统中的任何一种陈述系统来说,其中的某个陈述为其他陈述所取代时,此关系依然存在,因此可用不与特定实在对象相关、不具特定意义的符号表达其中的陈述,如可以用 p、q 分别表示“王浩是人”、“赵敏是人”。结果上述陈述系统就可表示为:p 并且 q、p。由于 p 与 q 可用不同陈述替代而构成不同的陈述系统,因而可把这些陈述系统中的必然关系表示为：如果 p 并且 q，那么必然 p。由于 p、q 可以表示不同的陈述，它不与特定实在对象相关，而“并且”、“如果……，那么……”等语词也不与特定的实在对象相关，因此上述必然关系不与特定实在对象相关，它是形式的，即是形式必然关系。

考虑由“王浩是人，并且赵敏是人”、“王浩是人”构成的陈述系统与由“长城是长的，并且黄河在中国”、“长城是长的”构成的陈述系统，它们中的陈述所表达的有关实在世界的内容有很大的不同，之所以说它们是相似的，几乎不能指望从它们所表达的内容来获知这一点。一般而言，之所以说这些陈述系统是相似的，只是由于不同系统中的陈述存在结构上的对应关系，有时还因为它们中的对应陈述所包含的语词之间具有相似的结构，这种结构可通过这些陈述系统所包含的某些不与特定内容直接相关的共同语词如“并且”、“如果……，那么……”等显示出来。通常称这些显示陈述之间或陈述所包含的语词之间结构关系的语词为联结词。两个陈述是结构相似的是指：两个陈述中的语词分别因相同的联结词显示出相同的次序。两个陈述系统是结构相似的是指：两个陈述系统中的陈述分别因相同的联结词显示出相同的次序，有时更进一步指，它们中结构上对应的陈述是结构相似的。人们所规定的形式必然关系往往体现了陈述系统中陈述之间或陈述的语词之间的结构关系。尽管具有相似结构关系的陈述系统之间并不一定有共同的形式必然关系，但具有共同形式必然关系的陈述系统无疑在结构上是相似的，或人们恰恰是基于结构相似性来规定形式必然关系的，因而形式必然关系往往要通过某些联结词来表达。

在实际使用过程中，联结词并不只具有联结意义，它们也可能具有其他方面的意义，甚至具有某种认识意义。在不同的实际语境中，“并且”可能有不同的意义。在一复合陈述“王浩爱摄影，并且摄影技术不错”中，两个简单的陈述之间存在递进关系，它们由“并且”表达。在复合陈述“王浩是人，并且赵敏是人”中，“并且”并不表达递进关系。“并且”在这些语言表达中的不同意义或许表明其意义并不完全由陈述之间的相互关系给出，它甚至与包含它的陈述所表达的特定实在对象直接有关，与特定的语境直接有关。为了获得形式必然关系或借用这样的语词来表达形式必然关系，就只能考虑联结词中那种不与特定实在对象直接相关、超越特定语境的意义。要做到这一点，自然就要把这些语词中的诸如此类的意义同那些可能与特定实在对象直接相关、与特定语境直接相关的意义区分开来。为此常常用某个固定符号来表达这种意义，如用固定符号·表达与“并且”一词中和特定实在对象无直接相关并且超越特定语境的意义，用·来替代具有这种意义的“并且”一词。显然，如果在实际的语言表达中有某些语词具有如此的意义，它们也可用此符号来表达。的确，一些语词如“和”、“而且”、“此外”等在实际的语言表达中具有如此的意义，包含它们的一些陈述所构成的陈述系统也可能具有形式必然关系，因而也可以用·来替代这些语词，并由此来表达这种关系。

另一种语词“如果……那么……”也是如此。为了借用它来表达形式必然关系，要把此语词中那些与特定实在对象无直接相关并且超越特定语境的意义独立出来，为此用固定符号→来表达这种意义。如果在实际的语言表达中有某些语词如“假如……那么……”、“若……则……”等，它们也具有固定符号→所表达的意义，在表达包含这些语词的陈述之间的形式必然关系时，也可用→来替代这些语词，并由此来表达这种关系。为了区别必然关系与非必然关系，可以用某固定符号如□来表达必然。如此一来，对于上述的必然关系“如果 p 并且 q，那么必然 p”就可以用符号表示如下：□(p·q)→p。由于必然关系与非必然关系之间并无内容的区别，它们只是体现了人们看待世界方式的不同，因而通常可以略去此符号，而直接地用(p·q)→p 表达。当然也可不把此形式关系规定为必然关系，而把它看作是非必然关系。由于形式必然关系要通过某些固定符号来表达或由它们呈现出来，也可以说它们显示了固定符号的使用方式，如人们在规定(p·q)→p 时，也相应地规定了这些固定符号如·、→等的使用方式。

陈述系统“王浩是人，并且赵敏是人”、“王浩是人”中存在形式必然关系(p·q)→p，而陈述“如果‘王浩是人，并且赵敏是人’，那么‘王浩是人’”只是形式必然关系(p·q)→p 的一个例示，因此也可以说它为真。很显然，根据这种关系或其例示，如果“王浩是人，并且赵敏是人”为真，那么“王浩是人”也为真，即对于包含“王浩是人，并且赵敏是人”、“王浩是人”的陈述系统，如果断言前一陈述为真，并且规定了形式必然关系(p·q)→p，那么人们不必通过其他方面的考察，如不必对实在世界有更多的认识，就能断言后一陈述也为真。如果把一个陈述系统中的陈述分为两组，发现它们之间具有某种形式关系，则可称前一组陈述为前提,可称后一组陈述称为结论,而称此形式关系为推理关系。前提通常不只包含一个陈述,结论则往往只有一个。如果这种推理关系是形式必然关系,则可称之为演绎关系,并可称基于这种推理关系的推理为演绎推理。

根据形式必然关系或演绎关系,如果前提为真,就能断言结论也为真,这就为交流或认识带来极大的方便。在认识过程中,演绎关系必不可少,正是在演绎关系的引导下,人们才能超越基础陈述,获得概括陈述,形成知识。这种作用也可用于知识本身。正是依赖于演绎关系的力量,人们才得以形成概括性更强的知识,最终形成复杂、抽象的知识体系。演绎关系不仅在把握基础陈述、形成知识的过程中有极为重要的作用,而且在掌握知识的过程中也有关键性的作用。根据特定的演绎关系,可从一些陈述推出另一些陈述,而从这些陈述又能推出其他的陈述,因而只要掌握了最初的前提,那些根据它们所推出来的所有结论也尽在掌握之中。对于那些被推出的陈述,人们并不必寻找其他的根据,因为其前提的根据也就是它们自身的根据。尽管从最初前提到最终结论之间可能有复杂的转换过程,但只要这种转换过程符合演绎关系,人们就可以如同接受前提一样接受结论,而不必对这些转换过程个别地进行艰苦的思考。

还可能发现其他陈述系统中的陈述具有另外的形式必然关系。考虑另一个简单陈述系统"王浩是人"、"王浩是人,或者赵敏是人",发现前一陈述为真,同时发现后一陈述也为真,类似的陈述系统"长城是长的"、"长城是长的,或者黄河在中国"也是如此,这时可以说上述陈述系统中的陈述可能具有某种关系。不仅如此,甚至可规定此陈述系统或类似陈述系统中的陈述具有某种必然关系。由于此种必然关系存在于一些由具有根本不同内容的陈述所构成的陈述系统中,也即其中任一系统中的某个陈述为其他陈述所取代时,此关系依然存在,因此这种关系是形式必然关系或演绎关系。为了表示这种演绎关系,也可用不与特定实在对象相关、不具特定意义的符号如 p、q 分别表示"王浩是人"、"赵敏是人"或"长城是长的"、"黄河在中国",那么上述陈述系统中的演绎关系就可以表示为:如果 p,那么必然 p 或者 q。很显然,表达此种演绎关系的"或者"与实际语言表达中的"或者"有所不同,为了表达上述演绎关系,只能采用"或者"中那种不与特定实在对象直接相关并超越特定语境的意义，并用固定符号 v 表示。如此一来就可把此形式必然关系表示为：p→(pvq)。在实际的语言表达中，“不是……就是”、“除非”、“宁可……也不”等也含有 v 所表达的意义，如果包含它们的一些陈述所构成的陈述系统具有形式必然关系，这时也可用 v 来替代这些语词，并由此来表达这种关系。

一些含有否定语词的陈述所构成的陈述系统可能有某些演绎关系，如果用¬ 表达“否定”中不与特定实在对象直接相关并超越特定语境的意义，人们可能规定诸如¬ (p · q)→(¬ p v¬ q)，(¬ p v¬ q)→¬ (p · q)等为演绎关系。很显然，还可能规定更多、更复杂的演绎关系，尽管如此，所规定的演绎关系依然不是足够的，难以由此解释复杂多样的交流活动或认识活动，它们在认识过程中所起的作用也是有限的。前面所谈到具有演绎关系的陈述系统有一个明显的特征，即表达结论的陈述作为一个整体直接包含在前提中，或如果表达结论的陈述是复合陈述时，它们所包含的某些或全部的单一陈述作为一个整体直接地包含在前提中。大量的陈述系统并不具有这样的特征，在许多陈述系统中，尽管表达结论的陈述中的语词出现在前提的陈述中，但它并不作为一个整体直接出现在前提中。在“人是动物”、“王浩是人”、“王浩是动物”所构成的陈述系统中，人们通常规定其中的陈述存在一种演绎关系，但结论“王浩是动物”并不直接出现于前提中。如果用 p、q、r 分别来表示上述陈述，显然，上述的演绎关系不能表示为：(p · q)→r。

稍作思考，就会发现上述陈述系统中的演绎关系不仅与不同陈述之间的相互关系相关，也与同一陈述内部的不同语词之间的相互关系相关，甚至与不同陈述中的语词与语词的相互关系相关，因而只有了解了构成陈述的语词之间的相互关系或陈述形式，才能表达它们之间的演绎关系。通过对陈述的符号化，可能获知陈述内部的陈述形式，因而可由此来表达这种形式必然关系。对于上述陈述系统，如果“人是动物”、“王浩是人”、“王浩是动物”分别用符号∀x(Hx→Mx)、Ha、Ma 代替，那么其中的演绎关系就可以表示为：[∀x(Hx→Mx) · Ha]→Ma。很显然，人们还可能规定许多其他的演绎关系，这些演绎关系也可用这种方式表示，如可把它们表示如下：∀xPx→Pa、Pa→∃xPx 等。总之，如果陈述都能通过前述的方式被符号化，人们也就能通过这种方式表达所有可能的演绎关系。值得注意的是，此时的联结词 · 、v 等表达的是语词与语词之间的联结关系。由于没有可靠的标准把表达这种联结关系的联结词同表达陈述与陈述之间联结关系的联结词区分开来，因此可把它们看作是相同的，并用同一固定符号来表示它们中那不与特定实在对象直接相关并超越特定语境的意义。

可能规定的演绎关系多种多样。过多的规定会束缚人的思维，使思考阻滞不前，而过少的规定又会使思想散漫、游移不定以至变得不可靠。不多不少的演绎关系将使人们的交流顺利进行，并能持续不断地推进认识。对于交流活动或认识活动来说，一个共同体接受多少演绎关系是适量的？不仅一个共同体所规定的演绎关系并不一定为其他共同体所接受，而且一个共同体中某一成员接受某一演绎关系，另一成员却可能不接受它。在众多可能成为演绎关系的形式关系中，一个共同体应当接受何种形式关系为演绎关系呢？也即何种演绎关系是值得规定的呢？被接受的不同的演绎关系在交流活动或认识活动中的作用是否相同？如果不同，其原因何在？很显然，其中的许多问题不是能简单回答的，有些甚至是根本无法回答的，不过鉴于演绎关系在交流过程或认识过程中的重要作用，无疑有必要对之作出反思。

由于演绎关系与实在对象无直接相关，在此的反思似乎没有可支撑之点。然而，各种可能被接受为演绎关系的形式关系往往不是无关的，其中一些形式关系可能由另一些形式关系演绎出来，一些形式关系则可能与另一些形式关系相矛盾，各种可能被接受为演绎关系的形式关系似乎不可避免地相互联系着。的确，由于这样的形式关系由某些固定符号·、→、v、∀、∃以及一些不具特定意义的符号p、q、x、F、H、M等根据某种特定的方式构成，由这些少数的符号可能形成多种多样的、甚至无限的形式关系，它们之间无疑存在相互的关联。另一方面，固然可以个别地规定某些形式关系为演绎关系，但通过个别规定而获得的众多演绎关系在使用过程中可能出现不一致。如可能根据不同演绎关系由某一前提演绎出不同的结论，而这些结论互不相同甚至相互矛盾。要在规定演绎关系时尽可能排除主观臆想，尽可能消除它们之间的不一致，人们几乎没有其他的凭借，只能在它们之间建立相关性，使可能被规定为演绎关系的各种形式关系相互印证。那些存在相关性、能相互印证的形式关系无疑在使用过程中不可能出现不一致，正是这一点使得在规定它们为演绎关系时具有了更多的客观理由。

仔细检查所反思的形式关系，并获知了它们之间的某些相关性，那么将发现其中一些形式关系可演绎出另一些形式关系,前者又为其他一些形式关系演绎出来。如果一些形式关系可能演绎出其他形式关系,而它自身不由其他形式关系演绎出来,则可称这样的形式关系为基础形式关系。然而,在由某些具有确定意义的固定符号以及一些不具特定意义的符号所形成的各种形式关系所构成的系统即形式系统中,通常没有这样类型的基础形式关系。在这样的系统中,其中的任一形式关系都可能由其他形式关系演绎出来,也即没有一个绝对确定的基础形式关系。这时人们可能任意地选择其中的某些形式关系作为基础,而其他某些形式关系可从中演绎出来,如果这样,那么可称那些被选定为基础的形式关系为公理,由之演绎出来的其他形式关系则为定理。为与其他公理相区分,又可称之为形式公理。形式公理与由之演绎出来的定理一起构成一个系统,可称之为形式公理系统。

形式关系不与特定的实在对象直接相关,不能从它如何反映实在对象或是否反映实在对象等方面来确定它可否被接受为演绎关系。如果只可能凭借形式关系的相关性来确定一个形式关系可否被接受为演绎关系,那么孤立地谈论个别形式关系可否被接受为演绎关系是不够全面的,而终归要在一个形式系统中才可能对此问题给出更为全面的考量。可能根据形式系统的何种特征来确定一个或一些形式关系为演绎关系呢?在谈论一个形式系统时,往往有两个方面值得考虑,即它是否一致以及它是否完全。

考虑一个形式系统,同时确定了此系统中的某些形式关系为公理,对此系统中的任一形式关系而言,如果此形式关系以及与之相矛盾的形式关系至少有一个不能由这些公理演绎出来,那么就说此形式系统是一致的。如果此系统中的每一形式关系,或者能由这些公理演绎出来,或者与其相矛盾的关系能由公理演绎出来,则说此形式系统是完全的。显然,有些形式系统既具有一致性又具有完全性,而有些形式系统并不同时具有二者。形式系统的这些特征可能对人们是否接受某形式关系为演绎关系产生影响。如果一个形式系统具有一致性,同时被确定为公理的形式关系可被接受为演绎关系,那么由之演绎出来的定理都必须被接受为演绎关系。反之,如果形式系统不具有一致性,那么被确定为公理的形式关系不可能都被接受为演绎关系。

## 41. 逻辑与语言

赋予·、→、v、∀、∃等固定符号不同于上述所定义的意义，可能给出不同于上述的形式关系，形成不同的形式系统。同时，如果定义其他一些不同的固定符号，也可能获得一些不同的形式关系与形式系统。还可能通过其他一些方式获得某些不同的形式关系和形式系统。不是所有形式关系都可能被接受为演绎关系，不是所有的形式公理系统都可能被接受为演绎系统，而被接受的演绎关系以及由之形成的演绎系统也不一定具有相同的特征和作用。人们通常把某些演绎关系称为逻辑或逻辑关系，把某些演绎系统称为逻辑系统。如果不顾及语词的习惯用法，当然也可以称所有演绎关系为逻辑，称所有的演绎系统为逻辑系统，甚至称所有的必然关系或形式关系为逻辑，不过这样一来也就失去引入"逻辑"一词的意义了。如果不是所有的演绎关系都是逻辑，那何者是逻辑呢？在回答这个问题之前自然要先对逻辑做一定的了解。

什么是逻辑？不仅平常人对逻辑的理解五花八门，甚至逻辑专家对此也争论纷纷，之所以如此，可能与探索问题的方式有关。一般来说有两种方式。一种是概括方式，即从一些通常被称为逻辑的演绎关系或由之形成的演绎系统出发，从中获取各种洞见，并概括这些洞见而获得有关对"逻辑是什么"的解答。开始此种探索方式时首先要确定概括的范围，然而在确定概括范围的过程中，探索者已对逻辑有了某些先入之见，因而他所要求的东西也就可能早已包含在其前提中了。由于不同的人预先所认定的逻辑是不同的，他们自然对"逻辑是什么"的解答也有所不同。另一方面，这种解答方式与人们的偶然选择有关，因而由此对逻辑的规定往往带有较多的随意性与不确定性。

另一种方式则不同，它不是从一些被称为逻辑的演绎关系或被称为逻辑系统的演绎系统出发，而是一般地从言语行为所显示出来的那些更基本的前提出发，以确定那些在交流过程或认识过程中所使用的演绎关系或演绎系统具有何特征。为达成交流与认识的不同目的，人们可能接受具有不同特征的演绎关系或演绎系统，演绎关系或演绎系统的特征可从它们在交流过程或认识过程所起的不同作用中体现出来，人们也恰恰可由此来区分不同的演绎关系或演绎系统。如果在众多的演绎关系或演绎系统中，其中一些具有某些不同于其他演绎关系或演绎系统的特征，那么就可规定具有某种或某些特征的演绎关系或演绎系统为逻辑或逻辑系统。

作为逻辑的演绎关系具有何种特征？在此给出的规定无疑不能是随意的，它与对交流过程或认识过程的考察有关，同时又要顾及到目前有关逻辑的一些流行观念或有关“逻辑”一词的基本用法。由此给出的关于逻辑的看法或许不会让所有人满意，但它也并不希图达到这一点。实际上，任何一种有关逻辑的看法都不可能满足所有人对逻辑的理解。如果“强盗逻辑”、“资本逻辑”的确可算作逻辑，那么许多逻辑教材的逻辑定义就要改写。如果把所谓“辩证逻辑”、“先验逻辑”、“归纳逻辑”纳入逻辑范围，目前的许多逻辑定义也不是合适的。在此将采取后一种方式来了解什么是逻辑，以表明我们将如何使用“逻辑”一词，当然我们也希望这种规定并不是完全远离多数逻辑学家对“逻辑”一词的理解的。

人们之所以能利用语言进行相互的交流，首先在于：尽管不同的人使用某一陈述对世界作出不同的断定，如有人确定它为真，有人确定它为假，但他们依然对其有共同的理解，也即它所表达的某些意义是客观的。对同一语言表达有共同的理解往往是人们能相互交流的前提。然而，人们之所以能进行相互的交流，还要接受某些共同的演绎关系，没有接受共同演绎关系的人们不可能进行真正的交流或根本无法进行交流。设想两个有相互交流的人 A、B，其中 A 接受某一演绎关系。在 A 看来，一特定陈述系统中的前后陈述之间具有此种演绎关系，根据这种演绎关系，他可从其中的一些陈述或前提演绎出另一些陈述或结论，于他来说，结论的意义包含在前提之中。然而，于 B 看来，在这些陈述中那些 A 所确认的演绎关系并不存在，或有根本不同的演绎关系，因而从上述的前提不能演绎出上述的结论，也即上述结论的意义不包含在前提中。如果这样，上述两人尽管有相互的交流，但对那些他们共同确认的陈述并没有共同的理解，因而可以断言他们所谓的相互交流其实只是一种幻觉。

拥有共同语言系统的人们尽管属于不同的共同体，但他们往往对某些陈述有共同的理解。实际上，拥有共同语言也就意味着他们能利用这些具有共同理解的陈述进行相互的交流。反过来，尽管使用相同的符号，如果对这些符号所包含的意义不可能有共同的理解，则无疑意味着这些符号不是他们之间所认可的语言。这里要指出的是：如果人们拥有共同的语言系统，能使用共同的语言表达进行交流,那也意味着他们接受了共同的演绎关系。如果拥有共同语言系统的人们没有任何共同的演绎关系,那么对其中的某人来说,根据特定的演绎关系,可从一些前提演绎出某一结论,这些前提包含此结论。而对其他人来说,从相同的前提可能产生不同的结论或根本没有结论,也即这些前提不包含此结论。果如此,就可以说这些前提因不同的人而有不同的意义,不同的人对同一前提并没有共同的理解。可见,在一个语言系统中,为了能够进行相互交流,甚至处于不同共同体的人们也必定接受共同的演绎关系,接受共同的演绎关系是人们相互交流的必要条件,也是他们拥有共同语言系统的必要条件。

也许有人说,尽管人们拥有共同的语言系统,却并不对某些陈述有共同的理解,他们相互之间在此没有进行交流。这无疑是可能的。的确,拥有相同语言系统的人们并不一定对所有陈述有共同的理解,甚至属于同一共同体中的人们也不一定对所有陈述有共同的理解。不过只要他们可能对某些陈述有共同的理解,在其他方面可能存在相互的交流,那么上述的论证依然有效。如果人们对任何语言表达都没有共同的理解,那不仅表明他们不属于同一共同体,甚至表明他们之间没有共同的语言。可否某人 A 与某人 B 有共同的演绎关系,B 与某人 C 有共同的演绎关系,A 与 C 也有共同的演绎关系,而 A、B、C 却没有共同的演绎关系呢?这样的设想无疑是可能的,但这种可能性建立在 A、B、C 没有共同的交流之上。很容易就能表明,如果 A、B、C 可能有共同的交流,他们对某些陈述便可能有共同的理解,那么他们也就接受了某些共同的演绎关系。基于此,可以说,在实际的交流过程或认识过程中,任何可能相互交流、具有共同理解的人们拥有共同的演绎关系。

当然,上述的论证并不表明拥有共同语言系统的人们所拥有的演绎关系都是共同的,甚至不表明属于同一共同体的人们所拥有的演绎关系都是相同的。某一共同体可能规定某些演绎关系,而其他共同体并不一定作同样的规定。一个共同体中的某成员可能接受某种演绎关系,而其他成员并不一定接受它。这里所要强调的是:属于同一共同体中的人们或甚至拥有共同语言系统的人们将不得不接受某些共同的演绎关系。

如果同一语言系统中的人们必然接受某些共同的演绎关系,处于不同语言系统中的人们是否会接受共同的演绎关系呢?设想两个能相互翻译的语言系统,其中一个语言系统中的语言表达可以被翻译成另一个语言系统中的某种语言表达,它们中的任何一个语言系统各自都有某些共同的演绎关系,这两个语言系统之间有共同的演绎关系吗?汉语与英语是两个能相互翻译的语言系统,汉语与英语之间是否可能没有共同的演绎关系呢?设想一组汉语陈述,人们根据汉语中的演绎关系从中演绎出某个结论。把这组汉语前提译成英语,由于英语中的演绎关系不同于汉语中的演绎关系,根据英语中的演绎关系,那些由汉语翻译而得到的英语陈述也可能演绎出某个结论或者根本演绎不出任何结论,而即便能演绎出某个结论,此结论也不同于上述汉语结论的英译。如果翻译是可信的,这无疑表明同一前提包含不同的结论。如果的确出现如此的情形,则可以说:要么汉语与英语之间没有可信的翻译或没有确定的翻译;要么它们之间没有共同演绎关系的假定不成立。

或许有人会提出,实际的许多语言系统之间的确没有可信的翻译,甚至于可以说,所有翻译都是不可信的或是不确定的,如果这样,那么各种语言系统之间如汉语与英语之间没有共同的演绎关系就是可能的了。对于翻译的不确定性,奎因曾对此做过解释。设想一个土著人来到我们中间,我们发现他发出声音,甚至能书写出一些符号。在不同的场合,对于不同的事物,他发出的声音是不同的,他书写的符号也不同。我们用汉语表达某特定的对象时,他似乎也发出了特定的声音,书写出了特定的符号。我们对其他不同的对象有不同的语言表达,而为表达其他不同的对象,土著人可能会发出不同的声音,书写出不同的符号。当我们指着兔子说“兔子”并写下相应的符号时,他也会发出某种声音,会写出某种符号如“gavagai”。通过长时间的交流,在我们的语言表达与土著人的语言表达之间建立起了某些对应关系,这种对应关系也就是一种翻译关系。奎因提出,我们与土著人之间的翻译是不可信的,我们通过这种翻译来了解土著人的语言表达时存在不确定性,当土著人说“gavagai”时,我们并不能确切地知道“gavagai”是指兔子,还是指如兔子性、兔子某器官或是兔子生命中的一个片段等其他事物①。很显然,按奎因的看法,翻译的不确定性甚至可能存在于任何语言系统之间。

---

① [美]W. V. O. 奎因:《语词与对象》,陈启伟、朱锐、张学广译,中国人民大学出版社 2005 年版,第 27—36 页。

断言不同语言系统之间的翻译必然是不可信的或具有不确定性当然是充满争议的。翻译是否具有不确定性？回答此问题时要看如何理解“翻译”一词。可以把翻译看作是把某一语言系统中的语言表达用另一个语言系统的语言表达重新表达出来，而表达可信的根据当然是语言表达的意义。如果上述两个语言表达是同义的，那么表达是可信的、确定的，也即翻译是可信的、确定的。否则可以说表达是不可信的、不确定的，也即翻译是不可信的、不确定的。上述意义的表达甚至在同一语言系统中也存在，如同一语言系统中的某一陈述可以通过另一陈述表达出来，某一语词可通过另一语词表达出来，这时也可以说后一陈述或语词是对前一陈述或语词的翻译。不同语言系统尽管在表现语言表达的物理痕迹上是不同的，但不同语言系统之间的表达关系或翻译关系与同一语言系统中的这种表达关系似乎并没有根本区别，如果说它们之间有区别，这种区别也是与同一语言系统中不同表达关系之间的区别相同的。这时可以一般地说，如果某一语言表达能表达另一语言表达，那么也可以说此语言表达是对另一语言表达的翻译，而通常所说的翻译甚至可看作是某种类型的表达。

如果不同语言系统之间的翻译存在不确定性，那么同一语言系统中的表达也存在不确定性，因此不同语言系统中的翻译是否确定的问题实际属于同一语言系统中的语言表达能否确定地表达其他语言表达的问题。由于一个语言表达可能表达诸多对象，而此对象可能是世界对象，也可能是语言表达本身，因而可进一步说，上述的问题也属于同一语言系统中语言表达能否确定地表达对象的问题。如果同一语言系统中的语言表达能确定地表达对象，那就没有理由说它不能确定地表达其他语言表达，就没有理由说不同语言系统之间不能有确定的翻译。

一个语言表达能确定地表达对象吗？在同一语言系统中，不同的人可能对一个语言表达如通名所包含的外延有不同的所指，当用“兔子”表达兔子时，他们用它来表达的外延并不是完全相同的，因此这种表达存在不确定性。很明显，如果表达的不确定性存在于通名中，也就存在于所有包含通名的其他语言表达中，这样一来，几乎任何语言表达在表达世界对象时都存在不确定性。正如前面所表明的，语言表达中的这种不确定性恰恰是人们能运用它们来进行交流的条件，是语言之为语言的根本特征之一。另一方面，人们能进行相互的交流却又无可置疑地表明语言表达能确定地表达对象，而语言表达所给出的确定的表达正是语言交流的前提，是语言表达具有公共性、客观性的条件。即便同一语言系统中使用某些语言表达来表达对象的过程中不可能做到绝对的确定，却不能说没有确定的表达，尽管这种确定性可能只有相对于某些特定的标准、条件或相对于特定的共同体才能给出。用黑格尔式的话来说，语言的表达是确定性与不确定性的统一。

当用某个语言表达来表达另一语言表达时，这种表达确立了两个语言表达之间的同义性，如果不是绝对的规定或定义，这种同义性往往并不是绝对的，它与特定的标准、条件有关，也与特定的人有关。

两个语言表达之间具有多大程度的共同之处才可以断言它们是同义的？它们之间有多大程度的不同便可以说它们不是同义的？对此可能并无一个绝对的判定标准，判定标准往往相对于特定的条件或特定的共同体。总的来说，同一语言系统中的语言表达无论在表达世界对象过程中还是在表达其他语言表达过程中都具有确定性，尽管其中存在不确定性，但它并不影响人们之间的相互交流，这一点恰恰是交流的条件。同样有理由说，不同语言系统之间的翻译也可能是可信的、是可确定的，尽管这种确定的翻译可能相对于特定的条件、相对于特定的共同体。

如果确定的翻译是可能的，也即在我们的语言表达与土著人的语言表达之间可能建立起某些对应的翻译关系或表达关系，在英语与汉语之间可能有可信的翻译，那么它们之间也就有共同的演绎关系。确定的翻译不仅要求不同语言系统中的语言表达之间有一种对应的翻译或表达关系，同时也要求不同语言系统之间拥有共同的演绎关系。只有拥有共同的演绎关系，不同语言系统之间才可能有确定的翻译。从这里也可看到，某一语言系统中的人们能翻译或表达另一语言系统中语言表达的一个必要条件是两个语言系统有共同的演绎关系，那与之没有共同演绎关系的语言系统不是他们所能理解的，甚至对他们来说，它是否可被称之为语言也是大可怀疑的。

没有共同的演绎关系，同一共同体中的人们就不会有相同的理解，属于不同共同体的人们之间就不存在共同的语言，而不同的语言系统之间也就没有确定的翻译。我们把这种存在于拥有共识的共同体成员之间、存在于拥有共同语言系统的人们之间、存在于拥有可相互翻译的语言系统的人们之间的共同演绎关系与其他的演绎关系区分出来,并称之为逻辑。这些演绎关系可以形成一个系统,此系统也即是逻辑系统。很显然,逻辑是所有陈述系统或甚至所有语言表达都应当遵守的形式必然关系,凡是语言表达出来的无不符合于逻辑。尽管一个语言系统中的陈述或语言表达多种多样,它们呈现了一个多样而变化万端的世界,但它们之间的某些关系却是共同的、不变的,这些共同的、不变的关系即是逻辑,因而逻辑是多样的语言表达中的不变物。在一个语言系统中,合适的语言表达不能有任何违反逻辑的东西,从这个角度说,没有共同逻辑,也就没有语言,逻辑与语言是一体的。也许有人提出,尽管不是所有的演绎关系都是逻辑,但并不必定要把这种规定语言之为语言的共同演绎关系称为逻辑。对此要声明的是,"逻辑"一词的确并不必定取上述的意义,我们也不强求人们同意"逻辑"一词必定只有如此的用法,但此处关注的只是具有如此意义的"逻辑"。

很显然,逻辑对各种交流过程或认识过程提出了某些要求,给出了一种目标与理想,它告诉人们一些推理是有效的,另一些推理是无效的,并给出了一些有效推理的形式,以便使得人们在这些过程中知道如何做有效的推理,而避免做无效的推理或错误的推理,因此可以说逻辑是一种规则,是一种有效的推理规则。逻辑实际也常常被称为逻辑规则。然而,逻辑与一般所谓的规则如交通规则、下棋规则等不同。交通规则由交通部门的管理者或某些其他人制订出来,下象棋的规则由象棋的发明者或象棋协会制订出来,所有这些规则都有一个共有的特点,即有可以辨认的制订者,有一个可以追溯的明确起源。逻辑与之不同,它没有一个特定的制订者,没有一个清晰可辨的起源。尽管亚里士多德也许是第一个从事逻辑研究的人,他概括与整理了一些有效推理规则,但不能说这些演绎关系是他制订的。通过发生式方法探知逻辑的起源就如探知社会如何产生、语言如何产生一样,通常不会有可信的结果。自然语言中的逻辑看上去是不由自主地出现的,人们无法选择,它们与生俱来。斯特劳森说:"在被明确写下来之前,语法早已被含蓄地掌握,它们对于语言来说是必要的"。① 逻辑作为陈述与陈述之间的语法,同样也可以说,在明确写出它们之前,逻辑也早已为人们所掌握,它们是语言表达的基础,也是思想的基础。

---

① Strawson:*Analysis and Metaphysics*, Oxford University Press, 1992, p. 6.

一些社会风俗习惯、某些行业的潜规则看上去也是自然形成的，它们也并没有一个明确的制订者，没有确定的起源，不过逻辑仍与这些规则有区别。社会风俗习惯或某些行业潜规则与那些由特定的个人或共同体制订的规则一样，是可以改变的，它们有一个大致产生、发展甚至消失的过程。逻辑与之不同，它不仅没有一个大致产生的起点，甚至一旦给定就具有绝对性，不能想象逻辑可消失或不起作用的情形，从这一点来说，逻辑类似于所谓的规律。的确，也有人称逻辑为逻辑规律。不过逻辑与通常所说的物理规律、生物规律等有根本的不同。能说违背逻辑，实际某人在说话时可故意违背某些逻辑，但一般不能说违背万有引力规律，某人实际也不能故意地违背某种物理规律。逻辑是没有内容的形式，物理规律、生物规律则是有内容的。就此而言，相比于具体的规律，逻辑具有更高的普遍性，它不只适用于特定的学科领域，甚至适用于所有的学科领域，具有普遍适用性。可以说，逻辑如果是规律，那么它不是类似于诸如物理规律、生物规律的规律，甚至可以说是这些规律的规律。总的来说，说逻辑是一种规则或是一种规律时，如果并不打算违背对"规则"、"规律"等语词的某些约定俗成的用法，那么这些说法或多或少地体现了对逻辑的一些误解。

## 42. 逻辑系统的确定

从定义上确定逻辑是什么是一回事，如何实际地从众多形式关系或众多演绎关系中辨认出逻辑来是另一回事。尽管逻辑是相互交流的人们所共同接受为演绎关系的形式关系，但他们共同接受的那些演绎关系并不一定是逻辑，因而不可能通过实地调查一个形式关系是否为所有拥有共同语言系统的人们接受或是否为所有拥有可相互翻译的语言系统的人们接受来确定它是否为逻辑。如果这样，如何确定某形式关系是逻辑呢？

对于诸多有相关性的形式关系来说，孤立地谈论个别形式关系可否被接受为演绎关系是不够全面的，只有在一个形式系统中才可能更全面地回答此问题。同样，孤立地谈论个别形式关系可否被接受为逻辑也是不够全面的，只有在一个形式系统中才可能更全面地做到这一点。如果要根据形式系统的特征来辨认其中的形式关系可否被接受为逻辑，形式系统的一致性与完全性依然是两个值得考虑的特征。不一致的形式系统表明出现于其中的固定符号的意义存在不一致,不能依赖这种固定符号来表达演绎关系,更不能依赖它们来表达逻辑,因而只有从一致的形式系统中才可能获得逻辑或其他演绎关系。被接受为逻辑的形式关系是否要基于具有完全性的系统呢?

设想某一形式系统,尽管它是一致的,却不具完全性,也即在此系统中,如果确定了某公理,则存在一些不能由其公理演绎出来形式关系,而与之相矛盾的形式关系也不能由之演绎出来,是否可能接受此系统中的一些形式关系为逻辑呢?这似乎是可能的。如果接受了此系统中的某些形式关系为逻辑,由于它们之间存在关联,于是可以选择其中的某些形式关系为公理,这时从公理演绎出来的关系无疑也是逻辑。然而,由于出现于此系统中的那些可能被接受为逻辑的形式关系及其否定不能完全由公理演绎出来,某一共同体可能独立地接受它们为逻辑,另一共同体则可独立不接受它们,而接受与之相矛盾的形式关系,也即尽管人们能共同地接受此形式系统中的诸多形式关系为逻辑,却依然可能为是否接受某一形式关系为逻辑而意见出现不一致。另一方面,由于公理的选定几乎是任意的,因而此形式系统中的任何形式关系都可能独立地被接受为逻辑,也可能独立地不被接受为逻辑,也即实际难以严格地确定此系统中的何种关系是逻辑,何种关系不是。这样一来,在此形式系统中确定何种关系为逻辑就具有难以避免的任意性,这甚至使得人们怀疑是否可能从中获得逻辑。

某个具有一致性的形式系统之所以具有不完全性,往往表明人们对其中某些固定符号有不同的理解,这也意味着由这些固定符号所构成的形式关系包含模糊性与不确定性,不同的人们难以在此做出一致的接受。即便人们在此一致地接受了某些形式关系为逻辑,他们也依然可能会对它们作出不同的理解,从而在交流过程或认识过程中产生歧义。如果这样,尽管这种形式系统中的某些形式关系可能被接受为逻辑,但并不是终极的,可能为其他具有更严格的、更确定意义的固定符号所表达的形式关系替代。在具有完全性与一致性的形式系统中,人们可绝对严格而确定地规定固定符号的意义,显然,一旦接受了由它们表达出来的形式系统中的某些形式关系为逻辑,那么就难以对它们做出不同的理解,它们将更可能成为特定共同体成员、拥有共同语言系统的人们以及拥有可相互翻译的语言系统的人们共同交流与认识的基础。

设想两个形式系统，它们所包含的某些形式关系都可能被接受为逻辑，甚至这两个形式系统包含一些相同的形式关系，同时它们作用的范围也大致相同，人们更可能从何种形式系统中获得逻辑呢？无疑，人们更愿意从具有完全性的形式系统中接受某些形式关系为逻辑。的确，如果从中确定了某些逻辑，尽管它可能与其他各种逻辑形成不同的系统，却并不会导致歧义，不会有任何的模糊性与不确定性，它们可被牢固地确立在语言系统中。正是基于这一点，同时实际存在众多具有一致性与完全性的形式系统，因而人们通常不必考虑是否可能从不具完全性的形式系统中获得逻辑。可见，尽管逻辑可能来源于不具完全性的形式系统，实际上只有那些具有完全性、一致性的形式系统中的形式关系才可能被确定为逻辑。

由于形式系统包括各种由某些固定符号以及不具特定意义的各种符号根据某种特定方式构成的形式关系，形式系统中的形式关系不可能都被接受为演绎关系，更不可能都被接受为逻辑。可从一个形式系统中接受多少演绎关系或逻辑呢？可以说，一旦规定了某些固定符号，由此构成了某个形式系统，希望并实际从中获得了某些演绎关系或逻辑，为了对包含这些固定符号的交流过程与认识过程给出解释与规定，人们往往接受尽可能多的、互不矛盾的形式关系为演绎关系或逻辑。实际也只有这样才能充分地表达包含这些固定符号的语言表达之间的关系，只有这样才能使得基于这些语言表达的交流与认识能顺利地进行。如果在一个形式系统中确定了众多的演绎关系，它们之间无疑具有相关性，可能构成一个系统，可称此系统为演绎系统。合适地选择某些演绎关系为公理，由公理演绎出来的其他演绎关系则是定理。如果发现此形式系统中除公理之外的任一形式关系以及与之相矛盾的形式关系至少有一个不能由这些公理演绎出来，那么就说此演绎系统是一致的。如果此系统中除公理之外的每一形式关系，或者能由这些公理演绎出来，或者与其相矛盾的关系能由公理演绎出来，则此演绎系统是完全的。有些演绎系统既具有一致性又具有完全性，而有些则不同时具有二者，显然，逻辑系统是既具有一致性又具有完全性的演绎系统。

在一个语言系统中，人们可能规定出不同的固定符号，甚至赋予同一固定符号以不同的意义，从而可获得多种多样的形式关系，构成不同的形式系统。显然，其中有多种形式系统可能同时具有一致性、完全性，是否能从所有这些形式系统中获得逻辑系统呢？如果能，则可能获得多种的逻辑系统，这些可能的逻辑系统尽管能为不同共同体所接受，能成为相对于它们的演绎系统，它们是否可能现实地成为超共同体的逻辑系统呢？一般而言，如果在某一语言系统中有两个逻辑系统，那么它们不能是相互冲突的，否则其中一个必定不是逻辑系统或不是逻辑系统的一部分。如果两个同时具有一致性、完全性的演绎系统相互之间不存在矛盾，它们是否都能被接受为逻辑系统呢？显然，这两个演绎系统要么有共同的演绎关系，要么没有共同的演绎关系。对于前一种情形，也即两个演绎系统有共同的演绎关系，那么它们要么其中一个包含另一个，或者相互等同。两个相互等同的演绎系统之所以看上去存在差异，或许只是由于人们选择了不同公理的结果，而它们所包含的演绎关系却是相同的。对于后一种情形，即它们之间不存在共同的演绎关系，人们同时接受它们为逻辑无疑是可能的。此时出现了两个不同的逻辑系统，在此情形中，人们完全可以说，它们其实只是一个更广泛的逻辑系统的不同部分。可见，在同一语言系统中，尽管有表现逻辑的多种方式，可能形成不同的逻辑系统，但归根到底只有一种逻辑系统，人们目前实际所确立起来的逻辑系统要么所呈现的是同一种逻辑系统或是同一种逻辑系统的不同部分，要么根本不是逻辑系统。

如果归根到底只有一种逻辑系统，则同一时代的语言系统不能有不同的逻辑，甚至不同时代的语言系统也不会有不同的逻辑，否则现代的人们就不能理解古代的语言。如果古代文献把某些演绎关系称为逻辑，而它们与现代的逻辑相冲突，现代的人们可以说，那些演绎关系其实并不是逻辑的，古代人实际也并不按此进行思考，或至少现代人所理解的古代人并不按此进行思考。尽管现代的人们可能发现古代逻辑不够精确、表达不够完全，但决不能说它们不是逻辑，或说它们与现代逻辑不一致、是错的。实际上，如果消除了古代逻辑中的含混之处，它们依然可与现代逻辑取得一致。在弗雷格的奠基下，现代逻辑学家建立了更为强大的现代逻辑，但这并不表明传统的三段论逻辑是错的。现代逻辑学家充其量只能表明亚里士多德的逻辑思想是有局限的，如它对陈述形式的理解存在诸多含混之处，它不能表达数学真理之间的逻辑等，但不会出现按三段论，一个陈述系统存在某种逻辑，而按现代逻辑思想，它们中却没有此种逻辑或存在逻辑错误的情形。从这个意义上来说，人们对逻辑的理解可能改变，但逻辑本身不可改变，逻辑一旦确定，其基本内容就不会有太多的变化，尽管它们可能被表现得更明确、更形式化，它们适用的范围更大。

是否可依某种方式确切地接受一个演绎系统为逻辑系统呢？前面在谈到二值原则与多值原则时指出，没有充分理由表明人们一定要选择某种真值原则而不能接受与之不一致的真值原则。同样也可以说，尽管某一演绎系统具有一致性、完全性，人们却没有充分理由表明一定要接受它为逻辑系统，而不能把与之不一致的演绎系统当作逻辑系统。由于任何一种选择都不比另一种选择有更充分的理由，现实的选择也许是更容易被接受的选择。目前，人们通常接受一阶命题演绎系统与一阶谓词演绎系统为逻辑，并称之为一阶命题逻辑与一阶谓词逻辑，也称之为经典逻辑。经典逻辑被广泛接受，并获得了广泛的应用，如果没有更充分的理由表明其他演绎系统会比它们更好、更合理，那就没有理由强制人们放弃它们，不把它们当作逻辑。由于演绎系统是形式的，这样的理由几乎不可能被给出，因此人们没有必要不接受它们。如果现有的逻辑运行正常，能在交流过程或认识过程中有效地起作用，人们甚至不可能选择其他演绎系统来取代现有的逻辑。想象其他一些演绎系统作为逻辑系统并非不可能，但并不能把想象的逻辑系统当作现实的逻辑系统。放弃现有的逻辑系统而选择另一演绎系统作为新的逻辑系统也意味着要人们抛弃使用另一种他们目前无法理解的语言，这无疑是不可能的。不能自由地选择逻辑，就如人不能自由地选择自己的亲生父母一样。

把一阶命题演绎系统与一阶谓词演绎系统当作逻辑系统并不表明不可能接受另一些逻辑或逻辑系统，并不表明它们不可能成为包含性更广的逻辑系统的一部分。这只是表明，一旦作了如此的选择，那些采用不同真值原则或具有不同意义的固定符号所构造的演绎系统尽管具有一致性、完全性，由于它们与这些逻辑或逻辑系统相冲突，因而不能被认为是逻辑或逻辑系统。不过，人们可以在经典逻辑中增加某些具有特定意义的固定符号，从而规定出一些新的演绎关系，这些新的演绎关系与其他一些被确认为逻辑的演绎关系可能构成一个新的演绎系统，这种新的演绎系统是否是逻辑呢？显然，如果它是逻辑，它将是对经典逻辑的扩展，它是一个扩展的演绎系统。如把“必然”、“可能”等语词中超越特定语境的意义用某些固定符号来表达，并规定一些包含它们的新的演绎关系，这时它们将与其他某些逻辑一起构成了新的演绎系统，这样形成的演绎系统可称之模态演绎系统，人们也常常称之为模态逻辑。如把"知道"、"相信"等语词中超越特定语境的意义用某些固定符号来表达,并规定一些包含它的新的演绎关系,这时它们可与其他一些逻辑一起构成新的演绎系统,由此获得的演绎系统通常被称为知道逻辑。文献中所谓的时态逻辑、道义逻辑等也都是由此方式形成的。

扩展演绎系统往往是在一阶逻辑系统的基础上增加一些新的演绎关系,从而构成一个新的演绎系统的结果,它是否是逻辑系统呢?考虑目前经常被提及的模态演绎系统、知道演绎系统等,由于这些演绎系统中的某些固定符号所表达的语词如"必然"、"可能"、"知道"、"相信"等并不完全与实在世界无关,因而人们并不能完全一致地规定其意义,而可能对之有不同的理解,也可以说其意义并不完全是确定的。如果这些固定符号或语词的意义是不确定的,人们可能选取它们的不同意义而规定出不同的演绎关系,这些不同的演绎关系在经典逻辑的基础上可能形成不同的扩展演绎系统。因此可能提出多种模态演绎系统、多种知道演绎系统、多种时态演绎系统、多种道义演绎系统等。实际也正是如此。由于不同的人们可能接受不同的模态演绎系统、不同的知道演绎系统或不同的时态演绎系统,没有理由断言它们中的任何一个能被不同共同体的人们共同接受,甚至没有理由断言它们中的任何一个可能被同一共同体中的人们共同接受,因而这些演绎系统尽管可能是一致的、完全的,却难以肯定它们是逻辑系统。

反对者可能提出,经典逻辑系统中的个别演绎关系也并不一定是所有人都接受的,一些人可能接受其中的某种演绎关系为逻辑,另一些人可能并不接受它。对于这种反对意见,可以辩解说,如果人们接受此逻辑系统中的某些演绎关系为逻辑,那么它将不得不接受其他的演绎关系为逻辑,因为它们是其他共同接受的某些逻辑或逻辑公理演绎出来的结果。对于经典逻辑来说,其中的演绎关系要么完全被接受,要么完全不被接受,如果不接受其中的某些演绎关系,那么它们所构成的逻辑系统要么会出现不一致,要么就会是不完全的。总之,尽管经典逻辑中的一些演绎关系看上去是奇怪的、难以理解的,却是不得不认可的。但人们并不必定接受关于"必然"或"可能"的一些演绎关系,不必定把它们当作逻辑,不接受它们不会使得整个逻辑系统出现不一致,也不会导致不完全。同样,人们不必定接受关于"知道"、"相信"的一些演绎关系,不必定接受关于"过去"、"现在"的一些演绎关系。

不过由此形成的扩展系统毕竟不同于建立在三值原则上的形式系统，它并不与经典逻辑相反对。在某种方面来看，可以把所谓的扩展演绎系统看作是经典逻辑的应用。实际上，逻辑系统并不完全适用于所有交流过程或认识过程，不过在经典逻辑不完全适用的地方，如果人们确定其中一些语词的某些固定意义，规定包含它的陈述与其他一些陈述之间的演绎关系，这时经典逻辑在此依然可能适用。的确，如果规定了“必然”、“可能”等的某些超越特定语境的意义，同时确立了有关它们的一些演绎关系，它们将与其他逻辑关系一起为理解或规范包含这些语词的交流过程或认识过程提供前提，而通过这种方式将使得经典逻辑能更广泛、更深入地运用于这些不同的语言情境。可以想象这种运用可能包含更多的领域，而不只限于包含“必然”、“可能”、“知道”、“相信”、“过去”、“现在”等语词表达的领域。无论如何，由此规定的演绎关系并不一定是人人都得接受的，不同的人们可能对此做出不同的理解，从而规定不同的演绎关系。如果这种理解是合适的，那么所谓的模态逻辑、知道逻辑、时态逻辑等并不是逻辑，而只是逻辑的应用。

在日常的交流过程中，人们不知不觉地习得了许多逻辑，在概括过程中以及在其他认识过程中，逻辑也必不可少。几乎对所有存在相关性的陈述系统的理解都要以逻辑为前提。然而，正如对扩展演绎系统的考察所表明的，在交流过程或认识过程中只有逻辑或逻辑系统是不够的，逻辑并不能完全应对所有的言语行为。更进一步说，由于陈述之间的关系不只是逻辑，还有某些其他演绎关系，甚至还有其他的陈述关系，如情感关系，因而只注意逻辑以及逻辑的某些扩展是不够的，这将可能失去对陈述之间其他关系的了解。实际上，为了应对具体的交流过程或认识过程，人们可能接受某些其他的演绎关系或演绎系统，尽管它们并不是普遍适用的，但在某些特定的情景中似乎必不可少。

# 第十二章　概括的基本方式

## 43. 归纳过程及其基本特征

对陈述形式和演绎关系有了一定了解之后,自然可以回到概括问题了。我们并不试图提供一种新的概括关系,而只是考察实际概括过程,发现它们所遵循的概括关系,确定特定的概括过程或概括关系是否有效;如果有效,确定它们在多大程度上有效;并确定是否有某些概括关系优越于其他概括关系,依赖它更可能获得知识。显然,对这些问题的讨论将影响未来的认识过程。

一种典型的概括过程是归纳过程。可以通过一个具体的实例来展示这里所谈到的归纳过程。对于如下陈述:“王浩是有心脏的”、“赵敏是有心脏的”、“李刚是有心脏的”与“王浩、赵敏、李刚是人”,运用某些具有普遍性的概括关系,可以把上述陈述概括为“所有人都是有心脏的”。通常把此概括过程称为归纳过程,因而也可称其中所包含的概括关系为归纳规则,有时又称为归纳方法。上述归纳过程所包含的归纳规则具有普遍性,它可被运用于诸多类似过程,而不与被归纳陈述、归纳陈述所表达的具体内容相关。为了更好地看清归纳规则或归纳陈述与被归纳陈述之间的关系,可把被归纳陈述与归纳陈述符号化。上述被归纳陈述如“王浩是有心脏的”、“赵敏是有心脏的”、“李刚是有心脏的”等可分别用符号 Sa、Sb、Sc 表示,在此 S 指“有心脏的”,a、b、c 分别表示“王浩”、“赵敏”、“李刚”。陈述“王浩、赵敏、李刚是人”其实是“王浩是人”、“赵敏是人”、“李刚是人”缩写,它们可分别用 Ha、Hb、Hc 表示,其中 H 表示“人”。归纳陈述“所有人都是有心脏的”则可写成 $\forall x(Hx \rightarrow Sx)$。于是上述归纳过程实际就是:由被归纳陈述 Sa、Sb、Sc 与 Ha、Hb、Hc 可概括或归纳为归纳陈述 $\forall x(Hx \rightarrow Sx)$。如果把概括用固定符号 $\Rightarrow$ 表达,那么归纳规则就是:$(Sa \cdot Sb \cdot Sc \cdot Ha \cdot Hb \cdot Hc) \Rightarrow \forall x(Hx \rightarrow Sx)$。$\Rightarrow$ 前面的符号表示被归纳陈述,而它后面的符号则表示归纳陈述。

由归纳所获得的陈述比被归纳陈述更普遍,它是普遍性陈述。被归纳陈述可能是个别性陈述,但并不是所有被归纳陈述都是个别性陈述,普遍性陈述也可能成为被归纳陈述,由某个归纳过程得到的归纳陈述也可能成为新一轮归纳过程中的被归纳陈述。值得注意的是,尽管归纳陈述是被归纳陈述的结果,它是比被归纳陈述更普遍的普遍性陈述,但不是所有的普遍性陈述都是归纳的结果,普遍性的基础陈述便不是归纳的结果。现在的问题是,归纳过程是有效的概括过程吗?要回答此问题,先要了解何为一个有效的概括过程,也即先要了解一个有效的概括过程应当满足何种条件。

通常来说,一个概括过程是有效的,那么其中必定包含某些陈述关系,这样的关系能运用于众多相似的概括过程,而不与特定的概括内容相关。这是概括有效的形式性条件。其次,一个概括过程是有效的,那么由已知的某些真陈述,根据某些演绎关系可从概括陈述演绎出被概括陈述。此时也可说被概括陈述包含概括陈述,实际也只有如此才能说把握了概括陈述也就把握了被概括陈述。它是概括有效的包容性条件。另一个确定概括过程有效的必要条件是:概括陈述要比被概括陈述更简单、更容易把握。如果概括陈述不比被概括陈述更简单、更容易被把握,那么概括过程就不能节约人的思维能力,概括也就没有必要了。这是概括有效的简单性条件。

可以表明,归纳过程是一个有效的概括过程。归纳过程包含归纳规则,归纳规则能普遍地运用于众多相似的归纳过程,因而归纳过程满足概括有效的形式性条件。由一些已知的真陈述,可从归纳陈述演绎出被归纳陈述,因此掌握少数一些真陈述与某些归纳陈述,也就能把握许多其他被归纳陈述。有时也简单地说被归纳陈述包含于归纳陈述中。对于上例,从"所有人都是有心脏的"以及"王浩是人",根据某些演绎关系可以演绎得出"王浩是有心脏的"。由"所有人都是有心脏的"以及"赵敏是人"可以演绎得出"赵敏是有心脏的"。因而如果把握了少数一些真陈述如"王浩是人"、"赵敏是人"等,同时把握了"所有人都是有心脏的",也就把握了"王浩是有心脏的"、"赵敏是有心脏的"等陈述。可见归纳过程满足概括有效的包容性条件。通常来说,构成一个归纳陈述的语词可能比构成某个被归纳陈述的语词更丰富,构成归纳陈述的语词之间的关系比构成某个被归纳陈述的语词之间的关系更复杂、更难以被把握。如“所有人都是有心脏的”比“王浩是有心脏的”或“赵敏是有心脏的”或“李刚是有心脏的”更复杂、更不容易被把握。然而，由于归纳陈述往往包含众多甚至无限的被归纳陈述，相对于那些为它所被包含的被归纳陈述的总和来说，它无疑是更简单、更容易被把握的，因而归纳过程满足概括有效的简单性条件。

如果归纳过程是一种有效的概括过程，它在多大程度上有效？由它所获得的概括陈述是否是知识？是否还有其他的概括过程？如果有，它们与归纳过程有何关联？要解答这些问题，首先要对归纳规则给予一些基本的了解。上述所举的归纳过程看上去比较简单，其实可看作是一个复杂的过程，它包含许多概括步骤。为了更好地了解这一点，可以把上述的被归纳陈述分为两组，一组即是：王浩是有心脏的、赵敏是有心脏的、李刚是有心脏的，也即 Sa、Sb、Sc；另一组即是：王浩是人、赵敏是人、李刚是人，也即 Ha、Hb、Hc。每一组陈述都可以依某种形式规则进行概括。一般来说，可以把“王浩是有心脏的”、“赵敏是有心脏的”、“李刚是有心脏的”概括成普遍性陈述“所有的对象都是有心脏的”，它用符号表达就是 $\forall xSx$。这种概括过程也可称为归纳过程，不过它比上述归纳过程更为简单、更为基本，它包含于上述归纳过程中，它所包含的归纳规则可表示如下：$(Sa \cdot Sb \cdot Sc) \Rightarrow \forall xSx$。对于第二组陈述，可以运用相同的规则进行概括，即把“王浩是人”、“赵敏是人”、“李刚是人”概括为“所有的对象都是人”，此归纳过程用符号表达就是 $(Ha \cdot Hb \cdot Hc) \Rightarrow \forall xHx$，此归纳过程无疑也包含在上述归纳过程中。可见，前面所列举的归纳看上去是简单的，其实它还可以分解为一些更为简单的归纳过程。

单从 Sa、Sb、Sc 只可概括成 $\forall xSx$，单从 Ha、Hb、Hc 只可概括成 $\forall xHx$，但前面的归纳过程从 Sa、Sb、Sc 与 Ha、Hb、Hc 概括获得了 $\forall x(Hx \rightarrow Sx)$，这意味着上述两个简单归纳过程并没有完全反映上述所列举的归纳过程。$\forall xSx$ 与 $\forall xHx$ 相互限制，因而还可能继续整理 $\forall xSx$ 与 $\forall xHx$。如何由 $\forall xSx$ 与 $\forall xHx$ 整理得到 $\forall x(Hx \rightarrow Sx)$ 呢？在实际的概括过程中，人们并不总是从单纯的被概括陈述开始，他往往还考虑到了其他一些未出现在被概括陈述中而实际却已作为概括前提的真陈述，它们与被概括陈述一起构成了概括的前提。上述所列举的较复杂的归纳过程就包含了这样一些前提。这些隐含的前提是什么？

通名S和H表达了特定的类,为简单起见,对于它们所表达的类同样用S或H表示。由于“王浩是有心脏的”、“王浩是人”等排除了S与H互不包含的情形,因而S与H具有相关性,继续整理∀xSx与∀xHx无疑要以这种相关性为基础。S与H相关的情形只可能具有四种:(1)S包含H,即H中的所有对象是S中的对象,但S中的有些对象不是H中的对象;(2)H包含S,即S中的所有对象是H中的对象,但H中的有些对象不是S中的对象;(3)S等于H,即H中的所有对象是S中的对象,而S中的所有对象也是H中的对象;(4)S与H交叉,即S与H包含某些共同对象,但S中的有些对象不是H中的对象,H中的有些对象也不是S中的对象。上述的情形并不都是符合实际的。人们可能获得如下的真陈述,如“小黑是只狗”、“狗不是人”、“小黑是有心脏的”等,这些真陈述表明,有对象属于S,即属于有心脏的类,却不属于H,即不属于人类,因而就排除了上述两种可能的情形,一是S等于H;二是H包含S。这样对∀xSx与∀xHx的整理就只须考虑另外两种可能的情形:一是H包含S,二是S与H交叉。

根据第二种情形对上述的概括结果进行整理,可以得到被概括陈述“有些对象既是人也是有心脏的”,这样的整理是否有效呢?也即从“王浩是有心脏的”、“赵敏是有心脏的”、“李刚是有心脏的”与“王浩、赵敏、李刚是人”概括获得“有些对象既是人也是有心脏的”的概括过程是否有效呢?从“有些对象既是人也是有心脏的”以及“王浩是人”等不能演绎出被归纳陈述如“王浩是有心脏的”,它不满足概括有效的包容性条件,因此上述的概括并不是有效的。实际上,“有些对象既是人也是有心脏的”可以从“王浩是有心脏的”与“王浩是人”中演绎出来,它是后者的一个逻辑结果。可以说,在此概括过程中,不是概括陈述包含被概括陈述,而是被概括陈述包含概括陈述。如果这样,那就只有最后一种情形才是值得考虑的,于是整理上述概括结果可以得到“所有人都有心脏”,用符号来表达就是∀x(Hx→Sx)。很容易表明,这种概括是有效的。

通过上述的分解,可以发现,在上述所列举的归纳过程中,尽管看上去是简单的,它其实包含了许多复杂的过程。上述过程不仅包含诸多更简单、更基本的归纳过程,还包含提出各种假设与以及排除某些假设的过程。上述的考察还显示在此过程中包含了某些隐含而不太确定的前提,如“小黑是只狗”、

"狗不是人"、"小黑是有心脏的"等之类的真陈述,它们是完成较为复杂的归纳过程的不可缺少的部分。正是依赖于这些隐含的前提,才可能继续整理 ∀xSx 与 ∀xHx,排除各种假设,获得被归纳陈述 ∀x(Hx→Sx)。由于上述列举的归纳过程所包含的归纳规则不是最简单的,(Sa · Sb · Sc) ⇒ ∀xSx 是一种比(Sa · Sb · Sc · Ha · Hb · Hc) ⇒ ∀x(Hx→Sx)更基本的形式规则,我们把(Sa · Sb · Sc) ⇒ ∀xSx 称为基本的归纳规则。

对归纳过程及归纳规则有了这样一些了解之后,它的某些基本特征也就显而易见了。一般而言,归纳规则显示了归纳陈述与被归纳陈述之间的关系,这种陈述关系尽管是形式的,却不是必然的,也即如果被归纳陈述为真,由此获得的归纳陈述并不一定为真。由于→表达了前提出结论之间的必然关系,有时也称之为蕴含关系。由于归纳规则不是形式必然关系或不是演绎关系,也即其前提不蕴含结论,因此不能用→来表达。如果用 ⇒ 表达非蕴含关系,那么可把基本归纳规则写成(Sa · Sb · Sc) ⇒ ∀xSx。归纳关系不是形式必然关系或不是演绎关系似乎是理所当然的。由于归纳陈述包含被归纳陈述,它包含了比被归纳陈述更多的内容,因而不能从被归纳陈述中演绎出来。这一点在归纳规则(Sa · Sb · Sc · Ha · Hb · Hc) ⇒ ∀x(Hx→Sx)中看得更明显。在由 Sa、Sb、Sc、Ha、Hb、Hc 归纳获得 ∀x(Hx→Sx)的过程中不仅包含归纳规则如(Sa · Sb · Sc) ⇒ ∀xSx 等,甚至包含一些隐含的前提,它们在实际的归纳过程中默默地起作用,排除这些隐含前提而获得的归纳关系显然不可能是演绎关系。

有人天真地相信归纳是获取知识的方便法门,归纳真陈述可能得到真的归纳陈述,而知识正是由此而来,甚至断言如果知识论不能为此辩护,那将是知识论的耻辱①。正如前面所表明的,如果规定必然关系并不完全依赖于实在世界,那么人们无疑可能作出这样的规定,即可能规定:如果被归纳陈述为真,那么应用归纳规则而得到的归纳陈述也为真。如果能规定必然关系(p · q)→p,有何理由不可规定必然关系(Sa · Sb · Sc)→∀xSx 呢?尽管如此,我们还是要说,作这样的规定是不合适的,如果归纳规则是必然的,那么人们可

① 参见施特格米勒:"归纳问题:休谟提出的挑战和当前的回答",洪谦主编:《逻辑经验主义》,商务印书馆 1989 年版,第 257 页。

能由此得出相互矛盾的归纳陈述，因而它将破坏基本的逻辑规律，如不矛盾律。运用归纳规则，可对如下的真陈述："蛇用肺呼吸"、"狗用肺呼吸"、"蛇和狗都是动物"进行归纳，获得"所有动物都是用肺呼吸的"。同样对如下的真陈述："鲤鱼不用肺呼吸"、"螃蟹不用肺呼吸"、"鲤鱼和螃蟹都是动物"进行归纳，获得"所有动物都是不用肺呼吸的"。上述两个例子都合乎归纳规则，归纳的前提也不相互矛盾，因而可能为同一共同体所接受，但其结论是相互矛盾的。如果归纳规则是必然的，也即它们是演绎关系，那么相互矛盾的结论也是可接受的。可见，不能同时把归纳规则与其他一些基本演绎关系如不矛盾律规定为形式必然关系。与归纳规则相比，不矛盾律等逻辑显然更值得人们维护，因而规定归纳规则是形式必然关系并不是适当的。总的来说，归纳规则不是形式必然关系，尽管通过归纳规则可能对一些真的被归纳陈述给予归纳，但由之归纳获得的陈述并不一定为真，并不一定是知识，试图把归纳规则当作一种形式必然关系或试图把它改造成一种形式必然关系的努力都是误解它的结果。

## 44. 其他概括过程

如果不期望过高，归纳规则的有效性是显而易见的。由于它能提供有效的概括，这种概括关系甚至具有广泛的适用性，实际许多概括过程都可以看作是运用归纳规则的结果。上述所列举的被归纳陈述针对的是表达某个对象属于某一类或具有某特性的陈述，当要概括那些包含关系词的陈述时可否运用归纳规则呢？答案是肯定的，不过运用上述归纳规则时可能更为复杂一些。设想两个有质量的对象 $a_1$，$b_1$，它们之间有相互作用力，可用 F 表示"……与……有相互作用力"，那么表达上述情形的陈述可以用符号简便地表示为 $F(a_1,b_1)$。同时获得其他的一些陈述，如 $F(a_1,b_2)$、$F(a_1,b_3)$、$F(a_2,b_1)$、$F(a_2,b_2)$、$F(a_2,b_3)$、$F(a_3,b_1)$、$F(a_3,b_2)$、$F(a_3,b_3)$等。为了简便，讨论只针对有质量的对象世界。为在此世界中归纳这些陈述，可以把它们分为三组，一组是 $F(a_1,b_1)$、$F(a_1,b_2)$、$F(a_1,b_3)$；一组是 $F(a_2,b_1)$、$F(a_2,b_2)$、$F(a_2,b_3)$；一组是 $F(a_3,b_1)$、$F(a_3,b_2)$、$F(a_3,b_3)$。可分别地把 $F(a_1,b_1)$、$F(a_1,b_2)$、$F(a_1,b_3)$看作是 $Sb_1$、$Sb_2$、$Sb_3$，其中 S 指 $F(a_1,\cdots\cdots)$。运用基本归纳规则对 $Sb_1$、

$Sb_2$、$Sb_3$ 施行归纳,可得到 $\forall ySy$,也即得到 $\forall y\ F(a_1,y)$。对上述其他组的真陈述施行类似的归纳,可获得 $\forall y\ F(a_2,y)$、$\forall yF(a_3,y)$。做到这一点之后,可对所获得的归纳陈述 $\forall y\ F(a_1,y)$、$\forall y\ F(a_2,y)$、$\forall yF(a_3,y)$ 再次进行归纳,这时可把它们分别看作 $Ha_1$、$Ha_2$、$Ha_3$,其中 H 指 $\forall yF(\cdots\cdots,y)$。运用基本归纳规则归纳 $Ha_1$、$Ha_2$、$Ha_3$,可获得 $\forall xHx$,也即得到 $\forall x\forall y[F(x,y)\cdot(x\neq y)]$。可见,归纳规则同样可用来概括那些包含关系词的陈述,不过在此过程中要多次运用基本归纳规则。可以预想,也可运用类似的方式来对表达更为复杂关系的陈述进行概括。

在培根看来,由于运用上述归纳规则的归纳过程不是必然的,难以由之获得知识,因而他试图对之加以改造,希望提出一种新的概括方式,一种“真正的合格的归纳法”,他相信运用它对所获得的真陈述施行概括可获得知识。培根的概括方法或他所声称的归纳法通常也被称为三表法。在培根看来,人们通过观察和实验可最大限度地收集各种真陈述,然后把收集到的各种真陈述归入三个表即“存在表”、“缺陷表”、“程度表”中,其中“存在表”中的陈述表达某对象具有所要研究性质的情形,“缺陷表”中的陈述表达某对象不具有所要研究性质的情形,而“程度表”中的陈述所表达的各种对象具有所要研究的性质,同时这些陈述表达了各种对象不同程度地具有此性质的情形。在对上述三表中的陈述进行概括之前,先要排除诸如此类的陈述,如这些陈述表达了某对象具有某性质,但此性质与所研究的性质无关,或这些陈述所表达的对象具有某种性质,但此性质与所研究的性质呈反向变化。做了这样的排除之后,最后留下来的陈述就可能表达了所要研究的性质与某些性质之间的真实联系,它们是进一步概括的基础①。

如何施行进一步的概括?培根的基本想法是:考察所要概括的陈述,提出一些普遍性陈述,这些普遍性陈述尽管可能为真,但不一定已被证明为真,它们只是一些假设,这些假设表达了某类对象具有的所要研究的性质由另一性质引起的情形。通过与所获得的各种真陈述对照就可把那些虚假的普遍性陈述排除,结果只留下真正的、可靠的普遍性陈述,它们无疑是真理。培根的三表法不同于前面所说的归纳方法,与后者相比,它要复杂、更难以形式化。三

① [英]培根:《新工具》,许宝骙译,商务印书馆 1997 年版,第 145 页。

表法具有何特征？在上述过程中，培根并没有说明假设如何得来，如果仅仅把假设看作是一种独断，它当然是无根据的，培根也严厉地排斥这一点。然而，如果假设因所获得的某些真陈述概括而获得，那么这些假设的获得往往只能依赖于基本归纳规则。果如此，则可以说培根的三表法尽管比通常的归纳方法更复杂，却依然基于基本归纳规则。正如培根自己所表明的，它依然是一种归纳方法。基于归纳方法的特点，这也表明培根希望通过某种类型的归纳方法直接获得知识的目的就完全无望达到了。

穆勒对培根的复杂而繁琐的方法作了简化、整理，提出了所谓的归纳五法，即求同法、求异法、求同求异并用法、剩余法及共变法。在穆勒那里，求同法是指，考察几个出现某一被研究性质的不同场合，如果各个不同场合除一个条件相同外，其他条件都不同，那么这个相同条件就是那被研究性质的原因。求异法是指，比较某性质出现的场合和不出现的场合，如果两个场合除一点不同外，其他情况都相同，那么此不同点就是那性质的原因。如此等等。对于穆勒所使用的“原因”一词当然有多种解释，这里把原因看作具有如下意义：在某一类对象中，说一对象的某一性质 H 是另一性质 S 的原因，不过是指此对象具有性质 H 时，也必然具有性质 S，也即是指不仅此对象具有性质 H 时，同时也具有性质 S，而且其他同类对象具有性质 H 时，同时也具有性质 S，或者说在此类对象中具有如下的关系：$\forall x(Hx \rightarrow Sx)$。因此在穆勒那里，求取原因的方法实际也就是从众多表达个别情形的陈述概括获得表达普遍情形的陈述的方法，它实际就是概括方法，而这种概括方法同样也基于基本归纳规则。

人们研究对象 a，发现此对象具有某性质 H，同时它具有性质 I、J、S，也即获得如下的真陈述 Ha、Ia、Ja、Sa；研究对象 b，发现它具有性质 H，它同时具有性质 K、L、S，此时获得如下的真陈述 Hb、Kb、Lb、Sb；研究对象 c，发现它具有性质 H，它同时具有性质 M、N、S，也即获得如下的真陈述 Hc、Mc、Nc、Sc。穆勒提出，从这些真陈述可以概括获得 $\forall x(Hx \rightarrow Sx)$，这种方法也就是他所谓的求同法。穆勒的求同法显然基于归纳规则。如果选择上述真陈述：Ha、Sa、Hb、Sb、Hc、Sc 进行归纳，则可直接运用前述的归纳规则获得 $\forall x(Sx \rightarrow Hx)$ 或者 $\forall x(Hx \rightarrow Sx)$。

求异法是否有所不同？求异法是指发现某个对象 a 具有如下的性质 H、I、J、S，即获得如下的真陈述 Ha、Ia、Ja、Sa，发现对象 b 具有如下性质 H、I、J、S，即获得如下的真陈述 Hb、Ib、Jb、Sb；同时发现对象 c 具有如下性质¬H、I、J、¬S，获得如下的真陈述¬Hc、Ic、Jc、¬Sc，穆勒提出，从这些真陈述可以概括得到∀x(Hx→Sx)。此概括过程其实也要运用上述归纳规则。运用上述的归纳规则，可以由 Ha、Ia、Ja、Sa 与 Hb、Ib、Jb、Sb 归纳得到∀x(Ix→Hx)、∀x(Jx→Hx)、∀x(Hx→Sx)、∀x(Sx→Hx)等陈述。另一方面，根据¬Hc、Ic、Jc、¬Sc 等真陈述则可排除∀x(Ix→Hx)、∀x(Jx→Hx)等概括陈述，结果最终发现只有∀x(Hx→Sx)、∀x(Sx→Hx)是合理的概括陈述。可以看到，求异法依然要基于归纳规则，不过它比求同法更为复杂，其中不仅包含归纳过程，也包含了一个排除过程。不难表明，穆勒的其他概括方法都要基于归纳规则。穆勒与培根一样，似乎认为通过这种方式或仅仅通过这种方法就能获得一种因果关系或必然关系，获得真理，因而他对归纳方法的误解也是显然的。

统计概括是从有穷数目的样本中所获得的真陈述概括得出关于未知总体的普遍性陈述的方法，它无疑也是一种概括方法。统计概括的一种极为简单的形式可表达如下：考察某类对象 S 中的 m 个对象，发现有 n 个对象具有性质 A，由此得出此类对象有 n/m 具有性质 A，或此类对象具有性质 A 的概率为 r，其中 r=n/m，0≤r≤1。如随机地从一堆有色球中拿取 100 只，发现其中有 76 只球是红色的，那么就得出此堆球中有 76% 的球是红色的。很显然，统计概括也基于归纳规则。表达随机抽取的某样本，可获得如下的真陈述：此样本中的具有某性质 A 的对象的量与样本全体对象的量之比是 r，或者说此样本中对象具有某性质的概率是 r。如果把此样本看作一个对象，并用 a 表示，而它具有如此的性质 H，H 是对具有某性质 A 的对象的量与样本全体对象的量之比是 r 的对象所归的类，那么可用 Ha 表达此真陈述。由于此样本是随机抽取的，因此可能获得 Hb、Hc、Hd 等陈述，可根据基本归纳规则由此得出∀xHx，也即此类对象具有性质 A 的概率为 r。如果这样，这种概括过程也要基于归纳规则。考察其他复杂的统计概括，也不难发现它们都要基于归纳规则。

是否所有的概括过程都基于归纳规则或基于基本归纳规则呢？有人提出，在认识过程中，有些普遍性陈述并不完全经由归纳方法获得，它们似乎是突然地出现在认识者的头脑中的。对此常常提到的一个例子是：凯库勒提出关于苯分子结构的普遍性陈述时，他并没有遵循严格的形式规则，他甚至是在睡梦中获得此普遍性陈述的。在实际生活过程中也常常有类似的情形:对某个事实的具有普遍性的看法是一下子在心中呈现出来的,它们突然产生,而并没那样一种循规蹈矩的遵循规则的过程。通常称这种获取普遍性陈述的过程为直觉过程,把依赖此种方式获取普遍性陈述的方法称为直觉方法。爱因斯坦也强调,要达到科学理论的普遍概念和基本原理"并没有逻辑的道路;只有通过那种以对经验的共鸣的理解为依据的直觉,才能得到"①。

在讨论这种过程之前,有必要在此作出一种分辨。有时一些普遍性陈述看似突然出现,它们似乎是依循某种直觉而获得的,其实只是由于对某些规则运用太纯熟,以至看不到运用规则痕迹的结果。就如在骑自行车的过程中,人们往往认为骑车的行为完全是无意识的结果,它没有一种遵循规则的过程,但实际并不完全如此。的确,至少有某些所谓的直觉过程,它们包含了许多概括过程,在此过程中含有某些概括规则,只是由于人们运用这些规则太纯熟,以至他感到在其中根本没有运用任何规则,而是直接地获得概括陈述的。

不过人们还是可能争辩说,虽然不能明确区分那些所谓的直觉过程是由于运用规则太纯熟的结果,还是在此原本就没有规则可依,但的确在有些直觉过程中,普遍性陈述的获得并没有依赖于特定的规则。由直觉过程获得的普遍性陈述当然并不必定为真,但由于从真的被归纳陈述也不一定能获得真的归纳陈述,因此这种获得普遍性陈述的方法无疑也是可行的,有时甚至在认识过程中具有无与伦比的创新作用。尽管如此,由于这种获得普遍性陈述的方法没有经由特定的普遍规则,认识者甚至不能完全意识到从何种基础陈述中获得这些普遍性陈述,因而它不是一种有效的概括方式。由于此方法并没有特定的概括关系,因此它不仅难以规范未来的认识活动,甚至对过去的认识活动也只能提供某些不确定的、充满主观任意的解释,也正因此,对它的研讨往往并不是知识论的目的。的确,由直觉方法所获得的普遍性陈述往往是随机产生的,尽管有时也能对认识产生有益的启示,甚至可能导致极具创造性的进展,却更多的是产生一些无价值的幻想与鲁莽的臆测。就如生物体的基因突变,尽管有时也能产生一些对生物机体有益的情形,但大量的却是病变。一般来说,除非作为其他方法的补充,直觉方法并不能作为有效的把握基础陈述的

① [美]《爱因斯坦文集》第1卷,许良英、范岱年编译,商务印书馆1976年版,第102页。

方式。

是否还有其他不基于归纳过程的概括过程？尽管大多数的概括过程都基于基本的归纳规则，但依然不能肯定所有有效的概括过程都基于归纳规则。不过在此可以确定的是，有效的概括过程不是一个必然过程。如果有效的概括过程是一个必然过程，概括陈述便能从被概括陈述中演绎出来，那么概括陈述的内容包含在被概括陈述中，此时的概括陈述便不能被看作是对被概括陈述的把握。可以说，概括过程之所以有效，恰恰表明它不是一个必然过程，它不遵循特定的演绎关系。了解这一点有助于消除在此领域中可能出现的诸多幻想，也有助于更为真切地了解归纳方法的作用。归纳方法所给出的概括陈述尽管不是绝对可靠的，但由其他概括方法所获得的普遍性陈述、甚至由任何方法所获得的普遍性概括陈述也都不是绝对可靠的，因而依赖归纳方法所获得的归纳陈述依然可以作为研究的起点。另一方面，即使归纳方法不是唯一获得普遍性陈述的方法，但与其他方法如直觉方法相比，它更值得尊重。的确，经归纳规则概括而得到的普遍性陈述更可能成为知识，至少它可明显地符合那些真的被归纳陈述。实际上，由于归纳方法具有可施行的规则，具有可操作性，尽管可能发现由归纳方法所获得的成果并不如培根等人所许诺的那样大，但比起康德、胡塞尔等人所提供的方式——通过模糊不清的范畴范导、直觉构造等一所取得认识结果来，它无疑要大得多，也可靠得多。

# 第十三章　语词框架

## 45. 普遍性陈述与语词框架

传统逻辑通常把陈述分为个别性陈述、特称陈述与普遍性陈述，有时又称个别性陈述为单称陈述，称普遍性陈述为全称陈述。前面多次提到这些陈述，因而在此有必要对前面的用法做一个简单说明。一般认为，个别性陈述表达了专名所指称的对象具有某种特性或处于某类中，或表达了个别对象与其他对象之间的关系，如“王浩是人”、“孔子是颜回的老师”等即是个别性陈述。特称陈述表达了某一通名所表达的对象中的某一对象或某些对象属于另一通名所表达的类中，如“有些人是有心脏的”即是特称陈述。普遍性陈述则表达了某一通名表达的类所包含的对象包含于另一通名所表达的类中，如“人是动物”、“金属都是导电的”等即为普遍性陈述。这里尽管给出了区分个别性陈述、特称陈述与普遍性陈述的标准，不过这种标准因为太简单、不够明确，结果留下了诸多可疑之处。

由于专名与通名并没有绝对的区别，可以预见上述区分陈述的标准也不是绝对的。或许可以说，由于特定的共同体可能确定一个语词是否为专名或通名，因而相对于特定共同体，此标准是有效的。即便如此，要根据上述标准区分出现于特定共同体的交流过程或认识过程中的陈述依然是困难的。包含专名的陈述往往表达了专名所指称的对象具有某种特征或与其他对象具有某种关系，但传统观念并不把所有这样的陈述都看作个别性陈述。如尽管“银河系中的星体都围绕太阳运动”、“地球上的所有人都有心脏”包含了“银河系”、“太阳”、“地球”等专名，但传统观念一般不把它们当作个别性陈述。一般而言，尽管某一陈述包含专名如“太阳”、“地球”，但如果这些专名被用来限定其他语词，它们与被限定的通名一起构成复合通名如“围绕太阳运动”、“地球上的所有人”等，则不把这种陈述当作个别性陈述，而把它当作其他陈述如当作普遍性陈述。

或许人们会说，上述标准只对简单陈述有效，对于那些给简单陈述的语词以多重限定而形成的复杂陈述来说，上述标准是无效的。这一看法是可疑的。如传统观念通常不把简单陈述“所有人都爱王浩”当作个别性陈述，尽管它包含专名“王浩”。也可能有人提出，只有那指称个别对象的专名作主语的陈述才是个别性陈述。此种看法也是成问题的。陈述“王浩爱那重感情的人”在意义上等同于陈述“所有重感情的人都是王浩所爱的”。传统观念一般不把后一陈述当作个别性陈述，而如果不把后一陈述当作个别性陈述，那也没有理由把前一陈述当作个别性陈述。

一般来说，区分陈述为不同类型的标准不能基于陈述的特定内容而给出，而只能基于陈述的具有普遍性意义的特征而给出。在知识论中要做出这样的区分时，区分标准甚至只能根据陈述的最具普遍性的特征如其形式特征而给出。为着逻辑学或知识论的目的而区分个别性陈述、特称陈述或普遍性陈述时，区分它们的标准是否可能根据陈述的形式特征而给出呢？如果能，又如何根据其形式特征来做出这样的区分呢？从前面对陈述形式的考察可能获得一些启发。对于传统观念所给出的那些实例，可以把它们符号化，如可把个别性陈述“王浩是人”、“孔子是颜回的老师”符号化为 Fa、Fab 等，可把特称陈述“有些人是有心脏的”符号化为 $\exists x(Hx \cdot Fx)$，可把普遍性陈述“人是动物”符号化为：$\forall x(Hx \rightarrow Mx)$。由于存在量词可能用全称量词来定义，如可把 $\exists xH$ 定义为 $\neg \forall x \neg H$，同样全称量词也可能用存在量词来定义，因此在现代逻辑看来，传统观念中的特称陈述与普遍性陈述其实并没有根本的区别。观察上述陈述的形式特征，依照传统观念，可以大致给出一个区分陈述类型的标准：不需要量词而能符号化的陈述是个别性陈述，而只有需要量词才能符号化的陈述是普遍性陈述。相比于传统标准，这个标准无疑在逻辑上更为一致，同时也可能消除传统标准的一些模糊之处。如基于这个标准，尽管“银河系中的星体都围绕太阳运动”、“地球上的所有人都有心脏”包含“银河系”、“太阳”、“地球”等专名，但它们都需要量词才能符号化，因此都是普遍性陈述。

尽管可在逻辑上区分个别性陈述与普遍性陈述，但实际是否能做到这一点呢？前面曾指出，专名与通名并不是有绝对区分的，它不仅与特定共同体有关，甚至与特定的语境有关，因此一个陈述符号化时是否需要量词也与特定共同体有关，甚至与特定的语境有关。如对“人是动物”，它可以符号化为 Ah，也可符号化为 $\forall x(Hx \rightarrow Mx)$，因此既可把陈述“人是动物”当作个别性陈述，也可把它当作普遍性陈述。可见，希望在实际言语活动中超越特定共同体或特定的语境而绝对地确定一个陈述是普遍性陈述还是个别性陈述是困难的。不过，对于我们来说，如果在特定共同体中或特定的语境中能做到这一点，也就达到了目的。因为，之所以区分陈述的个别性陈述与普遍性陈述不是为了其他，只是为了合理地解释交流过程或认识过程，解释各种知识现象，而这种解释往往只能基于特定共同体在特定的语境中才能做出。

还有一种情况也值得注意。即便某些陈述需要量词才能符号化，但把它当作普遍性陈述也是可疑的。“太阳系中的行星都围绕太阳运动”就是这样的陈述。太阳系中的行星通常包含八个，即地球、火星、土星、木星、金星等，因此“太阳系中的行星都围绕太阳运动”实际包含八个个别性陈述，即包含“地球围绕太阳运动”、“火星围绕太阳运动”、“土星围绕太阳运动”、“木星围绕太阳运动”、“金星围绕太阳运动”等，也因此可以把“太阳系中的行星都围绕太阳运动”看作是由众多个别性陈述复合而成的陈述，可以把它看作是对众多个别性陈述的缩记。如果这样，它就并不是一个普遍性陈述，而其实是个别性陈述。但如果把上述陈述换成如下陈述：“太阳系中的化合物是有质量的”，它是否也只是对众多个别性陈述的缩记，因而也其实是个别性陈述呢？太阳系中的化合物是有限的，因此可把上述陈述看作是众多个别陈述的复合，但很难说它是个别性陈述。实际上，“恐龙是动物”指“地球上的恐龙是动物”，地球上的恐龙毕竟是有限的，因此它也是诸多个别性陈述的复合，不过人们通常把它当作普遍性陈述。对于上述的情形，或许可以说，只有当复合陈述所包含的个别性陈述无法被完全列举，或者这种列举超出了人的认识能力时，这样的复合陈述才不可以被看作是对众多个别性陈述的缩记，而应当把它们当作普遍性陈述。反之，那些能列举出它所包含的所有个别性陈述的复合陈述，尽管它们可用量词来符号化，但也可不采用量词符号化，因此不把它们当作普遍性陈述，而当作个别性陈述。基于这一点，我们一般地把那些在特定共同体中或在特定语境中，只能采用量词来符号化的陈述称为普遍性陈述，这样的陈述不是对众多个别陈述的缩写。

正如前面所表明的，基础陈述不仅包含个别性陈述，也包含普遍性陈述。如果共同体能对一个陈述是否为普遍性陈述或个别性陈述作出区分，那它也就能对一个基础陈述是否为普遍性陈述或个别性陈述作出区分，即可把基础陈述区分为个别性基础陈述和普遍性基础陈述。个别性基础陈述往往表达了某实在对象属于某类或具有某种特征，或表达了某实在对象与其他实在对象之间的某种关系，通常把这样的陈述称为事实。事实是个别性陈述，有时也称之为个别性事实或个别事实。普遍性基础陈述通常表达了类与类之间的关系，这种表达尽管可能无关于特定的实在对象，却并不完全与实在对象无关，它们可能表达了各种由相似实在对象所归的类之间的关系，可称这种基础陈述为语词框架。

人们因不同的生活实践获得丰富多样的事实，共同体的事实因其成员生活的延伸而可无限地扩展。语词框架不同，它们并不因生活场景的改变或事实范围的扩展而发生特定的或可预见的变化，它们尽管与实在对象相关，但并不完全由实在对象决定。人们在争论何物实在时，或在确认不同的个别性事实时，他们因确认不同的个别性事实而分裂为不同共同体，但可能拥有共同的语词框架。与个别性事实相比，语词框架更稳定，它们在认识过程中具有超越特定语境、甚至特定共同体的作用。实际上，语词框架往往是人们认识的不可缺少的条件，它们不仅是认识的基础，持续地支持知识的达成，也规定了知识的范围与限度，甚至还可能是确定一个陈述成为知识的根据。语词框架在认识过程中所起的这种普遍性作用显然是知识论所关注的目标。

存在语词框架，并且它们在认识过程中起着极其重要作用的看法并不是新的。当康德说“在现象中，我把那与感觉相应的东西称之为现象的质料，而把那种使得现象的杂多能在某种关系中得到整理的东西称之为现象的形式”时①，他所说的质料大体可看作是事实，而先天形式可看作是语词框架。许多现代学者如伽达默尔、波普尔、斯特劳斯等也有类似想法。尽管对此的表达各不相同，如可能称之为前见、背景知识、信念、知识形式、概念图式或概念框架等，但他们都相信，在形成知识的过程中，有某些不同于事实却在认识中具有基础性作用的事物。然而，当面对诸如“这些语词框架是什么”、“它们有何特

① ［德］康德：《纯粹理性批判》，邓晓芒译，人民出版社2004年版，第25—26页。

征”、“它们在认识中具有何作用”等问题时，他们的看法通常抽象而空泛，充满模糊与歧义，他们的一些细致分析往往由于各种误解与偏见而变得难以接受。

## 46. 层级框架

可以对某一领域的对象进行不同的归类，在某特定的类所包含的对象中，其中一些对象相对于另一些对象又具有相似性，它们可被归属于另一类，而其中的另一些对象也可能被归于其他的类。同样，这些类所包含的对象又可能被分为不同的类。这样，在此领域的对象可能被归于不同的类，这些类之间存在相互的关联。如果一个类所包含的对象都属于另一类，后一类所包含的对象并不都属于前一类，那么就说前一类比后一类处于更低的层级，或者说相比于表达后一类的通名，表达前一类的通名处于更低的层级。如果一个类中的对象并不都属于另一类，而另一类中的对象也不都属于前一类，那么就说它们处于同一层级，或者说表达两类的通名处于同一层级。如可把地球上的物质分为无生命物与有生命物即生物，生物分为动物、植物、微生物等，而动物又分为人、猫、狗、鱼等。动物所包含的对象都属于生物，但生物所包含的对象并不都属于动物，因而动物是一个比生物更低层级的类，或者说“动物”是比“生物”更低层级的通名。同样，猫、狗是一个比动物更低层级的类。动物中的对象并不都属于植物，植物中的对象也不都属于动物，因此，它们处于同一层级。不过由于猫、狗中的对象并不都属于植物，植物中的对象并不都属于猫、狗，因此它们也似乎处于同一层级。由于包含猫、狗的类即动物与植物处于同一层级，而猫、狗比动物又低一层级，因而宣称猫、狗与植物处于同一层级时，尽管不与断言动物与植物处于同一层级相矛盾，但这是否表明对于层级的区分并不清晰呢？是否能避免这一点呢？由于分类与具体的情境有关、与人的主观意愿有关，因而这种情形的出现几乎是必然的，通常人们只能对不同层级的通名作出清楚的区分。

高层级的类所包含的对象可分属于不同的类，其中某一低层级的类所包含的对象又分属于不同的类，这些类处于更低的层级。越到低层，所分的类别更多，每一类所包含的对象相对就越少。越到高层，同一层级的类别越少，每一类所包含的对象相对就越多,这样就形成了一种类似金字塔的层级关系。不同层级的类或表达类的通名相互之间存在一种归属关系,它们构成一个分类的谱系,可称之为层级谱系。人、动物、生物、物等便是如此一个分类谱系。这个谱系的一端是低层级的类,此后是层级越来越高的类,表达这些类之间的关系,可能形成多种普遍性陈述,如可获得"人是动物"、"动物是生物"、"人是生物"等普遍性陈述。这样的分类或分类谱系并不一定为特定的共同体所接受,但如果一个共同体接受这样的分类或分类谱系,它也就接受了表达这些类与类之间关系的陈述,把这些陈述当作基础陈述。很显然,由此接受的是普遍性基础陈述,也即是语词框架,我们把这类语词框架称为层级框架。

层级关系不仅存在于非关系词之间,也存在于关系词之间。在某一领域中,一特定关系词表达的类所包含的相似关系又可能分属于不同的低层级的类,其中某一低层级的类所包含的对象又可能分属于更低层级的类,结果它们形成了一个分类的谱系或层级谱系。如果某个特定的共同体接受了这样的分类谱系,它也就把表达这些不同层级的类与类之间关系的陈述当作层级框架了。

同一分类谱系中,其中某类别的层级越高,它所包含的对象相对就越多,是否有一个包含所有对象的最高的类?存在最高类是一个自然的想法,在不同的语言系统或甚至不同的共同体中可能有不同的语词来表达此类,如"大全"、"世界"、"一"等就是这样的语词。显然,最高类是一个极为特殊的类。如果说认识某一对象或某一类的对象即是把它归属于另一类,从而建立此对象或此类对象与其他类的对象之间的联系,那么最高的类是无法认识的,也即表达它的语词不能通过其他的语词来给予规定,因为任何规定它的语词只能表达它所表达的类的一部分。表达最高类的语词只能通过显示、外推等方式来获得理解,也因此人们宣称其意义是自足的、完满的。也因此,这种语词似乎不被当作通名,而被当作专名。不过从另一角度而言,说表达最高类的语词是通名也是恰当的,因为它们只能限制其他的类,而自身并不能被限制。如用"世界"来表达最高类,则可以说"世界中的人"、"世界中的精神",却往往不能说"人的世界"、"精神的世界"。如果一定要说"人的世界"、"精神的世界"等,这时的"世界"无疑不同于作为最高通名的"世界",它只是指一特定的讨论领域。表达最高类的语词可以说是特殊的通名,或是特殊的专名。最高类不仅无法被认识,似乎也不是认识所必要的,因为任何表达其他类归属于它的陈述都不能增进认识。如说“人属于世界”、“动物属于世界”时,并没有增进认识,确认这类陈述为真也并不是认识的结果,而只是一种单纯的约定。或许最高类在认识上的价值在于提供一个认识的背景或陈述表达的论域,不过在许多认识活动中,这种背景或论域往往隐而不显。

因对世界对象分类所形成的层级关系随处可见。基于不同的认识的方向与认识的深入程度,可能把世界对象分为不同的类,如通常所说的物质可分为有生命的物质与无生命的物质,有生命的物质即生物又可分为动物与植物等。同时物质也可分为有颜色的物质与无颜色的物质、可食的物质与不可食的物质等,有颜色的物质可分为红、橙、黄、绿、蓝等物质,而可食的物质可分为肉类、蔬菜、水果等。不仅人、动物与生物之间存在这样的层级包含关系,苹果、水果、食品之间或粉红、红、颜色之间也同样存在类似的层级包含关系。很显然,如果一个共同体接受了这种分类关系,也就接受了相关的语词框架或层级框架。

任何一个共同体所接受的各种层级包含关系不总是整齐排列的,而是纵横交错的。世界中的物质可能区分为有生命的物质与无生命的物质,可能区分为有颜色的物质与无颜色的物质,又可能区分为有形状的物质与无形状的物质等,这些类同时又能分为更低层级的类。另一方面,这些分类可能相互限制。有颜色的类可能与人类包含共同的对象,它们有相互的限制,能形成诸如黑种人、白种人、黄种人等类。有气味的类可能与可食的类包含共同的对象,它们有相互的限制,能形成诸如有辣味的食物、有酸味的食物、有甜味的食物等类。

基于各种认识原因,人们对世界形成了不同的分类谱系,这些分类谱系之间相互限制,可能形成更细致、更复杂的分类谱系,而表达这些类与类之间关系的陈述无疑也是层级框架。各种不同的层级框架纵横交错,它们相互贯通、串联,形成了各种具有丰富表达能力的复杂的语词框架。实际认识过程中所接受的各种层级框架往往是由各种不同分类谱系的层级框架相互限制形成的复杂层级框架。如生物学把维生素看作是人和动物为维持正常的生理功能而必需从食物中获得的一类微量有机物质时,在此维生素的定义就是由可食的物质与不可食的物质、无机物质与有机物质以及动物、生物等不同分类谱系的层级框架相互限制的结果。物理学把电看作是像电子和质子这样的亚原子粒子之间的产生排斥和吸引力的一种属性时，在此电与电子、质子、原子等分类谱系有关，也与排斥、吸引等分类谱系有关。

层级框架是知识形成的基础，几乎所有的认识活动都在此基础上进行。层级框架的作用首先表现在它们规定了实在世界的基本框架。尽管层级框架并不直接确定何物实在，却规定了实在对象之间的基本关系。通过事实，层级框架可能间接地确定实在对象，同时它也可能确认事实本身，那些与层级框架相矛盾的陈述无疑不能被确认为事实。实际上，人们在表达事实时也早已不自觉地包含了各种层级框架。当某共同体把“王浩是人”当作是事实时，它往往早已接受了“人是有理性的动物”之类的层级框架。可以说，事实暗含了层级框架，层级框架与事实难解难分，如果事实直接地确定实在世界，那么层级框架通过事实间接地确定了实在世界。

层级框架不仅是确定世界的框架，它们在概括过程中也有重要作用，它们可能成为概括的前提。在一特定的共同体中，“人是动物”、“狗是动物”、“猫是动物”等可能被当作层级框架，如果由一些事实概括而获得如“人是有心脏的”、“狗是有心脏的”、“猫是有心脏的”等普遍性陈述，这时人们可能对后一些陈述作进一步的概括，获得“动物是有心脏的”等普遍性陈述。显然，在此概括过程中，那些层级框架被当作了上述概括的条件。层级框架甚至还可能是获得知识的必要前提。人们可从个别性事实中进行概括，然而，由事实获得的概括陈述并不是完全可靠的，甚至根本难以完全消除这种不可靠性。当试图从这些不太可靠的基础上作进一步的概括时，人们可能会犹疑不定，可能失去探求知识的信心。如果层级框架被当作进一步概括的前提，这时人们将有信心对概括陈述进行更一步的概括，有决心更深入地探求知识，并由此可能获得复杂的知识体系。就此而言，层级框架是搭建知识大厦的脚手架。

只有对世界有更深入的认识才能获得更精确的真陈述，而认识的一个重要目的就是获得尽可能精确的真陈述。一对象可能同时属于不同层级的类，相比于那些包含层级较高通名的个别性陈述，包含层级较低通名的个别性陈述往往对实在对象有更为精确的表达。如王浩属于人，他也属于动物或属于生物等，而“王浩是人”比“王浩是动物”的表达更精确，后者又比“王浩是生物”的表达更精确。把某一生物个体归于动物并不是认识的终点，当把它归于哺乳动物或食肉动物，并且断言表达它们之间关系的陈述为真时，人们就对它有了更深入的认识。如果认识的目的是把某实体对象尽可能地归于某分类谱系的较低层级，并确定表达这种归属关系的陈述为真，那么当认识者没有达到这一点时，其认识活动就不会停止，探索仍将持续。显然，认识者的认识目标早已在层级框架中做出了规定，也即层级框架给出了认识的方向。

总之，不同的共同体对世界对象可能有不同的分类谱系，适用于某一共同体的分类谱系不一定适用于其他共同体，但任何共同体都将不得不接受某些分类谱系，将不得不接受表达这些类与类之间关系的普遍性陈述为基础陈述，也即不得不接受某些层级框架。另一方面，尽管对世界的了解无疑要以事实为基础，知识是把握各种事实的结果，不过知识并不只建立在事实基础上，对事实的把握往往要基于事实之外的其他东西，而层级框架正是把握事实、获得知识的不可缺少的基础。

## 47. 数学框架

不是所有的语词框架都是层级框架。在某领域中，可能有一类通名，它们不只表达此领域中特定对象所归的类，也不只表达此领域中特定对象之间相似关系所归的类，它们所表达的类与此领域中的所有对象有关。这类通名一般是关系词。如果不是关系词，这样的语词就只能是那某层级谱系中层级最高的通名了。由于这类通名所表达的关系涉及此领域中的所有对象，也即它们适用于此领域中的所有对象，因而它们并不特别地与特定对象相关。这类通名的意义可能通过特定的对象或对象序显示出来，但其意义一旦被给定，则往往不因人们对此领域中对象分类的改变而有可预见的改变，不因人们对此领域中某些特定对象认识的深入而有可预见的改变，甚至也不因认识范围的扩大而有可预见的改变。

这类通名往往不止一个，其中某个通名的意义与此类通名中的其他通名的意义相关，或者说某个通名所表达的类与此类通名中的其他通名所表达的类具有相关性，甚至这些通名的意义很大程度上依赖于这种相关性。这种相关性可以通过不含有由特定对象或特定对象序决定其意义的语词所构成的陈述表达出来，因而这样的陈述不仅具有普遍性，其为真不与此领域中特定对象或特定对象序相关,甚至不因人们对此领域中对象分类的改变或对此领域中某些特定对象认识的深入以及认识范围的扩大而有可预见的改变。很显然,尽管此类陈述与层级框架都是普遍性陈述,但依然与之有所不同,如果把这类陈述当作基础陈述,它们就成了另一类语词框架,我们称之为结构框架。这类语词框架适用于此领域中的所有对象,它们不会直接与表达特定对象的真陈述相矛盾,人们在确认这些陈述为真时往往有较多的自由。或许只要愿意把它们当作真,同时这些陈述与其他表达此类通名之间关系的各种陈述不相矛盾,就可以确认它们为真。

在由个别的人所构成的世界中,存在一些关系词如"老师"、"学生"、"父亲"、"儿子","祖先"、"后裔"等,它们都是通名,其中某些通名如"祖先"表达此领域中对象之间相似关系所构成的类,而任何人与其他某人都具有此关系,因而它所表达的关系与所有人有关。"祖先"的意义尽管可以通过此领域中的某些对象序显示出来,但其意义一旦被给定便不因人们对人或对人与人之间关系所出现的一些新的分类而有可预见的改变,也不因人们对某些人的深入认识而有可预见的改变,它具有相对的独立性。这类通名往往不止一个,如"后裔"也具有类似的性质。"祖先"与"后裔"的意义相关,这种相关性可以通过一些陈述表达出来。这些陈述如果不含有由特定对象或特定对象序决定其意义的语词,如"如果一个人是另一个人的祖先,那么后一个人是前一个人的后裔"等就是这样的陈述,并且某共同体确认这样的陈述为真,把它们当作基础陈述,那么它们就成为了此共同体的结构框架。

特定领域的结构框架不是知识论首先所要讨论的目标,就其目的来说,知识论更关心那些存在于更具有普遍性、包容对象更丰富的世界中的结构框架,如实在对象世界或语言世界等中的结构框架。在这些世界中无疑也存在结构框架,由于这些框架之为真并不与世界中的特定对象直接相关,它们适用于所有对象,它们实际是形式必然关系。逻辑或逻辑系统就是一类结构框架。在复合陈述"王浩爱摄影,并且王浩摄影技术不错"中,"并且"一词的意义也许不仅与简单陈述本身所形成的对象直接相关,也与陈述所表达的内容直接相关,但在逻辑中,固定符号·排除了与特定实在对象直接相关以及与特定语境直接相关的意义。如果把陈述当作一个对象,那么逻辑中的固定符号·的意义可以通过如"王浩爱摄影　王浩摄影技术不错"之类的陈述序来显示,而此固定符号是对这种相似关系所归的类的表达,它是通名。一般把固定符号·或"并且"当作虚词,不说它是通名或是专名。不过如果不只是考虑语言所表达的世界,而考虑语言表达所形成的世界,无疑也可以把它当作实词,并把它当作通名。一旦固定符号·的意义被给定,它便不因人们对陈述分类的改变或对特定陈述认识的深入而有可预见的改变,它超越于特定陈述之间的关系,不特别地与特定陈述直接相关。

这样的固定符号不止一个,∀、∃、¬、·、→等都是这样的固定符号。这些固定符号的意义尽管要通过特定的陈述序显示,不过它们通常适用于所有的陈述,同时其意义一旦被确定,就不特别地与特定陈述直接相关。另一方面,这些固定符号之间存在相关性,如果把表达这种相关性的、并且不含有由特定对象或特定对象序决定其意义的语词所构成的陈述当作真,当作基础陈述,那么这样的陈述就是结构框架。$(p \cdot q) \to p$、$\forall xPx \to Pa$ 等就是这样的陈述,如果把这样的陈述当作演绎关系甚至当作逻辑,同时把它们当作基础陈述,则也就把它们当作结构框架了。一般地说,前面所谈到的各种逻辑呈现了固定符号之间的关系,它们不含有由特定对象或特定对象序决定其意义的语词,因而它们都是一种结构框架。同样,相对于特定共同体的其他演绎关系,如果此共同体把它们当作基础陈述,那么它们也是结构框架。

这里要说明的是,由于不同逻辑之间具有演绎关系,它们中的一些能演绎出另一些,如果只把那些作为演绎基础或公理的逻辑看作是基础陈述,其他的逻辑就不能被当作结构框架。不过在逻辑系统中,基础陈述或公理是相对的,可以由人们自由地选定,为了表达的方便,我们把逻辑系统中的所有逻辑,包括被选定为公理的逻辑以及由之演绎出来的各种定理都当作结构框架,而把由之构成的系统称为逻辑结构框架系统或逻辑结构系统。同样,为表达的方便,也把相对于特定共同体的其他演绎关系都当作结构框架,把由之构成的演绎系统称为演绎结构框架系统或演绎结构系统。

另一类典型的结构框架是数学陈述。前面谈到,一些对象一起形成特定的类,其中某一类中的对象与另一类中的对象之间存在一一对应的关系,具有一一对应关系的类构成一个新的类,而特定的基数词或自然数便是对此类的表达。可见,自然数不只表达任何特定的世界对象,也不只表达由特定世界对象所归的类,它表达由如下特征的类所形成的类:构成这些类中的对象之间具有一一对应关系。世界中的任何对象都可能被归为一起,形成特定的类,而此类中的对象与其他类中的对象具有一一对应关系,因而它可能成为特定的自然数所表达的类中的对象。可见,自然数所表达的对象与所有世界对象相关或并不特别地与特定对象直接相关,特定自然数的意义可能通过特定的具有一一对应的类显示出来,但其意义一旦被给定就不因人们对世界对象分类的改变或对特定对象认识的深入而有可预见的改变,甚至不与由特定对象构成类的方式相关。

自然数不止一个,各种自然数之间存在相互关系,可以通过一些包含固定符号以及不含有由特定对象或特定对象序决定其意义的语词所构成的陈述来表达这种关系。如果确认表达这些相互关系的陈述即数学陈述为真,把它们当作基础陈述,那么它们无疑便是结构框架。由于其他数学语词与自然数具有相似的特征,因此可以一般地说,如果确认那些表达各种数学语词之间关系的数学陈述为真,并把它们当作基础陈述,那么它们也都是结构框架,有时也简单地称为数学框架。这里把含有数学语词的陈述如“箱子里有 5 只苹果”与完全由数学语词、一些固定符号以及不含有由特定对象或特定对象序决定其意义的语词所构成的陈述如“5+7=12”区分开,可称前者为含有数学语词的陈述,而把后者简单地称为数学陈述。这里把真的数学陈述称为数学真理。由于数学真理之间具有演绎关系,它们中的一些能演绎出另一些,因而由众多数学真理可以构成一个演绎体系。如果只把那些作为演绎基础或公理的数学真理当作基础陈述,则此演绎系统中的其他数学真理就不能被当作结构框架。如逻辑系统一样,在数学系统中,基础陈述或公理也是相对的,因而与谈论逻辑一样,为了表达的方便,我们把数学系统中的所有数学真理,包括被选定为公理的数学真理以及由之演绎出来的各种定理都当作结构框架,把由之构成的系统称为数学结构框架系统或数学结构系统。

如果数学语词的意义可以通过构成某些类中的对象之间的一一对应关系显示出来,尽管这些类由特定对象构成,它们之中的对象之所以具有一一对应关系却不特别地与特定对象相关,此时也可以说表达数学语词之间关系的数学陈述的真假不与人们对特定对象的认识直接相关,不直接与表达特定对象的真陈述相关。在确定这些数学陈述是否为真理时,人们有较充分的自由,或许只要确认那些打算把它们当作真的数学陈述相互之间不出现矛盾并且它们与其他被接受的结构框架不出现矛盾就可以了。如果接受了关于数学语词的上述看法，那些被接受的数学陈述无疑便是形式必然关系或结构框架。不过也有人不同意这一点。毕竟，在这种看法中，真的数学陈述或数学真理是否是结构框架似乎与对数学语词的特定解释相关，而这种解释可能预先把数学真理是形式必然关系当作前提了。如果不接受这样的解释，数学真理是否是形式必然关系或是结构框架呢？

一些人相信，数学真理是归纳各种包含数学语词的真陈述并规定所归纳的陈述为必然关系的结果。如“这箱子里有5只苹果”、“那箱子里有7只苹果”、“这两个箱子里有12只苹果”构成一个陈述系统，前两个陈述为真，并且后一陈述也为真，因而它们之中可能有关系“5+7=12”。人们发现大量类似的陈述系统有相同的关系，于是归纳这些相似陈述系统中的关系，得出“5+7=12”，同时规定它是必然的。对于可能被规定为必然关系的陈述“所有天鹅都是白的”，如果人们确认了某些事实或真陈述如“这只天鹅不是白的”，由于前一陈述与表达实在对象的真陈述相矛盾，这时往往不能把它当作必然关系，同时也表明这种类型的可能成为必然关系的陈述直接与表达特定实在对象的真陈述相关。

可能被规定为必然关系的陈述“5+7=12”与“所有天鹅都是白的”有何不同？有人提出，它们根本上是相同的。如果发现一个陈述系统“这箱子里有5只苹果”、“那箱子里有7只苹果”、“这两个箱子里有11个苹果”，并确认其中的陈述为真，那么人们就不能把“5+7=12”当作必然关系。在这些人看来，数学真理并非不直接与事实相关，上述两个可能成为必然关系的陈述之所以有不同，只是由于概括数学陈述的事实大量出现，以至人们不相信有与之相反的事实存在，因而规定它为必然关系时有更多的、更充分的理由，而规定“所有天鹅都是白的”为必然关系的理由不如前者充分。尽管如此，这两类陈述都与事实直接相关，它们之间如果有不同，那也只有程度的不同，却没有根本的区别。

上述的表达可能会引起误解，为了更明确表达这里的看法，可用如下的方式重新描述。如果打算接受某一陈述为必然关系，同时发现一些表达实在对象的可能被接受为真的陈述与之相矛盾，人们不能同时接受二者，这时是否要放弃接受此陈述为必然关系呢？在此有两种可能的考虑：一是接受此陈述为必然关系，而不接受那表达实在对象的陈述；一是不接受此陈述为必然关系，而接受那表达实在对象的陈述。通常，对于“所有天鹅都是白的”与表达实在对象的陈述“这只天鹅不是白的”，如果有较多的理由促使人们接受后者，那么他就不能接受“所有天鹅都是白的”为必然关系。那可能被接受为必然关系的陈述无疑是与事实或一般地与表达实在对象的真陈述相关的，有时又称这种受表达实在对象的陈述的真假影响的必然关系为事实真理。当然，人们也可能坚持上述必然关系，而把那些与之相矛盾的表达实在对象的陈述不当作真，甚至把那些与之相矛盾的、表达实在对象的陈述都不当作真。如果确实做出了这样的规定，由此获得的必然关系无疑不直接与人们对特定实在对象的认识相关，不直接与表达实在对象的陈述相关，它适用于世界的所有对象，因而是形式必然关系，也即是形式真理。上述的看法即是指：数学真理是一种事实真理，而不是形式真理。

数学真理是一种事实真理，还是一种形式真理？对立的双方都可能给出某些解释来支持这一点。尽管康德、罗素等人曾提出过诸多理由以试图表明数学真理是形式真理，不过这些理由最终都被表明不完全是充分的。实际上，似乎难以给出更充分的理由来表明这一点。不过反对数学真理是形式真理的人也并没有更好的理由来支持其意见，因为尽管常常发现许多其他知识由事实概括而来，它们之为真与事实相关，如果与事实相反对，就常常要放弃它们，却从来没有发现某个数学真理为表达实在对象的真陈述所反驳，并由此而放弃它的情形。的确，反对者往往难以表明数学陈述如何与表达特定对象的陈述直接相关，充其量只能表明它们可能相关。总之，要对此问题给出一个确定的答案是困难的。

尽管反对意见是值得尊重的，不过我们依然相信，断言数学真理是形式真理依然是合理的，它能对人们使用数学语词以及数学真理的各种认识活动给出合理的解释，也可能对人们追求知识的活动提供助益。如果某人在实际中由计数得出的结果与数学计算的结果不同，人们通常不会说他的计数是值得依赖的，而计算结果却是错的。如果数学真理不是形式必然关系，这一点是难以理解的。另一方面，如果数学陈述与表达实在对象的陈述直接相关，数学真理能由表达实在对象的陈述的真假来确定，那就难以解释这样一个现象，几千年以前的数学真理至今还为人们所接受，而几千年以前的关于实在对象的知识还为现代人所认可的几乎寥寥无几。人们可以基于完全不同的、甚至相互矛盾的数学陈述而建立起两个或多个不同且等效的数学体系,甚至同一共同体可能都接受它们,把它们当作交流与认识的基础,但难以想象人们也能如此对待表达实在对象的陈述。

如果确定了某些数学陈述为真,其为真的根据不与事实相关,那么要使确定这些数学陈述真假的根据不完全基于主观臆想,便只能使各种数学真理相互印证,在其相互之间建立联系。也即如果数学真理是形式真理,那么各种数学真理并不是无关的,它们之间将几乎不得不具有某些演绎关系。如果确是如此,这时人们可以选择某些数学真理为公理,而其他的数学真理可从中演绎出来,由此可构成一个公理系统即数学系统。反过来,如果各种数学真理之间的确具有这样的演绎关系,那么断言数学真理是形式真理比断言它是事实真理似乎更为可信。无疑,在各种算术关系式之间,在几何学中的公理与诸多定理之间,人们可清楚看到这种演绎关系。数学真理之间的演绎关系早就为古希腊人所认识,甚至为更早的古埃及人、古中国人所认识,因而数学真理是形式真理确实是比与之对立的看法更为合理的解释。

不过上述看法存在一个疑点:牛顿力学中的诸多定律与定理之间存在演绎关系,然而这些定律与定理显然不是形式真理,而是事实真理。更仔细地检查牛顿力学,可发现其中的定律与定理之间的演绎关系并不是其自身所具有的,而是运用数学系统与逻辑系统中演绎关系的结果,也正是由此不能断定牛顿力学是形式真理。同样也可以说,尽管各种数学真理之间具有演绎关系,除非它们之间具有自身特有的演绎关系,否则并不能因此表明数学真理是形式真理。数学系统中的演绎关系是否只是运用逻辑系统中演绎关系的结果呢?如果诸多为真的陈述所组成的陈述系统之间具有演绎关系,而这种演绎关系并不由构成其他演绎系统的演绎关系给出,那么就说它们具有自身特有的演绎关系,由这些演绎关系构成的演绎系统不同于其他演绎系统,它是一种具有自身特有演绎关系的演绎系统。如果数学系统中的演绎关系不由逻辑系统的演绎关系给出,则可说它是一种不同于逻辑系统的演绎系统或是一种具有自身特有演绎关系的演绎系统,有时也说它具有自身特有的演绎性。

数学系统是否具有自身特有的演绎性?弗雷格、罗素曾提出,数学系统与逻辑系统并没有绝对的区分,数学可由逻辑派生出来。在他们看来,不仅数学语词如“1”、“2”、“+”、“=”等可以由逻辑中的固定符号以及其他一些无意义的符号来定义，由它们导出来，所有数学真理也可以从逻辑关系中推导出来，因而全部数学可以建立在逻辑的基础上，数学只不过是逻辑的延伸而已。尽管弗雷格与罗素等人在此做出了巨大的努力，也取得到许多的成果，但并没有达到目标，数学似乎要基于一些非逻辑的演绎关系如所谓的无限公理与选择公理。后来的人们更是发现，经典逻辑系统具有一致性与完全性，而包含算术系统在内的数学系统却并不同时具有二者，这使得试图把数学与逻辑同一的努力遇到了根本的困难。目前人们一般承认，数学系统与逻辑系统具有根本的不同，数学系统具有自身特有的演绎性。如果这样，似乎可以断言，数学陈述是形式真理，不然，由各种数学真理构成的数学系统自身所特有的演绎性将变得难以理解。

无论如何，把数学真理看作是形式真理是重要。如果数学真理是形式真理，由它们构成的数学系统具有自身所特有的演绎性，这将使得数学真理可以从它们所起作用的事实中或与表达实在对象的陈述的拖累中解脱出来，使得它们可在交流过程或认识过程中发挥更主动、更普遍的作用。数学在认识中的巨大作用恰恰表明了数学真理的形式性。另一方面，不同共同体所接受的关于实在对象的事实各不相同，所获得的知识也互有差异，它们却可能接受相同的数学真理，而正是由于数学真理的形式性才能更好地说明它们为何能在不同共同体中获得普遍的认可。

总的来说，即便人们不接受罗素对数学语词的解释，也不能表明数学真理不是形式真理。数学真理是形式真理依然是可信的看法，它依然是对各种有关数学真理的交流活动或认识活动的合理解释。反过来，如果数学真理是形式真理或结构框架，对数学语词的合理解释依然是：特定的数学语词不只是对某些特定对象所归的类的表达，不只是对某些特定对象之间相似关系所归的类的表达，它所表达的类与世界中的所有对象相关；同时，特定的数学语词的意义尽管可能从特定对象中显示出来，却不与特定对象直接相关，其意义一旦被给定便不因人们对世界对象分类的改变或认识的深入而有可预见的改变，它具有相对的独立性。

## 48. 数学语词的作用

结构框架在概括事实、形成普遍性陈述中的作用是明显的,甚至在其他认识活动中也有极为重要的作用。结构框架适用于所有世界对象,它与表达实在对象的陈述无直接的相关,这使得它在概括过程中或一般地在认识过程中甚至具有比层级框架更普遍的价值。在获取知识的过程中,逻辑的作用自不必说,数学的作用也无与伦比。使用数学常常意味着人们对世界有更多、更深入的认识,它在认识过程中的关键性作用在现代变得越来越明显。数学在认识中具有何作用?下面将给出一些简要描述。

数学的认识作用首先表现在数学语词的表达方面。数学语词与其他语词一样,当它与其他语词相互限制形成复合词时,在表达对象方面,这种复合词所给出的表达比被限制通名的表达更精确,如"10 本书"的表达比"书"的表达更为精确。然而,相比于其他复合词,数学语词的表达甚至更为精确。说数学语词能给出更精确的表达意味着什么?这里首先要说明一点的是,并不是说含有数学语词的表达一定比其他不含有数学语词的表达更精确,如"10 本书"并不比"数学书"或"小学数学书"更精确。说数学语词能给出更精确的表达是指,它在其试图表达的方面能给出更精确的表达。尽管人们对"书"有共同的理解,但其中总是包含某些不确定性,如一些人只把印有一些语言符号并整齐装订在一起的纸张称为书;一些人则把那些没印有语言符号而只是整齐装订的纸张也称为书,即所谓的"无字书";有人把能在电脑中显示出来的某些由众多语言表达构成的东西称为书;甚至有人把刻记有文字的石块、木板等称为书。"10 本书"并不表明人们对书的不同理解消失了,而是指:尽管人们对书有不同的理解,但对"10 本"没有不同理解,此语词对书的数量作了精确的表达,在此不同的人之间并没有歧义,除非那些人不理解"10"的意义。这一点胡塞尔曾做过说明。在胡塞尔看来,数学语词与其他语词不同,人们可能完全一致地规定它的意义,能用它对对象给出完全精确的表达。他说:"在这种数学的实践中,我们达到了在经验的实践中达不到的东西,即'精确性';因为对于理念形态来说,产生这样一种可能性,即以绝对的同一性规定它,将它当作绝对同一性、可以在方法上一义规定的诸性质的基体来认识"①。这种绝对的同一性、一义性实际也就表明人们对于数学语词的意义或它所表达的对象有普遍的同意,有绝对的客观性,也即有绝对的精确性。

数学语词为何能做到这一点?这无疑是与其自身特征相关的。一般通名所表达的类包含无限的对象,如"红(的东西)"与"苹果"表达了包含无限对象的类,它们的意义分别与它们表达的类所包含的全部对象有关。然而,没有人能完全把握这些对象,某个人从一些具有红的对象中能理解"红的",而另一个人则可能从其他的或更多具有红的对象中来理解"红的",可以想象他们对"红的"存在不同的理解。尽管"红苹果"表达的类所包含的对象比"红的"或"苹果"表达的类所包含的对象要少,但它所包含的对象依然可看作是无限的,也即尽管"红苹果"比"苹果"的表达更精确,但人们依然可能对之有不同的理解。即便在特定的领域如实在世界中,复合通名所包含的外延也往往超出了人的认识能力所能把握的范围,其外延是无限的,也正是如此,人们对它的理解存在不确定性。

数学语词与此不同。只要表达某数学语词与其他数学语词之间相关性的数学陈述为真,并且此数学陈述不与其他数学真理相互矛盾,此数学语词的意义便可以由人们相对自由地甚至绝对地规定。同时数学语词的意义一旦被确定,它便不因人们对特定对象认识的改变而改变。数学语词甚至不同于可能形成结构框架的其他通名,它所表达的类可只由两个对象或由两个形成对象的类而绝对地给出。由于这两个形成对象的类所包含的对象具有一一对应关系,因而可以把它们看作是相似的,如果其他类中的对象与此类中的对象有一一对应关系,那么也可以把它们看作是与之相似的,它们是相似的类。与不同的人几乎必然地对"红的"、"苹果"等通名有不同的理解不同,尽管数学语词是对这种相似性的表达,但相似类的对象之间的一一对应关系是相同的,因而即便获知了任何更多的相似类也并不会使人们对此相似性产生不同理解。果如此,那么人们在理解某个数学语词的意义时并不依赖相似类的多少。一个人可从较多的相似类来理解数学语词"1"、"2"等,当另一人从较少的相似类

① [德]胡塞尔:《欧洲科学的危机与超越论的现象学》,王炳文译,商务印书馆2001年版,第38页。

来理解相同的数学语词时，他们通常不会对这些数学语词有不同的理解。

尽管数学语词表达的类所包含的对象具有与之不同的相似性，但认识相似对象的多少并不会对人们理解此相似性有任何影响，因而人们不能对数学语词表达的类所包含的对象进行进一步的分割或分类，并以此来区分不同特征的数学语词，也即不能对数学语词给予限制。一般通名表达的类所包含的对象是众多的，这些对象不完全相同，相对于另一些对象，其中某些对象具有与之不同的相似性，由此可以对之给出进一步的分类，这时可用复合语词来表达这种相似性或类。“红的”表达的类所包含的对象是众多的，这些对象并不完全相同，它们之间具有不同的相似性，可对其中的对象给出进一步的分类，这时可用“深红的”、“浅红的”、“粉红的”等复合词来表达这些不同的类。“苹果”表达的类所包含的对象之间有不同的相似性，可对它们给出进一步的分类，这时可用“红苹果”、“青苹果”、“大苹果”等来表达这些不同的类。可见，“红的”、“苹果”等可用其他语词来限制或修饰。

数学语词不能为其他语词所限制，却可以限制其他语词，甚至能提供对各种语词的限制。“10 本书”表达了如下类，此类是书所表达的类所包含的对象中的某些对象构成的一类，而此类中的对象又与其他某些类中的对象之间具有一一对应关系，两类之间的这种相似性可以用特定的数学语词“10”来表达。一般通名所表达的类包含众多对象，这些对象之间有不同的相似性，其中的某些对象可能构成一个新的类，而此类中的对象又可能与其他一些类中的对象具有一一对应关系，也即这些类之间具有相似性，此相似性为某数学语词所表达，因而正如数学语词“10”可限制“书”一样，此数学语词也可限制此通名。很显然，其他数学语词也可能限制此通名，甚至可以说，任一的数学语词可能限制一般的通名。的确，数学语词不仅能限制表达对象体积、运动快慢、重量、硬度等的语词，也能限制表达对象颜色、声音、气味等的语词；它不仅能限制名词，也能限制形容词、动词等；它不仅能限制非关系词，也能限制关系词。几乎任何通名都能为数学语词所限制。可见，如果其他各种通名一起能对世界中的对象作出全面的表达，那么数学语词也能借助它们而给出对世界对象的全面表达。

常有人提出，有一些通名是不能用数学语词限制的，数学所限制的只是那些具有量或表达量的通名，不能限制那些具有质或表达质的通名，或者说数学语词只能表达量,而不能表达质。表达量的语词即是所谓的定量语词,表达质的语词即是所谓的定性语词。数学语词是否果真不能表达质或不能限制定性语词?要区分定量语词与定性语词,首先似乎要区分量与质。很早就有人对量与质给出区分,然而对于质是什么,对此的回答自亚里士多德以来就混乱不堪。亚里士多德宣称,质大致有两种含义,一是指"实体的差异",一是"运动者作为运动着的东西的属性,以及各种运动的差异"。但他所提出的事例往往又可以用量来表达,如他说人是有某种质的动物,这是因为人有两足,他又声称质也可指热、冷、重、轻等,而这些质明显地可用量来区分。① 黑格尔把质看作是与"存在同一的直接的规定性",他称量"虽然也同样是存在的规定性,但不复是直接与存在同一,而是与存在不相干的"②。如果通名表达的是相似对象所归的类或是众多对象的相似性,那么通名表达的就不是与某个对象"直接同一"的东西,它所表达的东西与其他对象相关,就此而言,所有通名都不是表达质的语词。专名是否可能表达质呢?纯粹专名只是某个对象的一个标记,尽管可以说它与对象直接同一,却不可说它是一种规定性。实际上,由于纯粹专名没有认识意义,因而它不能呈现人们对此对象的"规定性"。可见,黑格尔所谓的质是难以了解的,或者说他对质的说明是模糊不清的。

也许对象的确有某种质,然而,如果这种质要为人所认识,它就要能被表达出来,但表达质的语词并不一定是与表达量的语词根本不同的一类语词,人们也并不因此而能对所谓的定性语词与定量语词给出确切的区分。圆为"圆"所表达,方为"方"所表达,圆与方具有根本不同的性质,但语词"圆"与"方"并不一定具有根本不同的性质。可见,即便断定质不能为数学语词所表达,表达质的语词也并不一定不能为数学语词所限制。就此处知识论的目标而言,其实重点关注的不应是"质能否可为数学语词所表达"的问题,而是"表达质的语词能否可为数学语词所限制"的问题。

毕竟人们谈到量与质时意有所指,量与质指什么呢?或许可以通过如下的方式来理解量与质。一般而言,一个通名表达了众多对象所归的类,同时它

---

① 苗力田主编:《亚里士多德全集》第 7 卷,中国人民大学出版社 1993 年版,第 130—131 页。

② [德]黑格尔:《小逻辑》,贺麟译,商务印书馆 1986 年版,第 202 页。

也表达了众多对象的相似性，这时可以说通名表达了对象的质，此时相似性就是这种质。另一方面，由于通名表达的类包含了众多对象，这些对象又可以被分割为由不同数量的对象组成的类，因而可以说通名在表达过程中又体现了量。如果这样的理解是合适的，那就可以发现一个通名既体现了质，又体现了量，质与量在其中不可分离，人们既可从质的方面来理解通名，也可从量的方面来理解通名。从这一点来说，任何通名都有质与量，是质与量的统一，而所谓"如何区分定性语词与定量语词"的问题根本是一个假问题。我们当然不敢保证上述的理解能切合人们对质与量的通常理解，但依然相信，只要恰当地理解了质与量，断言数学语词不能限制定性语词而只能限制定量语词就不仅没有任何根据，甚至根本无法提出诸如此类的问题。

人们之所以对语词进行限制，形成复合词，只是为了精确表达世界或区分世界对象，从而推进认识。如果不能做到这一点，形成复合词就没有必要了，而提出这样的复合词也就失去了认识价值。一个通名能为数学语词限制，形成各种复合语词，这些复合词如果不能区分世界对象或在世界中不能实际地区分这些复合语词，给出以及使用它们也就没有价值或没有认识价值了，也可以说数学语词没有真正限制这类通名。一个通名表达的类包含众多对象，因认识的深入，人们把某些对象从其他对象中区分开来，并形成一类，并且能了解到此类中的对象与其他某些类中的对象之间有一一对应关系，它与其他某些类的相似性可用数学语词来表达，这时可以说数学语词能限制此通名。然而，尽管有时一些通名能用数学语词来限制，如能用数学语词限制"热"，形成诸如"八分热"、"九分热"、"十分热"、"十二分热"等复合词，如果不能给出一个确切的标准把"热"所包含的对象中的某些对象与其他对象区分开，如区分八分热、九分热、十分热、十二分热等，那么使用上述复合词时就没有能对人们认识世界给出多大的推进，就不能依赖它们显示人们在认识世界方面的进展，也许使用它们有美学上的或其他方面的价值，却绝少认识价值。此时也可说数学语词没有能真正地限制此通名。

一些通名不能为数学语词真正地限制或许是人们把它们当作定性语词的一个重要理由，尽管如此，定量语词与定性语词之间的区别也不是绝对的，它与人们的认识能力有关。之前不能为数学语词所真正限制的某一通名，因认识的深入，可能最终达到这一点，于是那些之前被当作定性语词的语词也就成了定量语词。如对于“热”，因认识的深入，人们发现它所表达的对象具有不同的相似性，可能把它所表达的对象区分为不同的类，由此给出不同性质的热。另一方面，由于认识的深入，人们也可能给出某些确切的标准，从而确定某种性质的热所表达的类中的对象与其他某些类中的对象之间的一一对应关系，于是断定此种性质的热与后者具有相似性，这种相似性可用数学语词来表达。如此一来，也就能用某数学语词来表达此种性质的热了。同样，其他性质热也可能用其他数学语词来表达。于是可以说，数学语词能真正地限制“热”，“热”便成为定量语词了。

一个玻璃容器中的水银放在冰水混合物中，可以说水银与冰水混合物具有相同性质的热。如果把此容器中的水银放在沸水中，则说此时的水银与沸水具有相同性质的热。对于一定量的水银来说，它们具有一定的体积，而具有不同性质的热的水银又具有不同的体积，因而一定量的水银所拥有的不同性质的热与其不同体积之间具有一一对应关系。如果一定量的水银的体积能用数学语词来表达（数学语词如何限制空间语词的问题在后面会有更详细的讨论），那么与之对应的特定性质的热也同样能用数学语词来表达。如果把放在特定容器中的一定量的水银的体积作为一个标准，此标准给出了一定量的水银的特定体积与其特定性质的热之间所存在的一一对应关系，于是人们也可能依赖它而对其他不同性质的热给出区分。如把装有水银的容器放到某一有热的对象中，此时它与水银具有相同性质的热，如果水银的热可用数学语词来限制，那么此对象中的热也同样能用数学语词来限制。显然，如何确定这样的标准是具体学科的问题，它不是这里所要讨论的问题。①

是否有一些通名，人们难以发现它所表达的对象之间具有不同的相似性，或尽管发现它所表达的对象之间具有不同的相似性，却难以确定地把它们区分开，难以给出这样的确切标准，依赖这种标准能建立起这些类中的对象与其他某些类中的对象之间的一一对应关系，并且这种困难并不因认识的深入而有所改变，它与人自身的认识能力有关？如果的确存在这样的通名，则可以说它们不能为数学语词所真正限制。有一类语词，为解释它们，人们将不得不关

① 参见[美]R. 卡尔纳普：《科学哲学导论》，张华夏等译，中山大学出版社 1987 年版，第 49—59 页。

涉心灵，即不得不认为它们是表达心灵或是表达与心灵有关的事物的语词，这就是所谓的心理语词。通常“高兴”、“感觉”、“想象”等就是诸如此类的语词。尽管可以一般地说，心理语词是对某些相似对象所归的类的表达，但它所包含的对象是什么却难以确定，难以发现这些对象之间是否具有不同的相似性，甚至难以发现这些相似性是什么，难以把它所表达的对象确切地区分为不同的类，因而不可能期望建立起某些标准来区分这些不同类中所包含的对象与其他类中的对象之间的一一对应关系。

一些唯物主义者可能坚定地相信，这些语词归根到底表达的是身体中的物质过程或它所表现出来的行为，因而可能通过身体中某些物质过程如脑电波、心跳、血压等的变化或可能通过身体与世界中其他实在对象的相关性来解释这类语词，确定它们的意义，也可能通过它们来确切地区分这些语词所表达的对象。如果这样，就可能区分“高兴”、“感觉”等语词所表达的对象之间的不同相似性，可能真正地用数学语词来限制这类语词。然而，如果的确需要设定心灵，并且正是基于心灵或心灵与物质而对各种语言表达给出合理的解释，那么尽管不能确切地表明某些特定的语词是否表达了心灵以及与心灵有关的事物，不过如果确认某些语词是心理语词，它们所表达的对象与心灵有关，那么这些语词将无法真正为数学语词所限制。无论如何，尽管人们可能推进对世界其他对象的认识，却不可能深入认识心灵，对于人的认识来说，心灵始终居于幽暗之处，因此数学语词终归不能真正限制心理语词，这一点并不因认识的深入而有所改变。显然，何种语词是心理语词可能是一个与特定共同体相关的问题。如果“高兴”、“想象”等确是心理语词，尽管也可用数学语词来限制它，如有所谓的“十分高兴”、“十二分高兴”或“七分想象”、“十足的想象”等语言表达，但给出以及使用它们并没有太多的认识价值，并不能依赖它们显示人们在认识方面的真正进展。

## 49. 数学框架的作用

通过数学语词而对世界所作出的精确与全面的表达为认识的深入奠定了基础。在概括众多包含数学语词的个别性事实、获得普遍性陈述的过程中，数学框架将起到关键性的作用。对于数学框架在这方面的作用，可以通过一个事例来表明这一点。伽利略研究了自由落体的运动，他发现一个重物自由下落，当物体下落到某一特定的距离时，则要经过特定的时间。经过多次实验，伽利略获得了一系列的个别事实，它们分别表达如下的情形：当自由落体经过不同下落距离 $S_1$、$S_2$、$S_3$……时，各自对应不同的下落时间 $t_1$、$t_2$、$t_3$……，其中 $S_1$、$S_2$、$S_3$……与 $t_1$、$t_2$、$t_3$……分别表示某种特定的距离如 4.91 米、11.03 米、30.56 米等以及特定的时间如 1 秒、1.5 秒、2.5 秒等。值得注意的是，$S_1$、$S_2$、$S_3$……与 $t_1$、$t_2$、$t_3$……尽管包含某些数值，但它们具有与距离或时间相关的特定意义，并不是单纯的数学语词，而是包含数学语词的复合词。当只考虑其中的数值时，也简便地说 $S_1$ 的数值、$t_1$ 的数值等。另一方面，在这些复合语词之间又分别具有如下的关系：$S_1 = c_1 t_1{}^2$、$S_2 = c_2 t_2{}^2$、$S_3 = c_3 t_3{}^2$……，其中 $c_1$、$c_2$、$c_3$……也是包含数学语词的复合词，它们分别由 $S_1$、$S_2$、$S_3$……与 $t_1$、$t_2$、$t_3$……决定。这些关系分别表示了包含在 S、t、c 中的数值之间所具有的数学框架，但它们不仅是某种数学框架，也表达了限制特定距离的数值与限制特定时间的数值之间的关系，是一些包含数学语词的陈述，或称之为数学关系式。这些数学关系式由关于 $S_1$、$S_2$、$S_3$……与 $t_1$、$t_2$、$t_3$……的事实而来，甚至也可以把它们当作事实。显然，只要获得了各种包含数学语词的个别性事实，这类事实总是可以获得的。

没有理由只可能获得 $S_1 = c_1 t_1{}^2$、$S_2 = c_2 t_2{}^2$、$S_3 = c_3 t_3{}^2$ 之类的事实，也可能获得其他类似的事实，如 $S_1 = c_1^1 t_1$、$S_2 = c_2^1 t_2$、$S_3 = c_3^1 t_3$……或 $S_1 = c_1^2 t_1{}^3$、$S_2 = c_2^2 t_3^2$、$S_3 = c_3^2 t_3^3$ 等。不过人们发现 $c_1$、$c_2$、$c_3$……是受相近的数值限制而形成的复合词，如分别是 4.91 米/秒$^2$、4.90 米/秒$^2$、4.89 米/秒$^2$ 等，在误差许可的范围内或在某种近似标准下可把它们看作是由同一个数值限制而形成的复合词，有时又简便地称之为常数。如果打算概括上述包含数学语词所表达的事实，这样的做法常常是必要的。如果把 $c_1$、$c_2$、$c_3$……看作是同一个常数，如看作是 4.90 米/秒$^2$，把它用符号 c 代替，由于 $S_1$ 的数值实际并不等于 $ct_1{}^2$ 的数值，这时可以把它们之间的关系看作是 $S_1 \approx ct_1{}^2$，其中 ≈ 表示 $S_1$ 的数值与 $ct_1{}^2$ 的数值并不完全相等，因而 $S_1 = ct_1{}^2$ 并不完全成立，而只是近似地成立。同时也可获得其他的关系 $S_2 \approx ct_2{}^2$、$S_3 \approx ct_3{}^2$ 等。可以根据前面所谈到的规则归纳这些数学关系式，可得到 $S \approx ct^2$。$S \approx ct^2$ 表示自由落体下落时，限制任何特定距离的数值与限制特定时间的数值的平方近似成正比，有时也简单地说落体的下落距离与下落时间的平方近似成正比。

$S \approx ct^2$ 是对由实验所获得的事实概括的结果，也可以说它给出了由各种实验事实所构成的陈述系统如 $S_1$、$t_1$ 与 $S_2$、$t_2$ 与 $S_3$、$t_3$ 的陈述之间的关系。根据某些理由，人们自然可以规定它为必然关系，不过这种必然关系所包含的根本上的近似性或不确定性不利于更广泛地运用数学。考虑到数学框架之间所具有的精确关系，为了便于运用它们，人们通常不规定必然关系 $S \approx ct^2$，而规定如下形式的必然关系：$S = ct^2$，它表示自由落体下落时，限制任何特定距离的数值与限制特定时间的数值的平方成正比，有时也简单地说，落体的下落距离与下落时间的平方成正比。由于任何必然关系都将不可避免地包含人的规定性因素，因而这种做法将是被允许的。很显然，$S = ct^2$ 并不是数学框架，它只是含有数学语词的陈述，其中的 S 和 t 尽管是包含数学语词，但它们并不单纯是数学语词，而其实是由数学语词限制的距离与时间，它们与特定的实在世界相关。通常把 $S = ct^2$ 称作数学公式，它是具有普遍性的数学关系式。尽管可能获得其他的数学关系式，如获得 $S_1 = c_1^1 t_1$、$S_2 = c_2^1 t_2$、$S_3 = c_3^1 t_3$……或 $S_1 = c_1^2 t_3^1$、$S_2 = c_2^2 t_3^2$、$S_3 = c_3^2 t_3^3$ 等。但由于限制 $c_1^1$、$c_2^1$、$c_3^1$……的数值之间或限制 $c_1^2$、$c_2^2$、$c_3^2$……的数值之间有较大的区别，在给定的近似标准下不能把它们看作是由同一数值限制而形成的复合词，因此也就不能用某个特定的常数来取代它们。也因此不能对这些陈述施行类似于上述的概括并获得诸如 $S = c^1 t$ 或 $S = c^2 t^3$ 之类的公式。

可以更一般地描绘数学语词以及数学框架在认识中的作用。由于一个或一些对象可能属于不同的类，它可能为不同的通名所表达，此时表达它的通名之间无疑存在相关性。另一方面，当用数学语词来限制表达同一对象或同一类对象的各种通名时，这时总可能获得那些限制不同通名的数学语词之间的关系，如在上例中可能获得 $S_1 = c_1^1 t_1$、$S_1 = c_1 t_1^2$、$S_1 = c_1^2 t_1{}^3$ 等数学关系式。这些数学关系式实际表达了为数学语词所限制的通名之间的关系，它与特定的实在对象相关，具有通常所说的物理意义。如果发现其中某一类数学关系式之间在给定的近似标准下具有的规则性，可能用某些概括规则来对之进行概括，可以由此获得某些普遍性的公式，如可能获得某些有关 S 和 t 的公式。尽管如何确定这些公式为真是一回事，但借助于数学框架，人们可能获得多种多样的数学关系式，而它们为获得多种多样的普遍性公式开放了各种可能性。

通过某些事实，再结合已被确定为真的数学公式以及某些数学框架和相关的演绎关系，人们可推演出另一些事实。如给出某自由落体下落的时间 t，人们能计算出它下落的距离 S。结果，借助于数学框架以及其他演绎关系，上述概括陈述或数学公式与个别事实之间就建立起了联系，只要把握了此数学公式，也就可以说把握了那些事实。同时依赖数学公式以及某些包含数学框架的演绎关系也可能预见未来的情形。如果获得了某个重物将要自由下落的距离，那就可以预见它将经历的时间。这里要说明的是，计算出来的距离或时间与实际所获得的距离或时间并不是完全一致的，只有在给定的近似标准下才能确立起它们之间的一致性，或才能说建立了个别事实之间的联系，才能说做出了预见。

由于数学语词并不直接表达特定实在对象，为在认识活动中应用数学框架，首先要通过某些标准、规则，用数学语词来限制那些表达世界对象的通名。如通过某种标准，可用特定的数学语词来限制特定的距离或时间，由此获得各种包含数学语词的事实。为概括这些事实，正如上述事例所表明的，也要基于某些标准，如某种近似标准，只有如此才能消除各种事实之间的不一致，获得其中的相关性。因而在认识活动中，无论是运用数学语词还是数学框架都不是直接的，要基于众多的标准、规则，只有通过它们的各种转化才能运用数学语词与数学框架。我们把在认识过程中为运用数学而不得不接受的各种标准、规则称为数学化规则。规则的给出当然与共同体有关，有时甚至与特定的情境有关。

采用数学化规则是运用数学语词与数学框架的必要前提，同时也是确定所获取数学公式的概括过程是否有效、所获得的数学公式是否为真的条件。如果根据诸如包含数学框架在内的各种确证标准可确定某些数学公式为知识，当由它们来解释事实以及预见实在现象时，如果这些事实以及表达现象的个别性陈述由不含有数学语词的陈述表达，数学公式如何可能做到这一点呢？要做到这一点，通常要基于某些标准与规则，这些标准与规则不是其他，实际就是表达事实、概括事实过程中所不得不使用的数学化规则，不过在此过程中，人们是以与后一过程相反的方式使用它们而已。考虑一个简单的力学过程：一个对象受到某种方向的力，它进行了某种方式的运动，这时可以通过某些数学化规则用某种向量以及其他一些数学语词来表达它,由此获得众多的事实。概括这些事实可能获得某些数学公式,并确定其中某些数学公式为真。如果某一对象受某种方向的力,可以用向量等数学语词来表达有关它的事实,根据这些事实以及其他一些真条件,可由上述真的数学公式演绎出用数学语词表达的、关于此对象运动的陈述,它们可以通过上述数学化规则的逆过程转换成不含有数学语词的陈述。这些不含有数学语词的陈述可能就是事实,也可能是对实在世界的预见。可以看到,在获取知识的过程以及运用知识的过程中,数学框架在最初阶段与最后阶段没有起到作用,而只有通过某些数学化规则,数学语词才可能参与表达,数学框架才可能发挥其作用。

由于可由一些不含有数学语词的事实,通过转换形成包含数学语词的事实,同时在数学框架以及某些近似标准的作用下,获得各种数学公式。而通过各种数学化规则的相反运用,又可由被确定为知识的数学公式中演绎出一些不含有数学语词的陈述,它们提供解释与预见,从而达到认识目的。似乎可以说,当由一些不含有数学语词的事实来解释另一些事实的出现以及预见某些实在现象时,数学在此过程中只在中间阶段起作用,也即数学在此过程中只起一种中介作用。由于此过程包含了认识活动的一个相对完整的单元,因而也可以说数学语词以及与之相关的数学框架在认识过程中只起中介作用,或从根本上说,数学只是一种认识的工具。

数学在认识过程中只起中介作用似乎是显然的。由于数学语词并不与特定的实在对象直接相关,数学框架是形式真理,因此在使用数学语词表达对象时,在通过数学框架转换各种包含数学语词的陈述时,数学并不改变它所表达或转换对象的内容,而只是改变其内容的呈现方式。被概括的事实以及表达事实之间关系的知识都具有内容,而由之解释的事实也具有内容,通过不同的数学语词与数学框架,人们可以改变表达实在对象的事实的呈现形式,可以改变概括事实的普遍性陈述的呈现形式,可以形成不同的知识系统,但不会因此而改变表达实在对象的真陈述与实在对象之间的相关性,不会因此而改变对实在世界的认识。这就如做一道数学应用题,人们可能通过不同的方法、不同的形式变换来获得答案,这些解答方法或变换形式可能各不相同,得到的结果却并没有什么不同。显然,如果数学只起一种认识工具,当使用数学语词以及相关的数学框架来表达事实时,来把握事实、获取知识时,甚至不同的数学语词或不一致的数学框架都是可能被使用的。

通过数学化规则,人们在认识活动中获得了大量的包含数学语词的事实,并概括获得了各种数学公式。不仅如此,这些数学公式可能被进一步概括,获得其他更具普遍性的数学公式。很显然,这些更具普遍性的公式不仅在个别性事实之间建立起了联系,也在一些较低普遍性陈述之间建立起了联系。实际上,此一过程可看作是前一过程的逆过程。从特定的普遍性数学公式以及某些真陈述,根据一些数学框架和其他演绎关系,人们能演绎出各种更低普遍性的陈述。如根据牛顿力学及某些真陈述,人们能计算出某个星体的运动轨迹。根据其他一些数学公式,人们同样能演绎出某些结论,如能由此获知某物体在高速运动时的长度比在低速运动时要短;能由此预见世界中存在某些对象,它的体积趋向于零,而密度却无穷大,它甚至具有能吸收光的强大吸引力。通过这种演绎,人们可能获得一些令人意想不到的结果,这些结果令人感叹、不可思议,以至有人甚至相信它们来自于数学内部的某种神秘力量。

数学的作用尽管重大,它在诸多认识过程中几乎不可避免地被使用,却并不能保证由它表达出来的陈述以及由之概括而得到的普遍性陈述必定为真,由之获得的知识比由其他方式获得的知识更可靠。除了数学语词,还有许多其他语词在认识活动中起作用,它们也能表达世界对象,由之概括而得到的普遍性陈述也可能成为知识。除了数学框架之外,也还有其他的演绎关系,它们在认识过程中发挥着作用。甚至在某些认识过程中,数学的使用也并不是必然的,在许多的学科中,没有数学的帮助,人们也同样能获得知识体系。在认识过程中,数学尽管能表达对象,能把表达对象的事实组织起来,在其中建立联系,使人们获得统一的、一致的知识,但数学作用与其他语言表达的作用一样,并没有特别的神秘性。在认识过程中,人们提出一些普遍性陈述,并用数学公式表达出来,同时通过数学框架以及其他一些演绎关系,能看到各种普遍性陈述与众多事实之间的联系,从而有可能去除各种与事实不一致的普遍性陈述,确定出知识。从这个角度来说,借助于数学,表达普遍性陈述的数学公式与其说产生了新的内容,不如说只是因此而去除了不合理的普遍性陈述,使知识显现出来。

的确,数学似乎比其他任何语言表达更能深入推进认识。借助于数学的精确而全面的表达作用，针对某一认识对象，人们能最大限度地获得更多的甚至无限的数学关系式，获得各种可能的普遍性公式。同时，借助于各种数学真理与其他演绎关系，结合各种包含数学语词的事实，却又可能最大限度地排除不合理的数学公式，获得更合理的数学公式，从而确定出知识来。从这一点而言，数学比其他认识工具更能开发、引导各种可能的认识，比其他认识工具更能把各种可能的认识内容牵引到事实中，更能有效地确立知识。数学不仅为呈现新的认识内容提供了无限的可能性，也比其他认识工具更能充分地阐发知识中的内容。然而，在认识过程中使用数学工具并没有因此增加新的内容，数学在认识中的作用并不是神秘的。

## 50. 时间框架

实在对象有各种各样的出现，可把某对象的一次出现称为一次事件。一个对象可能多次出现，为了把某一对象的不同出现区分以及把某一对象的出现与其他对象的出现区分，也即把各种事件区分，就要借助于某些语言表达。人们常用“早”、“晚”、“过去”、“现在”、“将来”等语词来区分太阳的不同出现，于是就有“早上的太阳”、“傍晚的太阳”、“他们会在日落前到达”等表达。实际上，要精确区分不同事件或要表达不同事件之间的相关性，使用上述语词是必需的，通常称这样的语词为时间语词。有时也说这些语词或包含它们的陈述表达了时间。人们对时间存在诸多想当然的看法，有人可能把它当作某种实在对象，如当作某种流变之物，也有人把它当作心灵的构造物。这里不能也不必要对诸如此类的看法做详细讨论，不管时间是什么，正如任何其他事物一样，只有进入语言中才能对之给予讨论。我们并不关心“本原世界中的桌子、电子、太阳、长城等是什么”的问题，而只关心“‘桌子’、‘电子’、‘太阳’、‘长城’等语词如何在陈述中被使用”、“它们需要设定何种对象来合理解释这种使用”、“包含它们的陈述是真还是假”等问题。同样，我们也不关心“时间是什么”，而只注意“人们如何使用时间语词”、“如何从已被确定的实在对象来解释对它们的使用”、“如何确定包含这些语词的陈述的真假”、“不同时间语词之间有何关系”等问题。

时间语词如何表达世界？当说“孔子诞生早于朱熹诞生”，“这里昨天发生了一起交通事故","1969 年 7 月 20 日,人类首次登上月球"等时,这里所使用的时间语词如"早"、"昨天"、"1969 年"等有一个特点,即尽管它们表达世界对象,但并不只与特定事件相关,不是对特定对象或特定事件的归类,它可能表达所有实在对象的出现或所有事件。这类语词的意义可能通过特定的事件显示出来,但其意义一旦被给定,它们可能适用于所有事件,这使得试图完全从某个或某些特定事件来确定时间语词意义的做法失去了根据。为了更方便地研讨时间语词,要对各种时间语词做些基本的区分。从认识的角度而言,各种时间语词的地位并不是相同的,有些时间语词可由其他时间语词以及某些非时间语词来定义,如果的确能做到这一点,那就可以说相对于前一些时间语词,后一些时间语词在认识上是更基本的。如果所有其他时间语词都可从某些时间语词中引申出来,那么后者便是基本时间语词。很显然,如果确定了基本时间语词,解答了有关基本时间语词的问题,同时也了解如何从基本时间语词中引申出其他时间语词,那么上述的问题也就原则上得到了解答。因而这里首先从基本时间语词与非基本时间语词的区分开始。

一般而言,可把"早"、"同时"、"晚"或"过去"、"现在"、"将来"等看作是基本的时间语词,而把"1969 年"、"3 天"、"4 年"等看作是非基本的时间语词。也许有人会提出异议,这种区分是否只是偶然的?它们是否只是随意做出的?不过这样的异议通常不足以促使人们改变主意。我们愿意承认基本语词与非基本语词的区分带有一种约定性,它常常只具有认识论上的价值。不过正是基于这一点,如果确实能由某些其他非时间语词以及那些被确认为基本的时间语词中定义出其他的时间语词,那么批评者就不应当否认这样的选择。当然批评者也有权力选择其他一些时间语词作为基本语词,不过当他做了这种选择时,他就有义务告知其他人,他是如何由那些被选为基本时间语词的语词来定义非基本时间语词的,如果不能做到这一点,只能说其批评是空洞的、无充分根据的。

仔细考虑上述的表达,人们会发现,个别事件不能用"早"、"同时"、"晚"、"过去"、"现在"、"将来"等来表达,只有当表达两个事件之间的关系时才用到这些语词,因而它们是关系词。或许有人会提出,在"早上的太阳红彤彤的"、"1969 年 7 月 20 日,人类首次登上月球"等陈述中,时间语词"早上"、"1969 年 7 月 20 日"难道不是对个别事件的表达吗?其实上述的表达只是省略了相关某些事件的结果，如前一陈述中的“早上”表达的是太阳的那次出现与现在某一事件的关系，后一陈述中的时间语词更为复杂一些，但它也与某一特定事件相关，稍后将会表明这一点。如果时间语词的确是关系词，那么可能通过一些事件序来显示其意义。由于人们做出了“耶稣诞生早于北京奥运会开幕”、“孔子诞生早于耶稣诞生”等陈述，并把它们当作真，因而可以通过“耶稣诞生　北京奥运会开幕”、“孔子诞生　耶稣诞生”等事件序而显示“早”的意义或可以通过这些事件序来获知“早”的意义。同样，相反的事件序如“北京奥运会开幕　耶稣诞生”、“耶稣诞生　孔子诞生”可显示“晚”的意义。而通过出现在我眼前的两个景物、两个听到铃声而起跑的短跑选手、打开连接在一起而发出光亮的两盏灯等事件序，人们能理解“同时”的意义。

如果以某一事件为基点，如以耶稣的诞生为基点，那么所有的事件都可能用“早”、“晚”、“同时”来表达，如相对耶稣诞生，北京奥运会开幕是晚的，而孔子诞生是早的。如果一组语词能毫无遗漏地表达某领域中的所有可能被它们所表达的对象，而在一定的情境中此领域中的任何一个这样的对象能也只能用其中的一个语词所表达，则可说此组语词构成了一套表达此领域对象的语词系统。在由事件序所构成的世界中，其中的任何对象都为“早”、“晚”和“同时”毫无遗漏地表达，而在一定的情境中，此世界中的任何一个对象能也只能用其中的一个语词所表达。如以某一个事件作为基准点，则所有的事件都可以用“早”、“晚”和“同时”来表达，发生在基准事件之前的以“早”来表达，发生在它之后的以“晚”来表达，与之一同出现的就以“同时”来表达，这样“早”、“晚”、“同时”也就能表达所有可能的事件。另一方面，在此情境中，任何一个事件不能同时用“早”、“晚”和“同时”表达。因此“早”、“晚”和“同时”是一套语词系统，甚至是一套基本语词系统。

同样，“过去”、“现在”和“将来”也构成了一套基本语词系统。如把当前的事件作为基准，即表达为“现在”，那么之前的事件可以用“过去”来表达，之后的事件用“将来”来表达，于是“现在”、“过去”、“将来”也就表达了所有可能的事件。在此情境中，任何一个事件不能同时用“过去”、“现在”和“将来”来表达，因而与“早”、“晚”和“同时”一样，“过去”、“现在”和“将来”也是一套语词系统。同时此语词系统也是基本的。这两套基本语词系统并不是同一的，后一套基本时间语词系统包含了某些其他内容，因而不能相互替代，但它们在表达对象上有共同的效力①。由于篇幅及方便的缘故,这里只讨论前一套基本时间语词系统。

由于"早"、"晚"、"同时"适用于此领域中的所有对象或对象序,因而其意义并不特别地与此领域中的特定对象或对象序相关。然而,这些通名的意义却是相互关联的,它们之间的关联可能为如下的陈述如"一个事件早于另一个事件,那么后一事件晚于前一事件"、"一个事件既不早于另一事件,也不晚于另一事件,那么它们是同时的"等表达出来。可以看出,这些陈述不含有与特定事件或事件序直接相关的语词,因而这些陈述的真假不直接与表达特定对象的真陈述相矛盾,人们在确定这些陈述是否为真时有较多的自由,或许只要这些陈述相互之间不矛盾就可能规定它们为真。正因如此,由此被规定为真的上述陈述可能为不同共同体中的人们所接受。在实际的语言表达中,人们必然要使用"早"、"晚"等时间语词,因而尽管不一定要确认上述的陈述为真,却必定要确认类似的陈述为真。如果把这些被确认为真的陈述当作基础陈述,由于早与晚之间没有层级包含关系,它们显然不是层级框架,而是一种结构框架,即是时间结构框架,有时也简单地称之为时间框架。

上述给出的基本时间语词系统还太简单,难以精确地表达复杂世界中的事件。世界中一个事件早于另一事件,而它们又比第三个事件早,这时就说其中一个比另一个更早。有时也说两个事件之间的早晚程度为时间间隔。把某一事件确定为基点,一个事件比另一个事件更晚,那么前一事件与基点之间的时间间隔比后一事件与基点之间的时间间隔要长,有时也直接地说时间更长。为了更精确地表达更多事件,可能要引入"很早"、"较早"、"晚"、"较晚"、"很晚"等语词,不过即便如此也并不一定能很好地达到目标。设想有 8 个选手参加的 100 米跑比赛,如果要求一个其语言系统中只有上述时间语词的人来表达比赛结果,即各个选手达到终点时的情形,那么他可能说:"某选手最先到达终点"、"某选手较早到达终点"、"某选手稍早到达终点"、"某选手稍晚到达终点"、"某选手最晚到达终点",如此等等。这样的表达显然比较累赘,也不够精确。当有两组或更多的组来参加这个比赛,并要求他表达整个比赛的成绩时,他马上就显得力不从心了。的确,尽管可以用"早"、"很早"、"较

① 参见黄正华:《科学技术哲学导论》,社会科学文献出版社 2008 年版,第 140—143 页。

早”、“晚”、“较晚”、“很晚”等来表达事件，但随着所要表达的事件的增加，人们越来越不满足于用这种简单的时间语词来表达它们了。

为了清楚地表达众多事件之间的关系，有必要对较早、较晚等给出更精确的表达，有必要建立一个标准来确定早、晚的程度。这种标准可以通过某些周期性的循环过程，如摇荡的摆、月亮的盈亏来建立。当选定了这样一个循环并建立一个标准之后，就可以来比较事件之间的早、晚程度了。对上述的比赛，可以选定摇荡的摆来作计量标准，这时可先确定某一事件如裁判的起跑枪声作为基点或计量起点。如果发现一个选手到达终点时，摆锤来回摆了三次多，另一选手到达终点时，摆锤来回摆了四次多，那么就能以此确定前一选手到达终点要早于后一选手到达终点。要精确表达多个选手的先后顺序，可把摆锤摆动的范围等分，并标上记号，这样可以明确地知道某个选手到达终点时摆锤摆动的周期。如第一号选手到达终点时，摆锤摆了3.6个周期，第二个选手到达终点时摆锤摆了4.5个周期，第三个选手到达终点时摆锤摆了3.8个周期等。这样一来就可以说第一个选手花了3.6个周期的时间间隔或时间、第二个选手花了4.5个周期的时间间隔或时间，因而第一个选手到达终点时比第二个选手到达终点时早，他跑得更快。通过这样的方式，人们能比较精确地表达选手到达终点时的早晚情形。在逻辑上，无论有多少选手，他都能精确地表达各个选手的成绩即他们到达终点的早晚次序甚至早晚程度。上述的计量标准有时也被称为计时标准。通过一个计时标准，人们可能用数学语词来真正地限制“早”、“晚”等语词，由此形成的复合词能做出比“早”、“同时”、“晚”或“更早”、“较早”、“更晚”、“较晚”等更精确的表达。显然，这些复合词可一起形成一套表达世界的语词系统，它们能系统地表达世界中的事件。

实在世界中的循环过程几乎随处可见，选择上述计时标准的困难不在于如何找到循环过程，而是如何选择合适的循环过程。由于不同的计时标准可能会有冲突，做这样的选择是必要的。月亮绕地球做的是循环运动，把月亮绕地球一周定为一月，这样可以建立一个计时标准。地球绕太阳作的也是循环运动，它也可以被当作计时标准，可以把地球绕太阳一周定为一年。人们很早就发现这两个计时标准是不一致的。如果这两个标准是一致的，那么每年都有同样多的月份，但实际上有时一年的月份会多一点，有时一年的月份则会少一点。在众多循环过程中有没有一个是最好的，由它可能给出一个最精确的计时标准呢？这里所谓“最好”、“最精确”是指它的每一个周期都绝对相同。如果有这样一个最好的循环过程，那必定有一个能判定它是否为“最好”的另一个计时标准，否则就没有理由说它是最好的或不是最好的。但如果有这样一个能判定“最好循环过程”的标准，给出此标准的循环过程就不会比那个“最好”的循环过程差，至少是同样的好，这样一来，就难以说此循环过程是最好的了。反过来，如果没有这样一个标准，那么它是否是最好的循环过程也就难以确定。

由于无法在众多循环过程中充分地确定“最好”的循环过程，因而也就无法充分地给出一个最好的计时标准，如何选取一个合适的计时标准？此时只能摸索前进。最先的选择也许是盲目的，如人们可能采用自身动脉的周期跳动来作为计时的标准，不过做了这种选择之后，他很快发现实在世界中的许多变化过程会变得难以理解，如奔跑之后，他发现世界中的其他变化过程都变慢了，或两个事件之间的时间变长了，而过一段时间后，世界又变得与原来一样。他发现在其生病发烧时与健康时实在对象的变化过程或两个事件之间的时间间隔也会不同。当以这个循环过程作计时标准来表达事件，并以此来整理事实、获取知识时，他发现所获得的知识非常复杂，他与其他人之间的交流也难以达成一致，这些都很可能迫使他用更客观的计时标准如沙漏、摇荡的摆、月亮的盈亏等来表达世界。

由于各种客观的循环过程也并不完全是一致的，也即根据某个循环过程，另一个循环过程的不同周期的时间间隔是不同的，因而还是有必要在众多的客观计时标准中选择更合适的一个。由于并没有一个最好的、绝对的标准，因此，选择的标准常常是看以此来表达世界时会否获得对世界的更简单、更好的理解，这就如卡尔纳普所说的，“这里我们有名副其实的选择，这不是正确的测量程序和错误的测量程序之间的选择，而是建立在简明性基础上的选择”①。为了更简明、更好地表达世界，人们常常会根据需要选择合适的计时标准。过去人们以沙漏、摇荡的摆、月亮的盈亏等作为计时标准，随着认识的深入，人们发现以铯原子的周期振动频率作为计时的标准比其他标准更为精确、可靠，因此第十三届国际计量大会决定把它作为新的计时标准。

---

① ［美］R. 卡尔纳普：《科学哲学导论》，张华夏等译，中山大学出版社 1987 年版，第 82 页。

选取合适的计时标准之后，人们可以规定经过若干标准循环周期的时间是一秒，规定经过若干标准循环周期的时间是一分、一时、一日、一年等等，这样就可以说："某事件早于另一事件一年"、"他已到这里两天了"、"你迟到了一个小时"等等。值得注意的是，后两个陈述看上去只是对个别事件的表达，其实它们表达的是以现在某一事件为基点，"他来这里"、"你到这里"两个事件分别与此事件之间所经过的循环周期或时间间隔。由于现在总是变化的，为了更客观方便地表达不同事件，以便适用于同一共同体成员之间或不同共同体成员之间的交流，需要规定一个超共同体的公共基点。一旦确定了这样一个基点，那么任何特定的事件都可以用某个特定的时间间隔或时间来表达了。目前流行的做法是选择据说的"耶稣诞生"这一事件为基点，把此事件定为公元元年，凡早于它的事件往往被表达为公元前某年某月某日，凡在它之后的事件则被表达为公元某年某月某日等，有时甚至直接称某年某月某日。北京奥运会开幕是耶稣诞生之后的 2008 年 8 月，孔子诞生是耶稣诞生之前的 654 年等，这时人们可能不用"早"、"晚"或"前"、"后"等语词而直接说"2008 年 8 月北京奥运会开幕"、"公元前 654 年，孔子诞生"，如此等等。

这样一来就形成了另一类型的众多甚至无限的时间语词，如"公元前 654 年"、"公元 1130 年"、"公元 2008 年"等，用这些时间语词可用来表达多种多样的、甚至任何可能用时间语词表达的事件。由于这些语词可通过特定的计时标准、数学语词以及"早"、"晚"、"同时"等基本时间语词定义出来，它们基于后者，是非基本时间语词。尽管这些时间语词看上去不同于"早"、"晚"、"同时"等时间语词，但它们也可能表现早、晚关系。如某事件发生于 1969 年，另一事件发生于 2008 年，那么就说前一事件早于后一事件。另一方面，这些时间语词之间也不是无关的，表达它们之间关系的陈述如"公元 1130 年晚于公元前 552 年"、"1752 年早于 2008 年"等不含有与特定事件或事件序直接相关的语词，其真假不直接与表达特定对象的真陈述相冲突，此时，只要这些陈述之间能相互一致，人们就可能相对自由地规定它们为真。如果把这样的真陈述当作基础陈述，那么它们也是一种语词框架，也可称之为时间框架。显然，这样形成的时间框架不完全同于上述的简单时间框架，它包含了数学框架在内，因而它们不是纯粹的时间框架。在这里不仅可以看到数学的作用，同时也表明不同结构框架可能结合。实际上，演绎关系与各种结构框架可能结合形成更复杂的结构框架。

## 51. 空间框架

世界中存在各种实在对象，为了区分它们，可把它们分为不同的类，不过这并不能充分地区分不同对象，同一类的实在对象依然可能是无限的。通过给予不同的时间表达，人们可以区分不同的事件，即便如此，在同一时刻，实在对象的出现依然多种多样，仅用时间语词来区分它们依然是不够的。为了区分具体的实在对象，往往要用到诸如此类的表达："书房中的台灯在桌子上面"、"那张椅子在茶几前面"、"这个箱子长 2 米，宽 1 米，高 1.2 米"。这些陈述中的"上"、"前"和"长 2 米"、"宽 1 米"、"高 1.2 米"等语词不与特定实在对象直接相关，它们可能被用来区分各种实在对象，通常称之为空间语词。为了区分实在对象，人们通常使用各种空间语词，有时也说它们或包含它们的陈述表达了空间。显然，我们也并不关心"空间是什么"的问题，而只关心"如何使用空间语词"、"如何确定包含这些语词的陈述的真假"以及"不同空间语词之间有何关系"等问题。

各种空间语词在认识中的地位并不是相同的，其中一些空间语词可能由另一些空间语词与某些非空间语词定义出来。如果能做到这一点，则可以说相对于前一些空间语词，后一些空间语词是更基本的。如果所有其他空间语词可从另一些空间语词与某些非空间语词中引申出来，那就可说后一些空间语词是基本空间语词。一般来说，可以把"上"、"下"、"左"、"右"、"前"、"后"等看作是基本的空间语词，而把"长 2 米"、"宽 1 米"、"高 1.2 米"等看作是非基本的空间语词，后者可能通过一些非空间语词而为前者定义出来。另一方面，仔细考查诸多包含空间语词的陈述，可发现"上"、"下"、"左"、"右"、"前"、"后"等语词表达了两个对象之间的关系，因而它们是关系词。或许有人会提出有些空间语词只是表达了某个别的实在对象，如"这个箱子长 2 米"中的空间语词就是如此，因而至少有些空间语词不是关系词。其实，上述的表达只是省略了某些成分的结果，如果充分地补充这些成分，依然可以看出，空间语词是关系词。

空间语词尽管表达世界对象，却不只与特定对象相关，不只是对特定对象之间的某种关系的归类。这类语词的意义可能通过特定对象之间的关系显示出来，如果确认了“台灯在桌子上”、“楼顶在地基之上”为真，则可以通过“书房中的台灯　桌子”或“楼顶地基”等对象序来显示“上”的意义，而“下”的意义可通过相反的对象序来显示。同样也可通过类似方式显示“前”、“后”、“左”、“右”等的意义。空间语词的意义一旦被给定，它们往往不因人们对实在对象的认识的改变而有可预见的改变，这使得试图完全从某个或某些特定对象或特定对象之间的关系来确定空间语词意义的做法失去了根据。

通常，“上”、“下”并不能完全表达对象之间的关系，有时一个对象既不在另一对象之下，也不在此对象之上，这时就说它们是同高的。“上”、“下”、“同高”可以构成一套基本语词系统。如果确定一特定对象为基点，那么在某一领域中所有能用空间语词表达的对象都可能用“上”、“下”、“同高”表达。如其中一些对象在给定对象之上，另一些对象在给定对象之下，则其他的对象是与给定对象同高的。另一方面，在某种特定的情境中，任何一个对象都不能同时为“上”、“下”或“同高”来表达。

尽管“上”、“下”、“同高”的意义相对独立于特定的对象或对象序，它们却是相互关联的，它们之间的关系可以通过某些不含有由特定对象或特定对象序直接决定其意义的语词的陈述表达出来，如可通过如“一个对象在另一对象的上面，那么后一对象在前一对象的下面”、“一个对象既不在另一对象的下面，也不在另一对象的上面，那么它们是同高的”等陈述表达出来。很显然，这些陈述的真假不直接与表达特定对象的真陈述相矛盾，人们在确定这些陈述是否为真时有较多的自由，或许只要这些陈述相互之间不矛盾就可能规定它们为真。正因如此，由此被规定为真的上述陈述可能为不同共同体中的人们所接受。如果确定确认了这些陈述为真，并把它们当作基础陈述，它们无疑是一种语词框架，并且是结构框架，通常也称之为空间框架。在实际的语言表达中，人们必然要使用“上”、“下”等空间语词，因此尽管不一定要确认上述的陈述为真，却必然要确认这样一些陈述为真，也即必然要接受这样一些语词框架。

基本空间语词系统“上”、“下”、“同高”等与基本时间语词系统“早”、“晚”、“同时”等一样，尽管它们能表达某一领域中所有能被空间语词所表达的对象，却难以使用它们来精确地表达各种对象。此领域中一个对象在另一对象之上，而它们又都在第三个对象之上，这时就说相对于第三个对象，其中一个对象比另一个对象更高。一个对象比另一个对象更高也即相对于某一对象，两个对象之间上下的程度是不同的。通常称对象之间上下程度为空间间隔或长度，有时也简单地称之为空间。把某一对象确定为基点，一个对象比另一个对象更高或更低，则说前一对象与基点之间的空间间隔比后一对象与基点之间的空间间隔更大，有时也直接地说空间更大。为了尽可能精确地表达更多对象，可能要引入“很高”、“较高”、“高”、“较低”、“很低”等语词，不过即便如此也并不一定能很好地达到目标。随着所要表达的对象的增加，它们越来越难以满足要求，人们越来越不能依赖这种方式来精确地区分对象了。

为了精确地表达对象之间的关系，有必要给出一种标准来确定上下的程度，使之能用精确的数值来限制。计时标准建立在周期性的循环过程之上，而任何一个有确定空间间隔或长度的固态物体都可以作为度量上下程度的标准，这种确定上下程度标准的对象即是所谓的尺子。可以把尺子的一端到另一端称为一个单位空间间隔或单位长度，一旦确定了尺子与单位长度，就可由此来精确度量几乎所有其他对象相对于特定基点的上下程度。试图确定两个对象的上下关系时，先选定一个基点，然后用尺子来度量从基点到某一对象的上或下的程度。如果量得此对象在基点上方 3.5 个单位长度处，量得另一对象在基点上方 4.3 个单位长度处，那么可称前一对象在后一对象之下，或后一对象在前一对象之上，甚至可以由此精确地确定两个对象的上下程度，如可以说前一对象在后一对象之下的 0.8 个单位长度处，于是就精确地表达对象的上下程度了。通过这样的方式，人们甚至可能精确地表达世界中那些所有能用空间语词来表达的对象的上下程度。如果规定某把特定尺子的单位长度为“一米”、“一尺”等，量得一个对象在基点上方 3 米，这时也可称相对此基点，此对象有 3 米高。在此也可看到，通常所说的上下或高低是相对于基点而言的，单独地说某对象的上、下或高、低无意义。很显然，通过这样一个度量标准，人们可能用数学语词来真正地限制“上”、“下、“高”、“低”等语词，由此形成的复合词能做出比“很高”、“较高”、“高”、“较低”、“很低”等更精确的表达，同时，这些复合词也可以构成一套表达世界的语词系统。

如何选择单位长度或长度标准呢？这里也存在一个选择问题。通常尽可能选择一个这样的标准：给出这种标准的对象的长度不与特定度量条件相关。

如果度量一个对象时,因度量的特定条件的不同,度量标准也相应发生变化,这样量得的上下程度就可能失去客观性,也难以在由此获得的事实中建立起普遍的联系,获得系统性的知识。度量一个对象的长度时,人们往往要用力摆直尺子,如果尺子的长度因人的用力而发生改变,那么每次用同一把尺子来对同一对象进行度量,都可能获得不同的长度,因此通常不选择橡皮而选择那些比较坚硬的物体如钢棒来作尺子。

度量过程中,环境的温度、湿度等都可能使尺子的长度发生改变。当然人们也可以规定构成尺子的材料并不因温度、湿度等而发生改变,因为把它当作长度标准时,它是否发生改变是无法显示的。显然也可设想尺子的长度会因这些条件而改变。于是可能获得两种度量标准,即一把尺子的长度不因温度、湿度等的改变而改变,另一把尺子的长度则因温度、湿度等的改变而改变。哪一把尺子更合理呢?通过这两把尺子来测量对象时可获得两套不同的事实,如果概括根据前一套标准所给出的事实,获得某些知识,这些知识非常复杂;而概括根据后一套标准所给出的事实能获得更为简单的知识,能使人们更简单地理解世界,那么后一套度量标准无疑是更合适的。如果选择了钢尺作为度量长度的标准,设想钢尺的长度不因其自身温度的改变而改变,当用它来度量对象时,人们发现在其温度高进行度量时,被测对象变短了,在其温度低进行度量时,被测对象变长了。基于这把尺子可能获得众多事实,然而在概括它们时,人们发现难以由此获得简单的知识,不能由此简单地理解世界。为了使知识体系更为简单,为了更简单地理解世界,人们宁愿改变长度标准,认定钢尺并不那么硬,它会随环境,如温度、湿度、电磁场等的变化而变化。尽管如此,这种修正越小越好。随着对世界认识的深入,如果发现一些标准既能满足对世界的简单理解,同时它又不那么容易随测量条件或环境的变化而改变,那么它更可能为人们所选择。

与计时标准一样,在所有度量长度的标准中,也没有一个是绝对合理的、比其他标准更精确的标准,之所以选择某个对象作为度量长度的标准,主要是看它是否方便,是否有助于人们更好地理解事实之间的联系,是否能由此更简单地理解世界。实际上,随着认识的深入,人们对长度标准的选择也随之发生变化。第一届国际计量大会决定把保存在法国巴黎国际计量局中铂铱合金棒在0℃时的长度定义为1米。而第十一届国际计量大会决定用氪86原子的橙黄色光波来定义米,规定 1 米为这种光在真空中的波长的 1650763.73 倍。后来人们又决定根据狭义相对论,把真空中的光速当作是不变的,并由此来定义米,规定 1 米即是光在真空中 1/299792458 秒的时间间隔内运行的距离。

一旦确定了度量标准,由此也就可能形成无限的空间语词,如“在某一基点上方 3 米”、“高 50 尺”等,这些空间语词可被用来表达多种多样的对象。显然,这些语词可通过某种度量标准以及一些数学语词与“上”、“下”、“同高”等基本空间语词而被定义出来,它们基于后者,是非基本空间语词。尽管这些空间语词看上去不同于“上”、“下”等空间语词,但它们的基本性质与后者一样,也能表现对象之间的上、下关系。这些空间语词相互之间也不是无关的,它们之间的关系可以通过一些不与特定实在对象相关的语词所构成的陈述表达出来。这些陈述的真假不与表达特定实在对象的真陈述直接相关,只要它们相互之间不矛盾,它们的真假几乎可完全由人们相对自由地规定。由于这种规定不会与表达实在世界的真陈述相冲突,因此可能为不同共同体中的人们所接受。无疑,如果把这样的真陈述当作基础陈述,那么它们也是一种语词框架,也可称之为空间框架,并且它们是一种包含数学框架在内的复杂的结构框架。

实在世界不只有两个对象,“上”、“下”、“同高”尽管能表达所有可能用空间语词表达的对象,但相互同高的对象依然是多样的。确定了某一基点,在此基点上方 5 米的对象与基点下方 3 米的对象依然是多样的,因而还要运用其他空间语词来区分它们,“左”、“右”、“中间”与“前”、“后”、“中间”等就是这样的语词。这些语词的意义同样可通过某些实在对象之间的关系显示出来,而其意义一旦被规定就具有相对的独立性,不因人们对实在对象的认识的改变而有可预见的改变。很显然,“左”、“右”、“中间”可构成一套基本语词系统,而“前”、“后”、“中间”也可构成一套基本语词系统,它们都能表达那些在世界中所有能用空间语词表达的对象。另一方面,每一套基本语词系统中某一语词的意义与其他语词存在相互关系,它们之间的关系可以通过一些不与特定实在对象相关的语词所构成的陈述表达出来。一旦获得这样的陈述,其真假不与表达特定对象的真陈述直接相关,只要它们相互之间不矛盾,它们的真假几乎可完全由人们自由规定。如果这些陈述被确认为真,并被当作基础陈述,它们无疑也是空间框架。

基本空间语词系统“左”、“右”、“中间”与“前”、“后”、“中间”也难以对世界对象给出精确的表达，为了精确地表达对象，要有一种标准来确定左右或前后的程度。很显然，确定上下程度的标准同样也可被用来确定左右与前后的程度，而一旦接受了这样的标准，也就立刻产生了无限的空间语词，如“在某一基点左边3.5米”、“在某一基点前方5.2米”、“左边3尺”、“前面100米”等便是由此产生的空间语词。这些空间语词可被用来表达多种多样的对象，而它们也可基于某种度量标准与数学语词，通过那些基本空间语词而被定义出来。与那些基本空间语词一样，这些空间语词也不是相互无关的，它们之间的关系可以通过一些不与特定实在对象相关的语词所构成的陈述表达出来，如果把这样的真陈述当作基础陈述，那么它们也是一种语词框架，并且是一种结构框架。

实在世界不只有两个对象，如果希望确定诸多对象与其中一个对象之间的空间关系，就会发现它们与此对象可能有多种关系，如一些对象可能在此对象之上，另一些在它之前，而还有一些在它之右，等等。另一方面，甚至有许多对象并不在此对象的正前方，不在其正上方，也不在其正右边。要精确地表达多个对象的位置，如房间中的书桌、壁灯、椅子等的位置，往往不能单独由运用“上”、“下”或“前”、“后”或“左”、“右”等语词而达到，也不能单独运用通过数学语词限制它们而形成的复合语词而达到，只有同时运用它们才能达到。对上述例子，可用壁灯作为基点，通过测量发现，台灯处于基点的前1米、下1.5米、左1米，椅子处于基点的前2.1米、下2.3米、右1.4米，等等。只有通过这种方式，人们才可对房间中的所有能用空间语词表达的对象给出精确表达。一般地说，如果选定了一个基点，则人们可同时运用多套语词系统来对世界中的所有对象给出精确表达。任一套语词系统可以毫无遗漏并唯一地表达所有可能被其中的语言所表达的对象，它显示了一种对象存在的方式，可称这种表达方式或此语词系统为一维。很显然，空间语词是三维的，或空间语词给出了一个三维的空间。可以说，世界中的对象在三维空间中能获得精确的表达，它们相互之间能被充分地区分。

在空间语词系统中，上述三套语词系统之间以及由之形成的结构框架之间并不是完全无关的。实际上，上下的程度、前后的程度、左右的程度之间存在某种关系。这一点似乎显而易见。一根直立的杆的长与其影长分别是3米与4米，同时量得杆的顶点到其影之间的距离有5米，这时发现它们有如下的关系，即$3^2+4^2=5^2$。如果这个杆的长度再增加一些，或影更长一些，上述关系似乎还是成立，即杆长(a)的平方加上影长(b)的平方等于两顶点之间的长(c)的平方。在上述情形中，上下的程度、前后的程度与左右的程度与特定对象或特定对象序直接相关，由此建立的关系也可能与特定对象或特定对象直接相关，不过它也可能不如此。由于任何空间语词(包括基本空间语词与非基本空间语词)的意义不直接与特定对象或特定对象序相关，它们可能适用于所有能用空间语词表达的对象，因此人们可能规定一些关系，它们可能通过一些不与特定实在对象相关的语词所构成的陈述表达出来，这些陈述不与表达实在世界的真陈述相冲突，它们是空间框架。前面已指出，这一点对于任一套空间语词系统中的空间语词来说是有效的，也容易表明，它对所有空间语词来说也是有效的。如果规定杆长(a)、影长(b)及两顶点之间的长度(c)之间具有这样的关系，并且可用如下的陈述$a^2+b^2=c^2$表达出来，那么这种关系便是一种空间框架，它是一种形式必然关系。一旦接受了这样的表达空间关系的陈述，那么人们不应期望可通过实际的测量发现并肯定这种关系。当然，这种关系并不是与事实完全无关的，如实际的测量至少可以给出某种向导，它引导人们做出这样或那样的规定。

人们可能获得多种这样的形式必然关系，“三角形的三条中线交于一点”、“过直线外一点有且仅有一条直线与已知直线平行”等便是这样的关系。这些形式必然关系之间并不是无关的，如果选定其中一些作为基础，而另一些形式必然关系可从中演绎出来，那么它们就构成了一个演绎系统。对这类系统的研究是一门重要的学问即几何学的主题。人们对几何学早就有认识，在古希腊，几何学就是一门比较成熟的学问，欧几里得几何学从那时起就已出现，并且一直流传到现在。几何学研究空间的关系，是一门关于空间的科学。由于三维空间语词能为数学语词所限制，也即空间在三维方向上延伸的程度可以用数学语词来表达，几何学中的陈述可完全通过一些数学语词以及一些无特定意义的符号表达出来，因而这些陈述又似乎是数学陈述，而不是与实在对象直接相关的数学公式，对它们的研究是纯粹的数学。几何学是一门关于空间的科学还是一门纯粹的数学，或同时是二者？对此问题或许存在争议，但此类争议在此并不重要，重要的是，它是一门研究结构框架的学问。

由于形式必然关系不与表达实在对象的真陈述直接相矛盾,因而人们规定它们时具有较大的自由度。只要各种形式必然关系之间没有逻辑矛盾,它们都可能被规定为真。人们可能接受不同的形式必然关系,甚至可能接受相互矛盾的演绎系统。作为一种演绎系统,可能存在不同的、甚至相互矛盾的几何学系统,不过它们都可能被接受。包括康德在内的以前的人们相信只有一种绝对的、唯一的几何学,由于欧几里得几何学的公理符合直观,因而它正是这样一种几何学。不过人们后来逐渐发现这种想法是不合理的。

某些实在对象要通过空间语词表达出来,当人们要概括关于出现于空间中的实在对象的事实、形成具有普遍性的知识体系时,必然要选择合适的几何学。如何选择合适的几何学呢?在选择过程中,是否存在特定选择标准呢?一般来说,并没有决定性的理由让人们选择某种几何学而放弃另一种。选择合适几何学的标准是看它们能否方便人们概括事实以及获得更简单的知识系统,是否可使人们更为简单地理解世界。反过来,尽管对世界的深入认识不会直接影响空间框架或几何学,当人们对实在世界的认识发生改变时,几何学并不因此发生可预见的改变,但对几何学的选择无疑也可能受到人们对实在世界的认识的影响。可以更一般地说,在认识过程中选择何种结构框架并不直接地受人们对实在世界的认识的影响,但也并不是完全与之无关的,对实在世界的认识可能间接地影响人们对结构框架的选择。

对实在对象认识的第一步是要把它们表达出来,至少在理论上能给出它们与其他对象的区分。借助于数学语词,时间语词与空间语词可以对不同实在对象的各种出现之间以及不同实在对象之间给出精确的区分,从而为认识世界奠定了基础。就此而言,时空语词与时空框架是世界对象表现的背景,几乎任何世界对象都可在此背景中表现出来,也必须在此背景中表现出来。时空语词与时空框架在认识中的巨大意义不只在于表达对象,而且它们使得由此获得的各种真陈述之间具有天然的联系,为认识的深入提供了一个在先的基础。在使用时间语词与空间语词来表达世界对象时,在获得并确认某些含有时间语词与空间语词的陈述为事实时,在这些事实中早已隐含了某些时间框架与空间框架,这些框架成了概括的根据、形成知识的基础,成了认识的基本背景。

时间语词与空间语词不与特定对象直接相关,可能适用于世界中的所有实在对象，可能成为不同共同体共同认可的语词框架，这一点恰恰使得时空语词以及时空框架在认识中的作用具有极为普遍的价值。的确，在谈论某一对象或某些对象与其他对象之间的各种关系时，它们往往与对象之间的时空关系相关，甚至以时空关系为基础，要通过时空关系表现出来。实际上，诸多特定对象之间的具体关系往往成了普遍性的时空关系的例示，以至有时关于时空关系的研究就替代了关于各种特定对象之间的具体关系的研究，而它们恰恰更普遍地反映了人们对实在世界的认识。

# 第十四章　确证与知识

## 52. 确证基础

知识要由陈述表达，表达知识的陈述具有何特征？知识无疑可由普遍性陈述所表达，可称这样的知识为普遍性知识。许多学问中的知识通常表现为普遍性知识，一般所谈到的知识也都由普遍性陈述表达，这类知识在知识领域中理所当然处于核心地位。知识可否由个别性陈述所表达？回答无疑是肯定的，不过，人们通常所说的一些由个别性陈述所表达的知识或个别性知识其实并不是知识，而是基础陈述或事实。如果某个个别性陈述不是基础陈述，同时它为真，这样的陈述往往不是独立的，它依赖于某些真的普遍性陈述，它可在某些事实基础上由后者演绎出来。是否有不依赖于真的普遍性陈述而具有独立性的个别性知识呢？这也许是一个充满争议的问题，在此不准备对它做详细讨论，而只强调如下一点，大量个别性知识可由某些事实与真的普遍性陈述演绎出来，获得了那些事实与真的普遍性陈述，也就可以说获得了那些个别性知识。由此也可以说，尽管不能断言独立的个别性知识不存在，但它们并不处于知识论的核心，它们不是我们关注的目标，这里更关注的是普遍性知识。

由事实概括而得的普遍性陈述尽管在某些真陈述的作用下能演绎出各种被概括陈述或事实，但概括过程不是演绎过程。某些特定的事实并不唯一地被概括成某个或某些普遍性陈述，它们不仅可因不同的概括方式而获得不同的普遍性陈述，也可能在同一概括方式下因不同的人而获得不同的普遍性陈述。普遍性知识可能包含于多样的普遍性陈述中，然而这些陈述杂乱交错，甚至互不一致。因而即便获得了概括陈述，也并不由此自然地获得了知识。可见，尽管在认识活动中，概括过程可能是必要的，但它并没有达到求知的目标。显然，在概括过程之后，接下来最为紧迫的事是对杂多普遍性陈述进行区分、选择，以剔除假的普遍性陈述，筛选出真的普遍性陈述。可称从杂多普遍性陈述中获取真的普遍性陈述的过程为确证。为与其他真陈述如不需要确证而为真的陈述区分开来，通常把这些由确证而得的真陈述称为知识。一般而言，人们可以浮想联翩地获取各种普遍性陈述，但只有在脚踏实地的确证之后，他才有资格把某些普遍性陈述当作知识。

谈到确证，无疑要注意它与确认之间的区分。从杂多陈述中获取基础陈述的过程称为对基础陈述的确认，确认基础陈述不必定要借助于其他中介，它可能是一种直接的认定。确证知识则不同，在此的确证不是直接的认定，它要经过其他的中介，只有符合某些条件，人们才能确定某一陈述是否为知识，这些中介或条件也就是所谓的根据。只有通过根据才能确证某个陈述为知识，因而也可以说知识是能被确证为真的陈述或有根据的真陈述。如果如何获取知识是知识论的最根本问题，那么在知识论中，相比于确证问题，“如何获得事实”、“如何概括事实”等问题或许并不如人们所想象的那样重要。传统知识论强调认识发生的各种可能条件，关心知识由何种因素构成，关心不同因素在构成知识时分别所起的作用，关心如何概括事实，却往往对确证问题不置一辞。然而，即便传统知识论对上述各种问题做了详尽的研讨，获得了诸多令人信服的结果，它也只论及了知识何以可能，却不能确立现实的知识，它离指导人们如何获取知识还有一段长的距离，甚至不能说它提供了对知识的真正理解，因而这样的知识论终究不能算是完整的。相反，甚至于可以说，解答了确证问题，诸多传统知识论问题，如“知识具有何特征”、“如何获得知识”、“知识与非知识的东西如何区分”也就或多或少得到了解答。

什么是确证根据呢？在做进一步讨论之前，要对确证根据给出某些区分，可把它区分为确证基础与确证标准。确证基础并不自动地区分知识与非知识，而只有依某种方式才能做到这一点，可称这种方式为确证标准。老师根据考试分数来区分优秀学生与不优秀学生，可以把考试分数看作是评价学生优秀与否的基础。老师如何根据各科的考试分数来评价学生？不同的老师可能采取不同的方式，这些评价方式常常要考虑“如何确定不同考试科目的权重”、“如何确定评价的等级”以及“不同等级对应何种区间的分数”等问题。这些问题与“考试分数是什么”的评价基础问题不同，它们是评价标准问题。确证基础与确证标准的区分类似于此处所谈到的评价基础与评价标准的区分。区分了确证基础与确证标准，什么是确证根据的问题也就分成了两个问题，即什么是确证基础？什么是确证标准？这里首先来讨论第一个问题。

什么是确证基础？对此一直有诸多争议。一些现代学者强调，只有心灵中的某种内在状态如知觉、记忆才能为人所直接把握，因而也只有它们或它们中的内容才可能成为确证基础。他们不仅相信确证基础是心灵的所有物，甚至相信对知识的确证是由个别心灵按一定的方式而决定的，它是一个心灵内部的活动过程或由此过程决定。抱有这种看法以及类似看法的人通常被称为内在主义者。内在主义者似乎相信人们对自身拥有彻底的洞察，可以理解、把握各种心理状态，甚至能有意地控制心理过程，从而决定知识的产生。显然，近代认识论者大多可算作内在主义者。批评者对内在主义存有疑虑是可以理解的，他发现人们其实没有办法对自身的内心状态做清楚的表达，难以确定何种内心状态可能成为确证基础。同时他也有理由提出，如何从特定的内心状态来确证知识是不确定的，因而人们几乎不能确定何种内心状态与某种知识具有必然的相关。实际上，内在主义者也没有具体指出过何种特定的内心状态是确证特定知识的基础，它又是如何给出确证的，没有指出过某种内心状态在何种情形下能确证知识，在何种情形下则不能。然而，如果内在主义者不能做到这一点，也就难以说他解答了确证问题。在某种意义上，内在主义者甚至不可能做到这一点，因为一当他试图把内心状态用具有公共性的语言表达出来时，它们就已不是真正的内心状态了。

另一些人提出，确证知识并不只依赖于任何个人的心灵状态，不能单纯从个人的内心状态中寻求确证的基础，它与客观的外部因素有关。这类看法以及类似看法往往被称为外在主义。在外在主义者看来，确证基础至少有些因素不需要内在于认识者，不需要依赖于个人的内心状态，而依赖于认识者之外的某些事物，它们或是某些物质实体，或是物质实体之间的相互关系，或是心灵与物质实体之间的某些联系，或是来自于被确证陈述与其他陈述之间的某种关系。依赖于物质实体或物质实体之间的相互关系而提供出来的确证显然是不可靠的，基于心灵与物质实体之间的联系而给出的确证也同样如此，诸如此类的看法一开始就走入了歧途。这些被当作确证基础的东西并无真假，与知识截然不同，因而不能由之直接确定某个陈述的真假，它们不能真正成为知识的确证基础。根据外在主义者的一般看法，确证基础只有表现于心理过程中，只有依赖于认识者的心理状态才可能确证知识，因而他们最终又转向了内在主义。一般来说，外在主义者与内在主义者一样，他们在看待知识的方式或角度方面尽管与近代认识论者有所不同，他们的问题是现代的，但他们解答问题的主要思路以及所抱持的一些思想观念与传统认识论并没有太多的不同。从这一点而言，现代的内在主义与外在主义不过是传统观念的现代变种，鉴于前面对传统认识论已作了较为详细的评论，在此没有必要花费更多的笔墨来讨论它们了。

如果内在主义或外在主义都不足为训，确证基础什么呢？确证基础无疑可能来自于心理状态，来自于实体对象或实体对象之间的相互关系，它甚至必然地与之相关，不过它们都不是确证的直接基础，它们都无法直接地决定一个陈述的真假。心理状态、实体对象以及实体对象之间的关系只有表达于陈述中才能被给予讨论，也只有陈述才有真假，因而也只有可确定真假的陈述才可能成为确证知识的真正基础。实际上，如果所讨论的知识由陈述表达，那么确证这些陈述为知识的确证基础也只能是表达世界对象的其他陈述。很显然，能确证一个陈述为知识的陈述自身必定是真的，只有如此才可能确证知识。于是可以说，确证基础是一种真陈述。

尽管上面对确证基础的形象作了一般的描绘，但并不是确切的。通常来说，那些可作为其他知识基础的陈述固然可以成为确证的基础，但它自身也可能要被确证为真。为了严格地而清晰地了解确证过程，需要获得那些没有基础、不需要被确证，而它们却可能确证其他陈述的真陈述。这样的确证基础是确证的最终基础，在知识论中所谈到的确证基础通常即指这种最终基础，它也一般地被称为确证基础。确证的最终基础无疑是存在的，如果没有这样的基础，人们就只能陷于循环论证或无穷后退，也等于放弃了对知识的确证。如果的确有确证的最终基础，这种最终基础是什么？这会令人想到前面所谈到的基础陈述。基础陈述是表达、交流的最终基础，也是人们相互理解的最终基础，它们似乎也是确证的最终基础。的确，如果知识确证有最终基础，除了那些基础陈述之外，还可能有其他陈述成为最终基础吗？实际上，当人们说知识的基础是基础陈述时，他其实已把它当作确证知识的最终基础了。

## 53. 什么是信念

当我们说知识是被确证为真的陈述或有根据的真陈述时,它似乎与一些流行的看法相符。一个有关知识的流行看法是所谓的知识三元定义,根据此定义,某个陈述P是知识,那么它要满足三个条件,即相对于某个拥有他的人S来说,S相信P;P是真的;S相信P得到了确证①。此定义有另一个略微不同的版本,即之所以说一个陈述是知识,它要满足三个条件:首先它是一种信念,其次它是真的,同时它之为真是有根据的,因而有时又简单地称知识是有根据的真信念②。根据这种流行的看法,某人可能碰巧说对了如下的陈述:"地球是圆的"、"箱子中的所有苹果都是红的",它们是他的信念,然而除非获得一些根据,如通过查阅资料或观察而确证上述陈述为真,否则对他来说,它们并不是知识,而只是信念。那些无根据的真陈述,如事实、语词框架等,尽管人们相信它们,并且它们的确是真的,它们也不是知识。流行的定义似乎与我们的看法类似,然而,它们的确是一致的吗?如果不同,它们之间的差别在何处?对这些问题的讨论不仅有助于更好地理解知识,也对此处所谈到的确证、根据有更深入的理解,因而在进一步讨论之前,需要停下来对此做些简要的考察。

流行看法在试图理解知识时引入了"信念"一词,因而有必要先对信念作些简单的讨论。像许多其他语词一样,"信念"也有不同用法。在"他有一种必胜的信念"、"有信念的生活才有意义"等中,"信念"似乎表达了某种决定行为的能力或对某事物的期望。在"我相信'月亮里没有嫦娥'"中,"我相信"意味有某种值得我相信的东西,可称之为"信念"。在此处,"信念"可能是指在相信者内心中所存在的对陈述"月亮里没有嫦娥"的某种态度,也可以是指那个被相信的陈述。我们的目的当然不在于列举"信念"的众多用法,而主要

① Roderick M. Chisholm: *Theory of Knowledge* (second edition), New Jersey: Prentice-Hall, 1977, p. 102.

② Stephen Cade Hetherington: *Knowledge Puzzles: an introduction to epistemoiogy*, Westview Press, 1996, p. 20;陈嘉明:《知识与确证:当代知识论引论》,上海人民出版社2003年版,第31页。

在于表明“信念”并没有一个公认的用法，为着某种表达的需要，只要有一致的使用，人们尽可以选择那些合意的用法。诸如此类的事物，如通过想象而随意产生的东西、内心的某种能力、对某种事物的心理状态等似乎都不是流行的知识三元定义中“信念”一词所表达的东西。把信念看作是心灵的某种能力或心理状态时，人们其实可能考虑的是产生信念的内在过程，而不是信念本身。日常生活中，人们往往有“真信念”、“人生要树立正确的信念”等表达，由于心理状态并没有真与假或正确与错误的分别，只有陈述才有，因此在这些表达中，信念不太可能是指心灵的能力或心理状态，更可能是指陈述或是陈述所表达的东西。陈述所表达的东西要通过陈述表达出来，因而也可以认为在上述表达中，信念是指陈述。

尽管作了上述的断言，信念是什么依然不很明确。一般来说，最好不要把所有的陈述都当作信念，否则就没有必要专门引入“信念”一词了。信念是一类什么样的陈述呢？一个陈述之所以是信念，而其他陈述不是，无疑表明那些被称为信念的陈述具有某种特征，并且此特征是其他陈述所不具有的，它使得信念与其他陈述能区分开来。如果人们可根据这种特征对陈述给出某种区分，区分陈述的这种特征可能是什么呢？首先令人想到的是真与假。在知识论中，人们根据真与假来对陈述给出基本的区分，是否可能依此区分信念与其他陈述呢？是否可以说信念是与真相关的陈述呢？鲁莽地断言信念就是真陈述是不合适的，否则说“真信念”就是同语反复，而说“假信念”则是自相矛盾。

似乎可以如此设想：当某人把某陈述当作信念，或某人相信某陈述时，可以说于他来说此陈述是真的，但此陈述不一定被其他人当作真陈述，对于其他人来说，此陈述可能是不能被确定真假的陈述，或甚至是假陈述。房子的大门被锁住了，而房子只有一扇大门出入，因此王浩断定那间房子里没有人，他相信陈述“那间房子里没有人”为真，可以说此陈述是他的信念。我知道那间房子的主人常常在外出工作时把小孩锁在家中，因此“那间房子里没有人”并不一定为真，我认为王浩太过自信。尽管我不能确定上述陈述的真假，也不把它当作自己的信念，但并不表明此陈述不能是王浩的信念。对于房子主人来说，他确切地知道自己把小孩锁在家中，因而“那间房子里没有人”是假的，即便如此，王浩依然可能相信陈述“那间房子里没有人”为真，此陈述依然可能成为王浩的信念。似乎可以一般地说，某人可能相信某陈述，也可能不相信它，如果他相信某陈述或他把某陈述当作信念，即表明对他来说，此陈述为真，因而也可以说信念是相对于个人的真陈述。某人把一给定陈述当作信念，这与此陈述是否被其他人当作不可确定真假的陈述或甚至被当作假陈述无关。

信念是相对于个人而不是相对于共同体的真陈述，共同体中某个人认为某陈述为真或把它当作信念时，其他人并不一定认定它为真，并不一定把它当作信念。注意这一点就可能合理解释一些日常表达，澄清一些混乱的说法，也可能帮助人们合理地言说"信念"一词。当某人说"你的信念是假的"，说话者似乎断言存在假信念，这似乎是自相矛盾的说法。其实说话者只是表明，你认为某些陈述为真，它们是你的信念，而他则认为它们为假。这样的表达尽管可能产生误解，但这种误解是表面的，恰当地理解上述说法时，其表面的混乱就会消除。只有说"我相信'月亮里没有嫦娥'，但这是一个假陈述"时才可能是自相矛盾的。的确，这样的说法甚至在不严谨的日常语言中也是罕见的。

可否对信念作更进一步的区分？或许有人会提出，某陈述是某人的信念，它之所以会被当作信念，是由于他有使其成为信念的根据，当另一陈述为某人所相信时，他可能并没有任何相信的根据，因此即便相对于个人，信念也依然可以再作区分。或许可称前者为信念，而可称后者为幻想。康德有类似的分类。康德曾把真陈述分为三类，即意见、信念与知识。在他的分类中，意见是一类不仅在主观上不充分，而且在客观上也不充分的真陈述；信念则是在主观上充分，但在客观上不充分的真陈述；而知识是不仅在主观上充分，在客观上也充分的真陈述①。一般而言，人们当然可以说信念是有根据的，但如果信念相对于个人，这种根据也仅仅相对于个人，那么尽管对个人来说可能区分一个陈述是有根据的信念还是无根据的幻想，但于某一共同体或他人来说，由于无法对某人所声称的有根据的信念与无根据的幻想作出确切的区分，这种区分完全基于个人的主观意愿，它其实是没有价值的。更进一步说，这样的区分或许有心理学上的价值，但于知识论来说，其价值是相当有限的。

知识基础是相对于共同体的基础陈述，确定某一陈述为知识的确证基础也相对于共同体，因而可以说知识是相对于共同体的真陈述。如果信念是相对于个人的真陈述，知识与信念有何区别呢？一种古老的看法认定，信念与知

① ［德］康德：《纯粹理性批判》，邓晓芒译，人民出版社2004年版，第623页。

识截然不同，信念只是个人的或主观的真理，它是暂时的、可变的，而知识却是永恒的真理，正如丑小鸭永远不能变成白天鹅一样，信念也绝不能成为真理。据此，知识与信念的区分是绝对的，一个陈述不因某个人或某些人确定为真而为知识，即使所有人认定其为真，它也只是信念。反过来，一个陈述如果是知识，即便任何人都不相信它，或只有少数人相信它，它也依然是知识，而不是信念。"真理总是掌握在少数人手里"的格言便隐晦地反映了类似的看法。一个陈述要么是信念，要么是知识，它们绝不可混淆。不过这种看法似乎缺少支持的理由。如果上述关于知识与信念的看法是合理的，那么被某个人确定为真的陈述也可能为包含他的共同体中的其他人确定为真，于是它可能是知识，也即某人的信念也可能是知识。反过来，一个为某共同体确证为知识的陈述自然也是共同体中的成员确信其为真的陈述，因而知识必定是某些人的信念。可见，知识与信念并没有绝对的区分，在一共同体中，信念不必定是知识，而知识却必定是信念。

某个共同体所作出的任何陈述都可能成为共同体成员的个人信念，而信念可能成为知识。一个共同体中，有些个人的信念可能成为知识，是否有些个人信念绝不可能成为知识呢？对于任何个人来说，他可以认定某一陈述不可能成为知识，它只是一种信念。尽管我知道有人相信上帝是一个实在对象，但我的确相信上帝不是一个实在对象，也即在我看来，"上帝不是实在的"是真的，它是我的信念。即便我可能与相信上帝实在的他人构成一个共同体，在此共同体中，我也决不放弃我的信念。如果在此共同体中坚持上帝实在的他人也不放弃其信念，那么上述陈述也就不可能成为共同体的知识，它只是一种信念，结果在此共同体中，它甚至是一种永恒信念。可见，对于某一共同体来说，这种基于个人的永恒信念是可能的，不过值得注意的是，"何种信念是永恒信念"是一个与个人相关、与特定共同体相关的问题，任何知识论不能也不必绝对地确定何种陈述是永恒信念。

在一个共同体中，是否存在一些陈述，它不可能成为知识，而只是信念，并且此共同体中的所有成员都把它当作信念呢？如果存在，那么这样的信念便是一类相对于共同体的永恒信念。如果把相对于共同体的真陈述区分为知识与信念，那么这样的永恒信念无疑是存在的，基础陈述便是这样一类不是知识却是永恒为真的陈述，它是相对于共同体的永恒信念。除此之外，是否还有某些陈述，它们不可能成为知识，却被共同体中的所有成员都当作信念？或者它们甚至是被共同体中的所有成员都当作永恒信念呢？似乎存在这样一些陈述，如“有因必有果”、“所有的对象都是可分的”等据说就是这样的永恒信念。如果确实存在这样的陈述，那么它们不是知识，不是基础陈述，同时也不能被确证为假，它们为共同体中的所有成员当作信念，并永远只能以信念形式存在。很显然，按照我们对“信念”与“知识”等语词的用法，如果一个共同体基于某些合适的理由可确证某一陈述是为真，那么它是相对于共同体的知识。如果没有合适的理由确证为真，而共同体确认其为真，它们就是基础陈述，除此之外，没有所谓的相对于共同体的永恒信念。人们之所以把一些陈述当作相对于共同体的永恒陈述，要么是基于对知识、信念等的一些混乱理解的结果，要么是把相对于个人的永恒信念当作相对于共同体的永恒信念的结果。

## 54. 知识的定义

如果接受上述关于知识与信念的基本看法，人们无疑能容易地发现知识的流行定义是不能令人满意的。断言“知识是有根据的真信念”时，可能会使人产生误解，使人误以为确定一个陈述为知识的认识者与确定它为信念的认识者是相同的。显然，如果信念不是相对于个人的真陈述，而是相对于共同体的真陈述，那么它要么就是知识，要么就是知识的基础，因而在此情形中说“知识是有根据的真信念”就要么没有意义，要么是一种错误。在传统知识论中，人们似乎并没有特别地注意到知识与信念只有相对于特定认识者才有具体的内容，他们随意地认为知识或信念是相对于个人的或认为它们相对于空洞的人类，甚至在两种看法之间游离不定，因而对“知识是有根据的信念”可能作出多种的理解。

尽管在一种不太严格的意义上可以说知识是有根据的真信念，但在一个共同体中，任何陈述都可能成为共同体中某成员的信念，因此“知识是有根据的真信念”与“知识是有根据的真陈述”并没有太多的区分。为了避免误解，我们更愿意说：知识是有根据的真陈述，或者更严谨地说，知识是有根据确定为真的陈述或知识是有为真根据的陈述。对此定义可能存在批评，其中一个比较著名的批评是葛梯尔所提出的反例。葛梯尔反例针对的是流行的知识三元定义,但如果把流行定义中的"信念"一词换成"陈述",这种反例似乎也对我们的定义有效。是否的确如此?我们将表明,葛梯尔的反例对那种流行的知识定义存在有限的效力,但并不对我们的定义构成反驳。葛梯尔所提出的反例包含了诸多从流行看法中遗留下来的关于"知识"、"根据"、"信念"等语词的混乱理解,揭示其中的混乱对于恰当地理解知识无疑是有帮助的,我们关注它的目的也正在于此。

为了不使讨论变得过于复杂,我们把葛梯尔使用"信念"一词的地方用"陈述"替代,这种替代大体不会对他的反例有所误解。为了说明上述流行定义的不合适,葛梯尔给出的一个反例就是:假定史密斯和琼斯一起申请某个工作,招聘者告知史密斯,说琼斯将被录用。史密斯在几分钟前发现琼斯口袋里有十枚硬币,这样史密斯获得如下事实或确证基础 A:"琼斯将得到这份工作,并且他口袋里有十枚硬币",此事实为如下的陈述 B:"那将得到工作的人,口袋里有十枚硬币"提供了其为真的根据,也即它确证了 B 为知识。实际上,葛梯尔仅仅注意到了确证基础,而如何由此确证知识并没有涉及,也即他没有涉及确证标准问题,他只是简单地认定:一旦获得了确证基础,也就确证了相关的陈述为知识。有关确证标准的问题是一复杂问题,既然葛梯尔没有仔细考虑此问题,为使讨论不过分的延伸而迷失方向,我们接受葛梯尔的这一认定。在上述情境中,史密斯并不知道,结果是史密斯自己,而不是琼斯将得到那份工作,同样史密斯也不知道他的口袋里有十枚硬币。葛梯尔据此提出,上述陈述 B 对史密斯来说是有根据的,但它并不是知识,因为史密斯根据的不是事实,这样也就可以说,有为真根据的陈述也并不一定是知识,①或者说一个陈述是否有为真的根据并不是它成为知识的充分条件。

许多人认定葛梯尔在此反例中所给出的论证富有意义,是合理的,甚至夸张地断言,知识论要进展,首先要回答葛梯尔所提出的论证。为了解答葛梯尔提出的疑问,一些人提出,要确证一个陈述为知识,除了上述反例所揭示的一些根据或条件外,还要再增加一些条件,即第四个条件,只有新增的条件结合上述的条件才能提供对知识的完全定义,也即它们一起构成了一个陈述成为

① Edmund L. Gettier:"Is Justified True Belief Knowledge?" *Analysis* Vol. 23, No. 6 Jun. 1963, pp. 121-123.

知识的充分条件。如何获得这些条件？人们往往从心理过程、从物理过程或从确证根据的其他要求等方面来寻找。[①] 如有人提出，当某人认为一个陈述为知识，他就要给出知识与其所反映的实体世界之间的因果关系；也有人指出，相信一个陈述能被确证为之所以知识就要有一个保证此确证的可信赖的心理过程，确证不能基于臆想与虚假的推理，如此等等。人们当然可以展开联想，考虑增加某些条件，并以此作为确证一个陈述之为知识的根据，但这是否能获得多数人的同意是另一回事。某人可能提出某种设想，考虑一种确证知识的新条件，并且根据这样的条件能确证某陈述为知识。但反对者可能提出，存在某些满足这些条件的陈述，而它恰恰并不是知识。为了应对这样的反例，人们就不得不设想其他更为复杂的第四个条件，尽管如此，它依然可能遇到新的反例，结果此反例后面伴随着越来越复杂的第四个条件。实际上，对上述问题的讨论变得越来越复杂，现在看来无法指望对此有一个简单的解答[②]。在后面将谈到，确证总是不充分的，如果这样，人们在这方面的努力将遇到难以克服的障碍，也即希望通过这种方式来回避葛梯尔的批评难免失败。不过这些失败的努力也不是完全无价值的，它们至少促使了人们反思葛梯尔论证的本身。

葛梯尔的论证是否合适？哲学史上常常出现一些新奇的论证，它们开始被提出时，人们为其新奇所吸引，往往对之加以夸大，可以过了一段时间，结果又恢复了原状，好像这样的论证根本就不曾存在过。葛梯尔的论证也大体如此。仔细分析葛梯尔的论证，人们就会惊讶地发现他的论证多半基于一些用词的混乱与思想的错误。如果一个陈述为真的根据不为他人所认可，它只对个人而言有效，这样的根据对他人来说或对共同体来说就没有价值。根据与知识一样相对于特定共同体，正是由于有了共同体或个人之外的其他人，谈论一个陈述为真的根据才有价值，才可能说一个陈述是有根据的或是没有根据的。尽管一个陈述在某个人看来获得了根据，它确证了某陈述为知识，但如果

① 参见陈嘉明：《知识与确证：当代知识论引论》，上海人民出版社 2003 年版，第 59—73 页；[美]L. P. 波伊曼：《知识论导论：我们能知道什么?》，洪汉鼎译，中国人民大学出版社 2008 年版，第 91—97 页。

② [美]约翰·波洛克、乔·克拉兹：《当代知识论》，陈真译，复旦大学出版社 2008 年版，第 17 页。

在共同体中的其他人看来这种根据是无效的,那么此项知识就并没有得到确证。史密斯个人可能认为B是有根据的,但如果这种根据A只对史密斯有效,它并不对甚至包含史密斯在内的共同体中的其他人有效,这样的根据就不能说是真正的根据。如果这样,葛梯尔就不能从他的反例来表明"有为真根据的陈述不一定是知识"。

不过葛梯尔可能很快应对这种批评,他可以把史密斯表示一类人或表示具有史密斯性质的人即史密斯们,也即史密斯表示包含史密斯的一个共同体。于是葛梯尔提出:史密斯们获得事实或确证基础A,它为B提供了为真的根据,他们认为B是知识,然而,史密斯们并不知道B没有得到确证,因而B并不是知识,也即上述关于知识的三元定义依然是不合理的。即使如此,葛梯尔的论证依然存在问题。在反例中,葛梯尔提出,相对史密斯们来说,B是有根据的,其根据是A。另一方面,相对于其他人来说,A是假的,因而B不是有根据的,依流行的知识定义,相对于其他人,B不是知识。到此为止,我们可以接受葛梯尔的论证。但葛梯尔进一步说,相对于史密斯们来说,B得到了确证,是有根据的,而它又不是知识,因而知识的流行定义是不合适的。这里的论证相当奇怪。如果是相对于其他人,由于A不是事实,它不能作为根据,因此B没有因A得到确证,也即B不是知识。但这对于史密斯们来说是另一回事。对于史密斯们来说,由于他们认定A是事实,它能作为确证基础,而B能为A所确证,因此B是知识。这里看不到对流行知识定义的反对,看到的只是葛梯尔自己的混乱理解。的确,如果葛梯尔的这种论证是合理的,人们甚至还可以依照他的思路继续说:由于A是假的,它不是事实,因而它不能成为一个陈述为真的根据或它不能确证陈述B,但B并不因此不是知识,因此没有根据的真陈述也可能为知识,也即是说,一个真陈述是否有根据甚至并不是它成为知识的必要条件。

在此还可发现葛梯尔的另一混乱之处。葛梯尔在讨论中提出,对于史密斯们来说,B得到确证,但它不是知识。这种想法似乎暗示,一个陈述是否为知识并不与特定共同体如史密斯们有关,它超越特定的共同体。如果只有获得确证才能有知识,那么对知识的确证也无疑超越特定的共同体。但他又试图从特定的共同体来确证知识——任何现实的确证都由特定的人或共同体做出,因而其悖论就不可避免了。可以看到,这种悖论完全是在其自身构设的前提中产生的结果,如果不构设这样的前提,这样的反例也可能根本不会出现。如果确证的基础或基础陈述相对于特定的共同体,那么只有相对于特定共同体才能有确证,也只有相对于特定共同体才能有知识。由于人们并不能给出超越特定共同体的确证,因而也不能获得超越特定共同体的知识。实际上,一个陈述在不同共同体那里可能被当作知识,也可能被不当作知识,超越特定共同体来谈论知识几乎没有意义。

葛梯尔的整个论证可以说是歧义与误解的混合体,他的这种混乱正是传统知识论的结果。传统知识论一方面把根据看作是个人的,如个人经验是确证知识的根据,而另一方面又把知识看作是人类的,甚至是超人类的。传统知识论在思考知识以及与知识相关的活动时没能认清认识主体,总在是个人与某个绝对的、超个人的认识主体之间徘徊,结果不可避免地导致了混乱与歧义。流行的知识三元定义体现了传统知识论的这样一些观念,它也存在类似的混乱与歧义,葛梯尔的论证揭示出了这种混乱与歧义,因而它对流行的知识定义的指责是部分有效的。不过由于它自身并没有完全摆脱这种混乱与歧义,因而它至多部分地有效。只要合理地理解了知识与确证,就会注意到这里的混乱,而做到这一点时,流行的知识定义与葛梯尔的反例也就一同失去了价值。

由于我们所谈到的确证根据并没有明确的意思,它只是表明不是所有普遍性陈述是知识,人们将不得不依据某种中介或条件从普遍陈述中挑选出知识,而可以把这些中介或条件称为根据,因而可以一般地说,知识是有根据确定为真的陈述或有根据的真陈述。显然,这里没有能力对根据做更多的说明,不过至少有一点是明确的,即只有在一个共同体中,谈论根据、确证才有意义。

## 55. 确证的必要条件

谈到确证标准时会令人回想起之前谈论过的真理标准。之所以提出确证标准与真理标准,无非是希望借此把真陈述与其他陈述区分开来。可以预见这两个标准因有共同的目的而具有相同的内容。如果能确证一个陈述为真的标准即是真理标准,那么确证标准无疑也是真理标准。确证标准与真理标准也并不是完全等同的。人们依赖真理标准而区分真陈述与假陈述,依赖确证标准而区分知识与非知识，尽管知识是真陈述，由于真陈述并不等同于知识，因此真理标准应用的范围更广泛，确证标准甚至只是它的一部分。知识之外的其他真陈述之所以为真，只是由于共同体确认其为真，它们并不因某种特定的标准而得出，故而也可以说确证标准等同于真理标准。可见对确证标准的讨论并不是一个新课题。不过在确立知识基础之前谈论真理标准往往是空洞的、模糊不清的，因而前面对真理标准的讨论只是初步的，甚至可以说是未完成的，只有在此才能具体地谈论真理标准问题，才可能对之给出清晰的解答。

确证基础即基础陈述可分为事实与语词框架，因此确证标准也可分为两类。我们把依据事实或主要依据事实而给出的确证标准称为事实标准，把依据语词框架或主要依据语词框架而给出的确证标准称为框架标准。事实标准与框架标准如何确证知识？是否仅凭事实标准或仅凭框架标准就能确证知识？无疑只有对事实标准与框架标准分别做了适当阐明之后才能回答这一点。这里首先关注事实标准。尽管概括事实可获得普遍性陈述，但由概括而得到的普遍性陈述并不由个别事实演绎出来，事实如何确定某个概括陈述或普遍性陈述的真假呢？也即如何从众多概括陈述或普遍性陈述中选择出真陈述呢？事实尽管不能演绎出普遍性陈述，但根据一定的条件，普遍性陈述能演绎出其他陈述。如果这些条件由真陈述构成，如它们是事实与语词框架，或是已被确证为真的知识，则可称之为真条件。依据各种真条件，普遍性陈述可能演绎出许多个别性陈述，这些个别性陈述有些可能是事实，有些可能不是事实。那些不是事实的个别性陈述可能与事实相反对，因而是假的，有些则既不与事实相反对，也不与事实一致，它们是一些未被确定真假的陈述。

如何依赖事实确证某普遍性陈述为知识？那些可被确证的普遍性陈述依据一定的真条件能演绎出诸多个别性陈述，显然，只有其中任一个别性陈述都不与事实相矛盾，或没有发现假的个别性陈述，这样的普遍性陈述才可能成为知识，也即不包含假陈述的普遍性陈述才可能是知识。如果演绎出了假陈述，作为前提的普遍性陈述与其他条件必不都是真的，由于其他条件是真的，那么普遍性陈述无疑为假。尽管如此，这里只是表明了一个普遍性陈述成为知识的必要条件，它无疑不是充分的、唯一的条件。再考虑上述的演绎过程，如果演绎出来的个别性陈述尽管不包含假的陈述，却也不包含真陈述，而都是一些不可确定真假的陈述，这样的普遍性陈述也只能被看作是不可确定真假的，它们不是知识。也即是说,在真条件的作用下,只有那些能演绎出事实的普遍性陈述,也即包含事实的普遍性陈述才可能是知识,那些不能演绎出事实的普遍性陈述则不能被当作知识。它是一个普遍性陈述成为知识的另一必要条件。

在真条件的作用下,一个普遍性陈述能演绎出诸多个别性陈述,如果在这些个别性陈述中没有假陈述,它们也不包含未被确定真假的陈述,它们只是事实。这样的普遍性陈述无疑是真的,不过它也并不是知识,而只可看作是众多事实的缩记。实际上,正如前面所谈到的,人们甚至可以不把它当作普遍性陈述,而把它当作是众多个别性陈述的缩记,它归根到底是一个别性陈述。如果由众多事实概括而成的概括陈述具有这样的特征,那就可说此概括是完全归纳。上述的要求显示了一个普遍性陈述成为知识的另一必要条件,即如果一个普遍性陈述可能成为知识,那么在真条件的作用下,它能演绎出某些未被确定真假的个别性陈述。在波普尔看来,那些未被确定真假的个别性陈述往往是一些关于未来的陈述,尽管它们现在未被确定真假,但它们在未来无疑能被确定真假。如果其中的某一个陈述被确定为假,那么也就表明包含它的普遍性陈述为假,它不是知识,此时也说它被证伪了。如果它为真,却并不能断言包含它的普遍性陈述为真,只能说它可能为知识,此时它与其他事实一样,构成了普遍性陈述的事实基础。

由一些事实概括而得到的普遍性陈述无疑包含事实,而有效的概括常常包含一些未被确定真假的个别性陈述,如果这样的概括性陈述不包含与事实相矛盾的陈述,它们无疑可能成为知识。可见,尽管概括不能完全证明某一概括陈述是知识,甚至不能完全确证它是知识,但有效的概括过程与确证过程并不是能被完全分开的。如果一个普遍性陈述由某些事实概括而来,此概括是有效的,那么此过程同时也就隐晦地确证了它为知识。的确,实际的求知者往往有一清晰可辨的概括过程,却没有一个清晰可辨的确证过程。一些现代研究者把概括问题与确证问题分开,认为知识论只是关于如何确证知识的研究,在知识论中只要关注确证问题就已足够,如果求知者在概括的同时也在一定程度上完成了确证,那么把概括问题完全从确证问题中排除无疑是偏颇的,这样的想法也并不能对实际的知识现象给出合理的解释。传统知识论者早已认识到了这一点,不过他们在把由概括而获得的可能成为知识的普遍性陈述当成现实的知识时,却往往把概括过程与确证过程混在一起或合而为一了,甚至取消了确证问题。实际上,按照传统知识论,人们甚至不可能考虑到其他确证的可能性,不可能考虑到通过其他方式获得的普遍性陈述也可能被确证为知识。

一个普遍性陈述只有包含事实,包含一些未被确定真假的个别性陈述时,同时不包含假的个别性陈述时,它才可能是知识,不过这些只是一个普遍性陈述成为知识的必要条件,而不是充分条件。要充分地确证它为知识,似乎必须对确证提出更多的要求。很显然,这种要求可能为其他的知识基础——语词框架给出。语词框架如何确证知识?语词框架可分为层级框架与结构框架,人们既可根据层级框架来确证知识,也可根据结构框架来确证知识,因而框架标准也可依此区分两类。

如何根据层级框架来确证知识?层级框架是一系列普遍性程度不同的基础陈述,根据它们来确证知识时,可分为两种情形:一种是层级框架的普遍性比被确证陈述的普遍性低,一种是层级框架的普遍性不比被确证陈述的普遍性低。如果是第一种情形,此时可被确证的普遍性陈述与一些真条件可能演绎出一些个别性陈述,也可能演绎出一些比它普遍性低的其他普遍性陈述。如果演绎出来的某些普遍性陈述与层级框架相矛盾,那么可被确证的普遍性陈述自然不是知识,只有当它与真条件一起演绎出来的陈述都不与层级框架矛盾时,它才可能是知识。人们概括某些事实,获得“动物用肺呼吸”,此陈述与真条件“鱼是动物”演绎出“鱼用肺呼吸”。同时,此共同体把“鱼不用肺呼吸”当作语词框架。由于“鱼用肺呼吸”与此语词框架可相矛盾,因此此共同体通常不把“动物用肺呼吸”当作知识。如果可被确证的普遍性陈述在真条件下演绎得出的普遍性陈述都是层级框架,那么这种普遍性陈述无疑是真的,但它并不是知识,而只是众多层级框架的缩记。如果一个共同体把“铁是导电的”、“铜是导电的”当作层级框架,并且把元素周期表中的其他金属都是导电的当作层级框架来接受,那么“金属都是导电”就自然是真的,但它不是知识,而只是众多层级框架的缩记。

此种情形中,依据层级框架而提供的确证与依据事实而提供的确证是类似的。实际上,在确证过程中,一些普遍性低的层级框架如“铁是导电的”、“水是透明的”、“氧气分子由两个氧原子构成”等的作用与事实的作用并无根本的区别,它们甚至在整个认识过程中的作用与事实并没有根本不同,因而它们往往也被当作事实。很显然,类似于事实标准,根据某些普遍性较低的层级框架来确证某普遍性陈述是否为知识时,只有那可被确证的陈述不与这样的层级框架相矛盾,同时它包含一些未被接受为层级框架的普遍性陈述时,它才可能成为知识。然而,正如在事实标准中所看到的一样,依据这种方式给出的只是一个普遍性陈述成为知识的必要条件,而不是充分条件。

如果层级框架的普遍性不比所要确证陈述的普遍性低,此时的层级框架也可能成为确证知识的基础。此种层级框架在一些真条件的作用下,能演绎出某些普遍性陈述,由于前提为真,因而演绎出来的普遍性陈述必然为真,而与之相矛盾的普遍性陈述显然不是真的。如果那可被确证的普遍性陈述与层级框架在某些真条件的作用下演绎出来的普遍性陈述相矛盾,则也可以说此陈述与层级框架相矛盾。显然,只有那些不与层级框架矛盾的普遍性陈述才可能是知识。这一点如此明显,以至通常为人们所忽略。实际上,由于人们常常基于某些层级框架而获得普遍性陈述,由此所获得的普遍性陈述自然地符合于这些层级框架。不过那些基于特定层级框架概括而得到的普遍性陈述并不必定符合其他的层级框架,因而大量其他的层级框架也往往是确证知识的一个必要的条件,如果违背它们,这样的普遍性陈述自然不能被接受为知识。

层级框架往往限于某些特定领域,同时,由于它们往往是确认事实的基础,也是概括的基础,因而基于它们而被概括出来的普遍性陈述通常满足上述确证条件。一般来说,在确证的框架标准中,基于结构框架的确证更为引人注目。结构框架如何确证知识?前面已表明,结构框架表达了某些特定通名之间的相关性,这些通名之间的相关性可称为结构相关性,可称这样的通名为具有结构相关性的通名。如果事实包含了具有结构相关性的通名,由有效概括而获得的普遍性陈述往往也包含了这样的通名。对于那些包含结构相关性通名的陈述来说,它们之间可能具有某种关系,而此关系恰恰由结构框架表达。如果可被确证的普遍性陈述包含结构相关性的通名,同时它与另一些包含结构相关性通名的真陈述之间可能具有某些关系,如果这些关系与由结构框架所表达的关系一致或即是这种结构框架所表达的关系,那么它可能是知识。反过来,这些关系如果与任何一个结构框架不一致,那就可断定它不是知识。也可以从另一方面来表明这一点。由于结构框架是一种演绎关系,如果可被确证的普遍性陈述与一些真条件都包含结构相关性的通名,根据某些结构框架所给出的演绎关系,可由它们演绎出假结论,那么此普遍性陈述无疑是假的,而只有演绎出真结论时它才可能为知识。

各种结构框架都可能给出确证,最典型是根据逻辑而给出的确证即逻辑确证。人们在认识过程中获得各种普遍性陈述,而可被确证的普遍性陈述只有不与其他真陈述相矛盾,或能与一些真条件一起根据逻辑演绎不出假结论时,它才可能是真的。另一方面,各种可被确证的普遍性陈述可能相互关联,构成一个体系,依据逻辑关系,只有它们相互之间不存在矛盾时,它们才可能是知识,反之,那些包含矛盾的陈述体系,其中必定有些普遍性陈述不是知识。逻辑确证标准无疑是重要的,其重要性不仅在于它可能成为一个单独的确证标准,还在于它是其他确证标准的基础。前面谈到事实标准时早已显明了逻辑在确证过程中的作用。实际上,无论是事实标准还是其他框架标准,都无疑地以逻辑标准为基础。逻辑在确证过程中的作用就如康德所说:“矛盾律是一切分析性的知识的一条普遍的、完全充分的原则”,是一切真理的“普遍标准”①。

也许有人会说,只要稍微运思,即使是普通人,其认识活动也会满足逻辑标准。逻辑标准如此平常,以至根本没有强调的必要。其实不然。在认识活动中,众多预先确认的事实与语词框架等常常未经详尽审查就进入了共同体的认识活动中,成为确立知识的基础,这些事实与语词框架或许存在未曾发现的不一致性。同时,人们可能从事实与语词框架中概括而获得各种普遍性陈述,也可能从其他方面获得各种普遍性陈述,由于来源不同,这些普遍性陈述之间可能存在矛盾,即便依据某种标准被确证为可能的知识,它们相互之间也依然可能存在矛盾。并且,那些可能被确证为知识的普遍性陈述与其他不曾成为其概括基础的事实或语词框架也可能存在矛盾。凡此种种表明,强调逻辑确证标准并非是不必要的。另一方面,人们总是试图把握更多的事实,提出越来越普遍的陈述,随着认识范围的扩大、认识的深入,力图系统而全面把握实在世界的普遍性陈述所包含的内容纷繁复杂,以至难以为人所完全把握,甚至任何人都难以对之一目了然,因而其中包含矛盾几乎是必然的。同时,当前被确认为知识的普遍性陈述也不能被完全认定为通过了逻辑确证,它之所以会被当作是逻辑一致的,没有受到批评,或许只是人们暂时没有发现其中的不

① [德]康德:《纯粹理性批判》,邓晓芒译,人民出版社2004年版,第147页。

一致而已。可见,逻辑确证标准甚至伴随确证过程或认识活动的始终,甚至于可以说,一项知识并不是已为逻辑确证了的,而总是在逻辑确证过程之中。

包含数学语词的各种事实可能被概括而获得普遍性陈述,这些普遍性陈述往往也包含数学语词,因而能够甚至需要根据数学框架来确证它们是否为知识。含有数学语词的可被确证的普遍性陈述与其他含有数学语词的真陈述之间可能存在某种关系,如果这种关系可能为数学陈述所表达,则只有此数学陈述不与数学框架相矛盾或是数学框架时,那可被确证的普遍性陈述才可能成为知识。也可以说,如果人们所获得的普遍性陈述包含某些数学语词,它与某些真条件一起,根据诸多数学框架或其他演绎关系演绎出一些含有数学语词的陈述,只有这些被演绎出的陈述不为假时,此普遍性陈述才可能为真。很显然,根据数学框架而给出的确证与逻辑确证是类似的,数学框架与逻辑一样,尽管不能依赖它们充分地表明可被确证陈述是知识,却给出了它成为知识的某些必要条件,即可被确证陈述与其他真陈述之间的关系不能违背这些被接受的演绎关系。

通常来说,概括包含时间语词、空间语词的事实而获得的概括陈述往往也包含时间语词、空间语词,包含时间语词与空间语词的普遍性陈述与其他包含时间语词、空间语词的真陈述可能存在某种关系,这种关系只有不与时空框架相矛盾,它们才可能是知识。简单的时空框架是容易符合的,人们在概括过程中或在其他形成普遍性陈述的过程中几乎自动地达到了这一点。在实际的认识活动中,简单的时空框架常常与数学框架、逻辑框架结合,形成了复杂的结构框架。此时,那可被确证的普遍性陈述并不自动地符合这些复杂的时空框架,不过符合这些复杂时空框架却是一个普遍性陈述成为知识的必要条件。尽管如此,根据这些复杂时空框架确证知识的方式与逻辑框架、数学框架等确证知识的方式并没有根本的不同。

框架标准在确证过程中无疑有着重要的作用,却也不应对此加以夸大。根据框架标准进行确证时,它其实并没有直接地确证某一普遍性陈述为知识,而只是表明那些不符合语词框架的可被确证陈述必定不是知识,因而它只是一个陈述之为知识的必要条件,却不是充分条件。另一方面,由于结构框架不与表达实在对象的真陈述直接相关,有时也说它们不直接地与实在世界相关,依据结构框架来确证某一表达实在世界的普遍性陈述时,上述标准其实只是给出了一种形式要求，即要求可被确证陈述与其他一些真陈述之间的关系并不违背结构框架。确证的完成无疑还要满足另一些要求，如要保证众多真陈述是可获得的。由于结构框架并不能保证这一点，就此而言，仅仅依赖结构框架来确证知识是远远不够的。

## 56. 不充分的确证

依据层级框架给出的确证不是充分的，它只能告知一个普遍性陈述不是知识，而不能充分地断定一个普遍性陈述是知识。依据结构框架给出的确证也同样如此。一个真正的确证过程往往是多种确证标准共同作用的结果。根据结构框架确证知识时并不能离开事实标准，而基于层级框架的确证与基于事实的确证往往是一致的。同时，依据事实来确证知识时，其中早已接受了某些基于结构框架所提供的确证标准。尽管如此，没有理由表明综合运用这些确证标准便能对某一普遍性陈述是否为知识给出充分的确证。总之，如果根据事实不能给出充分的确证，也就同样不能依赖语词框架给出充分的确证，甚至不能同时结合二者给出充分的确证。

为了充分地确证知识，人们做了多方面的努力。一个普遍性陈述包含某些事实，同时当它不包含假的个别性陈述时，并不表明此普遍性陈述必定是知识，只是表明它为这些事实所支持。同一领域中，根据相同的事实可能获得众多的、可供选择的普遍性陈述，它们相互之间存在不一致，因而其中只有一个可能成为知识，然而它们却又都满足上述所谈到的成为知识的必要条件，那么何种陈述可能是知识呢？其中一种考虑是：在众多可供选择的普遍性陈述中，如果一个普遍性陈述所包含的事实越多，也就表明它受事实更多的支持，因而它更可能成为知识。基于这一点，在众多可供选择的普遍性陈述中，可把那受事实支持程度最高的陈述当作知识。这种从比较事实的支持程度来确证知识的方式称为支持性标准。

支持性标准是根据确证知识的必要条件而对之给出进一步要求的结果。如果希望由此给出确证知识的充分条件，这是否可能呢？可能在人类认识的历史中发现，在某一时期，事实更支持某一普遍性陈述，此时的人们把它当作知识，而在另一时期，事实似乎更支持另一普遍性陈述，此时的人们把它当作知识。如十七世纪中期的意大利人格里马及其支持者根据某些事实提出光是一种波，这些事实支持了光的波动学说，它被当作知识。后来，牛顿及其支持者根据另一些事实提出光是一种粒子，事实似乎更支持光的粒子说，于是它被当作知识。因而一些人由此提出，事实的支持只是一个普遍性陈述成为知识的必要条件，而绝不是充分条件。这样的反对是不合适的。在某一时期，事实支持某一普遍性陈述，而在另一时期，事实支持另一普遍性陈述，然而，这两个时期的认识者并不属于同一共同体，后一时期的人们所获得的事实并不一定为前一时期的人们所认可，后者并不一定把它们当作事实。同样，对于后一时期的人们来说，前一时期的人们所获得的事实要么是假的，要么是与他所确证的知识无关的，因而无法由此断定事实能否给出确证的充分条件。

正如在确定众多事件出现的早晚程度时要给出一个计时标准一样，依据支持性标准确证知识时也要给出一个确定普遍性陈述受事实不同程度支持的标准，人们可以根据此标准来计算众多普遍性陈述分别受事实支持的程度，可以依此对其给予比较，从而能在众多普遍性陈述中选择出知识来。根据这样的考虑，运用支持性标准确证知识的关键是计算普遍性陈述受事实支持的程度或支持度。如何计算众多普遍性陈述中其中特定陈述的支持度？这里有多种的考虑。一个典型的做法就是根据概率论中的贝叶斯定理来进行这样的计算。根据贝叶斯定理，众多普遍性陈述 h 中一个可被确证的普遍性陈述 hj 受某些事实 e 支持的支持度 P(hj/e) 等于没有这些事实支持时人们对此普遍性陈述的支持度或相信度 P(hj) 与当此普遍性陈述为真时出现这些事实的概率 P(e/hj) 之积，同时要除以考虑在各种普遍性陈述为真时事实出现的概率 ΣP(hi)P(e/hi)。以公式表示时就是：$P(hj/e)=P(hj)P(e/hj)/P(e)$，其中 $P(e)=\Sigma P(hi)P(e/hi)$。

尽管给出了这样的计算公式，要具体地计算某个普遍性陈述的支持度依然困难重重。在通过贝叶斯定理来计算某一个普遍性陈述受特定事实支持的支持度 P(hj/e) 时，要预先知道此普遍性陈述在没有这些事实支持时人们对它的支持度 P(hj)，同时也要预先知道此普遍性陈述为真时事实出现的概率 P(e/hj)，等等。这些支持度或概率如何得来？如果不基于独断，就只能基于事实而获得。然而，根据事实来确证它们时就如根据事实来确证此普遍性陈述一样，同样也要基于另一些前提。结果，如果不希望陷入无穷后退，就只能依赖于某些独断的确认。可见，此种确证标准最终要依赖于除事实之外的某些独断的成分，也即不能仅仅依赖事实而给出充分的确证。

并不是所有人都同意贝叶斯主义。一些所谓的非贝叶斯主义者就不愿意以贝叶斯定理为基础来确证知识，他们试图提出另外一些方式，如极大似然点估计、显著性检定、区间估计等方式以及相关标准来确证知识。这里不打算详细讨论这些确证方式，总的来说，这些方式或标准可能在某些特定情形中有作用，但如果把它们推广到所有情形，把它们看作是一个确证知识的普遍标准，也会有类似如基于贝叶斯定理而给出的确证标准时所存在的困难①。可以说，到目前为止，还没有一种支持性标准能让人完全信服，能普遍地适用于所有的情况。实际上，人们在此所提出的标准往往只是对已获得的知识给出一种事后解释，却难以真正依赖它来选择知识。甚至这种繁琐的事后解释也往往行不通。一个普遍性陈述涉及的事实相当之多，它们与其他事实一起又支持另外的普遍性陈述，这些普遍性陈述相互关联，一起构成了一个具有复杂内容的陈述体系。实际的确证往往不是针对某个特定的普遍性陈述，而不得不针对这样的复杂陈述体系。然而，根据任何这样的标准来计算一个宏大的、包含复杂内容的陈述体系的支持度都存在相当大的困难，甚至于不可能。

一个可能成为知识的普遍性陈述包含一些未被确定真假的个别性陈述，也即它是一个具有可证伪性的普遍性陈述。然而，在某个领域或某些特定的事实中，人们可能获得众多具有可证伪性的普遍性陈述，它们相互之间甚至是不一致的，因而它们不可能同时为知识。如何在它们之间选择出知识呢？波普尔提出了一种考虑：在可供选择的众多普遍性陈述中，如果一个普遍性陈述所包含的那些未被确定真假的个别性陈述越多，它就越可取。包含未被确定真假的个别性陈述越多，也就意味着这样的普遍性陈述越可能被证伪，也即它具有越高的可证伪性，而在众多可供选择的普遍性陈述中，那越容易被证伪的普遍性陈述也就越可能成为知识。这种从比较普遍性陈述的可证伪性来从中选择知识的方式被称为可证伪性标准。

支持性标准与可证伪性标准不是完全一致的。设想从某些事实中概括获得如下两个陈述："行星的运行轨道是椭圆形的"与"行星的运行轨道是圆形

---

① 江天骥主编：《科学哲学名著选读》，湖北人民出版社1988年版，第14—34页。

的”,它们满足上节所提出的成为知识的必要条件,但相互之间存在不一致,此时如何从中选择一个为知识呢?根据支持性标准,“行星的运行轨道是椭圆形的”比“行星的运行轨道是圆形的”获得更多事实的支持,因而更可能是知识。而根据可证伪性标准,由于后一陈述具有更高的可证伪性,因而它更可能被选作知识。尽管两个标准不完全一致,不过也没有理由断言它们是完全排斥的,可证伪性标准并不否认知识必须包含事实,而支持性标准也不否认知识必须包含一些未被确定真假的陈述。

正如支持性标准一样,依据可证伪性标准来确证知识时也要预先给出一个确定特定普遍性陈述的可证伪程度的标准。当要在众多普遍性陈述之中选择知识时,要先计算它们各自的可证伪度,只有在此步骤之后,人们才可能在其中选择出知识。如何计算一个普遍性陈述的可证伪度?波普尔曾提出了某些确定可证伪度的方式。其中一种方式是根据普遍性陈述之间的包含关系来确定其可证伪度的大小。对于如下两个普遍性陈述:“行星的运行轨道是椭圆形的”和“行星的运行轨道是圆形的”,后者比前者更容易受到反驳,因为可能证伪前者的事实一定也能证伪后者,但能证伪后者的事实并不一定能证伪前者,因而后者的可证伪度更高。在认识过程中,所要选择的普遍性陈述通常不会相互包含,因此这种方式并不具有普遍意义。于是波普尔提出了另一种方式,这种方式的主旨是:如在支持性标准中看到的那样,可根据概率论来计算普遍性陈述的可证伪度。的确,波普尔认为在可证伪度与支持度之间存在联系,在他看来,一个普遍性陈述所获得的支持度越高,它的可证伪性也就越小,因而似乎可以通过类似计算支持度的方式来计算可证伪度。在对支持性标准的讨论中就已看到,计算普遍性陈述的支持度存在种种困难,可以预见,以概率论为基础来计算普遍性陈述的可证伪度也会遇到同样的困难。也可以预见,与支持性标准一样,对于包含复杂内容的、由众多普遍性陈述构成的陈述体系,几乎不可能计算它的可证伪度,因而可证伪性标准通常也不具有明确的可操作性。实际上,波普尔自己也承认,不太“可能把各种陈述的可证伪度排列在一个标尺上”①。如果这样,断言可证伪性标准是一个确证知识的普遍

① [英]K. R. 波普尔:《科学发现的逻辑》,查汝强、邱仁宗译,科学出版社1986年版,第89页。

标准或充分标准无疑就没有根据了。

支持性标准根据已有的事实来选择知识，而可证伪性标准其实也是如此。在运用可证伪性标准时，通常需要基于目前的真陈述来计算可证伪度，它归根到底也是基于已有的事实来确证知识，从这一点来说，它与支持性标准没有根本不同。另一方面，无论是支持性标准还是可证伪性标准，它们都不能充分地确证某个普遍性陈述为知识。对于知识的确证来说，这样的标准甚至也不一定是必要的。即便计算出了一些相互不一致并可能成为知识的普遍性陈述的支持度，正如波普尔提出的，人们也可能选择支持度小的普遍性陈述为知识。同样，即便计算出了一些相互不一致并可能成为知识的普遍性陈述的可证伪度，对于像培根式的科学家来说，他也可能更愿意选择可证伪度小的普遍性陈述为知识。由于支持性标准与可证伪性标准之间存在不一致，至少对坚持其中某个标准是充分的人来说，另一个标准显然不是充分的，甚至是不必要的。

一个普遍性陈述在原则上包含无限的个别性陈述，而它所包含的事实却总是有限的。如果的确能基于已有的事实而可给出这样一个充分的确证标准，这将表明依赖这样的标准可在事实的基础上对一个普遍性陈述给出充分的确证，也即表明可从有限的、特定的事实唯一地决定知识。如果能根据已有的事实充分地确证知识，那么一个普遍性陈述将被永恒地确证为知识，已被确证的知识将不会被替代，而新的知识只是在已有的知识基础上增添、累积的结果。然而，实际表明，人们尽管可能在一定的事实基础上确证某陈述为知识，但考虑更多的其他事实时，他可能会接受另一些陈述为知识，甚至会接受与之不一致的陈述为知识。实际的情形表明，尽管不同共同体可能有共同的事实，却并不一定有共同的知识，在共同的事实基础上可能出现不同的甚至不一致的知识没有逻辑上的矛盾。

是否可能根据事实或语词框架来对确证给出更多的限制，提出更多的要求，从而达到充分的确证呢？如果能给出这样的充分确证标准，那么这不仅表明特定的共同体可能根据它并基于已有的基础陈述可确定何种普遍性陈述是知识，同时也表明此标准超越特定的基础陈述，它适用于此共同体的所有求知领域，它是一绝对的标准。如果一个共同体拥有这样的确证标准，那么此标准不仅仅适用于特定的共同体，也将超越于它而对其他共同体有效，它将成为一个绝对的标准。根据这样的确证标准，一旦确认了相同的基础陈述，不同共同体将确证出相同的知识,因而在特定的基础陈述中出现特定的知识甚至是必然的,知识的出现完全由已有的基础陈述决定,其中甚至没有认识者主观创造的余地。不同共同体之间的知识之所以不同,只是由于它们确认了不同基础陈述的结果。

是否存在充分的确证标准或绝对的确证标准?至少目前还没有获得这样的标准。传统知识论者往往希望给出这样的标准,然而,他们所给出的标准要么缺乏实际的可操作性,要么其中会出现诸多例外的情形,因而他们的追求常常是失败的。的确,无论是否存在充分的确证标准,人们通常给出的只是一些不充分的、与特定共同体相关的确证标准。实际上,甚至是否有必要追求这样的标准也是可疑的。由于知识基础相对于共同体,知识是相对于共同体的,或许可以说追求充分的确证标准就如追求屠龙技一样并不是必要的。对于一个共同体来说,如果能基于自身所确认的基础陈述选择出知识,它也就达到了目的,它也许并不必关心其他共同体是否在拥有相同知识基础时也能确证出相同的知识,不必关心确证这些知识的标准是否绝对。

实际上,不同共同体可能有不同的确证标准,甚至同一共同体因不同的目的而在不同领域选择不同的确证标准。支持性标准可能根据已有的事实稳健地推进知识,可证伪性标准则更希望把体现认识者大胆创造性的普遍性陈述当作知识。对于一个期望稳健推进求知事业的共同体来说,它可能更倾向于采用支持性标准,而对于一个更重视大胆创新的共同体来说,它可能更乐意接受可证伪性标准。同一共同体在某一领域中所使用的确证标准可能运用于其他领域,但它在不同领域所使用的确证标准并不一定是相同的,如它在人文学科与自然科学中所使用的确证标准便可能不是相同的。如果不同共同体实际并没有共同的确证标准,甚至同一共同体在不同领域也可能有不同的确证标准,是否同一共同体的不同成员也可能有不同的确证标准呢?显然不能排除这种可能性。的确,在某些领域,共同体成员即便接受了共同的基础陈述,也不一定接受某一普遍性陈述为知识。一个共同体中的不同成员有不同的认识目的,面临不同的认知情境,他们可能接受不同的普遍性陈述为知识。这一点也许并不是知识论所要解决的问题,而是一个需要解释的知识现象,知识论者恰恰应当由此获得启发:确证并不是充分的,它与个人的一些主观意图有关,试图追求充分的确证标准最终被表明只是一种主观幻想。

正是由于共有共同的基础陈述,人们才成为一个共同体,特定共同体可能有共同的确证标准,但并不因共有相同的确证标准而成为一个共同体。特定共同体的不同成员可能有不同的确证标准,因而他们可能难以在是否可确证某个普遍性陈述为知识时取得一致,这会否导致相对主义?同一共同体的成员由于有共同的事实与语词框架,尽管不同成员可能选择不同的确证标准,但选择的余地并不是很大。一方面,一个普遍性陈述要成为知识,必然要满足某些必要条件,而实际满足这些条件的普遍性陈述常常并不足够多,多到使共同体成员在选择何者为知识时产生烦恼。另一方面,认识者往往有一种思维的惰性,如果在获取知识过程中有一些成功的范例、某些权威树立了榜样,他们往往乐于跟从。因而尽管在逻辑上可能有多种确证标准,同一共同体中的人们相互之间可能接受互不相同甚至不一致的确证标准,但实际的选择常常具有一致性,人们会实际选择相同的或相似的确证标准。的确,尽管确证的标准可能很多,但受具体环境的影响,认识者并不如人们通常所想象的那样具有创造性,他们所提出的确证标准并不如通常所想象的那样多。在实际的确证过程中,共同体成员往往也持有相同的或相似的确证标准,结果在相同的知识基础中将获得相同的知识。

尽管在实际的认识过程中,特定共同体的成员总是接受某些相同的或相似的确证标准,他们依赖这些确证标准应对各种具体情形中的确证过程,从而获得知识。不过一个共同体中的成员并不总是能对所有普遍性陈述作出共同的确证,并不总是能共同地确定某些普遍性陈述是否为知识。如果一个共同体中的不同成员对某个普遍性陈述是否为知识存在疑问,这也意味着他们对是否接受某种确证标准出现了不同的意见,意味着在共同体成员的认识活动之间出现了不一致与缺口。在实际的认识过程中,这种缺口的出现几乎是必然的,它表明共同体最终不是完全封闭的,基于共同体的各种认识活动也不是完全封闭的。这种缺口不仅表明共同体成员之间可能开放地讨论问题,推动认识的深入,也表明此共同体将可能与其他共同体进行交流,它可能学习与接纳其他共同体的认识成果,从其他共同体中获取确证知识的根据。

# 第十五章　认识中的反馈

## 57. 两类反馈现象

依据语词框架概括事实，获取众多普遍性陈述，同时分辨所获得的普遍性陈述，从而获得知识，这可看作是认识活动的基本过程。人类的实际认识活动显然不是一个从基础陈述到知识的单一过程，也不是众多相互独立的单一认识过程的叠加。无论是某个共同体还是特定的个人，他们所发动的认识活动都是一个持续而漫长的过程，它由众多前后相继的单一认识过程构成，这些相继过程不是相互无关的，不单纯是一种时间上的连续，相反，先前的认识过程可能影响后来的认识过程。对于任何一个单一认识过程来说，基础陈述是认识的绝对起点，而知识是认识的绝对终点。实际的认识活动不同，某单一认识过程中的基础陈述可能受之前认识的影响，而此认识过程所获得的知识又影响后来的认识，因而在实际的认识过程中，当前认识过程或在此认识之前的诸多认识过程影响以后的认识。它们不仅影响后来认识过程对基础陈述的确认，也影响后来认识过程的概括方式与确证标准等，基础陈述并不是绝对的起点，知识也并不是绝对的终点。我们把认识活动中的这种现象称为反馈现象，把具有这样现象的过程称为反馈过程。

实际的认识活动存在反馈现象，实际认识过程是一种反馈过程。反馈现象广泛地存在于各种认识活动中，表现于特定认识过程的各种认识环节中。认识活动中的反馈现象实际是一种思维的惰性，它反映出了这样一种情形：人们一旦通过某种方式获得一些认识结果，而这些结果被表明是合理的、有效的，他就总是把此种认识方式或认识结果当作一种合理的东西来坚持，总是希望把它们运用、推广到其他的认识过程中。认识的反馈现象体现于多个方面，人们在学习、继承与传播知识中存在反馈过程，甚至日常生活中的习惯也是如此。人们实际也以不同方式注意到了这一点,心理学家对心理定势的考虑或社会学家对文化传统的思考都可看作是对反馈现象的认识。

如果希望真实地理解人的认识活动,显然不能只关注单一认识过程,也要关注前后认识过程之间的关系,了解其中的反馈现象。关注认识中的反馈过程不仅是理解实际认识活动的重要一环,也是真正理解单一认识过程的必要条件。为简便计,前面只特别地针对单一认识过程进行了讨论,即便如此,它也并不限于单一认识过程,而与其他认识过程相关。那些关于认识形式的讨论,如关于事实确认的方式、概括事实的规则与确证标准的讨论,无不体现了之前认识过程对后来认识的影响,同时它们也将无可置疑地影响后来的认识过程。对一特定的认识过程来说,它将不可避免地受之前认识过程的影响,之前认识过程的反馈可能有益于它获得知识,也可能对它产生误导,阻碍其达到求知目的。另一方面,这些不可避免的反馈作用常常又是可以人为改变的,人们的选择活动可能引导其发挥作用,而尽可能使这些反馈作用对后来的认识产生积极影响恰恰是知识论研讨的目标。就此而言,如果认识活动没有反馈现象,认识过程不是反馈过程,知识论也就没有研讨的价值了。

进一步讨论之前,有必要先说明如下一点:尽管某一认识过程可能影响它之后的另一特定认识过程,但后一认识过程中的基础陈述可能不同于前一认识过程中所确认的基础陈述,前一认识过程所确认的基础陈述并不一定在后一认识过程中获得同样的确认,如此一来,发动前后不同认识过程的共同体可能是不同的。之前的讨论只针对单一认识过程,它由一特定共同体发动,因而相对之前的讨论,此处的讨论是全新的。由于某认识者在不同的认识过程中可能属于不同的共同体,因而对不同认识过程的探讨可以看作是对特定认识者的不同认识过程的探讨,可以看作是对特定认识者所发动的一些前后相继的认识过程的探讨。可见,对反馈现象的理解恰恰可看作是对特定认识者的实际认识活动的理解。由存在语言交流的认识个体所构成的群体称为社会,研讨反馈过程无疑将考虑到属于不同共同体的认识者之间以及不同共同体之间的认识过程的相互影响、相互作用,因此对反馈现象的考察实际也就考察了社会中的人们相互学习、继承与传播知识的过程。尽管传统认识论者在这两方面都做了大量的考察,但由于这种考察不是基于相对于共同体的认识过程来进行的,因而正如前面所表明的,它难以摆脱独断论与怀疑论的困扰。

可以大致把反馈现象区分为两类:一类是某一特定认识过程及之前认识过程所获得的结果对之后认识过程所产生的反馈;一类是某一特定认识过程及之前认识过程所形成的一些具有普遍意义的认识方式对之后认识过程所产生的反馈。这里首先关注前一类反馈。某个单一认识过程的认识结果包含许多方面,如包含它所获得的知识、各种未被确证为知识的普遍性陈述以及认识过程中所提出的各种新语词等。各种未被确证为知识的普遍性陈述多种多样,它们偶然而随机地出现,因而它们对之后认识过程的影响也是随机的、不确定的。在此我们只注意在某一特定的认识过程中所获得的知识与可能提出的新语词对后来认识过程的影响。

一个特定的认识过程并不必定提出新语词,但新语词在某些认识过程中被提出是必然的。相对于现代,古代语言系统中只有较少的语词,随着认识水平的提高以及认识范围的扩大,为表达与交流的需要,往往需要引入越来越多的新语词,而人类自身智能的发展也为掌握这些新语词提供了可能。新语词的提出有多种方面的原因。由于确认了多种多样的新事实,为解释这些新事实,有时要设想某个新的实在对象,由于此对象又不能归属于原有语词所表达的类,它只能归属于新的类,结果新语词的提出就显得不可避免了。化学家在实验室里描绘所观察的现象,获得各种事实,并设想这些事实由某种对象引起,同时他发现此对象与现有的对象不同,它只能归属于新的类,于是化学家为表达此类而给出了一种新的名称,如称之为"聚苯胺"。生物学家观察一些生物现象,确认了某些事实,为解释这些事实,他有时不得不设想它们表达了一个新的生物体,此生物体归属于新的类,于是他把此生物体以及与之类似的生物体称为"德鲁斯真菌"、"吸血鬼鱼"等。

并不是所有的新名词都因上述方式给出。人们可能发现一些对象具有某种相似性,可能用某种通名来表达。如果他对这种相似性与世界对象之间的其他相似性所存在的关系不太明确,那么考察这种相似性对于认识世界便没有太多的价值,不能帮助他们深入认识世界,以至感到没有必要特别给予一个名称来命名它。然而,随着认识的深入,如果人们越来越发现这种相似性对于认识世界有重要的价值,因而在进一步考察这种相似性与其他相似性之间的关系之前,首先便要给予它一新的名称。许多新语词便由此种方式给出。如发现某生物体与其后代之间具有某种关系,同时发现其他不同生物体与其后代之间都具有相似的关系，随着认识的深入，人们发现这种相似性对于认识生物体的其他相似性如生长、繁殖或其他某些性状等极为重要，因而在考察这种相似性与其他相似性之间的关系之前，他提出“遗传”来表达此类关系。某些对象是可燃的，为表达这种相似性，“可燃性”一词就出现了，而“力”、“熵”、“原子”等也都是由此方式提出的新语词。

一种误解认为：提出某些新语词也就意味着承诺了某类新的实在对象，如提出“遗传”时也就承诺某类遗传性对象或基因是实在的了，提出“可燃性”时也就承诺燃素是实在的了。某些共同体可能确认某些包含“遗传”、“可燃性”的事实，可能承诺基因实在或燃素实在，不过没有理由断定其他共同体也必定有类似的确认与承诺。实际上，新语词的提出并不必定承诺某类新的实在对象，它只是给出了一种对实在对象的某种新的分类方式。

新语词在特定的认识过程中被提出时，也就是它产生影响的开始，不过它并不是只有在其后的认识过程中才发生影响。实际上，认识的前后过程并不是整齐划一、齐头并进的，而是相互参差不齐、交错发展的。如某一认识过程中所确认的事实影响后来认识过程对事实的确认，而这些相互影响的事实又一起被概括，形成确证知识的基础。为了研讨的方便，前面往往把复杂的实际认识过程区分为各种单一的、理想化的认识过程，它们不多不少地包含认识的各种环节。在区分出这些单一过程并对它们单独加以研讨时，排除它们之间的复杂的相互联系是合理的，不过一旦考虑认识中的反馈现象，考虑到这些单一过程之间的相互影响，从而试图重建实际的认识过程时，上述被忽略的复杂联系将不得不被纳入探究的范围。化学家为研究实在对象的性质，往往要先探究构成它的各种原子，然后探究这些原子之间的相互联系，从而获得对实在对象的认识。与此类似，在探究实际认识过程之前，先个别地探究单一的、理想的认识过程是可理解的，甚至是必要的。不过一旦超出这一点，上述研究的局限性便显示出来了。

## 58. 反馈中的事实

某一认识过程的认识结果对后来认识过程的反馈是多方面的，它既影响后来认识过程对基础陈述的确认，又影响此认识过程对事实的概括或对知识的确证。不过某一特定认识过程所获得的认识结果对后来认识过程中的概括或确证的影响通常比较小、不太直接,而只有众多认识过程的集聚作用才可能对概括或确证产生明显影响,因而这里只关注它对基础陈述确认的影响。本节将简要描绘认识结果对事实确认的影响。

在一特定的认识过程中,人们提出新语词时往往意味着将出现一些新的事实。那些直接表达新的实在对象的语词本身就来源于对新事实的解释,如果没有新的事实,新语词的出现是不必要的,它将沦为一种多余。如果没有如"这瓶子里装的是聚苯胺"、"这是一只吸血鬼鱼"等事实,"聚苯胺"、"吸血鬼鱼"等就没有出现的必要了。那些不直接归类实在对象的新语词也同样如此。提出"力"、"场"等新语词之后,就可能出现诸如"有重力吸引这苹果从树上落下来"、"太阳与地球之间有吸引力"、"这块磁铁周围有磁场"等事实。这些事实可能是以前认识过程未曾出现的事实,也可能只是一些运用新语词对某些原来事实重新表达而获得的事实。如果种某种瓜而收获某种瓜,那些有了"遗传"或"基因"等新语词的共同体可能对这些事实进行重新的表达,如可能表达为"母瓜与子瓜之间存在遗传性"或者"子瓜存在与母瓜相同的基因"等。不过,即便是这样的重新表达,也可能使得原有的事实获得了新的内容。

尽管通过新语词可能获得新的事实,特定共同体提出某些新语词时,它并不一定要放弃之前认识过程中被确认的事实,那些事实依然可能出现在后来的认识过程中。不过有时也可能出现其他的情形。有些新语词在其提出之时也意味着其他某些语词要被废弃,如有了"氧气"就要废弃使用"燃素",有了"场"等语词就要废弃使用"以太"等语词。那些被废弃的语词不能包含于事实中,因而新语词的提出也可能意味着要放弃某些在之前认识过程中被确认的事实,而在之后认识过程中被确认的,并且包含新语词的事实不能为之前认识过程所接受,不是之前认识过程中的事实。

特定共同体并没有充分理由确认事实,但依然有诸多因素非决定性地影响对事实的确认,某一认识过程及其之前认识过程所获得的知识便可能影响之后认识过程对事实的确认。通常把之前认识过程所获得的、可能影响后来认识过程的知识称为背景知识。背景知识不仅直接影响对事实的确认,它们甚至通过各种方式浸透在其他一些因素中而影响对事实的确认。背景知识如何非决定性地确认事实?如果某些个别陈述与所获得的背景知识不一致,而这些陈述并没有其他可靠的理由确认它们为事实，这时就不能把这些与背景知识不一致的陈述当作事实。如果有人提出“那张粘有烧碱溶液的石蕊试纸变红了”、“这是一根铁棒，它是不导电的”，并且这些陈述与他所接受的背景知识不相符合，同时又没有其他更可靠的理由来表明它可能成为事实，那么通常不把它们当作事实。人们往往不把从宗教、巫术体验中得来的个别性陈述当作事实，这种排除并不是对它们做了许多细致分析的结果，而是由于它们与其背景知识不一致，从而把它们排除于事实之外的结果。通过背景知识来确认事实时，当然要考虑一个条件，即背景知识所基于的事实在此认识过程中依然被确认为事实，否则这样的知识就难以被称为知识，也就难以成为确认其他事实的根据。如此看来，背景知识对事实的确认其实间接地是一些事实对另一些事实的确认，它是事实自我确认的一种体现。

如果比较某个人在梦境中所获得的对世界的表达与醒时所获得的对世界的表达，就会发现它们之间存在不一致，那么在梦境中所获得的是事实，还是在醒时所获得的是事实呢？梦是不是真的呢？如果不能区分，是否可以说自己现在是在做梦，而之前认为自己处于梦的状态其实是清醒的呢？要解答上述问题，通常要看如何理解梦。如果梦是对如下情景的表达：在此情景中，尽管所获得的对世界的某些表达与当下所获得的事实以及某些背景知识一致，但通常有诸多明显的不一致，那么可以说他无论如何不能说自己当下在做梦，因为如此一来，他就陷入了类似于说谎者悖论式的悖谬了。

如果这样来理解梦，那么人们通常也就能区分梦境与清醒状态。一些人之所以怀疑能否区分做梦与清醒，往往是把确定局限于一个狭小的领域，即两个状态之中的结果。设想只有两个认识状态或只考虑两个与其他认识状态割绝开的认识状态，某人在当下情景中对它们给出认识，此种认识活动将不受其他认识状态中的事实与背景知识的影响。如果上述两个认识状态都与当下情形一致，但它们相互之间并不一致，其中一个是梦境，这时他的确难以区分何种状态是在做梦，何种状态不是。如果他对此做出了某种区分，确定某一状态是梦境，而另一状态不是，这种区分也只是随机选择的结果。然而，一旦超越两个狭小的状态，上述的区分就明显是可能的了。尽管某个状态中的事实与当下状态中的事实一致，但它们不能由基于众多其他状态甚至某些当下状态的事实所给出背景知识来解释，那么人们无疑可断定它们只是梦境中的事实。

人们对自己所属境况的判断往往不是基于两个或少数的认识状态而做出，他所进行的认识活动是之前众多认识活动以及认识状态的结果，因而他的确可能确定地区分梦境与清醒状态，而通常不会有类似上述的疑问。

背景知识提供的确认标准不是绝对的、决定性的，它只是表明何种个别性陈述不是事实，却不能肯定地表明何种个别性陈述是事实，有时甚至连这一点也不是绝对的。确认事实的理由并不只有一种，因某种方式获得的个别性陈述可能被确认为事实，这种可能被确认的事实如果与某背景知识不一致，人们将不能同时接受它们。如何消除它们之间的不一致？在此有两个方面的考虑：一是不信任之前所获得的背景知识；一是不把那些不与背景知识相一致的个别性陈述当作事实。只要选择这两种调整方案中的任何一种都将使事实与背景知识重新保持一致。采取何种方案比较合适呢？如果事实归根到底只是一种确认，而任一特定共同体对知识也没有充分的确证，那么上述方案无疑都是可能的。

总的来说，无论是新语词还是背景知识，尽管它们并不能完全确认何种个别性陈述为事实，却影响事实的表现与产生，可能扩展事实的内容与获得的方式。然而，背景知识不仅对事实的确认产生直接的影响，也可能通过某些方式而不太直接地对它产生影响。尽管通过漫无目的的方式可能获得事实，并在此基础上获得某些知识，但经由这种方式往往只能获得一些肤浅而零散的知识。随着认识的深入，人们越来越希望获得某一领域中的深入而系统的知识。很显然，不能期望可由漫无目的出现的事实给出这种知识，只能期望通过系统的、主动的方式所获得的事实给出。通常实验便是这样一种系统而主动的获取事实的方式。实验总是以一定的背景知识为依托，以寻找某领域或某些领域的事实为目的，因而背景知识由此对事实的确认产生着间接的影响。

实验与背景知识之间的相关是显然的。人们根据特定的背景知识来设计实验，背景知识甚至对实验结果的记录也直接相关。在实验中，只有那些可能成为事实的个别性陈述才会被记录，而何种个别性陈述可能成为事实的问题只能基于特定的背景知识才能有解答。实验往往要借助于一些工具如特定的仪器、特定的干扰物才能完成，这些工具的选取、工具本身的构成都与背景知识直接相关。尽管在仪器中呈现出来的现象如从仪器中显示出来的某些数值或它直接打印出某种图表是实在对象作用的结果，不具特定背景知识的人与具有特定背景知识的人都可能把这种数值或图表当作事实,但它们并不是直接有用的事实,不能基于它们建立系统的知识。只有根据特定背景知识对这些数值或图表进行解释后所获得的事实才可能成为人们所要追求的知识的基础。当科学家们不把某一红外图谱当作事实,而把红外图谱所反映出来的某些关于实在对象的信息当作事实时,这就不能不表明,由此获得的事实与背景知识有紧密的相关。

任何观察都受背景知识的影响,诸多背景知识影响观察的方向、观察什么的期望,甚至影响人们以何种方式表达观察结果。通常观察不是单纯意义上的看。不同的人观察同一对象,可能在其视网膜上的映像是相同的,但不同观察者可能对这些映像有不同的处理,当人们试图通过语言表达描绘它们时,会获得不同的语言表达,这种不同至少部分来自于背景知识。具有浓厚唯物主义思想的人可能对此不以为然,他们相信观察或由观察所获得的事实是可以独立于背景知识的,观察只依赖于某种先天的物理结构,如人的生理结构。由于人拥有共同的生理结构,任何人观察同一对象可获得相同的事实。如下的事例可以说明这一点:实际同样长的一个正方形的边与一条线段放在一起,具有不同知识背景的人在观察它时都会认定线段比那正方形的边更长,可见观察是独立于背景知识的。这样的事例显然没有足够的说服力,它充其量只是表明存在某些不受背景知识影响或受其影响很小的观察,却不能表明所有观察都是如此。同样有大量的事例表明,观察的确受背景知识的影响。显然,这里可能存在进一步的争论,不过如果采纳上述唯物主义的解释,那么它可能违背人们接受的另一些显明前提,关于这一点在前面已有过讨论。一般来说,人们难以对"观察或由观察所获得的事实如何与背景知识相关"、"这种相关性有多大"、"不同情形中它们之间的相关性有何不同"等问题给出完全的解答。正如前面已多次表明的,不应要求知识论对此类发生式问题作出回答。尽管如此,如下的解释无疑是自然的,即背景知识影响人们的观察行为,而它通过这种方式默默地对事实的获得产生作用。

人们之所以相信可能在观察或实验中排除背景知识的影响而获得事实,或许是担忧会因此产生一种相对主义。如果观察与背景知识相关,而认识者又从这些受到污染的事实中概括获得知识,则似乎就不会有客观的知识出现。如果知识所基于的事实依赖于特定的背景知识,这可能会使人误以为某种知识之所以为知识，只是由于其他知识的结果，也即知识之为知识并不基于知识之外的其他理由，因而由此获得的知识也就不具有客观性。然而，事实尽管受背景知识的影响，但这种影响并不是直接的、确定的，人们并不因接受某种特定的背景知识就必定会接受某种特定的事实，他所接受的事实还可能受其他方面的影响。另一方面，之前认识过程中的背景知识影响知识的确证，它充其量只是确证知识的必要条件，并不是充分条件。更为关键的是，相对于背景知识以及其他各种影响因素，特定共同体的成员在相互交流过程中共同确认出来的事实就如一轮新的日出，它一旦出现，之前任何影响它出现的事物都退隐于阴影中，它们对事实的影响变得不直接了，变得模糊不清了。在特定共同体中基于事实的认识活动并不受相对主义的困扰，甚至在此有关相对主义的发问都变得没有价值，它只是传统发生式思维在新的日出中眩晕的结果。

## 59. 语词框架的变化

认识结果不仅影响后来认识过程对事实的确认，也影响后来认识过程对语词框架的确认。在某一特定认识过程中被确认的语词框架在之后认识过程中可能依然被当作语词框架，却不是必然的，它们要在后一认识过程中被重新确认才能成为语词框架。某一认识过程中的语词框架无疑不一定同于之前认识过程中的语词框架，其中的某些语词框架可能出现在之前的认识过程中，也有些可能是之前认识过程所没有的，它是新的语词框架。在之后的认识过程中，不仅新语词的提出将意味着出现新的语词框架，背景知识也可能成为新语词框架的候选者，甚至还可能提出其他的语词框架。无论如何，相对于之前认识过程中的语词框架，之后认识过程中的语词框架可能发生改变。

一般而言，语词框架变化的方式大致有两种情形，即替代与扩展。所谓替代是指一特定认识过程所确认的某些语词框架与之前认识过程中的某些语词框架不一致，甚至相矛盾，因而之前认识过程中的语词框架不能在此认识过程中继续充当语词框架，它为新的语词框架所替代。如果不同认识过程中语词框架发生了替代，那就不仅表明这些不同认识过程可能分别由不同共同体所发动，而且它们对世界对象的基本分类和世界的基本结构有了不同看法。

许多情况下，前后认识过程中语词框架发生替代时表明有新语词出现。

如果后一认识过程中出现的新语词意味着要废弃前一认识过程中某些语词，此时不仅包含它的一些陈述不能被当作事实，而且那些包含新语词的语词框架将替代包含旧语词的语词框架，如提出“氧气”之后，包含它的语词框架就取代了包含“燃素”的语词框架。替代有时也并不一定是由于新语词而来。由于认识的深入，人们发现某些语词框架不适合了，于是可能提出新的语词框架取而代之。某个共同体在某认识过程中可能把“鲸是鱼”当作语词框架，但深入认识之后，发现由此难以简洁地整理事实，结果最终共同体可能更愿意把“鲸是哺乳动物”当作语词框架。在此两个不同的认识过程中，语词框架发生了替代。

新语词提出时前后认识过程所发生的语词框架的替代是否与没有新语词提出时所发生的语词框架的替代有所不同？有些语词尽管没有产生改变，但其意义产生了变化，这时是否意味着产生了新的语词？尽管同样使用“虫”、“鱼”，但由于这些语词在《尔雅》中的意义与在现代生物学中的意义有明显甚至根本的不同，是否可以把它们看作是两个完全不同的语词？德谟克利特的原子、道尔顿的原子与玻尔的原子有明显的不同，是否可以说他们所使用的“原子”一词尽管有相同的物理记号，却是完全不同的语词？如果是，那么那些在物理形式上相同的语言符号所表达的意义在多大程度上不同时可看作是指不同的语词？人们把一个语言符号在不同语境的出现看作是同一语词，这其中可能容忍它们有多大意义上的变化？这些问题是复杂的，此处不能仔细关注它们，大体可以说，上述语词框架替代的两种情形并不一定能认真地得到区分。

语词框架常常不是孤立的，不同的语词框架相互联系，基于某层级谱系可能形成一系列语词框架，这些语词框架之间存在相互关系，可以把它们当作一个系统。一些结构框架也可同样构成一个系统，如构成逻辑系统、数学系统、时空框架系统等。语词框架的替代有时不是个别语词框架之间的替代，而是一个语词框架系统作为一个整体替代另一个语词框架系统，它们之间发生的是一种整体转换。《尔雅》对动物的分类有属于自己的层级谱系，由它们可形成一个语词框架系统，现代生物学也有属于自己的层级谱系，由此也形成了一个语词框架系统。很显然，这两个框架系统有巨大的甚至根本的差异，一个依赖《尔雅》而认识世界的认识者成为一个现代生物学家时，他所确认的语词框架将发生整体的转换。

在这种语词框架的整体转换中，有时产生了新的语词，如现代生物学包含了大量《尔雅》所没有的新语词，但有时也并不一定。结构框架的替代常常是一种整体的转换，却可能并没有产生新语词。一个认识者可能在某一认识过程中接受欧几里得几何学，在另一认识过程中接受非欧几何学，在这两个认识过程中语词框架出现了整体的转换，而这种转换或许可以说并没有出现新语词。不过正如前面所表明的，这两种替代的情形并不一定能认真地获得区分。尽管结构框架系统的转换常常可以看作是在相继的前后认识过程中一步完成的，但层级框架系统的转换很可能与此不同。层级框架的整体转换往往可能是众多认识过程累积的结果，在相继的前后认识过程之间通常只有其中的少数语词框架被替代。古代人对生物给出的分类谱系与现代人对生物给出的分类谱系有巨大差异，这种差异经过了许多相继认识过程的持续转变，只有略去这些持续的过程，而只考虑在时间上相距遥远的认识过程的语词框架时，才可能发现其中的替代似乎是整体的转换。

后一认识过程出现的语词框架有时却并不驱逐原有语词框架，而只是扩展它。所谓扩展，即是指针对某一认识过程，在此之前的认识过程中的语词框架并没有被放弃，此认识过程依然确认它们为语词框架，但此认识过程中的语词框架与之前认识过程中的语词框架还是有所不同，它具有了新的内容，含有前一认识过程所没有的语词框架。语词框架扩展的情形中常常意味着有新语词的出现。有时由于认识范围的扩大、认识水平的提升，人们发现了新的实在对象，并提出新的语词与语词框架来表达这些对象，基于这类语词的语词框架通常并不替代原有语词框架，而只是对它的扩展。人们在新的认识过程中发现一类实在对象，并提出新的名词——“聚苯胺”来表达它，这时就形成了一些新的语词框架，如“聚苯胺是一种有机物”、“聚苯胺是一种导电聚合物”等，这些语词框架的出现通常不替代之前认识过程中的语词框架。

扩展的情形并不都是如此。有时之前认识过程中的一些语词形成某些复合词，它们形成了对实在对象的一种新的分类，如果共同体接受它们，也由此形成了一些新的语词框架，而这些语词框架构成了对原有语词框架的扩展。人们可能有“哺乳”、“动物”两个语词，但并不一定接受从动物中分出哺乳动物，当把后者当作一个新的分类层级时，基于它的层级框架无疑扩展了之前认识过程的语词框架。同时，一些背景知识也可能成为语词框架。由于背景知识基于原有的基础陈述而来，因而它们并不与原有语词框架相矛盾，而当它被当作语词框架时，它通常只是对之前认识过程中的语词框架的扩展。“金属是导电的”可能是某共同体根据事实概括而获得的普遍性陈述，它在某认识过程中被确证为知识，人们也可能在后来的认识过程中把它当作语词框架。由于此语词框架并不与确认它为知识的认识过程中的语词框架相矛盾，因而把它当作语词框架时只是对此认识过程中的语词框架的扩展。

在认识过程中，相对而言，人们或许并不在意获得各种可能成为语词框架的普遍性陈述，而更在意何种普遍性陈述可能被确认为语词框架。当然并没有充分可靠的方式确认何种普遍性陈述为语词框架。有时为了更好地概括事实，甚至乐意选择那些在上一轮认识过程中未被确证为知识的普遍性陈述为语词框架。正是如此，语词框架才可能在不同认识过程中存在不同，认识活动才是一个充满创造性的活动。尽管确认某个普遍性陈述为语词框架并没有充分理由，不过有某些理由使得一些普遍性陈述不能被选作语词框架，其中一个重要的理由就是逻辑的一致性。根据此种理由，可以说，那些可能被选择为语词框架的普遍陈述不能与已被确认为语词框架的普遍性陈述相矛盾。同时，一个由众多普遍性陈述组成的陈述系统，如果它们可被确认为语词框架，其中的普遍性陈述不能相互矛盾。由于前一种情形涉及的内容太过广泛，这里只对后一种情形做些简单说明。

一般来说，结构框架系统由于不与特定实在对象相关，对于其中的陈述可以人为地调整而达到逻辑一致性，同时，它一旦被确认就不因认识范围的扩大或认识的深入而变得不一致。这一点对于层级框架却不是合适的，因而在确认语词框架时，逻辑一致性的理由往往对层级框架更有实际价值。对基于某一层级谱系所形成的层级框架系统来说，逻辑一致性是指，对于层级框架所依附的层级谱系来说，通常要求同层级的语词所表达的类互不包含，同时它们中的任何两个语词所表达的类没有共同的对象，而其论域中的所有对象都包含于同层级的语词所表达的类中，也即此论域中的任一特定对象属于同层级的某一类，而且只属于某一类。如果满足这一点，则可以说此层级框架系统是逻辑一致的，或者说此层级谱系是逻辑一致的。显然，只有依附于逻辑一致的层级谱系，这样的陈述系统才可能被确认为层级框架系统。

通常,在某一认识过程中,被确认的某个层级框架系统是逻辑一致的,但由于认识范围的扩大、认识的深入,在之前认识过程中被确认为逻辑一致的层级谱系现在可能被发现是不一致的,相互之间存有矛盾。在"动物"这个通名之下,与"人"同层级的有"狮"、"虎"、"狗"等通名,"人"与"狮"、"虎"、"狗"属于"动物"所表达的类,"人"与"狮"、"虎"、"狗"等所表达的类相互之间没有共同对象,如没有对象既是狮,又是虎,而所有的动物都包含在这些类中,因而此层级谱系是逻辑一致的。不过,如果进行杂交获得了狮虎兽,那么上述的划分就不是逻辑一致的了。

逻辑一致的层级谱系多种多样,基于它们可形成多种可能成为层级框架系统的陈述系统,如果它们相互之间不一致,甚至矛盾,显然不可能都是语词框架。在其中如何进行选择呢?通常有两个基本的标准,一是看何者能更精确地表达世界对象,一是看何者能更简单地概括事实,由之可能获得对世界的更简单的理解。精确的结构框架无疑比不精确的结构框架更为可取,不过由于结构框架引入了数学语词与数学框架,借助于数学,人们给出的结构框架往往能做到足够的甚至绝对的精确,因而这里更为关注的是层级框架。

两个可能成为层级框架的陈述系统,它们都是逻辑一致的,如果其中一个比另一个对世界对象给出的分类更为精确,层级之间的类别也更细致,前者无疑更有助于人们更精确地认识世界,因而也更可能被确认为语词框架。对于动物世界而言,如果其中一个层级谱系只把动物区分为鸟、兽、虫、鱼,其中每一类又包含某些物种,如兽又可分为狮、虎、狗等。尽管这样的分类是逻辑一致的,却不够精确。现代生物学对动物世界作了更精细的分类,如它把兽区分多种。如果把兽当作是哺乳动物,现代生物学又把它分为许多更为细致的类,如分为有袋目、食虫目、灵长目、啮齿目、食肉目等。同时它又把食肉目区分出不同的类,如分为裂脚类和鳍脚类,而裂脚类又分成犬科和猫科,猫科又分为猫属、豹属等等。这种分类不仅逻辑一致,而且更为细致、精确,它无疑比上述简单的分类更可取。

随着认识的深入,人们要求越来越精确地认识世界,要求越来越精确的语词框架,这往往意味着要求引入的语词能为数学语词所真正限制。实际上,只有如此才能尽可能地在实际认识过程中更为精确地认识世界。在认识达到一定的水平之后,如果不能做到这一点,提出的新语词以及新语词框架就难以为人们所接受,尽管它们在认识水平不太高时可能会被接受。在自然科学研究中,人们之所以引入"力"、"场"等语词取代"活力"、"以太"等语词,可能主要是因为这些语词不能为数学语词真正限制,它所表达的事实不能被精确地计量,因而无法满足认识的精确性要求。牛顿在《原理》中谈到"力"概念时说:"我在这本论著中,不是要定义力的各种种类或者它们的物理性质,而是象我以前在定义中所已指出的那样,要研究它们的量和它们的数学关系。在数学中,我们必须研究力的量,以及它们间在任何假定的条件下的关系;然后当我们进入到物理中来时,把这些关系和自然现象作比较,从而可知道这些力的哪种情形符合于哪一类的吸引物体"①。按牛顿的看法,在科学研究中,人们甚至不必考虑力的本性,如"力的种类"、"力的物理性质"等抽象问题,而重要的是把关于力的各种关系即关于力的语词框架规定出来,同时通过某些方式精确地计量它,也即对它的分类达到绝对的精确性,只有这样才能满足现代科学认识的要求。

在满足逻辑一致的条件下,较精确的陈述系统无疑比那些较不精确的陈述系统更可能成为语词框架系统。然而,对两个或多个同样精确的陈述系统,它们各自逻辑一致,但它们互不一致,此时何者更可能被当作语词框架系统呢?促使人们放弃某一陈述系统而选用另一陈述系统当作语词框架系统的是它对事实的概括能力。人们之所以接受某种时间框架系统或空间框架系统,而不接受另一种时间框架系统或空间框架系统,往往不是对实在世界深入认识的结果,而主要是看它们是否能简单有效地把握事实。促使爱因斯坦采用非欧几何而不用欧几里得几何来表达广义相对论的原因也正在于此。层级谱系对世界给出了分类,然而,对对象世界的分类往往不是漫无目的的,尽管可对世界给出精确分类,但如果不能更深入的推进认识,这种精确的分类也是不可取的。人们可能按皮毛的颜色、按体重或按形状等以及其他一些特征来对动物分类,这种分类也可能做得足够精确,却并不能更深入地推进认识,不能很好地概括事实,因此通常不被选用当作层级框架。在现代认识活动中,人们在提出新语词以及提出建立在其上的语词框架时,他不仅可能使之逻辑一致,

① [美]H. S. 塞耶编:《牛顿自然哲学著作选》,上海外国自然科学哲学著作编译组译,上海人民出版社 1974 年版,第 46 页。

而且借助于数学系统,他也可能使之达到较高程度的精确性。此时人们之所以接受某些语词,接受某些语词框架,而不接受另一些语词和语词框架,更主要看它们是否能更好地把握事实,对世界提供更简单的理解。

前后认识过程中语词框架的替代与扩展无疑将引起前后认识过程中知识的变化。如果在前后认识过程中,语词框架没有变化,而且之前认识过程中的事实也被后一认识过程当作事实,只是后一认识过程出现了一些新的、与原有事实并无不一致的事实,这类事实可以说是对前一认识过程中的事实的扩展,那么之前认识过程所获得的知识将被后一认识过程依然当作知识,而后一认识过程中的知识可看作是对前一认识过程中的知识的扩展。另一方面,如果前后认识过程中的语词框架出现了扩展,前一认识过程中的语词框架在后一认识过程中没有被放弃,后一认识过程只是接受了一些新的语词框架,同时,如果前后认识过程中事实之间的不同也只是一种扩展,这时之前认识过程所获得的知识也将依然被后一认识过程当作知识,后一认识过程中的知识可看作是前一认识过程中知识的扩展。尽管两种扩展可能有诸多差异,但从求知效果上而言,它们并没有根本的不同。

由于不同认识过程中的语词框架存在替代,前一认识过程中的语词框架不被后一认识过程继续当作语词框架,而后一认识过程中的语词框架也可能不为前一认识过程所确认,即便前后认识过程的事实并没有根本的不同,或者后一认识过程中所出现的事实只是前一认识过程中的事实的扩展,这时在前一认识过程所获得的某些知识可能在后一认识过程中并不被当作知识,而后一认识过程所获得的某些知识也可能不为前一认识过程所确证。在这种情形中,前后认识过程中的某些知识有根本的不同,后一认识过程中的某些知识可看作是对前一认识过程中某些知识的替代。这种替代也就是通常所说的知识革命。实际知识发展过程中的革命现象不仅会为特定认识者所感受到,从整个人类认识历史而言,它更是显而易见,从地心说到日心说、从牛顿力学到量子力学、从创世论到进化论都无不反映了这样的革命。

库恩曾提出,人们在认识过程中,如在概括事实、确证知识时受某些范式的支配,因而特定内容的知识可以看作是特定范式的结果。在库恩看来,不同认识过程可能受不同范式的支配,也即不同认识过程中的范式可能发生变化。他甚至相信这种变化一旦产生,就将是全面的、根本的,是一种格式塔式的转换,因而受其支配的不同认识过程中的知识所发生的革命也将是全面的、根本性的。这种知识革命或许很少发生,不过一旦发生就会显著地为人所注意。然而,实际认识过程中的知识革命并不如库恩所设想的,它们往往并不是全面的、根本性的,知识革命有时大,有时小;有时只是在某个学科中发生,却并不在其他学科中发生;有时只是在某个学科的某个领域中发生,甚至只是在某个专业中的特定领域发生。全面的、根本性的革命甚至在整个人类认识历史中也较少出现。同时诸多知识革命也并不是引人注目的,它们甚至是在不知不觉中完成的。

很显然,库恩的解释出现了问题。库恩所谓的范式通常有多种含义,其中一种含义大致类似于我们所谈到的共同体所接受的语词框架①。如果库恩所谓的范式是指语词框架,那么他对它无疑存在诸多误解。他没有看到语词框架并不是一个整体,其中不仅有各种层级框架,还有各种结构框架,并且它们并不同时发生整体的转变。一个认识者可能在某一认识过程中放弃之前认识过程中的某些语词框架,而接受其他的语词框架,有时放弃得多一些,有时放弃得少一些,但全盘的放弃或所谓的格式塔式转换其实是难以发生的。的确,一个认识者可能否认之前认识过程中的某些语词框架,但他在后一认识过程中所确认的语词框架也并不是全新的,它与之前认识过程中的语词框架存在共同的部分。尽管考虑两个在时间上相距遥远的认识过程中的语词框架时,可能发现其中的替代存在这种全盘的、根本性的转换,但在前后相继的两个认识过程中几乎不太可能发生这样的情形。

在前后相继的认识过程中,尽管存在知识革命,也即存在互不一致的语词框架,但它们之间是否有相同的语词框架?或在众多认识过程是否有相同的语词框架?更进一步说,人类的各种认识过程是否有共同的语词框架?在康德那里,作为认识必要条件的先天形式大体类似于我们所谈到的语词框架。在康德看来,不仅同一个人在不同认识过程中所根据的先天形式是相同的,甚至也是所有人都共有的。斯特劳森似乎也有类认的看法,他相信整个人类具有一种共同的概念图式,它是认识的基础。显然,诸如此类的看法并没有充分

① 参见玛格丽特·玛斯特曼:《范式的本质》,伊姆雷·拉卡托斯,艾兰·马斯格雷夫编,《批判与知识的增长》,周寄中译,华夏出版社1987年版,第77—83页。

的根据。尽管语词框架根本上是相对于共同体的,难以说一个共同体所接受的语词框架必定为其他共同体所接受。不过,不同共同体之间或不同认识过程之间的确存在某些共同的语词框架,正如前面所表明的,至少逻辑框架就是这样的共同框架。除此之外,它们之间是否还有其他共同的语词框架呢?一般而言,即便存在这样的语词框架,并且在某些特定共同体之间可能确定它们,但希望给出一个超共同体的标准,借助它来确定这样的语词框架是难以可能的。

不同共同体所接受的语词框架并不都是相同的,同一个人在不同认识过程中所接受的语词框架也可能存在变化,不同语词框架之间的变化是否会体现一种进步?或这种变化是否有某种方向?也许有人断言,某种对世界对象的分类如现代科学的分类达到了分类的终点,而它所接受的语词框架也是人类最终所必定接受的共有的语词框架,即使现在没有达到这一点,却也总在不断地接近这一点。如果确有这样的终点,则将表明人类终归拥有共同的语词框架,反之,如果根本没有这样的终极语词框架,断言在语词框架的变化中有一种进步就没有充分根据了。显然难以看到接受这种进步思想的充分理由。这里对此不作深入讨论,只指出一点:所谓进步只是当前人们的一种解释,正如人们愿意把当前所确认的陈述当作是真的一样,他也总是乐意把当前所确认的事物当作是以前事物的进步,因而正如没有超越特定共同体的真理一样,也没有超越特定共同体的进步。然而,如果进步只是相对于当前的境况,相对于特定共同体,谈论语词框架的进步也就没有太多的意义了。

## 60. 数学框架的变化

不同认识过程中的语词框架存在变化,层级框架的变化与结构框架的变化是否有所不同?如有不同,其原因何在?鉴于数学对其他结构框架具有构成作用,而人们在不同认识过程中所使用的数学框架也有所不同,某个认识过程中的数学框架相对之前认识过程中的数学框架来说存在变化,因而这里打算单独地对这种变化作些探讨。可以预期在此所获得的一些结果对许多其他结构框架也是有效的。如此一来,上述问题也就是:数学框架的变化是否与层级框架的变化相同?如有不同,其原因何在?

简略考察数学史,可以发现数学框架的变化大体有两种情形。一种情形是,在后来认识过程中可能出现在之前认识过程中所没有的新的数学语词以及相关的数学框架,这些数学框架并不与之前认识过程中的数学框架相矛盾,并不替代之前认识过程中的某些数学框架,而是附在它们之上,从而扩展原有的数学系统。在自然数中引入负数"-1"、"-2"等之后,与负数相关的数学框架并不与表达自然数之间关系的数学框架相反对,并不替代原有的数学框架,而是参与到原来的数学框架系统之中,甚至与后者一起构成新的数学系统。另一种情形与之不同。在一认识过程中,人们也可能接受一些与原有数学框架不一致的数学真理,它们与其他数学框架一起构成一个新的数学系统。很显然,尽管它可能与原有的数学系统有类似之处,即包含某些共同的数学框架,但由于它们各自包含了某些不同的甚至互不一致的数学框架,因而它们不存在包含关系,也不是同一的,而是互不一致的。正是由于诸多互不一致的、与"平行"相关的数学框架不能同时出现在同一个系统中,才出现了多种不同的几何学系统。

不同认识过程所接受的层级框架可能有不同,这种不同与前后认识过程所接受的数学框架之间的不同无疑是类似的,但人们对数学框架的接受与对层级框架的接受依然有差异。对两个互不一致的、可能成为层级框架的普遍性陈述来说,认识者只能选择其中一个作为语词框架,而不能同时把它们都当作语词框架。然而,不一致的数学陈述或数学系统却可能为同一认识者或共同体所接受,如人们可能同时把欧几里得几何与非欧几何当作数学框架,因而在不同认识过程中数学框架的变化似乎没有替代的情形出现。这种情形的确体现了数学框架与层级框架之间的不同。为何有这样的不同?它很可能与人们的认识目的以及数学在认识中的特定作用有关。

认识的目的在于获得表达实在对象的真陈述,在于认识实在世界,并为人们在世界中的行为提供有益的向导。由于数学陈述的真假不与表达特定实在对象的陈述的真假相关,它不反映实在世界,即便在某认识过程中所接受的新的数学框架与之前认识过程所接受的数学框架不同,之前的数学框架也没有违背那些表达实在世界的真陈述,因而它没有失去合理性。只要在概括事实过程中或在其他认识过程中有需要,只要它能与其他相关的、可能被接受的数学陈述一起构成逻辑一致的数学系统,人们完全可以接受不同的甚至互不一致的数学陈述,完全可以接受不同的甚至互不一致的数学系统。的确,正如前面所表明的,如果数学在认识过程中只起一种中介作用,它只是一种认识工具,那么不一致的数学框架都可能成为认识工具,它们都可能被储藏在认识的工具箱中,尽管有时并不常用,但都可能为人所接受。

随着认识范围的扩大、认识的深入,人们可能会否认之前认识过程中所确认的层级框架,但并不会否认之前认识过程所确认的数学框架。问题在于,为何要发展出新的甚至与原有数学框架不一致的数学框架呢?可以一般地说,正如战争的需要促使人们发展出不同的武器系统一样,正是由于认识的需要促使人们发展出了各种数学系统,数学的发展根本地受实践活动的推动。只要稍微回顾一下数学史就可以了解到,数学的发展与人们的实践活动有密切的关联,新数学语词的提出、新数学框架的接受是适应实践活动的结果。为了表达相反的量,人们提出负数;为了表达方向性,数学家提出向量;为了计算曲面的面积或运动物体经过某一点的速度,数学家引入极限、无穷小量等。数学受实践活动的推动似乎是理所当然的。人们在生活实践中获得了各种新事实,这时可能需要提出新的数学语词、接受新的数学框架,以便由它们概括出普遍性陈述、确证知识,并从中引申出包含在后者中的各种内容。尽管数学并不能增加内容,但它能引申出表达实在对象的陈述中的内容,而不同的数学系统甚至可能从相同的陈述中引申出不同的内容。

一方面,数学陈述的真假不与表达实在对象的陈述相关,数学框架是形式必然关系;另一方面,数学系统的发展又受实践的推动,新的数学语词与数学框架的出现又并非完全与表达实在对象的陈述无关。数学如何可能同时满足上述的要求?或许可以说,由于数学语词的意义或数学陈述的真假不与特定的实在对象相关,它们不因认识范围的扩大与认识的深入而有可预见的改变,因而人们能绝对地规定数学语词的意义,并可以自由地接受某些数学框架,同时也能约定地改变数学语词的意义,并接受一些数学框架而放弃另一些数学框架。然而,尽管人们可以约定地改变数学语词的意义,接受某些数学框架,但这并不是可以轻易能做的事,人们实际也并不轻易地做这样的事,不然古代的许多数学真理一直为人们所接受就是奇怪的事了。这里的疑问在于,已被规定的数学语词的意义与相关的数学框架实际几乎不发生改变,数学为何在具有惊人稳定性的同时却依然可以获得发展。

数学框架尽管一旦确定就具有稳定性，却并不表明数学不能因实践活动而发生改变，只是这种改变通常不是放弃原有数学语词与原有的数学框架，而是提出新的数学语词、接受新的数学框架的结果。数学具有上述的特征不是令人奇怪的，它有其内部的动因。数学中的无限性恰恰是它既能维持原有数学语词的意义与数学系统的稳定性，又能适用实践而发展的原因。对于无限在数学中的作用，许多学者对此有过提示。庞加莱说："数学无限性的观念早已一直在发挥一种压倒的作用，没有它就根本不会有科学，因为就不会有一般的东西"①。波耶也说："固定无限小量的观念顽固地粘附在数学上，每当逻辑显得无济于事的时候，直观就会常常求助于它"。② 一般通名包含无限的外延，无限性体现于其外延中，通名所包含的无限性使得人们不能一义地规定它，相反，对其理解存在不确定性。也正是如此，甚至基于有限的通名，人们也可能形成多种多样的表达，并由此描绘复杂的对象世界。数学语词与一般的通名不同，人们能绝对地规定其意义，对其理解不存在不确定性。然而，数学的无限性体现在何处？它是如何起作用的呢？

人们尽管可以绝对地规定个别自然数"1"、"2"、"3"的意义，但这样的通名所形成的对象本身是无限的，自然数"1"、"2"、"3"……中的省略号……就体现了这一点。省略号……表明尽管可能个别地规定"1"、"2"、"3"以及任何给出的其他自然数的意义，但不可能完全列举、认识所有这些自然数，也即不能确定地认识所有这些自然数所形成的世界。在数学领域的其他地方也可看到这一点。两条直线平行即是指两条直线延长无限远也不相交。由于直线包含无限的点，尽管可以确定不同直线中的某些点之间的关系，但无法完全规定两条直线上所有点的关系，也即不能确定地认识所有这些点所形成的世界。可以看出，尽管任何个别的数学语词如"1"、"2"等都不包含无限性，人们对它有确定的理解，可以绝对地规定其意义，但在由无限个别数学语词所形成的对象世界中，人们对此世界中的对象的认识却不完全是确定的，不能绝对地规定

① 亨利·庞加莱：《论数学真理的本性》，载保罗·贝多纳塞拉夫，希拉里·普特南编：《数学哲学》，朱水林等译，商务印书馆2003年版，第463页。

② ［美］卡尔·B.波耶：《微积分概念史：对导数与积分的历史性评论》，上海师范大学数学系翻译组译，上海人民出版社1977年版，第25—26页。

表达此世界的那些语言表达的意义，也可以说对表达此世界的语言表达存在无限种理解的可能性。可见，数学中的无限性不出现在个别的数学语词中，而出现在这些语词所形成的世界中，或出现在表达此世界的语言表达中。

尽管可以绝对地规定个别数学语词的意义，也可能绝对地规定个别数学语词之间的关系，但对于包含由无限个别数学语词所形成的世界，人们可能对它有不同的理解。为表达此世界，可能定义出新的数学语词，对于这些数学语词的意义，人们依然可以做出绝对的规定，甚至给出包含它的一些数学陈述，并接受包含它的某些数学框架。尽管由此规定的数学框架与原有的数学框架并不相互矛盾，却无疑有根本的不同，它们构成了原有数学框架的扩展。另一方面，只要这些可能被接受的数学陈述能与其他一些数学框架一致，由前者构成的数学系统也是可接受的。前面多次提出的不同几何学系统就是由此形成的结果，而在集合论中也有类似的情形。数学研究已表明，连续统假设既不能从已有的数学真理中证明，也不能表明它的相反论题是可证明的。

数学框架的扩展不一定涉及无限，也即不一定基于对某些数学语词所形成的包含无限对象的世界的认识，不过许多具有重大意义的扩展往往涉及这一点，因而它导致了数学框架的革命性发展。人们对无理数、极限等的规定以及对关于它们的某些数学框架的接受便体现了这一点。为表达由数学语词所形成的包含无限对象的世界，人们可能提出不同的新的数学语词，也可能对同一数学语词规定不同的意义，由此规定出不同数学框架。实际上，一旦打算研讨此种世界，此时就可能形成一个全新的认识领域，此时数学的发展面临一个十字路口。人们可在此充分发挥其创造力。人们在此提出的新的数学框架可能与其他数学框架一起构成逻辑一致的系统，只要此系统是自贯一致的，它将与其他数学框架系统一样好。

数学的发展尽管受实践活动的影响，却并不需要改变原有数学语词的意义与数学框架。同时却可能以多种方式理解新的数学语词，可能接受多样的数学框架。如果固执地坚持某种对数学的理解，先行确认对无限的数学世界的某种认识，则常常会阻碍对新数学语词、新数学框架的引入，并因此产生所谓的危机，结果将阻碍数学的发展，阻碍数学适应实践、发挥其作用。可以说，数学发展过程中出现的那些具有重大意义的危机在本质上是理解数学中无限性的危机，是理解由数学语词所形成的包含无限对象的数学世界的危机。显然，这种危机本身并没有给数学带来危险，相反给数学的发展带来了机遇，它为新数学语词的提出、数学系统的扩展带来了无限的可能，使得数学充满创造性，使得它总能应对不断增多的事实、应对各种实践活动。数学的发展既受到实践的影响，也受到其自身内部形式要求的影响。另一方面，尽管数学是一种形式学科，但它总会在不可预见的地方产生新的真理，数学研究并不完全是一个机械性的活动，创造性的思考永远出现在其中。

## 61. 认识方法的基本特征

不同共同体由于拥有共同的语言、遵循共同的逻辑、承诺诸多共同的实在对象，可以期望它们所发动的认识活动具有某些共同特性。不仅同一共同体在不同的认识过程中、甚至不同共同体在各种认识过程中都可能采用共同的步骤、途径、原则等来获取知识。这些共同的步骤、途径、原则往往不与认识所针对的特定内容有关，它们不仅对过去的某些认识过程有效，甚至也普遍地适用于未来的认识过程，一般称之为认识方法。认识方法从之前的认识过程中得到，却并不一定由之前的特定认识过程所决定，它是之前众多认识过程的共同结果，是漫长而持续不断的认识过程的集聚效应。实际上，认识方法的存在本身就暗示了认识并非从无开始，也不是从现在开始，现有认识过程的出现可延伸到遥远的过去。

特定的认识过程通常要运用各种方法，认识方法对于知识的获得具有的决定性意义，它告诉人们如何确认事实、如何概括事实以及如何确证知识等。知识论的任务不仅在于理解知识，更重要的是表明如何获得知识，也即表明知识如何通过各种可能的方法而获得，表明获得知识的各种方法所适用的条件与限制，因而方法论是知识论的重要组成部分。前面的讨论不仅是对过去认识过程的解释，同时那些解释所反映出来的认识过程的一般特征又将影响未来的认识过程，它们无疑具有方法论价值，甚至根本就是一种方法论。

不同的共同体或不同的个人可能有一些获取知识的特别方法。神学家因启示而获得知识，在他们那里，启示不仅在确认事实时起作用，也在概括事实、确证知识时起作用，它是一种获取知识的重要甚至核心的方法。中国远古的社会精英通过煅烧龟甲来确证某些知识，这种确证知识的方式不是任意作出的,而有一整套的步骤与原则,它是一种认识方法。不同的个人也往往有某些特殊的认识方法,人们所持有的特殊认识方法甚至就如其指纹一样各不相同。一些人思考时喜欢坐在摇椅里沉思,一些人喜欢蒙头大睡,另一些人则乐意安静地散步。通常因人而异的方法只对个别人或少数人有效,这些方法由于不具较高的普遍性而不在知识论的讨论范围之内。

方法的普遍性包含两个方面,它不仅指方法适用于不同认识过程,也指方法适用于不同共同体或不同的个人。方法显然具有普遍性,不过并不是所有的方法都具有同等的普遍性,那些适用于较多认识过程的方法具有较高的普遍性,而那些为较多的人所接受的方法也具有较高的普遍性。逻辑方法几乎是所有人、所有共同体所遵守的,它适用于所有认识过程,因而具有最高的普遍性。数学方法、归纳方法等所具有的普遍性尽管无法与逻辑方法相提并论,却比许多其他方法,如比启示方法或通过煅烧龟甲来确定知识的方法所具有的普遍性要高得多。只有那些具有较高普遍性的方法才是知识论的兴趣所在。前面所谈到的方法无疑是一些具有较高普遍性的方法,但它们显然并不是认识方法的全部。在获取某类知识时还有许多其他具有较高普遍性的方法,如还原方法等。

这里不准备谈论更多其他的普遍性方法,而只是对前面的方法论讨论做些简单的反思。可以看到,在每一认识环节中,在确认事实、概括事实或确证知识的过程中都存在众多的方法,任一环节的特定方法都不是排它的,其他方法也可能达到相同的目的。人们可能依赖某些方法,如观察、实验而获得某些事实,显然他不能排除其他方法也可同样做到这一点。有多种有效的、概括事实的方法,依赖它们,人们可从被概括陈述中得到不同的概括陈述。由于概括事实而得到的概括性陈述并不一定为真,从追求知识的角度而言,所有的概括方法都不是完全可靠的。这种消极的结论却具有积极的意义,它显示在概括过程中并没有一种排它的概括方法,不同概括方法都有各自特定的意义,概括事实以及获得各种可能成为知识的普遍性陈述的过程是一个充满创造性的过程。前面也曾表明,尽管在认识过程中不得不接受某些确证知识的标准,却没有一个确证标准能充分地确证知识,没有一种确证标准绝对有效,人们可能因不同的认识目的,在不同的认识领域选择不同的确证标准。

传统知识论可能引起诸多方法论教条,当然也可能是某些方法论教条以及其他一些教条导致了传统知识论。在这些方法论教条中，其中一种教条相信：尽管有不同学科，有不同的认识对象，但某一认识过程或认识过程中的某一认识环节有且只有某种或某几种方法是合理的，或许其中存在几种不同的合理方法，但它们不是相互冲突的，相反，它们能相互配合，一致地达到认识目的。不同的认识者在不同的认识过程或同一认识者在不同的认识领域追寻知识时都要采用这种或这些方法，其他的方法都不是可靠的，往往不是只能获得意见，就只能获得一些主观的臆想。在确认事实的过程中，只有某些方法如观察、实验能获取事实，其他的方法都不是合理的，不能获得事实。概括过程要依赖于某些归纳规则才能达到目的，而只有某些归纳规则才是有效的、合理的，由之概括而得到的普遍性陈述才可能成为知识。其他获取普遍性陈述的方法如直觉方法等不是合理的、缺乏有效性，不可能由此获得知识。在确证知识的过程中也是如此。可称此种看法以及类似看法为普适论。普适论有多种表现方式，它可能只是相信，在某一认识环节中有某种或某几种绝对合理的方法，它们能达到认识目的，或者它可能相信，每一认识环节都有某种或某几种特定的认识方法是绝对合理的。

普适论的问题是明显的。如果根本没有某种或某些方法能决定性地确认事实，人们也就不可能绝对地依赖某种或某些方法来确认事实。如果任何有效的概括都不能使得从真的被概括陈述中获得知识，那也就不能独断地只相信某种或某些概括方法，而绝对地排除其他方法的合理性。如果不设想存在永恒真理，这种真理是超越于特定共同体，而是所有共同体所抱持的真理，那么寻求某个充分的、为不同共同体所共同认可的确证标准也就不那么必要了，实际的认识过程也几乎没有可能找到这样的标准。普适论是一种典型的封闭式知识论教条，它也是传统真理观的体现。直到现代之前，存在所谓永恒的、普遍必然的真理便是知识论研究的前提，而追求这种真理成了求知活动的最终目标。这样的真理固然要基于某种绝对客观的基础，同时也只有通过一种绝对的方法才能达到。实际上，普适论者坚持，获取这种真理的方法是绝对的，它不只对特定共同体有效，也对所有共同体有效，甚至对全人类都有效。它不仅适于某个共同体的任何认识过程，也适于所有共同体的所有认识过程，是绝对有效的。传统真理观随着近代认识论的失败而在理论上衰落了，而相应的方法论无疑也失去了根基。

似乎存在一种与之相反的另一种方法论教条。这种教条断言:不同的人可能拥有不同的方法,不同的方法有不同的价值,求知者可能通过不同的方法确认出不同的事实,而通过不同的概括方式,可获得不同的普遍性陈述,同时也有不同的确证标准,人们可依赖它们确证出不同的知识,这些知识形成了不同的学问或学科。反过来,尽管在同一学科领域中,在确认事实、概括事实以及确证知识时可能使用相同的方法,但不同的学科因研究对象、研究目的的不同,求知者将使用其他不同的方法,甚至于对某一特定的学科而言,并不是所有方法都是可用的,而只有某些特定的方法才是可行的。可称这种看法以及类似看法为独特论。独特论者相信,没有一种绝对的、普遍适用于所有学科的方法,某一学科与其他学科相比具有自身的独特性,因而需要用独特的方法来获取其中的知识。不同学科中所存在的认识方法如此不同,以至于适用于其他学科的方法都不能在此学科中获得真理,而此学科中的方法也不能适用于其他学科。

独特论的上述理由并不是可靠的。某一学科不同于其他学科,它们具有各自不同的研究对象,具有各自不同的研究目的,也即具有自身的独特性,不过并不能保证人们在研究它们时必定要采用根本不同的认识方法。另一方面,没有一种对象与其他对象是根本不同的。对象世界只是对各种语言表达的解释,通过有限的语词可构成无限的语言表达,各种语言表达相互关联,因而也可以说,世界中的各种对象相互之间也是不可避免地相关的。一个不与其他对象相关的对象或绝对独特的对象只是一种神秘的东西,甚至根本无法认识它。实际上,独特论往往导致神秘主义。独特论为反对普适论而提出。如果独特论只是反对普适论,只是表明普适论所相信的存在绝对方法的看法存在问题,它无疑具有合理性。不过一旦越出这一点,试图表明某一学问或某一学科存在独特的方法,它也就具有了普适论类似的问题了。的确,独特论与普适论一样,它也是极端的,它可看作是另一种类型的普适论。如果说它们之间有不同,这种不同只是在于普适论相信存在某种适用于所有人、适用于所有知识领域的绝对方法,而独特论相信这种绝对方法只存在于特定知识领域或特定学科中。

无论是普适论还是独特论都反映了人们对于认识方法的一种不切实际的期望,认为认识世界、获得知识要基于某种或某些特定的方法,它是探求知识的前提,它在获取知识的过程中甚至起决定性的作用,只要掌握了它,加上勤奋,即使才智平庸的人和天才一样也能深入认识世界,也能在创造知识的过程中起同等的作用。这种想法或许可激起普通民众探求知识的热情,鼓舞他们参与到追寻知识的事业中来,却也为某些江湖骗术式的方法论家提供了生长的土壤。一些学有专长的饱学之士或自负的哲学家常常试图提出一些自以为合理的方法,并努力推荐给求知者,希望求知者的研究建立在他们制定的方法上。实际表明,他们的努力无一不是失败的。不恰当地强调认识方法的作用,特别是强调某种或某些认识方法的作用还可能产生其他不良的结果,甚至阻碍认识的深入。普适论与独特论可能促使人们顽固地坚持某些方法论教条,促使人们以为只有依赖它们才能获得真理,以为掌握了它们也就掌握了探求真理的钥匙,甚至也就掌握了真理、获得了至上的权威。当普适论者或独特论者以这样的态度对待求知过程,对待反思知识的过程时,结果往往见不到其他领域、其他学科中的真理,从而不可避免地导致了知识霸权主义。

在认识的众多环节中,每一环节都存在多种方法,每种方法都可能达到某种目的,都可能产生有益作用。而且各种方法往往可能相互配合,综合地在认识过程中起作用。一般来说,在探求知识的过程中,没有某种或某些特定的方法具有绝对的特殊性,运用它们必定能获得可靠的知识。尽管某种或某些方法在特定的认识过程中运用比较多,显然更为合理,也更为有效,但要在合理的方法与不合理的方法、有效的方法与无效的方法之间划出一条截然分明的界限是困难的。实际上,在认识过程中所运用的每一种方法几乎都有自己的局限性,也都可能有其特有的价值,运用它们有其合理性,因而在获取知识的过程中,任何方法都是值得尝试的,运用方法没有绝对的禁区。

# 后　记

哲学曾激起无数爱好思考的人们的兴趣，然而对之钻研越深，就越发现它给出的只是一些晦涩难懂的思想碎片，就越觉得它离自己的期望太远。目前的情况是，哲学似乎越来越成了少数人自我陶醉的场所，而哲学研究也似乎越来越迷失了方向，其前提越来越偶然地依附于某些具体学科或特定教条。

真正的哲学总是从一种系统性的反思开始。“哲学若没有体系，就不能成为科学。没有体系的哲学理论，只能表示个人主观的特殊心情，它的内容必定是带有偶然性的”，黑格尔的格言依然是哲学研究的圭臬。

自弗雷格以来，语言分析已作为一种自觉的思想方法出现在思想舞台，哲学家们运用它获得的思想材料已多得令人厌倦。听任这些材料无限制地自我膨胀将使我们时代的思想失去生命力，真正地把握这些材料无疑成了当前难以回避的任务。

本书试图以系统的方式处理知识论问题，它是作者近年来思考的一个不成熟的总结。的确，开始写作时，偶或有新的想法，便不禁激动万分，甚至认为世界会为之流光溢彩。一当把它们呈现于纸上，发现原来也只是平常，世界依旧。

写作时间越长，就越怀疑所思所想是否可靠、是否有任何价值，以至写作最终变成了一种负担，最终到了作者不顾一切地希望尽快结束的境地。目前的心绪诚如诗人所言：“妆罢低声问夫婿，画眉深浅入时无”，然而，作者毕竟期望它们可能成为睿智的思想者从事更多系统性反思的开始。